# 学前融合教育理论与实务

赵文雅　王江慧◎著

吉林出版集团股份有限公司
全国百佳图书出版单位

**图书在版编目（CIP）数据**

学前融合教育理论与实务 / 赵文雅，王江慧著 . 长春：吉林出版集团股份有限公司，2024. 8. -- ISBN 978-7-5731-5687-7

Ⅰ . G612

中国国家版本馆 CIP 数据核字第 20244MV049 号

学前融合教育理论与实务

XUEQIAN RONGHE JIAOYU LILUN YU SHIWU

著　　者　赵文雅　王江慧
责任编辑　李柏萱
封面设计　沈　莹
开　　本　787mm × 1092mm　　1/16
字　　数　404 千
印　　张　19
版　　次　2024 年 8 月第 1 版
印　　次　2024 年 8 月第 1 次印刷
印　　刷　天津和萱印刷有限公司

出　　版　吉林出版集团股份有限公司
发　　行　吉林出版集团股份有限公司
地　　址　吉林省长春市福祉大路 5788 号
邮　　编　130000
电　　话　0431-81629968
邮　　箱　11915286@qq.com
书　　号　ISBN 978-7-5731-5687-7
定　　价　98.00 元

# 前　言

学前融合教育研究是一个跨越学前教育和特殊教育、儿童心理学等多学科的综合性的研究课题。

我国的学前融合教育发展起点较高，步伐较快。例如，社区和家庭的结合、医教结合、教育与康复结合等不同发展模式的形成以及教育框架的构筑都为我国推行学前融合教育开辟了新的途径。这一方面体现了我国社会主义制度以人民利益为本、统筹兼顾发展的优越性，另一方面也展示了我国广大幼教工作者和特教工作者的忘我工作热情。

本书从不同方面阐述了学前融合教育的理论与实务。第一章为学前融合教育概述，介绍了学前融合教育的内涵与价值，我国学前融合教育的发展，英国、美国的学前融合教育三个方面的内容。第二章为学前融合教育理论与模式，论述了学前融合教育的理论、学前融合教育的模式两个方面的内容。第三章为学前特殊儿童分析，讲述了学前特殊儿童的教育、学前特殊儿童的评估、学前特殊儿童的安置三个方面的内容。第四章为学前融合教育教师职业道德修养和职业技能，论述了学前融合教育教师职业道德修养、学前融合教育普教教师职业技能、学前融合教育资源教师职业技能三个方面的内容。第五章为学前融合教育中的个别化教育计划，论述了学前融合教育中个别化教育计划的内涵、学前融合教育中个别化教育计划的制订、学前融合教育中个别化教育计划的实施三个方面的内容。第六章为学前融合教育的难点问题及其解决途径，介绍了发展特殊需要儿童的生活自理技能、发展特殊需要儿童的社会交往技能、管理特殊需要儿童的问题行为三个方面的内容。第七章为学前融合教育的实施，阐述了学前教育机构中的融合教育、学前融合教育中的家园共育、学前融合教育中的社区合作三个方面的内容。

在撰写本书的过程中，作者参考了大量的学术文献，得到了许多专家、学者的帮助，在此表示真诚感谢。由于作者水平有限，书中难免有疏漏之处，希望广大同行、读者指正。

赵文雅　王江慧

2023 年 11 月

# 目　录

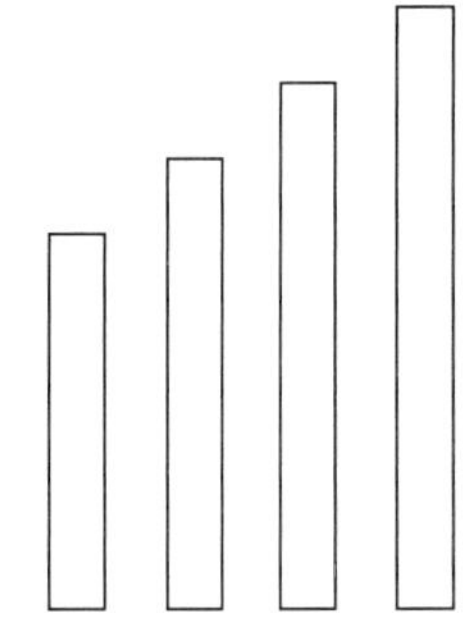

# 第一章　学前融合教育概述

本章为学前融合教育概述，介绍了学前融合教育的内涵与价值，我国学前融合教育的发展，英国、美国的学前融合教育三方面内容。通过这些介绍，读者可以对学前融合教育有初步的了解。

# 第一节　学前融合教育的内涵与价值

## 一、学前融合教育的内涵

学前融合教育属于特殊教育中的一个重要领域，主要是把 0～6 岁的特殊儿童很好地安置在普通幼儿班集体中接受教育。进行学前融合教育，要把握好特殊需要儿童的一些特殊需求，找出障碍发生的原因，按照个别差异原则及时开展教育服务，并及时提供医疗、教育等方面的协助。

### （一）学前融合教育的基本概念

学前融合教育指的是让有特殊需要的儿童进入普通幼儿园，和普通儿童共同接受保育和教育的教育模式。它强调为特殊需要儿童提供正常化的教育环境，而非隔离式的教育环境，同时为特殊需要儿童和普通儿童创造积极互动的机会，促进彼此接纳及互相合作。

融合不是单纯指某个安置环境、某种课程、某种教学策略，而是特殊需要儿童被尊重和获得平等的受教育权的标志。从某种意义上说，“融合是一种态度，一种价值观和信仰系统”①。

### （二）学前融合教育的对象

学前融合教育的对象是指广义上的特殊儿童，包括超常儿童、问题儿童、残疾儿童等所有有特殊需要的儿童。

## 二、学前融合教育的价值

### （一）给特殊需要儿童带来的益处

特殊需要儿童的身心发展规律与普通儿童是一致的，他们的认知发展、人格发展和普通儿童一样，都遵循由简到繁、由低级到高级、由不完善到完善的发展规律，只是发展速度不同。特殊需要儿童需要运用各种感官刺激来学习，教学更需要具备游戏性。融合教育为特殊需要儿童提供了正常化的学习环境，使他们享有非隔离式的教育。

模仿是学习的主要途径，儿童的学习具有玩中学、学中玩的特点，榜样的影响比刻板训练和强制矫正的作用更大、更持久。想让有问题行为的儿童学会分享和遵守秩序，

---

① 梁松梅，贺春兰，朱振云．小学融合教育新模式：北京市朝阳区新源西里小学的探索 [M]. 北京：人民日报出版社，2010.

他们就必须有机会去模仿那些知道如何分享和遵守秩序的普通儿童，并一起互动；想让有语言障碍的儿童学习基本的对话，就需要有普通儿童愿意同他对话，而且知道如何与他对话。

在隔离式环境中，特殊需要儿童能学到的技能有限；而在融合环境中，特殊需要儿童有机会去观察模仿具有较好的社会、语言、科学认知能力的普通儿童，并形成良好的互动。

在日常生活中，比起成年人，普通儿童的演示和解释更接近特殊需要儿童的能力水平，特殊需要儿童通过模仿普通儿童，学习起来会更加容易。特殊需要儿童在融合环境中，能与普通儿童大量互动，有机会与普通儿童建立并发展友谊。

在融合教育环境中，一方面，特殊需要儿童比较容易被他人鼓励，有助于培养他们的独立性及主动性，提高他们的社会适应能力和生活品质；另一方面，特殊需要儿童能拥有与普通儿童同样丰富的早期教育经验。

在学前期把特殊需要儿童和普通儿童分开，不利于培养特殊需要儿童良好的心态，也不能使特殊需要儿童得到真正的教育。

### （二）给普通儿童带来的益处

在学前期，普通儿童一般都会愿意接纳特殊需要儿童，他们很纯洁、富有爱心，愿意和特殊需要儿童交朋友。事实上，普通儿童在和特殊需要儿童相处时往往不会特别在意他们的障碍，只要教师给予恰当的引导，普通儿童会接纳特殊需要儿童，并充满爱心地与特殊需要儿童相处。普通儿童与特殊需要儿童相处，可以培养其正向的态度、同情心和责任感，同时提高普通儿童对别人需求的敏锐度，这种积极的情感态度会一直持续到小学、中学等阶段。

大部分人都有这样的经验，教给别人一些我们已掌握或正在学习的知识，自己的技能和理解能力也会有很大程度的提升。同样的道理，对于儿童而言，同伴指导的益处更大。每个儿童的发展水平不同，如果儿童之间自愿地进行同伴指导，不仅能巩固儿童已学到的知识与技能，而且能增强儿童的成就感和自信心。在融合教育环境中，常常有这样的同伴指导机会，在给特殊需要儿童提供帮助的同时，普通儿童的能力也会得到提高。

在融合教育幼儿园中，教师都是受过普通教育和特殊教育的，因而专业技能较高。幼儿园因开展融合教育，会经常请专家到幼儿园指导讲课，教师可以积累很多经验，还可以运用特殊教育的手法促进普通教育工作。因此，融合教育使普通儿童的学习方式更加多样化，普通儿童和特殊需要儿童平等参与，共享优质教育资源。在日常教学中，把感统活动、艺术调理和心理沙盘用于融合课堂，分析和调理儿童的动作和情绪，也能使普通儿童受益。

奇色花幼儿园是河南一家融合教育幼儿园，从 1996 年起，按 8：1 的比例接收智力障碍儿童，其有一套科学、严谨的教学、训练和管理制度，取得了较为显著的成绩，得到社会的普遍认可。奇色花幼儿园通过多年的实践，依据教育部《幼儿园教育指导纲要》开发了《学前儿童教育发展评量手册》及《学前儿童教育发展记分表》。现在，《学前儿童教育发展评量手册》服务于奇色花幼儿园所有儿童。在新生入学和每学期末，奇色花幼儿园运用《学前儿童教育发展记分表》为每个儿童做评估，汇总儿童五大领域的发展水平，绘制曲线图表，分班级做各领域目标的异同分析，制定下学期的班级儿童发展目标，设计教育教学及活动计划。例如，某一目标有 5 个以上儿童未达到时，即设计活动进行小组学习，按照每个儿童的不同需要设计执行学习计划。在教学中，根据个体水平和群体水平安排最合适的学习活动，保证每个儿童都能得到教师的关注，确保每个儿童的兴趣和能力都能被其他儿童认识和接纳，实现“每个孩子都是一个特殊的个体”[①]，寻求各种方法满足所有儿童的个体需要的全纳性理念，真正实现因材施教，从融合走向个性化支持。

### （三）给幼儿园带来的益处

学前融合教育在幼儿园的实施推动了幼儿园的生存和发展。融合教育的有效管理创造了有效的物质环境，形成了良好的人文环境，打造了和谐且富有凝聚力的团队。

融合教育环境创造了爱的教育，诠释了爱的真谛，提升了教师的职业责任感。在融合教室里，教师的教育态度有了变化，能多角度地观察和分析每个儿童的特殊需要，从小事着手为每个儿童的发展提供支持和帮助，根据个体发展的特点照顾差异。一方面，教师的教育期望有了变化，通过观察分析评估，了解每个儿童的需要，确定教师心中的衡量尺度，会用欣赏的眼光看待儿童的多样性，给每个儿童成功的机会；另一方面，教师的教育价值观有了变化，他们看重的是儿童取得的进步，并能用平等、积极的方式去引导、帮助和满足儿童的特殊需要。教师的教育教学基本技能有了提高，也改变了教育教学方法。

在融合幼儿园中，虽然教学工作既充满挑战又富于回报，但一个专业人员很难满足所有学习者的需要。幼儿园的教师要形成一个专业团队，共同致力于满足所有学习者的需要，既提升了教师的专业技能和团队凝聚力，也形成了积极向上的价值观，有利于幼儿园的发展。

### （四）给家庭带来的益处

家长对学前融合教育的态度取决于他们的亲身体验。在融合教育幼儿园里，随着融合相关经验的增加，普通儿童家长的态度也会不断改变。融合教育环境为他们提供机会教导

---

① 彭书淮．教育书 [M]. 北京：海潮出版社，2002.

子女理解有关个别差异的概念以及接受不同的人，也因儿童的融合而改变自身的心态和价值观，通过互动和特殊需要儿童家庭发展相互支持的关系。

在融合教育幼儿园里，大多数特殊儿童家长的态度是积极的，他们热切地希望自己的孩子有普通儿童玩伴。通过学前融合，特殊需要儿童家庭可以和普通儿童家庭建立友谊，能接受有意义的帮助。基于此，特殊需要儿童获得了友谊并融入社会，不仅有一种归属感，家长的思想负担也减轻了。

### （五）给社会带来的益处

建立融合教育幼儿园，不需要建立专门的学前特殊教育机构，能相应地减少教育成本，减轻国家、家庭的经济负担，节约教育资源。

幼儿园在实施融合教育的过程中深化了教育改革，改变了普通教师的教育态度、教育期望和教育价值观，真正做到面向全体，因材施教。

融合教育不仅对所有儿童有积极的作用，而且也有利于社会的稳定发展。普通儿童在幼儿期有机会和特殊需要儿童互动，一起成长，长大以后会更加宽容，也会更加深刻地理解和尊重社会中的弱势群体。

融合教育的开展和实施，充分保证了特殊需要儿童的各项权利，增进了社会各团体、各阶层的相互理解、关心和支持，有助于社会的和谐稳定与可持续发展。

## 第二节　我国学前融合教育的发展

学前融合教育在世界各地受到不同程度的关注，我国的学前融合教育也在逐步推进，成效显著，政策保障不断发展。

### 一、大陆学前融合教育的发展

随着国际上学前融合教育的发展，特殊儿童进入普通幼教机构的人数逐渐增加，我国的学前融合教育也在逐步发展，从政府、特殊教育研究者与工作人员到特殊儿童家长，越来越关注学前融合教育的发展。

1986 年，中华人民共和国国务院办公厅转发国家教育委员会等部门的文件《关于实施〈义务教育法〉若干问题的意见》中指出，"办学形式要灵活多样，除设特殊教育学校外，还可在普通小学或初中附设特殊教学班。应该把那些虽有残疾，但不妨碍正常学习的儿童吸收到普通中小学上学"，第一次明确提出可正常参与学习活动的残疾儿童都应该进入普通中小学就读学习。

1990 年 12 月，第七届全国人大常委会通过的《中华人民共和国残疾人保障法》第二十二条规定：普通中小学必须招收能适应其学习生活的特殊儿童、少年入学，普通幼儿教育机构应当接收能适应其生活的特殊幼儿。

1994 年 8 月 23 日，国务院颁布的《残疾人教育条例》第十条规定：残疾幼儿的学前教育通过下列机构实施：残疾幼儿教育机构、普通幼儿教育机构、残疾幼儿福利机构、残疾幼儿康复机构、普通小学的学前班、特殊学校的学前班。残疾儿童家庭应当对残疾儿童开展学前特殊教育。

1995 年，国家教委出台《关于开展残疾儿童少年随班就读工作的试行办法》，我国特殊儿童的教育形式，逐步确立成"随班就读是主体，特殊学校是骨干"①的整体格局，随班就读的教育形式得以确立，这在我国融合教育发展史上具有重要意义。

2001 年 7 月，教育部颁布的《幼儿园教育指导纲要（试行）》中明确指出："幼儿园教育是为所有在园幼儿的健康成长服务的，要为每一个幼儿，包括有特殊需要的幼儿提供积极的支持和帮助。"普通幼儿园有义务与责任为特殊幼儿提供教育与服务。从以上文件中，我们可以看到，普通幼儿园不仅应当接收能适应其学习与生活的特殊幼儿，而且应采取相应的融合保教措施。

① 申仁洪. 从隔离到融合：随班就读效能化的理论与实践 [M]. 重庆：重庆大学出版社，2014.

2014年1月8日，教育部等七部门颁布了《特殊教育提升计划（2014—2016年）》，明确指出要“支持普通幼儿园创造条件接收残疾儿童”。党的十九大报告提出要办好特殊教育，并强调“幼有所育”“弱有所扶”，将学前教育、残疾儿童的教育放在了重要位置。

2017年1月11日，国务院第161次常务会议修订通过的《中华人民共和国残疾人教育条例》指出：“招收残疾幼儿的学前教育机构应当根据自身条件配备必要的康复设施、设备和专业康复人员，或者与其他具有康复设施、设备和专业康复人员的特殊教育机构、康复机构合作对残疾幼儿实施康复训练。”

2017年全国两会期间，八位人大代表、两位政协委员一致提出“关于提升全纳教育的专业能力及建设支持体系的建议”的提案。就这些建议、提案，教育部、全国人大教科文卫委、中国残疾人联合会做出回复：建设特殊教育法制、特殊教育教师专业证书制度，提升教师队伍专业能力，促进随班就读支持体系完善，加强督导评估等方面的举措行动；将加强相关法律法规的实施，督促指导各地认真落实《特殊教育教师专业标准（试行）》；继续推动各省（区市）择优选择师范类院校增设特殊教育专业，进一步扩大特殊教育专业招生规模；继续在“国培计划”中实施特殊教育教师专项培训，为特殊教育学校培训“种子”教师，进一步加强普通学校随班就读、资源指导等特殊教育教师的培训；加大硕士人才培养力度，支持和鼓励国内有条件的高校与国外高水平大学就全纳教育相关学科开展合作办学，引进国外高水平专业资质。

2017年7月，教育部等部门发布了《第二期特殊教育提升计划（2017—2020年）》。此计划提出，加大力度发展残疾儿童的学前教育。

2022年1月，在国务院发布的《“十四五”特殊教育发展提升行动计划》中提到，要积极发展学前特殊教育，鼓励普通幼儿园接收具有接受普通教育能力的残疾儿童就近入园随班就读，推动特殊教育学校和有条件的儿童福利机构、残疾儿童康复机构普遍增设学前部或附设幼儿园，鼓励设置专门招收残疾儿童的特殊教育幼儿园（班），尽早为残疾儿童提供适宜的保育、教育、康复、干预服务。

## 二、台湾地区学前融合教育的发展

1997年，台湾地区的特殊教育相关文件中提出“融合教育”这一理念。在1998年的施行细则中明确了“学前阶段身心障碍幼儿，应与普通幼儿一起学习”[①]的原则，并在2013年明确规定“各级学校及事务单位不得以身心障碍为由，拒绝学生入学或应试”。2012年，台湾地区施行幼儿教育及照顾的相关规定，进一步落实推进学前融合教育，所有公立幼儿园做到“零拒绝”，强调特殊儿童与普通儿童的融合教育，期望两者都能获得发展。在21

① 中国当代教育教研成果概览编纂委员会．中国当代教育教研成果概览[M]．北京：中国青年出版社，1997.

世纪的 20 多年里，台湾地区不仅对融合教育做了更加细致的规定，更在教育实践中取得了较好的成效。

在台湾地区，学前融合教育的发展经历了“隔离—安置—整合”的历程。早期，台湾地区对特殊儿童实施隔离教育，即将特殊儿童送入启明、启聪学校。1890 年创办的训育院即为启聪学校前身，1917 年创办的盲哑教育所即为盲聋学校前身。1975 年，台湾地区将盲聋教育分立，分别称为启明、启聪学校，有视力或听力障碍的儿童就读于此类学校。台湾地区“特殊教育办法”中提出，特殊教育与相关服务措施的提供及设施的设置，应符合适性化、个别化、社区化、无障碍及融合精神，由此延伸出“零拒绝”“并行式教育”等融合教育模式。

根据台湾教育主管部门 2018 年度特殊教育统计年报，学前教育阶段特殊学生达到 18 479 人，男女比例约 2.6 ∶ 1；发展迟缓类人数占比高达 77.95%。18 257 名接受教育的特殊需要儿童中，71.11% 在一般幼儿园或机构接受巡回辅导，22.02% 在普通班接受特殊教育服务，其余少量在集中式特殊教育班、特殊教育学校和分散式资源班接受教育。

我国学前融合教育的发展取得了一定的成就。学校、家庭、社会对于学前融合教育的认识均有所改观，专业人才队伍不断发展，家长与学校之间形成一定的默契，已经初步建立起一套符合各地实际情况的学前融合教育体系，体现出融合教育中学前特殊儿童同样享有平等的受教育权利，是我国教育事业的一大进展。

我国的学前融合教育在探索中求发展，在发展中不断探索前进，形成了入园“随班就读”的融合模式，提出“把有特殊需要的幼儿安置到普通托幼机构中，让他们和正常幼儿一起接受保育和教育”的“融合保教”理念，主张医教结合、教康整合，共同服务学前特殊需要儿童，从全体幼儿课程内容一体化到根据特殊幼儿的身心发展与年龄特点，政府、幼儿园、康复机构、特殊幼儿家长多方合作参与，制定适合的个别化康复方案，推进学前融合教育向前发展。随着学前融合教育的发展，不少学者在前辈的基础上，依据自身的实践，根据场所的开放程度、普通儿童和家庭参与互动程度、特殊儿童与家庭之间的互动和联结建立程度，提出建立多种融合方式。

## 第三节　英国、美国的学前融合教育

“有特殊教育需要”的 0～6 岁学前特殊儿童的定义有狭义和广义两种。狭义的概念是指有某种显著的发展障碍或迟缓的儿童，如孤独症、听力障碍、视力障碍、智力障碍等的儿童；广义的概念则除了上述儿童，还包括某些在行为、性格和情绪上偏离常态的儿童，如有严重的攻击性行为、性格特别退缩的儿童等。如果不对这些学前特殊儿童进行及早有效的教育干预，不仅贻误这些儿童的心理发展，还会对家长造成沉重的心理和经济负担。因此，探索对学前特殊儿童实施学前融合教育的途径和方法，并使其行之有效，已成为一个重要课题。英国和美国是发展学前融合教育较早的国家。

### 一、英国的学前融合教育

自 20 世纪 80 年代以来，随着学前融合教育概念的深入，英国学前融合教育经历了巨大的变化。接下来从英国学前融合教育的历史回溯、英国学前融合教育实践和英国学前特殊教育模式三方面加以说明，目的在于使我国学前教育工作者对代表欧洲的英国学前融合教育有一定的了解。

#### （一）英国学前融合教育的历史回溯

英国是现代托幼机构教育制度的发源地。英国特殊儿童的学前融合教育经历了从不为社会所接受到受政府和社会重视的发展过程，英国的学前特殊儿童逐渐从家庭、托幼机构的隔离状态中走向普通托幼机构，并和同龄儿童一起参与学前教育的各项活动。自 1978 年《沃诺克报告》提出以来，英国的学前融合教育得到迅速发展。例如，威尔士对从出生到 7 岁儿童的学习机会获得提出新建议，苏格兰将有策略地融合作为未来学前教育的重点，北爱尔兰对学前融合教育关注力度持续增大。纵观英国的学前融合教育，其主要特点是在法律上保证各项政策的实施，在制度上保证各种专业人员的配备。

1. 英国学前融合教育政策的制定和发展

英国在教育政策制定方面发展迅速，这些政策推动和促进了学前融合教育的发展，使学前融合教育受到重视。

（1）政府工作报告

1976 年，政府工作报告中针对学前特殊儿童有明确表述。20 世纪 70 年代初期，英国政府已在学前特殊儿童教育法案中提出要为有中、重度学习困难及严重异于普通儿童的群体提供特殊服务，为他们设立特殊托幼机构。报告中针对学前儿童的早期健康和发展方面的鉴别和筛选做出明确规定，其目的在于指导相关人员对学前特殊儿童进行早期发现，同时强调父母及专家参与的重要性，要求训练者须从儿童利益出发与其父母合作，还应从其他专家那里寻求帮助及特别指导。

（2）《沃诺克报告》

《沃诺克报告》是英国第一次全面检验特殊教育的发展情况并详细讨论相关议题后的报告书，对以后特殊教育政策的制定有着深远的影响。融合教育由此成为英国特殊教育的核心政策。在该报告中，学前融合教育按照从低到高的顺序被分为不同的层次：地区融合，即在普通托幼机构中提供特殊服务，但学前特殊儿童不属于普通班级成员；社会融合，即学前特殊儿童在特殊班上课，但诸如美术、音乐、体育等课程在普通班级进行；功能融合，即学前特殊儿童成为普通班级中的一员，教师全力帮助他们，给予有针对性的教育。

（3）《学前教育及资助托幼机构法案》

《学前教育及资助推动机构法案》的颁布在英国学前融合教育发展过程中起到了重要作用。该法案对为学前特殊儿童提供学前融合教育予以高度重视，首次引入“托幼机构保证计划”，对希望成为该计划的成员及希望得到该计划基金资助的学前教育工作者提出专门的要求，即除须遵守学前特殊儿童教育实施章程外，还应参加专业培训。计划还规定国家相关组织及地方教育协会（LEA）须以合作的方式为学前教育工作者提供更多的教育资源及培训。

（4）《特殊教育绿皮书》

《特殊教育绿皮书》以追求卓越为目标，被视为继 1978 年《沃诺克报告》后最重要的跨世纪政策性文件。此文件提出八大主题，即卓越政策、与父母合作、实践支持：特殊教育需要的结构、增进融合、特殊教育需要规定的计划、技能的发展、共同合作、情绪与行为困难的实践原则。该报告中有关学前融合教育的相关政策主要是要求所有儿童均在普通托幼机构注册，建议把年幼或有感官障碍、肢体障碍和中度学习困难的儿童优先列为学前融合教育对象。

（5）“稳妥开始”指南

1999 年，英国政府在学前教育专家的建议下制定颁布了“稳妥开始”指南，并于 2000 年 9 月在全国实施。“稳妥开始”指南涉及多学科领域，其主要受惠对象是有特殊教育需要的 4 岁以下婴幼儿及其父母。指南旨在通过改进服务体系，促进学前特殊儿童的身体、社会、情绪及智力的发展。“稳妥开始”指南是政府政策的一部分，通过为学前特殊儿童提供更好的学前教育、游戏活动及健康服务的途径，为特殊教育需要儿童提供发展支持，为其家长提供更多的家庭支持，丰富家长的育儿经验，以此全面提高学前特殊儿童的生活质量。这项计划还通过与父母及儿童的合作，帮助学前特殊儿童克服生理、智力、社会、情绪发展过程中的困难，确保他们做好入学准备。

（6）《特殊教育实施章程》

这一章程对服务于学前特殊儿童的工作者做出了明确的规定，即在学前教育环境中必须对学前儿童进行诊断、评估，提供有针对性的服务，满足有特殊教育需要的学前儿童的发展需求。章程规定一旦儿童被鉴别出有特殊教育需要，应及时采取学前教育行动，并创设相应的教育环境。如果教育干预未能使学前特殊儿童取得令人满意的进步，特殊教育需要协调员可以听取外部机构的建议并寻求支持，这种方式被称为“额外的学前教育行动”。

章程赋予学前特殊儿童更多地进入普通托幼机构接受保教的权利，要求地方教育局为学前特殊儿童的家长提供育儿建议以及解决实际困难的方法，同时赋予家长更多的知情权，即家长有权得知自己孩子的入学评估结果和接受特殊服务的情况。另外，章程中还规定了学前教育工作者需要接受额外的专业培训，确保知识的更新及理解新的政策指南，掌握实施学前融合教育时必需的技能。

2. 英国相关专业人员的配备

学前融合教育政策的制定和不断完善，为开展学前融合教育奠定了法律基础。但教育政策的贯彻、学前融合教育的实施都离不开相关人员的实践与参与。英国政府的学前融合教育政策中强调多学科专家小组的共同合作。在英国，为了更好地实施学前融合教育，除了教师、家长、专家，还形成了由各专业人员组成的共同工作团队。下面分别介绍这些专业人员：

（1）特殊教育需要协调员

按照英国教育与技能部门的规定，特殊教育需要协调员扮演着重要角色，他们负责调动和协调托幼机构、班级资源，并与具有特殊教育专业背景的教师一起为提高教师教学和学前特殊儿童学习的质量出谋划策。

在学前融合教育发展的过程中，特殊教育需要协调员的职责发生了变化，逐渐以“融合”为导向，具体表现为：从以前只关注个别有特殊教育需要的学前儿童到关注他们在融合保教中的学习；从单纯的诊断评估到与其他相关人员共同合作；从关注孤立的特殊托幼机构的安置到融合式的教学和学习方法及策略；从单独工作到共同参与、团队合作；从传统的教师角色到承担责任，拓宽视野，为学前特殊儿童发展寻找新的机会。而在具体的教学中，特殊教育需要协调员承担更多的任务，包括根据学前特殊儿童的特点提出课程安排建议，为学前特殊儿童提供可获得的资源；帮助教师满足学前特殊儿童不同的需要；对融合教学及学习方法提出建议；为学前融合班教学实践做示范；监测学前融合教育政策的实施质量及效果，遵循学前融合教育政策，确保国家课程的实施；为学前融合教育工作者提供专业建议；帮助其他教师处理好与学前特殊儿童及特殊教育工作者之间的关系；为学前特殊儿童提供服务及为教师提供专业培训，检测特殊儿童学习效果；与学前特殊儿童家长保持合作关系；与其他教师合作并发展其专业技能。

（2）学习支持教师

学习支持教师的聘用以及对其基金资助的方式在很大程度上促成了学前融合教育实践的成功。许多学习支持教师并非传统意义上的教师，但在学前融合教育的过程中，人们往往对他们充满期望，因为这些学习支持教师具备专业的技能，能满足学前特殊儿童的不同需要，能配合任课教师帮助儿童参与学习活动。除掌握技能外，学习支持教师还了解学前特殊儿童的不同需求，能与任课教师共同探讨对这些儿童进行的有效课程安排。同时，经常使用开放式问题向儿童提问，鼓励儿童讨论所学的知识及所理解的内容，为儿童提供机会分享观点、展示自己所学知识。学习支持教师同时记录儿童的学习成果以及所提供的支持对儿童产生的效果。此外，学习支持教师经常与任课教师沟通，互相合作，共同促进儿童发展。

### （二）英国学前融合教育实践

在学前融合教育过程中，教师和相关人员的支持是决定教育成败的关键因素。自“融合教育”概念提出以来，英国的学前特殊儿童的教育日益受到关注，学前融合教育也被逐步提上国家立法及政策制定的议事日程中。学前特殊儿童逐步走进普通托幼机构，参与普通儿童的学习活动。英国在开展学前融合教育时，为确保学前特殊儿童接受有效的保育和教育，运用了一些切实可行的方法。

1. 教学方法和过程

在学前融合教育的实践中，英国着重开展了全方位融合教学法和循环教学过程。

（1）全方位融合教学法

英国的学前教育工作者注意充分发挥学前特殊儿童学习的积极性，全方位调动儿童能力，进行有效的教学，具体如图 1-4-1 所示。

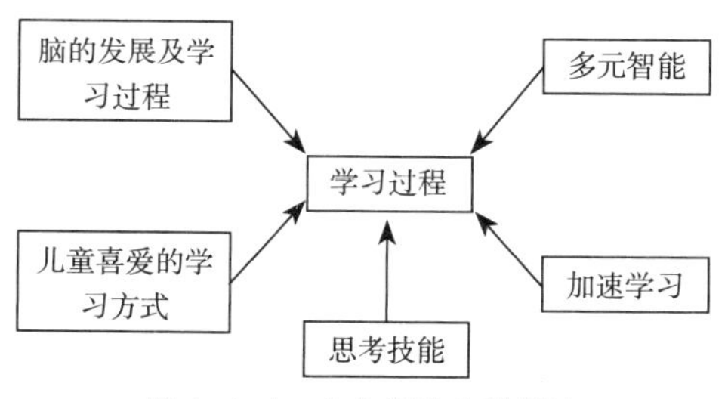


**图 1-4-1　全方位融合教学法**

在教学过程中，教师注重学前特殊儿童的多元智能发展，通过这些儿童喜欢的教学方式吸引他们参与到学习活动过程中，并引导他们积极思考问题，培养他们多方面的技能。对于在某些方面表现较为突出的学前特殊儿童，教师则采用加速的教学方法，提高他们学习活动的难度，调动他们的积极性。针对不同的学前特殊儿童，教师采用的教学策略也各不相同。比如对于需要培养听觉能力的儿童，教师主要采用讨论、口头反馈、调查报告、访问等方法；对于需要提升视觉能力的儿童，教师主要采用播放录像、聚焦、画画的方式，将事物呈现给儿童，或者使用头脑风暴等方法；对于需要加强感觉运动能力的儿童，教师在教学中经常采用让他们触摸教具、实际操作、搭建、调查、做实验等方法，促进这些儿童对活动以及教学内容的理解和掌握。

（2）循环教学过程

教师在教授学前特殊儿童某一系统的知识内容时，常采用如图 1-4-2 所示的教学过程，帮助他们在温故知新的基础上学习并掌握新知识。通常一个完整的教学过程分为八个内容，并形成一个有内部联系的循环。

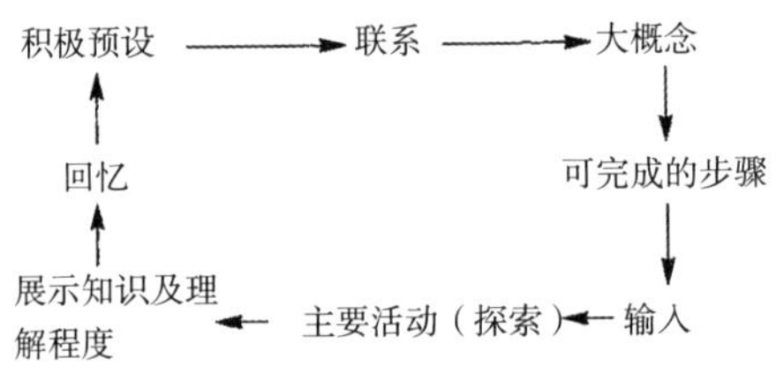


**图 1-4-2　循环教学过程**

下面分别介绍这八个内容的具体含义：

第一，积极预设。设置合适的氛围让学前特殊儿童进入积极的学习准备。在此时要确保这些儿童（如孤独症儿童）情绪稳定，使他们尽快进入学习活动状态。

第二，联系。将新知识与先前学到的知识联系起来。

第三，大概念。对所要学习的内容做概述，让儿童形成大致印象，对学习目标或所期望的结果做概括。

第四，可完成的步骤。即任务分析，将学习任务或活动分成更小的单元进行学习。

第五，输入。运用多感觉通道（视、听、感觉运动参与）教学法。

第六，主要活动（探索）。给予儿童使用跨学科学习技能的机会，如让学前特殊儿童做实验、向同伴调查、使用思考技能、运用多种技能、使用问题解决方法、使用全脑学习方法等（儿童作为积极的学习者）。

第七，展示知识及理解程度。让儿童向同伴或教师解释某一观念或举出所学知识或游戏活动的三项内容。

第八，回忆。总结学习内容或游戏活动，巩固儿童的记忆。

2. 干预策略

在英国学前融合教育中，对于不同类型的学前特殊儿童，采用不同的个别干预策略。由于言语障碍儿童和孤独症儿童所占比例较大，因此下面介绍这两类儿童的干预策略。

（1）言语障碍儿童的干预策略

言语技能是儿童的认知、社会、情绪、自我概念各方面发展的重要基础，也是在学前教育中使用最普遍的教学媒介。没有言语技能，学前儿童的发展将受到极大的限制。一些儿童由于言语能力的局限，常常无法与人交往。对于这类学前儿童，学前融合教师经常鼓励并支持儿童，促进他们交往技能的发展。在干预过程中，教师与多学科专家小组根据每一个儿童的情况有针对性地制订个别化教育计划，并配合言语治疗师的指导要求给予正确的语言示范，在儿童游戏过程中提高他们的记忆力，发展他们的注意力和自由对话能力。

对于问题较严重的儿童，教师则利用“马卡顿”帮助学前儿童发展言语技能。马卡顿是一种针对言语交流困难儿童设置的交流系统，由一系列手势或图示以及语言构成，通常由言语治疗师根据儿童的情况进行设计。通过使用马卡顿，教师和家长可以利用手势及其他视觉线索与儿童交流信息。

（2）孤独症儿童的干预策略

孤独症儿童的社会技能、想象力及交往技能的发展与普通儿童有很大差距。他们对周围的学习环境、人际环境常表现得很冷漠，很难与他人建立友谊。他们好像生活在自己的世界里，很少主动与外界交流。

在英国学前教育中，对于这类儿童的干预常采用一般方法与其他方法相结合的策略。对于孤独症儿童，任务必须清晰明确。在一般方法中，教师为儿童制定严格的日常作息表，保持高度的结构化和一致性。当学习某一内容时，教师通常要求儿童将相关的照片或小图片贴在学习板或展板上，当某一任务完成时，将其移除，放入“已完成”的盒子中，让儿童明确已完成的任务及将要学习的任务。为培养儿童养成独立学习的能力，教师在所有与所学主题单元有关的资料上粘贴关键词，并按一定的结构整理。比如，将与学习主题有关的教具按一定的顺序放在儿童左边的篮子里，在学习过程中，儿童根据学习进程将教具依次移入右边的篮子里。

另外，教师还运用其他方法。比如，拓展孤独症儿童想象游戏，即训练者模仿儿童的游戏，一旦得到儿童的许可后，将其游戏活动加以拓展，进行反复示范，吸引孤独症儿童模仿，使其意识到可以和他人一起分享游戏活动及由此带来的喜悦；特殊环境的设置，即为儿童营造安静的氛围，一对一训练，避免额外的刺激及干扰注意力的因素，使儿童集中注意力；夸张的示范，即训练者夸张地使用肢体语言、面部表情及手势语，鼓励孤独症儿童注意这些夸张的动作并理解各种姿势与表情。

3. 学前融合教育个案

英国由苏格兰、英格兰、威尔士及北爱尔兰组成，不同地区的教育由当地教育机构具体负责。由于各地教育模式不同，因此学前融合教育也没有统一的模式。有些地区在独立的幼儿园内开设学前融合教育，有些地区则将学前教育纳入小学教育体系。在此，作者将对英国某小学内的学前融合教育做简要介绍，该个案曾被英国政府作为学前融合教育的交流案例。

该机构坐落于英格兰米德兰斯的小镇上。机构中的就读儿童为4～9岁，其中，36名重度学习困难的儿童在特殊班学习，80名有其他特殊教育需求的儿童在学前融合班学习。80名儿童被分成两组，一组儿童程度相对较好；另一组儿童程度较差，需要额外辅导及资源的支持。这些儿童包括听力障碍儿童、注意障碍儿童、孤独症儿童、情绪行为障碍导致的有攻击性行为的儿童等。托幼机构为每个特教班配备一名专职教师及保育员，保育员兼有学习支持者的任务。学前融合班共有7名教师及2名专门解决儿童特殊需要的教师。

托幼机构以学前特殊儿童为本，注重为他们创造良好的学习氛围，如在教学楼墙上布置儿童的美术、照片及书画等作品，或者贴满各种与课程有关的有趣物品；教室及走廊两边也布置各种充满童趣的图片等。托幼机构里也有很多书籍以及供儿童游戏的玩具等。托幼机构针对学前特殊儿童的特点，倡导同伴间的互帮互助，主张普通儿童与特殊儿童结对，共同参与活动。家长们也积极地与教师密切配合，参与到托幼机构的活动中。

### （三）英国学前特殊教育模式

英国的学前教育机构多种多样，学前教育的政策法规也体现出独具一格的特点。2001年5月，英国通过了《特殊教育需求和残疾人法》，该法于2002年9月生效。残疾儿童在英国将受到与健康儿童同样的关爱，否则将被视为违法行为。英国的学前特殊教育有以下几种模式：

1. 部门间合作模式

自20世纪70年代以来，融合教育已成为英国特殊教育的核心政策，政府在立法方面不断加强融合教育的贯彻与实施。近年来，随着早期教育及特殊教育成为英国政府关注的焦点，特殊幼儿学前阶段的融合教育也成为国家早期教育的重点。政府越来越强调“联合的思想”，积极探索有效的专业人员参与模式，以多学科、多部门专业人员合作参与的方式为特殊幼儿提供各种支持服务，满足幼儿及其家庭的需求。这种模式的积极正向作用受到了政府立法及政策制定者的肯定。

2. 多学科工作模式

1976年，英国的政府工作报告，指出家长及专业人员在特殊儿童发展过程中的重要性，强调早期教育工作者应与家长合作，并从其他专业人员那里获得支持和特别指导。该报告提出的模式是“多学科的工作模式”，是指多学科领域专业人员为儿童提供帮助和服务，人员间的工作是截然分开的。

3. 核心工作者模式

1993 年的《教育法案》及 1994 年的《特殊教育需要鉴别和评估实施章程》指出：“对于特殊儿童的有效服务需要学校、当地教育部门、卫生部门及当地社会服务部门的密切合作。多学科背景专业人员的参与是最有效的方式，能确保儿童得到恰当的服务。”该模式把特殊儿童及其家庭的需求纳入进来，考虑儿童所处的整个生态系统，其实施过程引入了“核心工作者的角色”。核心工作者的选择来自合作模式中的参与人员。

## 二、美国的学前融合教育

美国的学前融合教育从萌芽到全面展开已有几十年的历史，在此期间，其立法、课程等方面经历了一个逐渐完善的过程，联邦政府为此投入大量的人力、物力、财力。由于相关立法的完善和对学前融合教育的重视，3～5 岁的学前特殊儿童大多在普通托幼机构接受保育和教育，探讨其发展历史和对教育实践的探索现实，将对我们有所裨益。下面以美国学前融合教育的发展历程为主线，对其发展现状进行概括性阐释。

### （一）美国学前融合教育的历史回溯

20 世纪 70 年代，美国开展的“回归主流”运动是学前融合教育的先声，核心内容是让学前特殊儿童在最少限制的环境中接受教育。随之而来的是在普通托幼机构的普通班开始尝试为学前特殊儿童提供合适的教育。1990 年，由于《障碍者教育法案》的问世，学前融合教育的概念得到提倡，联邦政府开始大力推行融合教育，其目的是努力使特殊教育融入普通教育之中。

几十年来，美国主要从政策法规的制定与实行、观念的转变和模式的创建三个方面保证学前融合教育的实施。

1. 美国学前融合教育政策的制定和发展

联邦政府通过法律和法规的制定，以强有力的法律手段保证了学前融合教育持续有效地开展。

（1）抢先起步计划

有关学前融合教育的立法，最早源于 1965 年的《经济机会法案》。该法案规定由联邦政府和各州政府合作开展“抢先起步计划”。该计划旨在向贫困家庭的 3～4 岁儿童免费提供学前教育、营养和保健。虽然该法案在实施伊始并不针对学前特殊儿童，但在 1972 年，《抢先起步计划修正案》规定：在抢先起步计划中，接受被诊断为有发展障碍儿童的比例要高于10%，这就直接促成3～5岁学前特殊儿童进入实施这一计划的机构，他们得以和普通幼儿共同接受教育。另外，抢先起步计划项目愈来愈受到政府的重视，联邦政府为此项目多次拨款，金额达到数亿美元。这些都有利于学前特殊儿童在抢先起步计划中接受适合、优质的学前融合教育。

（2）《障碍儿童早期援助法案》

1968年的《障碍儿童早期援助法案》是第一项针对年幼的学前特殊儿童制定的联邦法案。1969年到1970年，联邦政府共建立24个障碍儿童早年教育计划的示范性早教项目，这些项目为后来联邦政府制定有关学前融合教育法案奠定了基础。1975年的相关研究表明，大量年幼的障碍儿童都从这些项目中获益。1979—1980年，接受政府资助的相关项目达200多个。1983年，《全体残障儿童教育法修正案》将“学前儿童州计划项目”纳入障碍儿童早年教育计划，使对特殊人群的教育服务范围正式扩展至0～5岁。

（3）全体残障儿童教育法案

1975年，《全体残障儿童教育法案》颁布，其指出：为学前特殊儿童实行免费适当的教育，为每个符合规定的学生提供个别化教育计划。当时，该法案的适用对象并不包括学前特殊儿童。但在该法案不断修订的过程中，有关婴儿、学步儿、幼儿的各项教育权利被逐步完善。1983年，《全体残障儿童教育法修正案》指出：联邦政府会给为有发展障碍婴幼儿提供服务的各州提供经济奖励。1986年，《全体残障儿童教育法修正案》鼓励各州为0～2岁婴儿和学步儿及其家庭提供各种形式的服务，将学前特殊儿童的教育服务范围扩展到3～5岁，要求在1990—1991学年度之后各州为所有3～5岁有发展障碍幼儿提供免费、适当的教育，公立托幼机构应当建立学前课程或与校外机构签订合同，共同制定学前教育方案，否则联邦政府将不给予学前教育经费补助。

1990年，《全体残障儿童教育法案》更名为《障碍者教育法案》（IDEA），和原法案相比，主要有以下几点变化：

第一，使用以人为本的语言将“残障儿童”改为“障碍者”，不直接伤害儿童及其家长。

第二，提出六项基本原则。这六项原则分别为零拒绝、非歧视性评估、免费和适当教育原则、最少受限制环境、合法诉讼原则、家长参与原则。

第三，在经济上提供切实的帮助。在“免费和适当教育原则”中指出，所有3～21岁的个体，无论障碍的类型和程度，都有权受到免费、适当的公立教育。

第四，强调早期干预和帮助。为0～3岁有发展障碍的学前儿童提供早期干预和教育，并使他们有权享受个别家庭服务计划。

1997年，联邦政府进一步修正并公布了IDEA修正法案。修正法案增添了以下几项重要内容：强调将3～5岁学前特殊儿童放置在最少限制的环境之中；重视3～4岁幼儿进入到 5 岁的学前项目之间的过渡；要求专家对具体障碍的鉴定推迟到儿童满 9 岁；在 3～9 岁障碍儿童的类别中，增加了一类“发展迟缓”，让各州根据具体情况，将那些在认知、身体、社会、情绪或适应性方面发展迟缓的儿童列入特殊教育的服务对象；将 3～9 岁有发展障碍的个体幼儿分别划分为 11 类：特定学习能力困难、情绪紊乱、智力落后、孤独症、发音损害、言语损害、听觉损害、视觉损害、创伤性脑损伤、其他健康损害和发育迟缓。

除了上述与学前儿童直接有关的法案，在一些有关学龄儿童的法案中，也有不少对学前儿童的学前融合教育产生深远影响的法案。

1989 年，布什总统颁布了“美国 2000 年目标”，其中第一项目标就是：所有美国儿童都要有良好的学前准备。这直接促使学前机构努力为残疾幼儿提供较高质量的学前教育。

1993 年，在《美国学校促进法案》中，要求所有学生（包括学前特殊儿童）取得更高的学业成就，这也推动了学前融合教育运动的开展。

2001 年，在布什总统签署的《不让一个儿童掉队法案》中，强调对儿童进步的评估，要求对每一个儿童所取得的进步都必须加以评测，这一点对学前融合教育的评估也有重要启示。

从上述立法的演进过程可以看出，在美国，特殊教育对象的年龄始于 0 岁，联邦政府对学前特殊儿童的关注度很高，有关学前融合教育的立法日趋完善。从相关立法中可以概括出以下几项重要内容：3～5 岁学前特殊儿童都有权获得免费的学前融合教育，有权进入为普通幼儿提供的早教服务项目中；对这些学前特殊儿童所进行的鉴别、诊断的评估程序必须是非歧视性的；对每个学前特殊儿童都必须制订个别化教育计划，并要定期评估他们的进步；有特殊教育需要幼儿的家长有权参与当地教育政策、孩子的个别化教育计划和个别化家庭服务计划的制订，有权质疑教育机构做出的有关孩子教育问题的任何决策。

2006 年秋，美国对 IDEA 修正法案中的安置模式进行改革，确定了 7 种安置模式，分别是：每周至少 10 小时且大多数时间在普通早期儿童项目中、每周至少 10 小时但大多数时间不在普通早期儿童项目中、每周低于 10 小时且大多数时间在普通早期儿童项目中、每周低于 10 小时但大多数时间不在普通早期儿童项目中、单独班级、服务提供者所在地或其他场所、其他环境等。

其中，普通早期儿童项目指的是在教育环境中，普通儿童占比超过 50% 的教育项目。根据美国教育部的报告，截至 2011 年秋季，在涉及普通早期儿童项目安置环境中接受教育的 3~5 岁残疾儿童占 62.4%，其中占比最高的是每周至少 10 小时且大多数时间在普通早期儿童项目中的安置形式，比例达到 35.4%。

2. 美国学前融合教育模式的创建

（1）学前融合教育模式的创立

美国的学前融合教育模式主要有四种：

一是咨询模式。特殊教育教师为在普通班级中学前特殊儿童提供咨询服务，并提供各类物品。

二是团队教学模式。特殊教育教师和其他教师在教室中共同工作以完成全部教学。

三是助手服务模式。为学前特殊儿童提供辅导方向。

四是有限移出式服务模式。学前特殊儿童必须在特定时间去资源教室接受特殊训练，这可以减轻普通教师对学前特殊儿童的责任。

（2）团队合作模式的转变

美国的学前融合教育是由养育者、教师以及不同专业的专家组成的团队共同合作开展的。根据联邦政府的规定，为满足有特殊教育需要儿童的要求，下述相关人员是必需的：特殊教育工作者、语言病理学和听力学专家、职业治疗师、物理治疗师、心理学专家、社工、营养师、家庭治疗师、指导教师和巡回教师、小儿科医师和其他医师等。除此之外，学前融合教育的开展还需要托幼工作者、照料者、婴幼儿教育专家、儿童和家庭教育专家等人员。

自 1975 年《全体残障儿童教育法案》颁布以来，团队合作的模式已经发生许多变化，向更协调、合作性更强以及更多功能性的目标实施方向发展，主要经历如下阶段：

第一阶段：多学科小组。该小组虽由来自不同学科的专业人员组成，以医学模式为基础，主要任务是评估学前特殊儿童，并为他们制订以及实施适合其特殊性的服务和教学计划。小组成员在小组会议上提交学生的教学计划，并产生了隔离式治疗服务方法。

第二阶段：学科间小组。该小组的成员之间有了更多的合作，因为他们需要对学前特殊儿童的教育年度目标、短期目标以及策略方面达成共识。在个体教学计划的内容方面，学科间小组要为这些儿童的父母提供更多的评估，要与其他专业人员进行更多的讨论。

第三阶段：跨学科小组。该小组着重为高危婴儿提供全面发展计划的策略，这些策略主要是以父母和专业人员的意见为基础而制定。小组在会议上合作发展个别化家庭支持计划、个别化教育计划的权利。小组优先将学生的需要作为教学目标，并在每个学科中实施这些被最先考虑的目标。这种跨学科小组的优点在于治疗师和其他小组成员既是合作者，又保持相对灵活的角色关系，有利于技能的迁移，所有人员可以在一起共商工作。

### （二）美国学前融合教育的实践

美国不仅通过各项法案的制定，为学前融合教育提供法律上的保证，还在具体的实践过程中，给予学前教育工作者独立探索的自由。下面从推行教育实践的理念、教育形式、参与人员以及教育策略四个方面综观美国学前融合教育实践。

1. 美国学前融合教育实践理念

在美国，主要有两个机构实施学前融合教育课程：一是从属于特殊儿童委员会的特殊幼儿部，他们主要负责幼儿特殊教育，其主要服务于有发展障碍或发育迟缓的年幼儿童，其中包括对0～3岁儿童的早期干预、3～5岁儿童的学前服务以及6～8岁儿童入学初步阶段的服务；二是全美幼儿教育协会，他们负责幼儿教育，服务于全体0～8岁的儿童。

（1）两种不同的理念和课程思想

从服务对象和服务范围来看，幼儿教育涵盖幼儿特殊教育，但由于特殊幼儿部和全美幼儿教育协会在教育理念上存在差异，所以双方对学前融合教育的开展有各自的原则和方针。

①特殊幼儿部的学前融合教育理念

特殊幼儿部认为，所谓学前融合教育，就是无论幼儿的能力差异如何，都要让所有儿童得到身心发展的满足，所有的特殊幼儿都能积极地投身到所在社区或集体的环境中去。这种环境包括家庭、托幼机构、游戏小组、抢先起步计划项目、社区托幼服务中心等。

特殊幼儿部尊重家庭的差异性，给予家庭决策服务的权利；为更好地实施学前融合教育，特殊幼儿部支持全融合及其持续系统地发展、评估和传播；针对家庭、管理者、服务提供者提供培训；与所有涉及融合的财政和管理程序人员合作；加强与学前融合教育有关的研究；重组及统一与学前融合教育有关的支持和服务系统，以满足所有儿童和家庭需要。

②全美幼儿教育协会的学前融合教育理念

全美幼儿教育协会在学前融合教育的起始时期认为，只需要为有特殊需要的幼儿进行环境上的调整，随着教育的深入，又提出要高度重视为学前特殊儿童提供教育上的相应变化和调整，以使这些儿童获得更多便利。该协会同时指出，在融合环境中，照料者和教育者要为学前特殊儿童提供更宽泛的兴趣和能力期望。

③特殊幼儿部的学前融合教育课程思想

特殊幼儿部的学前融合教育课程思想主要体现在以教师指导为中心。特殊幼儿部强调以教师为指导中心，教师必须应用行为改变技术和教育心理学原理设计整个教学情境、设定全部教学目标，并规定了五条基本原则：着重对功能性目标的干预、提供以家庭为中心的服务、定期对干预进行监控和调整、运用多学科的方法提供服务、制定到其他托幼机构的情境过渡方案。

④全美幼儿教育协会的学前融合教育课程思想

与特殊幼儿部的课程思想不同的是，全美幼儿教育协会的学前融合教育课程更强调以儿童为学习的主体。儿童是自主的人，教学活动应按照儿童的现有水平、兴趣及教室环境而设定，突出儿童自我选择的权利，充分重视学前儿童的问题解决技能和好奇心的培养与发展。其中，发展的适宜性包含两方面内容：一是年龄的适宜性，即了解儿童的发展与变化规律，在游戏和学习环境的设置上，应满足儿童发展的需要；二是个体的适宜性，即把每个儿童看作独立的个体，认识到每个儿童的发展差异，在教育中所获经验应符合他们的能力发展。下面对这两种课程思想进行归纳比较，具体内容如表 1–4–1 所示。

**表 1–4–1　特殊幼儿部和全美幼儿教育协会的课程思想的比较**

| 部门 | 导向 | 依据理论 | 重视内容 | 忽视内容 |
| --- | --- | --- | --- | --- |
| 特殊幼儿部 | 以教师为中心 | 行为主义 | 教育结果、家长参与 | 儿童自主 |
| 全美幼儿教育协会 | 以儿童为中心 | 建构主义 | 儿童的主题活动和探索 | 家庭参与 |

特殊幼儿部与全美幼儿教育协会在学前融合教育的课程思想上虽有上述区别，但随着近年来学前融合教育的发展，这两个部门间的合作越来越多，双方的理念和实践也在逐渐地走向融合。特殊幼儿部向着更自由、更以儿童为中心的方向调整，学前特殊教育教师、治疗师以鼓励儿童为主，并力争营造一个能使儿童自主探索、同伴互动和自我学习的环境。而全美幼儿教育协会也向着结构化、行为矫正的方向调整，早期教育教师开始重视教学的结构性和家长的参与度。

（2）共同的学前融合教育策略

双方的联合教育策略如下：

第一，有目的地投放材料。为学前特殊儿童投放可引发他们进行游戏和合作的材料。

第二，内隐化实施辅助教育。通过以个体目标和需要为基础的游戏活动，或者隐去外在辅助形式，对儿童自发游戏的过程给予辅助，以此促进交往。

第三，加强视觉化教育。采用视觉提示，提供有限的、有明确定义的选择内容，当儿童能够很熟练地做出选择时，隐去提示并增加选择项目数。

第四，以同伴学习为主体。通过提供多套材料，为各小组儿童设计空间和活动，增加同伴榜样示范机会。让同伴坐在学前特殊儿童附近，提示学前特殊儿童观察并模仿同伴，并训练两类儿童交流，当他们这样做时，教师及时表扬。

第五，增强语言线索。通过选定语言符号帮助儿童理解和表达他们的情绪，通过示范行动描述目标行为，鼓励儿童运用言语线索解决问题。

第六，强化直观教育手段。给予特殊儿童更多的口语、手势、图画式以及部分身体的提示，当需要更多的直观教育策略时，也给予完全的身体操作。

第七，及时反馈，增强信心。为特殊儿童提供及时反馈，鼓励儿童有更多适当的或理想的行为产生，使成人的反应与儿童具体的能力和功能水平相匹配。

从上述策略来看，特殊幼儿部与全美幼儿教育协会在学前融合教育上更趋于统一，都十分重视个别化教育，强调为特殊幼儿提供与发展相适应的教育经验，鼓励评估与课程选择的紧密联系，都认识到儿童主体活动以及情境相关经历的重要性和价值，强调儿童对活动的参与，重视儿童与他人的社会互动和社会适应能力的发展，重视教师对学生行为的反馈，强调师生互动的价值。

虽然两大部门在教育理念和课程思想上渐趋统一，但他们也发现，在理念上的统一比在实践操作过程中的统一要容易得多，因为在实践中很难在数以千计的学前融合项目中提供一种绝对的实践模式范本。

2. 美国学前融合教育的形式

美国采用比较多样的形式实施学前融合教育，但依然具有一定的共性。下面从对象、场所和具体方式等方面加以阐述：

（1）对象

3～5 岁的 11 类学前特殊儿童，包括特定学习发展障碍、情绪紊乱、智力落后、孤独症、创伤性脑损伤、发音损害、言语损害、听觉损害、视觉损害、其他健康损害、发育迟缓。

（2）场所

对 5 岁以下特殊幼儿实施保育的机构主要有保育托幼机构（大多为半日制，招收 3～4 岁幼儿）、日托中心（从早到晚开放，招收 5 岁以下幼儿）、家庭托儿所、公立托幼机构附设的幼儿园（扩招部分 4 岁幼儿，以利于幼儿教育的普及）等。

（3）主要融合形式

一是全融合，指学前特殊儿童全部时间都和普通幼儿在同一教室内接受保育和教育。

二是半融合。学前特殊儿童部分时间和普通幼儿一起学习，部分时间去特殊班或康复训练中心。

三是反向融合。反向融合是一种特殊的融合模式，自 1980 年在纽约州的北西拉鸠斯市中心区域开始实施，指 1～2 个普通幼儿在获得其父母允许的情况下，进入学前特殊儿童的班级，从周一至周五，早上 9 点至下午 2 点，与有特殊教育需要的学前儿童在一起学习。

不管学前融合教育实施形式如何，评价学前融合教育成功与否，都有一定的标准。概括地说，可以从能否被所有的儿童所接受、儿童是否从这样的教育中获益、父母和参与者对其结果是否满意等方面进行评价。

3. 相关人员

学前融合教育是一个庞大的工程，因此需要一大批具有爱心和献身精神的工作人员参与。在美国，除了托幼机构工作者，还有一些专业人员从事学前融合教育。

（1）学前特教工作者

学前特教工作者指为 0～5 岁特殊婴幼儿工作的专家，他们同时接受过学前教育和早期干预两方面的培训，具有较广泛的关于不同障碍的知识，其主要职责包括与学前教育机构、抢先起步项目机构中的教师一起为学前特殊儿童提供服务。作为个别化教育计划或个别化家庭支持计划的团队成员，他们还负责教育目标的设定、为家庭提供支持咨询服务、将婴幼儿的进步反馈给家长、评估婴幼儿的进步。

（2）服务协调员

服务协调员是指为3～5岁特殊幼儿提供服务时进行各方协调的人员，他们的职责是协助实施过渡计划，协调涉及个别化教育计划各成员间的分工。服务协调员既可以是社会工作者，也可以是幼儿特殊教育者或治疗师等。

（3）融合推进者

融合推进者的职责是保证学前特殊儿童在普通教育环境中获得能够使其成功的必须支持和服务；帮助教师解答有关儿童发展和教育的相关问题，获取相关资源。

（4）特殊教育管理者

特殊教育管理者的责任是保障所有相关特殊教育的政策法规、项目计划等被切实执行。

4. 主要教学策略：基于活动的早期干预

在美国的学前融合课堂中，对学前特殊儿童采取的主要教学策略是基于活动的早期干预。它是在综合了儿童早期教育理念和行为矫正策略后发展起来的。

（1）基于活动的早期干预的定义

这是一种以儿童为主导，以自然环境中发生的事件为教学内容，在教学活动中融入学前特殊儿童的个别目标，同时有逻辑性地运用自然发生事件的前因和后果，促进功能性技能发展的教学方法。

（2）基于活动的早期干预的要素

基于活动的早期干预有以下四个构成要素：

第一，以儿童为导向设置干预通路。当儿童基于某种兴趣或动机而表现出某种行为时，学前融合教育工作者无论是运用身体还是语言，无论是自己的身体力行还是请同伴帮忙，都要以此作为导向，及时做出反应或回馈，使儿童明白这是由于自己的行动而引起的相关反应。

第二，根据日常生活、有计划的活动或儿童自发的活动制定干预目标。日常生活活动指吃饭、穿衣、在托幼机构吃点心等；有计划的活动指在成人组织和设计下才会发生的活动，如种花、唱歌等；儿童自发的活动指只需要极少外界支持或奖励就能发起或维持的反映儿童固有兴趣的活动。

第三，关注干预中的前提和后果。前提指儿童在目标行为之前的事件，后果指在目标行为出现之后的事件。

第四，干预聚焦于功能性技能和生成性技能。功能性技能指能让儿童以独立的、令人满意的方法参与到自然和社会环境中的技能；生成性技能指能推广到其他环境中的技能，如某个儿童在任何场合下都会系鞋带。

（3）基于活动的早期干预的步骤

基于活动的早期干预实施过程可概括为三个步骤：首先是对幼儿起点的评估，其次是对教学的评估，最后是对教学结果的评估。这样的步骤充分考虑了幼儿自身的能力，强调了对教学的设计和评估。由于这种教学策略以自然环境和自然发生事件为基础，所以它最显著的优点是使学前特殊儿童融入自然环境接受学前融合教育成为可能。

### （三）美国学前特殊教育政策法规

在美国的立法中，关于在公立学校中向残疾儿童提供教育的有关法规由来已久。美国法律对特殊教育的定义是：为满足能力特殊学生的独特需要而特别设计的教学（包括体育教学），接受特殊教育的学生统称为特殊学生，包括能力缺陷学生和有特殊才能的学生。联邦政府的特殊教育法详细规定了对能力缺陷学生的特殊教育要求，对于有特殊才能的学生的特殊教育则由各州自行制定具体规定。

美国学前特殊教育政策法规从无到有，经历了从忽略到关注再到重视的演变过程。从1970年开始，美国相继制定了一系列联邦法规，包括《障碍儿童早期教育援助法》（1968年）、《障碍儿童早期教育计划》（1969年）等。

美国两项重要的立法使残疾儿童在教育方面的状况大为改观。第一项立法是1973年通过的《康复法案》。《康复法案》有助于唤起公众对数以百万计的残疾青少年和成年人的注意。第二项立法是1975年11月颁布的《全体残障儿童教育法案》（以下简称《教育法案》）。这是美国特殊教育立法中最重要的一部法案，该法案规定，必须向3～21岁残疾儿童和青少年提供恰当的、免费的教育及有关的特殊服务。《教育法案》规定的向残疾儿童提供的服务是各州必须提供的最低限度的服务的法律依据，使残疾儿童受教育权得到法律保障。

1. 残疾儿童享有的权利

《教育法案》被称为残疾人的人权法案，该法案的要点是保证残疾儿童及其家长在以下7个方面享有的权利：

一是受教育权。《教育法案》规定必须向3～21岁的残疾儿童和青少年提供其所需的全部服务，包括教育服务，地方当局不得以任何借口加以拒绝，这保障了所有残疾儿童受教育的权利。

二是受免费教育权。它指的是在向残疾儿童提供教育时，不管费用多么巨大，都不应该向残疾儿童及其家长收取。《教育法案》规定：国家有义务向所有儿童，不论是正常儿童还是残疾儿童，提供财政资助，以使他们得到免费的教育。免费教育意味着向残疾儿童提供的一切服务和教育不应该向家长收取任何费用。法案规定的免费项目有：个别教学费用、学费、交通费、为残疾儿童进行的各种治疗（工疗、理疗、言语矫正等）的费用、膳食费等，还包括儿童的教育或康复所必需的设备和器材。

三是受恰当的教育的权利。它主要指残疾儿童受到的教育必须符合残疾儿童的实际情况，是残疾儿童所需又是其能接受的教育，而不只是形式上的教育。《教育法案》认为：只要有恰当的教育课程计划，所有儿童都能从教育中受益，所有儿童都是可以教育的。所以，法案规定必须为每个残疾儿童制订一项“个别化教育计划”，这是法案的核心。个别化教育计划有两个目的：第一，它是对儿童进行教育和补偿的总体规划或蓝图，儿童的教育目标以及实现该目标所必须提供的全部特殊教育服务都被包括在该计划之中。第二，它为残疾儿童做出恰当的教育环境的安排，最有利于实现残疾儿童教育目标。

四是在最少受限制的环境中受教育的权利。最少受限制的教育环境是美国特殊教育立法中一个很重要的概念。《教育法案》认为：最少受限制的教育环境向残疾儿童提供了平等的机会，在一个最恰当的、最有利的环境中去实现他的学业、社交及情绪的成熟和发展。伴随“最少受限制的环境”的提出，“主流化教育”或“回归主流教育”，即强调将残疾儿童与普通儿童尽可能地安置在同一个教室中受教育的教育主张随之产生。

五是家长充分参与的权利。法案保障残疾儿童的家长充分参与对其子女的诊断、制订个别化教育计划以及评估的过程的权利。《教育法案》规定：家长有权对学校的决定提出异议；学校为残疾学生所采取的任何措施，家长有权事先得到书面通知，并有权要求学校解释采取这些措施的理由；家长有权查阅学校对儿童的评估测试记录，对评估测试结果做出评价，并有权要求学校解释这些结果；家长有权对学校为其子女制订的计划表示同意或不同意，当家长与学校意见不一致时，家长有权要求一名不偏袒的官员主持一个意见听证会对家长与学校进行仲裁；假如意见听证会仍然不能使家长和学校之间达成一致，则由法院作出裁决；如果家长不会讲英语，必须向家长提供翻译，所有的交流都必须以家长的母语进行。法律保障家长充分参与的权利。如果没有明确的理由和家长的参与，学校不能单方面改变残疾儿童的教育安置，也不能开除他们。只有在家长签字之后，学校对残疾儿童所做的教育决定才能生效。

六是隐私受保护的权利。《教育法案》明确规定：对残疾儿童的记录，包括评估结果、教育安置意见和日常的教育、康复活动记录等都属于儿童及其家长的隐私，没有家长或儿童的法定监护人的书面同意，任何其他人都不能阅读这些材料。

七是在评估过程中不受歧视的权利。评估采用的大多数测试量表、测试工具都是以白人中产阶级家庭的儿童为基础而加以标准化的，非白人儿童在测试中处于明显的不利地位。

《教育法案》规定：对非白人儿童，不能因为其不同的文化、种族、语言或交流方式而在评估过程中受到歧视和不公正对待。测试除了必须由训练有素的、有资格的专业人员实施，主试必须讲被试的母语，或者配备一名翻译。

2. 特殊教育的原则

1997 年，美国政府对 1975 年的《教育法案》重新做了修订，根据残疾儿童所享有的权利，提出了美国特殊教育应遵循的教育原则，主要包括：一是无排斥原则。要求学校保证能力缺陷学生与正常学生一样享有受教育的权利，禁止将能力缺陷学生排斥于公立教育之外。二是无歧视原则。要求学校在对学生是否存在能力缺陷和缺陷的程度进行评估时，必须排除一切偏见和歧视，保证评估的公正性、科学性和准确性。三是适当教育原则。要求学校为每个特殊学生提供适合其需要的个别化教育。四是最少受限制环境原则。要求学校尽最大可能将能力缺陷的学生与其他学生合班进行教育。五是合法诉讼程序原则。规定家长有权了解学校的决定和相应措施，如果学生家长的意见与学校的决定和服务出现分歧，他们有权与学校进行交涉，如果双方无法协商解决，则可以通过由教育主管部门组织的听证会进行协调，直到最终通过法庭仲裁解决问题。六是家长和学生参与原则。要求学校与家长及学生协调合作，共同设计和实施特殊教育计划。

3. 其他相关规定

美国法律中还有 1958 年的《国防教育法》、1965 年的《初等和中等教育法》、1994 年的《2000 年目标：美国教育法》、1996 年国家学前教育研究协会颁布的《发展的适当的学前教育方案》、1999 年 5 月 18 日的《1999 年儿童问题》等，其中都涉及学前特殊教育。在目前美国的政策走向中，对于 5 岁以下心理、生理不利的幼儿与家庭，优先提供服务。另外，在美国的学前教育机构幼儿园中，还有专门的发展幼儿园，面向那些至少接受过 1 年特殊教育训练的 5～6 岁儿童。

### （四）美国学前融合教育留待思考的问题

从 1986 年的《全体残障儿童教育法修正案》宣布伊始，对于 3～5 岁的学前特殊儿童进行学前融合教育已得到法律上的保证。根据美国教育部的统计，仅在 2000—2001 年，就有 900 余名 3～5 岁学前特殊儿童通过 IDEA 获得了服务。其中许多儿童虽只在语言发展和运动技能上具有轻微的发展问题，但是由于年幼儿童的鉴别诊断比较困难，所以他们一般被认定为“发展迟缓”。在 2000—2001 年间，被认定为“发展迟缓”的儿童达 15 万名之多，占特殊教育需要幼儿总数的四分之一。

众多美国学者的研究表明，只有学前教育全体教师都接受适当培训，才能给予学前特殊儿童高质量的支持性服务，同时让普通儿童和学前特殊儿童之间有更多的互动，才能真正使学前融合教育获得成功。

## 三、英国、美国学前融合教育的启迪与思考

纵观英国、美国的学前融合教育，带给我们一些启迪与思考。

### （一）穿越时空的启迪

当我们穿越时空，去追溯英国、美国在各自的国土上就学前融合教育所进行的探索和努力的轨迹，其中有几点值得我们去思考。

其一，法规政策是保证学前融合教育实施的盾牌。两个国家虽地处欧洲和北美洲，实施学前融合教育的时间也有先后，但它们都有一个共同特色，那就是从法律和国家政策的制定入手来保证学前融合教育的切实展开。

英国除了为保证全体特殊儿童的受教育权利而制定的法规，如政府工作报告以及《沃诺克报告》《特殊教育绿皮书》《特殊教育实施章程》，还专门制定了《学前教育及资助托幼机构法案》。

美国为了切实保障学前特殊儿童受教育的权利，专门制定了《残疾儿童早期教育补助法案》《障碍儿童早期援助法案》以及“抢先起步”计划。

其二，教育公平是保证学前融合教育实施的平台。学前融合教育不仅是一种教育形式，更是对每一个儿童生命的尊重。接受学前融合教育应该是每一个有特殊教育需要的儿童的一项权利，而不只是少数儿童的特权。正如为正常发展的儿童提供高质量教育不应是某种社会性的优先权一样，为有发展障碍的儿童提供高质量的融合教育也不应该只是某种优先权的体现。英国的“稳妥开始”指南和美国的“抢先起步”计划便是这种教育公平观的一种生动体现。

“稳妥开始”指南和“抢先起步”计划都是政府以大量的财政投入为家境贫困的学前儿童，特别是有发展障碍的学前儿童提供高质量早期教育的政府行为。数十年来，受益于这两项计划的学前特殊儿童已逾百万。

其三，财政投入是保证学前融合教育实施的条件。由于对学前特殊儿童实施融合教育不仅要增加师资力量、配备各类人员，还要专门编制教材、使用大量的辅助性用具，财政投入便成为一个必要的先决条件。英国、美国均从法律角度为学前融合教育提供了财政投入的保证。

其四，理念先行是保证学前融合教育实施的通道。要实行学前融合教育，需要在各个层面有机展开，这至少包括家庭层面、托幼机构层面和社会层面。因此，托幼机构工作人员、家长乃至整个社会对学前融合教育的理念将直接影响实践。从英国、美国的历史与现状来看，理念先行是他们打通学前融合教育的一个重要通道。

首先，在全社会树立起接纳全体学前特殊儿童的思想。从让这些儿童“回归主流”到

让他们融入正常化生活教育环境，再到让他们水乳交融般与普通儿童一起接受融合保教。由于几十年来政府以及社会各界不遗余力地倡导接纳与理解特殊儿童的理念，这两个国家才可能在全国推行学前融合教育。

其次，在学前教育机构树立起实行融合教育是高质量保教的概念。美国的特殊幼儿部特别重视全融合学前教育及其可持续系统的发展、评估和传播；全美幼儿教育协会的基本理念是要为有特殊需要的学前特殊儿童创造一个充满关爱的集体环境，为增强他们的发展和学习而进行有效的教学，为他们建构合理的课程。正是由于这些理念深入人心，学前机构的教育工作者才可能全面营造良好的教育氛围，建构合理的教育模式，创设适宜的教育课程，使学前融合教育落到实处。

最后，让家长树立信心一起参与到学前融合教育中。个别化家庭教育计划就是从理念上让家长认识到将孩子送入学前教育机构是一件值得自豪的事情，是他们与孩子受到社会尊重的体现，从信仰和价值体系上坚定了家长让孩子接受学前融合教育的信心。正是由于这些理念的渗透，家长能积极主动地配合托幼机构的工作，在家园良好的互动中推进学前融合教育发展。

### （二）源于实践的启迪

在学前融合教育的实践中，英国、美国根据各自的国情摸索出一些行之有效的系统和方法，对我们的实践有着参考价值，主要集中在以下方面：

1. 确立具有良好指导作用的教育方针

英国的“稳妥开始”计划、美国的“抢先起步”计划都是在明确并具有良好的指导作用的方针下进行的。

2. 配备拥有各项专业知识的团队成员

从英国、美国两国的成功经验中，我们还发现一个共同的规律，那就是整合各种力量形成团队，共同组成学前融合教育的专业队伍。英国的“特殊教育需要的协调员”和“学习支持教师”注重的是在学校内部加强教育力量；美国的“学前特教工作者”和“服务协调员”与英国的配备有异曲同工之妙。

3. 创设适用于学前特殊儿童的课程

在学前教育中，课程更多的是指贯穿于全体保教中的各项活动。在学前融合教育中，如何根据每一个有特殊教育需要的学前儿童的特点创设合适的活动，即适宜课程，是一个无法回避的重要问题。英国虽然有全国性国家课程，但是在教育实践中，却强调必须根据学前特殊儿童的特点进行课程的安排，以此满足学前特殊儿童的不同需要。美国在创设学前融合教育课程时，在强调以儿童为中心的同时，注重发挥教师的指导作用；在力争营造一个能使儿童自主探索、同伴互动和自我学习的环境的同时，重视教学的结构性和有序性。

4. 运用具有多种理论基础的形态方法

运用多元智能理论进行全方位的融合保教，英国设定的形态方法在过程与结果的循环往复中立体地发展学前特殊儿童的各项能力。基于活动的早期干预，则是美国学前融合教育的主要特点。通过各种活动及早地对学前特殊儿童进行教育干预，将有利于学前特殊儿童抓住发展的关键期，使干预达到事半功倍的效果。

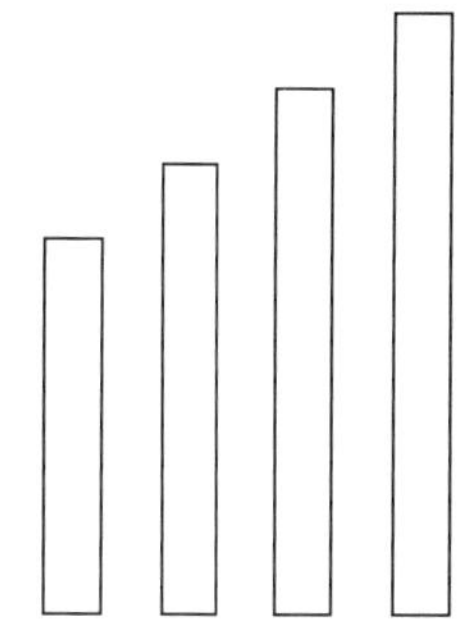

# 第二章 学前融合教育理论与模式

近年来，随着融合教育的不断发展，越来越多的人投身于融合教育事业。要把这项工作做好，要先了解融合教育的理论和模式。本章为学前融合教育理论与模式，论述了学前融合教育的理论、学前融合教育的模式两个方面的内容。

# 第一节　学前融合教育的理论

学前融合教育具有交叉性和综合性，有着非常广泛的理论基础。本节主要探讨学前融合教育的重要理论。对于学前特殊儿童而言，融合应尽早进行，并建立在综合干预的基础上，应将学前特殊儿童看成具有发展潜能的个体，而不仅是需要补偿缺陷的人，同时在教育过程中促进所有儿童的融合。

## 一、生物学理论

特殊儿童的学习活动与个体的大脑、神经系统发育水平以及健康状况密切相关，特殊儿童的身心发展在很大程度上受到生物力量的影响。生物学中的许多理论为特殊儿童的发展提供了科学的理论依据。

### （一）心理学基础理论

学前特殊教育尽管是学前教育学与特殊教育学交叉形成的学科，但与心理学，尤其是儿童发展心理学、教育心理学和变态心理学的关系十分密切。从心理学的角度出发，采用心理学的方法探讨学前特殊儿童的身心特征，根据学前特殊儿童的身心特点与发展水平来制订儿童的个别化教育计划，是学前特殊教育必须贯彻的重要原则。

心理学有很多分支学科，如发展心理学、认知心理学、生理心理学、教育心理学、人格心理学等。心理学研究者在长期的研究与发展过程中提出了很多理论，如人本理论、多元智能理论等。

1. 人本理论

人本理论强调学习是学习者以自我为中心，学习自己喜欢且觉得有意义的知识的过程。因此，学习不再是教师设计的教学表演，而是学习者个人经验的积累；学习不是对某个内容的片面理解，而是学习者自己人生成长的历程。人本理论中具有代表性的是马斯洛的需要层次理论、罗杰斯的学习者中心理论等。根据人本理论，特殊教育教学的重点在于培养特殊婴幼儿自主学习探索的能力。

2. 多元智能理论

多元智能理论认为每个人都具有逻辑数学智能、语言智能、音乐智能、身体运动智能、空间智能、人际关系智能、自我认知智能与自然视察智能八种智能。每个人的智能是其中多种智能的组合，但每个人在多种智能的拥有上不尽相同，因此需要利用自身的智能优势，因势利导、扬长避短或取长补短，发展成各具个性与特长的人。

### （二）器官用进废退与功能代偿理论

法国生物学家拉马克指出，“用进废退”是生物进化的主要法则，如果生物的某器官没有达到其发展的极限，在环境条件影响下，受到生物本身欲求等的持续性作用，这个器官的功能便会逐渐增强，会发展壮大起来；相反，任何器官如果不经常使用，则会逐渐衰弱，功能减退，直到消失。但是，在个体发展的过程中，身体最终的发育状态还会有一个弹性阈限，由后天生长发育过程中生活环境决定身体这一阈限的具体位置。例如，从生理学角度，经常运动的器官神经刺激和血液循环较多，生长刺激和营养供给偏高，就会发育得比较充分；而相对来说，那些长期不使用的器官（如尾骨）就会逐渐消退。这就是个体发育中的“用进废退”现象。因此，如果从小对特殊儿童进行相应的训练，反复、频繁地训练就可以促进这一器官的功能，避免其退化萎缩。

此外，生物器官还有一种功能代偿的现象。当机体的某一部位或器官发生病变或功能失常时，机体会通过建立新的条件联系，调动器官的残存能力或其他器官的能力对失去的功能进行补偿和代替。并且，在神经生理学层面，神经学家发现，在发育的某一时期，局部细胞缺失可由邻近细胞代偿，但过了一定的敏感期后，缺陷将变为永久性的。因此，对于有需要的机体，器官的代偿作用越早发挥越好。这就要求我们对特殊儿童的干预训练及早进行。

### （三）成熟理论

成熟理论是美国著名心理学家盖塞尔的主要观点。成熟理论认为支配儿童心理发展的因素是成熟和学习。儿童发展中生物因素具有重要作用，这种通过基因控制发展过程的机制更为成熟。成熟与内环境有关，而学习与外环境有关。儿童的心理发展是儿童行为或心理形式在环境影响下按一定顺序出现的过程，成熟是推动儿童发展的主要动力，学习可以为发展提供适当的时机。同时，发展是呈螺旋上升的，不同阶段的发展会重复和产生不平衡。为了验证自己的理论，盖赛尔进行了有名的双生子实验。

学习对成熟起到促进作用，成熟是学习与训练的基础，只有在成熟的基础上进行学习或训练才能有效而成功。对于特殊儿童而言，应注重儿童发展的成熟状况，抓住成熟时机开展针对性训练。

### （四）关键期理论

关键期是指器官在发育过程中对某些影响因素最为敏感的时期。洛伦兹发现的印刻现象就是对可视对象敏感期的重要证据。对于人类而言，不仅对外在信息有感觉敏感期，对内部刺激也有。

因此，在器官发育最为迅速的时期，应为个体提供良好的、适度的刺激以促进器官的发育，否则可能会使器官畸形，导致各种障碍的发生。

婴儿出生后的最初几年是脑发育的快速时期和关键期。在这个时期，脑的结构和功能都有很强的适应和重组能力，对环境刺激表现得最为敏感，易受环境和经验影响，脑功能的建立比青春期脑发育成熟后更容易。因此，如果这一时期能够为儿童提供感觉、运动、语言方面的早期训练及其他脑功能正常发育所需的经验刺激，则能最大限度地促进脑的发育与脑功能的开发。这一时期也是智力提高最快的时期。在此期间，婴幼儿未成熟脑的可塑性也是最强的。即便有些有害因素导致新生儿神经的生理性死亡增加，脑的某些区域也能再生新的神经细胞。但是，如果过了中枢神经系统代偿的最佳时期，神经细胞将不能再复制或产生新的神经细胞，脑损伤就不可恢复了。因此，在关键期内，儿童需要充足的营养、丰富的刺激，这就为特殊儿童教育中营养的干预提供了依据，也为特殊儿童发展与学习中智力的开发提供了时间参考。

语言发展的关键期一般在 4～5 岁。儿童的口头语言几乎是在 1～3 岁发展起来的。出生 4 天的婴儿已经能区分不同长度的语言音节，区分母语和非母语；2 月龄的婴儿能够区分音素；4 月龄的婴儿会表现出对言语刺激的偏好；大约在 6 个月以后，婴儿已经能够“听懂”一些词；1 岁到 1.5 岁的幼儿对语词的理解能力迅速发展，一般在 1 岁左右能说出少量的词；而在 1.5 岁以后，能“开口说话”，且表现出较高的积极性；2 岁以后，特别是 3 岁之前，幼儿的语音、语法和口语表达能力飞速发展，基本掌握了口语；3～5 岁儿童的语言发展开始变得复杂。这就为特殊儿童早期语言的发展与学习提供了有力的时间指标。

精神分析学派的一系列理论和临床实践证明，早期环境对人格的形成具有决定性作用。著名精神分析理论家阿德勒将儿童在生活中由应对困境的方法和策略形成的特殊行为方式称为“生活风格”。儿童 4～5 岁时已形成“生活风格”，童年的“生活风格”适应不良往往会导致成年后的某些精神症状的产生，如强迫症、攻击行为等。此外，6 个月到 3 岁是儿童依恋形成的关键期，安全型依恋不仅为儿童提供了情绪安全的基地，也为儿童今后的发展和社会交往的发展奠定了良好的基础，而不安全型依恋会影响儿童今后的人际交往和自我认同。因此，人格形成与依恋关键期对特殊儿童早期发展中健康人格的培养和心理康复具有重要意义。

关键期理论的提出，为特殊儿童的发展提供了坚实的理论基础。同时，根据这些关键期为特殊儿童提供适合的教育与干预有助于儿童的发展。可以说，关键期理论为特殊儿童的发展提供了时间和效果的参考标准，并奠定了坚实的理论基础。

## 二、教育学理论

### （一）教育学的基本观点

学前特殊教育是由教育学的两个子学科——学前教育学与特殊教育学交叉衍生而来的。学前特殊教育要达成培养幼儿的目的，必须遵循教育学中提出的两大规律：首先，教育必须遵循人的身心发展规律并为人的身心发展服务；其次，教育必须遵循社会的发展规律并为社会发展服务。这样，学前特殊教育工作才能更好地为学前特殊幼儿的发展服务。教育学在长期的研究与发展过程中提出很多具有代表性的观点，如全面发展观、全程发展观、动态发展观、潜能发展观、主动发展观等。

全面发展观指出人的发展具有整体、协调和统一的性质，包括生理和心理的发展。根据全面发展观的要求，特殊幼儿的发展不能顾此失彼，特别是在有针对性地对特殊幼儿进行训练时，不能采取单一的干预内容与策略，而应该整合相关的干预项目，兼顾特殊幼儿身体、认知、人格、情感等方面的整体发展。

全程发展观提出人的发展是整个生命历程持续不断的变化过程，这个过程是由多个发展阶段组成的，特别重视人生的开始阶段对人身心发展的基础性作用。根据全程发展观的要求，特殊幼儿的发展不能被学前特殊教育人员所忽视，因为语言、智力等发展的关键期很多处在这一阶段。因此，学前特殊教育要重视很多儿童发展关键期的针对性训练，做到训练得法，使幼儿健康成长。

动态发展观提出，人的发展是一个主体与客体不断相互作用的过程，是一个从量变到质变的过程，在发展的过程中可能会出现很多波动与不平衡。根据动态发展观的要求，特殊幼儿的发展可能会出现很多不可预期的情况，包括进步后的倒退、长期停滞不前等，这就要求学前特殊教育训练人员有耐心、恒心和信心，并根据特殊幼儿发展的情况，抓住重要的突破点，争取从某点突破来辐射其他方面的发展。

潜能发展观认为，人的发展是不断发掘自身内在未开发出来的综合能量的过程。世界上不存在没有潜能的人，只有潜能没有充分发展和发挥的人。根据潜能发展观的基本思想，特殊幼儿也是具有潜能的人，只是他们的潜能没有被发掘而未能展现出来，学前特殊教育的作用在于通过有效的训练措施与手段发掘他们的潜能。

主动发展观认为人的发展受到遗传、环境、教育、人的主观能动性等因素影响。在这些因素中，遗传是不可控的内因，环境是不可控的外因，教育是可控的外因，人的主观能动性是可控的内因。人要获得全面的发展，必须抓住可控的内因。因此，学前特殊教育要有效地培养和发掘人的主体性，并在训练与日常生活中使学前特殊儿童的主体性得到有效发挥。

### （二）教育学观点在学前融合教育中的应用

教育的五种发展观强调通过发挥人的主观能动性发掘人的潜能，克服发展中的不平衡性，重视人的全程发展，促进人的全面发展。因此，学前融合教育在针对特殊幼儿进行训练时，要重视发挥他们的主观能动性，可以通过改变特殊幼儿在教育训练过程中的被动地位达到早期干预的目的。活动本位模式正是在这种思想的主导下应运而生的。活动本位模式通过生态评量过程选取生活中的重要活动作为教学训练主题，横跨认知、情感、行为等不同的领域，实施综合教学，达成多层目标，如动作、沟通、社会、认知、自理。

1. 三个基本命题

活动本位模式强调三个基本命题：一是直接与较大的社会文化环境的影响和互动；二是由特殊婴幼儿自主参与活动的需要；三是借助婴幼儿从事功能性及有意义的活动，以增进其学习。这种干预模式强调婴幼儿个人的目标与学习结果和自然发生的活动相结合。

2. 四个基本要素

活动本位模式包含四个基本要素：一是教学训练由幼儿主导，并重视幼儿的互动；二是将教学训练融入例行性、计划性或幼儿创新的活动中；三是所习得的技能为功能性和类化性；四是系统化地运用自然合理的前因与后果。

3. 五项原则

活动本位模式中活动的设计需要遵循五项原则：一是符合特殊婴幼儿教学训练的目标，二是适合特定年龄的特殊幼儿身心发展，三是活动设计多样化，四是取材于社区活动，五是寓教于乐。

## 三、建构主义学习理论

### （一）建构主义学习理论的产生与发展

建构主义学习理论的产生与发展和科学技术的不断发展有着密切的联系。建构主义的最早提出者可追溯至瑞士著名心理学家皮亚杰，他从康德的认识论中获得知性范畴的观点，提出了有关人的认知发生的双向建构论。他提出了一种动态的平衡（包括同化和顺应）作为解释学习的机制，认为任何结构都不能与建构相分离。基于此，皮亚杰提出有关内化和外化的双向建构思想，并不断将该思想明确和系统化。

在皮亚杰双向建构论的基础上，克恩伯格进一步研究了认知结构的性质和发展条件，斯滕伯格和卡茨强调了在建构认知结构发生的过程中，个体的主动性起到了关键性作用，并探索了发挥个体主动性、促进认知结构建构的方法。

苏联心理学家维果茨基提出的心理发展的文化历史理论对建构主义的发展也有着重要

贡献，他认为历史文化背景和社会环境等外部条件对个体的学习产生重要影响。维果茨基结合心理学的理论和应用研究，提出了“最近发展区”概念，认为教学应该走在儿童心理发展的前面。

作为皮亚杰和维果茨基的后继者，美国教育心理学家布鲁纳认为应将“人的高级心理过程”重新纳入人类科学轨道，并将“意义的建构”确立为心理学的中心概念。他认为学习是一个积极的过程，学习者在该过程中依靠自己现在和过去的知识建构新的思想和概念。布鲁纳为教学提供了一个框架，即教师鼓励幼儿自主探索原理，师生之间进行积极的对话，教师的关键任务在于将学习信息转化为幼儿可以理解的格式，而课程应以螺旋方式组织，这样幼儿就可以利用所学知识完成意义建构。布鲁纳倡导的认知革命促进了建构主义学习理论原型的形成。

### （二）建构主义学习理论的主要观点

1. 建构主义学习理论的知识观

建构主义者强调知识是特定的人在特定的情境中对现实的一种假设和解释，是人在大脑中建构出来的“主观的现实”，并不是对现实完全客观和准确的表征；相反，它会随着人类认识的进步而不断丰富和得到更正。

建构主义者认为，知识需要针对具体问题的情境进行再创造和解释。知识的不确定性不仅仅是知识本身的特性，更重要的是指由于学习者的建构作用而使知识具有不确定性。知识的意义是幼儿建构的，当幼儿学习新知识时，他会以自己的已有知识和经验为基础理解新知识。也就是说，幼儿的背景知识和生活经验越丰富，对新知识的理解会越深刻、全面。

2. 建构主义学习理论的学习观

建构主义者认为学习不是将作为学习对象的知识直接、原封不动地转化为学习者所掌握的知识。在学习知识的过程中，学习者会以自己已有的知识经验、认知结构和认知方式为基础，对知识进行选择、改造和加工，从而建构起知识在自己头脑中的意义。

幼儿学习知识的过程并不是教师直接传递、幼儿被动接受的过程，幼儿不是被动的知识接受者；相反，他是在能动地建构知识。在学习过程中，建构意义是对当前学习内容所反映的事物性质、规律以及该事物与其他事物之间的内在联系达到较深刻的理解。

许多建构主义者都接受维果茨基的观点，认为高级心理过程是通过社会协商和互动形成的，因此他们非常重视学习中的合作。学习者在与他人进行合作学习的过程中能够最大限度地实现自己的“最近发展区”，使学习在原来的基础上提升到一个新的水平。

3. 建构主义学习理论的教学观

建构主义者认为幼儿在进入学习情境时不是一个任教师随意填塞的空罐子。在以往的生活经验和学习积累中，幼儿对存在的事物和现象都会有自己的想法和理解，会以先前的经验为基础推出自己对问题合乎逻辑的解释。

教学必须以幼儿已有的知识经验为基础，引导幼儿从已有的知识经验中“生长”出新的知识。教学应该让幼儿对知识进行能动的建构。教师应该关注幼儿的先前经验和已有知识，并在此基础上指导和鼓励幼儿丰富并调整自己的已有知识。

在教学过程中，知识需要师生之间、生生之间的共同交流和建构，从而让人形成对知识的深层理解。因为个体经验背景的不同，幼儿对同一问题的看法也会存在不同，而在由师生组成的这种学习共同体中，这些差异反而成为一种宝贵的学习资源。在学习过程中，尽管建构主义者更强调幼儿自身的主观建构，但它并不否认教师外部的合理指导。所以，建构主义者并没有无视教师在幼儿学习过程中的合理指导，他们只是反对教师对幼儿的直接讲授和灌输，提倡教师应在幼儿建构知识的过程中发挥指导者、帮助者和促进者的作用。

## 四、生态系统理论

### （一）生态系统理论的主要观点

依照布朗芬布伦纳的生态系统理论发展心理学的观点，应当将儿童视为一个积极主动、不断发育的有机体，他们生活在相互联系、复杂多变的生态环境中，并通过与其所处环境中的人、物、符号等相互作用而不断成长。

布朗芬布伦纳根据个体与环境距离的远近，将生态系统分解成若干相互嵌套在一起的子系统，即微观系统、中间系统、外部系统、宏观系统以及时间系统。

微观系统是指个体在当下直接经历和生活的活动系统，其中包含个体的社会角色以及人际交往模式等。家庭、托幼机构、同伴群体等都属于这个系统，个体在微观系统中与环境进行互动，进而产生亲子活动模式、师幼关系、同伴互动等，这些互动对个体的发展起引导或维持作用，其影响力受到微观系统内容和结构影响。

中间系统是由一系列微观系统构成的，包括个体发展所处的各种直接环境之间的联系和相互作用。比如家庭和学校的关系、学校和社区的关系等，家长、教师、社区人员等的相互沟通和互动也会对儿童发展产生重要影响。

外部系统是指对个体产生直接影响但不包括个体主动参与的大环境系统。比如社会支持网络对儿童及其家庭的帮扶政策，网络资源给儿童家长带来的有益支援等。

宏观系统是指包括贯穿微观系统、中间系统、外部系统的文化或亚文化系统。比如宗教信仰、社会风俗、物质资源知识体系等。

时间系统是指个体成长及其所处环境随着时间流转而表现出的变化。比如家庭成员变化、经济困难、工作环境改变等带来的动态变化。

根据生态系统理论的观点，学前特殊儿童处于一个不断变化的生态系统中，不同层次系统中的调整和改变可以为儿童带来积极的改变。

### （二）生态系统理论对学前融合教育的意义

生态系统理论对于学前融合教育理论有着重要的借鉴意义，具体表现在以下三个方面：

第一，对学前特殊儿童实施生态评估，发现儿童的保护因素。保护因素是指个体在任何危险或逆境水平上能减轻、缓解甚至抵消由危险因素所带来的消极影响，促进儿童心理韧性发展的内在条件。生态系统理论告诉我们，每一个儿童都同时存在于几个不同的生态系统中，并积极主动地与生态环境进行物质和信息交换。学前特殊儿童的适应不良或发展障碍绝不只是儿童自身的问题，不是孤立于环境之外的，而是儿童与其所处环境互动的结果。因此，在进行学前特殊儿童评估时，应重视对整个生态环境的评估和改善。评估的目的不是为了确定儿童是否有能力，而是去发现儿童自身的优势力量和环境中的优势资源，进而发挥保护因素的促进作用。

第二，对学前特殊儿童实施生态干预，提高儿童的保教质量。就生态系统而言，学前特殊儿童的发展水平与发展状态不但会影响他们活动范围内的环境，而且其自身也是各种环境因素交互作用的产物。问题行为的出现不是源于儿童本身，而是个体生态系统在运行中失去了平衡。出现这种不平衡的状态，主要是由于个人的能力与需求无法和环境的期待与需求相符合。早期干预以及学前特殊儿童教育的目的就是通过外界力量的介入，根据特殊儿童的身心特点，调整特殊儿童发展过程中的环境因素，实施生态干预，提高特殊儿童的发展质量和发展水平，使特殊儿童或高危儿童回归正常发展轨道。

第三，为学前特殊儿童开发生态课程，突出保教活动及游戏的功能性。生态课程是指将儿童置于日常生活场景中，根据儿童现有能力水平及适应现状，以适应未来生活环境为导向，通过对儿童能力与环境要求、现实环境与理想环境的分析评估，制定具体的保教目标，提供适合其教育需求的个别化教育课程。将学前特殊儿童的成长置于整合的生态系统中，重新发现儿童身上的优势力量和环境中的资源优势，据此设计生态课程，有利于消除或减少危险因素，进而增强儿童的优势能力并发展他们可能的社会功能。

## 五、合作学习理论

### （一）合作学习理论的内涵

合作学习实质上是一种幼儿发展的环境及条件系统，根据协同发展、群体群策群力及相互激励原理与机制，建立幼儿集体学习系统，从而在掌握教育发展规律的过程中提升幼儿的各方面能力。因此，可将合作学习理论定义为一门将哲学、社会学、美学、教育学和心理学有机融合的综合性学科。

合作学习指在教学过程中，把学习小组作为教学组织活动的基本行为方式，将小组成员的总体表现作为考核学习质量评价的主要内容和依据。幼儿通过小组成员之间进行的交流与互动，有效整合集体的力量，形成巨大的合力效应，在合作精神的推动下实现共同学习目标和学习效率最大化。

合作学习理论的本质是教师完成教学指标，在实践教学的过程中采用激励的教学手段，潜移默化地将教学目标及内容内化为幼儿情感需求的过程。其性质主要包括互动性、教师主导性和幼儿主体性。在教学中，科学的理念方法及模式的应用是高效达成教学目标的关键，合作学习理论在运用上可以完全不受到任何限制，强调各环节的创新，实现幼儿互相合作激励，共同发展。

#### （二）合作学习理论的基本理念

互动观是合作学习中较为突出的基本理念。传统教学模式中提到的互动观是指教师与幼儿之间的互动，而合作学习中的互动观不仅包括教师与幼儿之间的互动，还包括幼儿与幼儿之间的互动、小组与小组之间的互动等。在合作教学的互动中，教师以小组成员的身份与幼儿进行合作学习，完成学习任务。

传统教学论的目标一般只指完成学习知识目标，而合作学习在达成教学目标的同时，重视其他各类目标的达成。合作学习的研究者认为，在教学目标上，合作学习不光注重突出教学的情感功能，还追求教学在认知、情感态度和技能等方面目标的均衡达成。除此之外，合作学习还注重人际交往的技能目标等，是融知、情、意、行于一体，兼顾认知、情感和技能等教学目标共同达成的教学理念。

合作学习理论把组织幼儿学习的情境分为三种：竞争性、个体性、合作性。合作学习的研究者认为，合作学习是这三种学习情境中较重要的一种学习情况，却是目前运用得较少的一种学习情境。从研究中我们可以发现，课堂活动的主流应当是幼儿的合作活动。合作学习将三种情境融为一体并进行优化，可以更好地促进幼儿成长。

### 六、行为主义学习理论

华生认为人类的行为都是后天习得的，行为习得就是刺激（S）—反应（R）的联结，无论是正常的行为，还是病态的行为，都是由环境塑造的，也可以通过调整刺激环境来纠正。斯金纳的操作性条件反射理论进一步将行为分为应答性行为和操作性行为。不管是应答性行为，还是操作性行为，都会因行为后的强化（正强化或负强化）作用使行为出现的频率发生改变。班杜拉的社会学习理论认为，经由对他人的行为及其强化性结果的观察，儿童习得了新行为，或将现有的行为反应方式进行矫正。但这种学习不需要儿童直接做出反应，并亲自体验强化，只要通过观察他人在某一特定环境中的行为过程和行为结果，就能习得。

### （一）行为主义学习理论的主要观点

行为主义学习理论中的经典条件作用理论、操作条件作用理论、社会学习理论之间存在许多不同之处，但它们在如何认识行为障碍以及如何处理行为问题等方面有着相似的基本理论假设。

第一，问题行为是习得的。学前特殊儿童的行为是个体后天在生活环境中通过学习而获得的。

第二，各个问题行为是分别习得的。不同的问题行为是在特定环境中经过多次反复强化而保留下来的。

第三，问题行为与环境有特殊的关系。分析问题行为不能离开其发生的情境，只有仔细了解情境中的时间、空间、人物、事件等因素，才能把握问题行为的功能性。

第四，重新学习可以纠正问题行为。既然行为模式是在特定的环境中形成的，按照行为主义学习理论，改变不良的环境条件，个体可重新学习，使问题行为发生积极的变化，增强行为的社会适应功能。

### （二）行为主义学习理论对学前融合教育的意义

根据行为主义的基本原理，学前特殊儿童出现的适当或不适当的行为都是后天习得的，环境对行为的获得负主要责任，通过控制行为的前因、后果等环境变量，可以促进个体适应性行为的学习。应用行为分析则是行为主义基本原理在行为学习方面的具体应用，并广泛应用于学前特殊儿童的早期干预。应用行为分析研究行为变化及影响因素，并应用于改善并提高具有显著社会意义的行为。以应用行为分析原理为基础，研究人员发展出多种干预方法，如回合式教学、图片交换沟通系统、关键性反应训练等，以及其他行为矫正、塑造方法，为学前特殊儿童教育提供新的教育手段和方法。

## 七、认知发展理论

认知发展理论是一个庞大的学习理论体系，试图描述解释人类认知的发生和发展过程，并强调对儿童的认知发展水平进行客观的评量。认知发展理论中具有代表性的理论包括皮亚杰的认知发展阶段论、维果茨基的社会文化理论，以及之后出现的信息加工理论等。

### （一）认知发展理论的主要观点

皮亚杰认为，儿童知识的建构和概念的形成是通过对周围环境的主动探索实现的，并把儿童的智力发展分为四个阶段，即感知运动阶段（0～2 岁）、前运算阶段（2～7 岁），具体运算阶段（7～11 岁）和形式运算阶段（11～15 岁）。认知发展阶段理论认为，儿童的学习是通过与环境积极的互动，形成对事物的认知、辨别与理解，学习的目标在于形成认知结构，并在具体的学习情境中运用已有的认知结构去同化、解决面临的复杂问题。当情境问题超出已有认知结构所能处理的能力时，个体会主动去学习，增加自己的知识经验，进而改变原有的认知结构。

在儿童认知发展的问题上，维果茨基更加重视社会和文化环境（如观念、习俗或信仰等）在儿童认知发展中的作用，认为社会文化影响认知发展的形式，儿童的许多重要认知技能是在与父母、教师以及更有能力的同伴的社会互动中逐渐发展起来的。

### （二）认知发展理论对学前融合教育的意义

首先，认知发展理论揭示了人类认知过程发生的机制，为解释认知发展障碍或超常儿童的学习行为奠定了理论基础，同时为帮助儿童克服认知方面的问题提供了实践上的可能。

其次，强化操作活动的训练，促进学前特殊儿童认知能力的发展。皮亚杰的认知发展理论认为，操作活动是个体认知发展的重要手段，经历同化、顺应、平衡等过程，实现认知结构从低级向高级逐步发展。因此，学前特殊儿童保教活动应加强操作活动的训练，丰富特殊儿童的感知经验，促进其智力发展。

再次，依据学前特殊儿童的认知特点设计保教活动，选择教学方法。儿童认知发展的阶段性意味着在学前特殊儿童保教活动的设计和教学方法的选择方面要依据儿童现有认知水平，以及在某一发展阶段所应具备的与其心理年龄相匹配的认知水平。现有认知水平是教育教学的起点，期望水平则是教学的目标。从平时的教育教学活动中，帮助儿童掌握知识，增强成功体验，从而树立特殊儿童的自信心。比如在感知运动阶段，应以有效发展物体恒存性观念，增进对相对关系与因果关系的了解为主；在前运算阶段，应多安排集体活动，发展自我意识，减少自我中心性，设计含有排列事物的活动，使儿童学会比较大小与排列，以及培养分类与归类的能力和习得初级概念。

最后，为学前特殊儿童的学习提供必要的支持。根据维果茨基的最近发展区理论，在保教活动中，儿童原有的经验和发展水平是教育的基础，教育者必须参与到儿童的学习中，不断提出挑战性任务和提供必要的支持，激发儿童内在心理机能。如“支架式教学”，即以最近发展区作为教师介入的空间，为学前特殊儿童的学习提供支持，促进儿童主动而有效地学习。

## 八、其他相关理论

### （一）早期综合干预

早期干预是对发展偏离正常和可能偏离正常的幼儿所采用的一种特殊教育训练手段，以使这些幼儿的智力（或能力）有所提高，并获得一定的生活能力和技能。在特殊教育领域，早期干预主要指对学龄前特殊幼儿提供的治疗和教育服务。通过帮助幼儿在社会情绪、身体和认知方面的充分发展，使其能进入正常的教育系统或尽可能少地接受特殊教育。

早期干预中核心的理论依据是“脑可塑性理论”和“关键期理论”。脑的可塑性是指脑可以被环境或经验所修饰，具有在外界环境和经验的作用下不断塑造其结构和功能的能力。脑的可塑性表现为脑细胞的可变更性。也就是说，脑细胞在环境因素的影响下是可以改变功能的。关键期是指幼儿最容易学习某种知识技能或形成某种心理特征的某个时期，过了这个时期，发展的障碍就难以弥补。从整个人的心理发展来说，学前期是心理发展的关键期。在语音学习方面，2～4 岁是关键期；在掌握数学概念方面，5～5.5 岁是关键期；在智力发展方面，4 岁前智力发展最为迅速，4～5 岁坚持性行为发展最为迅速等。

随着特殊教育技术的不断发展，学前特殊儿童早期干预的内容逐渐丰富，由于需要将这些早期干预策略整合起来综合地为特殊幼儿服务，因此产生了“综合干预”的理念。综合干预是指临床专业人员、特殊教育专业人员、心理学专业人员、教师、家长等共同参与干预，以某种或几种训练方法为主，辅以其他一种或几种训练方法，解决学前特殊幼儿认知情绪、行为等方面问题的干预模式。综合干预可以促进不同专业人员之间的合作交流，进而提升单一干预的效果，促进特殊幼儿在某一方面或多方面能力的发展。

学前融合教育要坚持对特殊幼儿实施早期综合干预的原则。学前融合教育的最主要任务是为学前特殊儿童进入普通学校打基础，早期干预是改善特殊幼儿个体功能的有效方式，个体功能的提高能够降低特殊幼儿在普通学校中接受额外的特殊教育服务的需要，同时为提高学习成绩打下基础。另外，由于幼儿在早期的发展过程中还没有完全完成社会化，更容易接纳其他幼儿的不同特征，所以在融合教育环境中的早期综合干预有利于普通幼儿接受特殊幼儿价值观念的早期形成。

### （二）全人教育理论

全人教育理论是 20 世纪 70 年代从北美兴起的一种以促进人的整体发展为主要目标的教育思潮。全人教育理论认为教育的过程不只是知识的传递与技能的训练，更应关注人的内在情感体验与人格的全面培养。全人教育倡导塑造全面发展的人，使人在身体、知识、技能、道德、智力、精神、灵魂、创造性等方面都得到发展，成为一个完整的、真正的人。

20 世纪 80 年代中期以来，全人教育思潮对幼儿教育产生了重要影响，人们开始反思

20 世纪 60 年代和 70 年代以“智力开发”代替幼儿教育的倾向。1999 年，世界学前教育组织和国际幼儿教育协会共同制定的《全球幼儿教育大纲》认为：“优秀的幼儿教育课程是针对幼儿整个身心健康而设计的，必须考虑幼儿的身体状况、认知水平、语言能力、创造能力、社会性与情感的发展状况等。”世界各国受到全人教育思潮的影响，在设计幼儿教育方案的过程中更多地考虑幼儿整体全面发展的目标。全美幼教协会于 1996 年发布的适宜 0～8 岁幼儿发展的教育方案中明确指出：“适宜的教育应该顾及幼儿所有领域的发展：身体的、情感的、社会的以及认知的。”英国政府 2000 年颁布的面向 3～5 岁幼儿的基础阶段课程指南强调了如下几个方面：幼儿个性、社会性和情感的发展，对学习的积极态度和倾向，社会性技能，注意力和坚持性，创造性的发展等。

从发展历史角度看，特殊教育受到医学模式传统的影响，将学前特殊儿童视为需要治疗的对象。1799 年，法国医生伊塔德对在森林里发现的“狼孩”维克多进行了教育的尝试，从基本的感官开始训练。从 18 世纪下半叶到 19 世纪上半叶，对于学前特殊儿童的教育集中于针对其“异常”特征的专门检测与治疗、补偿性教育的技术，如莱佩的手语教学、海尼克的口语教学、谢根的生理训练法等方法。这种教育模式从 18 世纪末特殊教育诞生到 20 世纪中期一直占据统治地位。在这一时期发展了各种客观测量工具（如智力量表等）来诊断残疾或障碍的类型与程度，并据此发展出相应的药物治疗方法以及具有明显医学特征的干预训练手段。

无论从学前教育的整体发展趋势，还是从克服特殊教育传统视角来说，学前融合教育都应该考虑与全人教育理念的结合。在全人教育理念教育者的眼中，无论是特殊幼儿还是普通幼儿，教育者不只是要发展他们的“智能”，更应该关注他们作为人本身的全面发展，使他们成为真正的人。

### （三）社会融合理论

社会融合理论最早可以追溯到迪尔凯姆的社会团结理论以及洛克伍德等人提出的社会整合理论。20 世纪末至 21 世纪初，欧美政府机构和社会政策研究者开始热衷使用“社会融合”这一概念。2003 年，欧盟在关于社会融合的联合报告中对“社会融合”的定义做了进一步阐释，认为社会融合能使具有风险和被排斥的群体获得必要的资源，使这些群体能有机会全面参与经济、政治、文化生活，也能享有正常的社会生活和社会福利。由此看来，融合教育是促进社会融合的重要手段。

# 第二节　学前融合教育的模式

一些国家根据本国国情及学前特殊儿童的发展状况进行了学前融合教育的积极探索，但至今并未形成一个公认的标准化的学前融合教育体系和模式。本节将结合我国的具体实际及学前融合教育的发展阶段，尝试从学前融合教育的组织模式、指导模式、教学模式提炼本土化的可供参考的学前融合教育模式。

## 一、学前融合教育的组织模式

### （一）三层级融合模式

三层级融合模式是特殊儿童融入普通学校的常见组织模式，对于学前特殊儿童融入普通幼儿园有着较大的借鉴意义。根据融合方式和融合程度的不同，学前特殊儿童融入普通幼儿园可以分为三种不同的融合方式，分别是低层级的环境融合、中层级的部分融合与高层级的全融合，具体如图 2-2-1 所示：

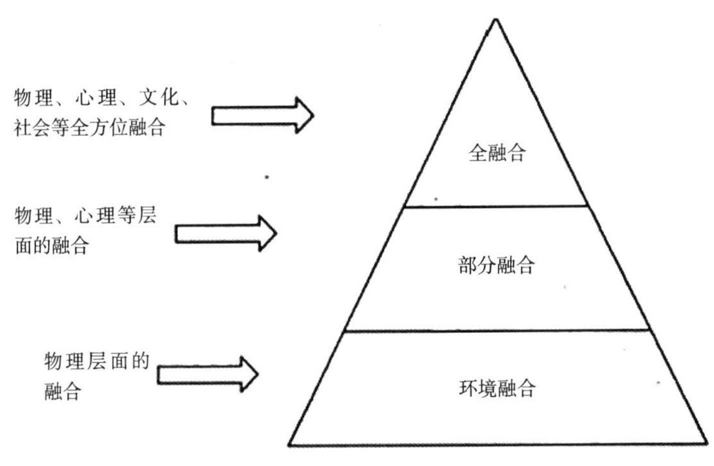


图 2-2-1　三层级融合模式

1. 低层级的环境融合

学前特殊儿童进入普通幼儿园学习和生活，最先且最直接感受到的就是幼儿园的物理环境。因此，园所环境的融合对于学前特殊儿童而言，是最快捷的融合方式，也是最基础、最浅层的融合。环境融合是指学前特殊儿童每周固定几次到普通幼儿园感受环境，跟其他孩子进行接触。这样，他们能够适应同龄小伙伴的存在。学前特殊儿童与同龄小伙伴相互熟悉之后，有助于彼此之间的帮助与合作。环境融合有半天融合、环节融合和活动融合等不同的形式，每种形式各有利弊，但都需要对班级教师和家长进行针对性的主题培训，对学前特殊儿童提供较高频率和较大强度的个别化支持。这种支持是直接性的支持与服务。

2. 中层级的部分融合

部分融合是指学前特殊儿童每周都有几个半天在幼儿园参加游戏活动，是目前最为常见的融合方式。上午去幼儿园、下午去机构训练的形式是部分融合的常见形式之一。家长可以依据影子老师以及资源教师的记录，选择半日托的有针对性有个训课提升孩子的基础能力，然后在小组课中帮助学前特殊儿童夯实基础。

部分融合的形式为学前特殊儿童的融合提供了很多有益的改变，如环境、班级教师、学前特殊儿童的同伴、社工、志愿者等的改变。很多运用于支持与改变普通班级的融合策略也大都发生在部分融合中。部分融合的具体形式与内容、康复与融合的比例、场地，融合课程的频率与支持人员的统筹等，都需要普通教师、资源教师等专业团队来判断与确定。

3 高层级的全融合

全融合方式是指将学前特殊儿童安置在普通幼儿园的普通班级内，与普通儿童一起生活和学习，教师及保育员根据特殊儿童的障碍类别和程度，在特定时间对其进行个别训练，补偿其缺陷。处于全融合方式中的学前特殊儿童，几乎所有的日常生活与学习都在融合的环境中进行，有时他们还会跟随普通班的幼儿一起参与特殊教育班级幼儿的融合活动。

处于全融合方式中的学前特殊儿童，能够参与园所活动的每一个环节。此外，全融合方式强调普通教育中实施的个别化教育，主要表现为以下三个方面：

一是普通班一日活动中的个别化教育。包括对区域活动、户外活动集体教学和生活活动的个别训练和指导等。主要由普通教师教育与训练，保育员与儿童配合与协助，普通班教室为主要活动场所，训练指导的间长依据每个学前特殊儿童的具体情况而定。

二是有针对性的个别化教育。由特殊教育教师或资源教师进行教学与训练，以特教班教室及资源教室为主要活动场所，每周三至四次，每次训练时间根据学前特殊儿童的个别化教育计划而定。

三是家园共训的个别化教育。由学前特殊儿童家长开展教育与训练，资源教师巡视指导家长。以特教班教室及各资源教室为主要活动场所，每天一次，每次训练时间为 30 分钟左右。

### （二）半融合模式

半融合模式是指在普通幼儿园内设置特教班，将学前特殊儿童安置在特教班，让他们在某些特定时间与普通儿童一起活动。处于半融合模式中的学前特殊儿童除了日常生活与学习中的每一个环节需要个别训练与指导，比处于全融合模式中的特殊儿童更需要进行有针对性的个别训练和家园共育。因此，这些儿童的个别训练时间会比全融合模式中的儿童更长。

安置在特殊班中的特殊儿童，平时大部分时间接受特殊教育，其中个别化教育渗透到在园活动的每一个环节中。因此，融合教育活动对特教班的幼儿来说尤为重要。其融合教育形式主要表现为以下四个方面：

一是参与普通班的活动。包括区域活动、集体教学活动、游戏活动等，由普通班教师进行教育与训练，特教班教师或资源教师进行观察与记录。以普通班教室为主要活动场所，每周有固定的训练时间，具体训练时间与时长依据每个特殊幼儿的评估情况而定。

二是普通班幼儿轮班参与特教班的活动。普通班幼儿定期轮流与特教班幼儿一起活动，由特教班教师进行教育与训练，普通班教师配合与协助。以特教班教室及各资源教室为主要活动场所，每周数次，每次活动时间为 30 分钟。

三是全园性的普特融合活动。将礼堂或操场作为主要活动场所，平均每月一至两次，每次活动时间为 60 分钟。活动由幼儿园的所有幼儿共同参与，如升旗仪式等重大仪式庆典或集体活动。

四是志愿者参与的家园共训融合活动。由特殊幼儿家长开展教育与训练，由学校或社区的志愿者进行配合与协助，特教班教师或资源教师进行巡视指导。以特教班教室及资源教室为主要活动场所，每月两次，每次活动时间为 30 分钟。

### （三）反融合模式

反融合模式是指将普通幼儿安置在特教班级内，与特殊幼儿一起生活、学习，处于反融合模式中的普通幼儿与特殊幼儿在日常生活与学习中都同时开展活动。特殊幼儿和普通幼儿一起在融合班级中接受教育，但部分时间到资源教室接受资源教师的个别辅导。资源教师为普通教师提供有关特殊儿童教学与辅导的咨询服务。

### （四）联动融合模式

联动融合模式是指普通幼儿园或托幼机构与特殊幼儿的家长、社区、医疗及康复机构联合起来共同实施早期融合教育的模式。这种学前融合教育模式的特点是：建立起依托于社区的幼儿家长互助网，加深幼儿家长之间的相互联系；通过教师家访传递家园联系册、举办家长学习班等形式，增强幼儿园与幼儿家长之间的信息交流与沟通；通过开展普通托幼机构与医疗、康复机构之间的合作，搭建早期干预、“教康整合”的平台，为家长提供特殊教育支持，促进特殊幼儿身心健康地发展。

### （五）动态融合模式

动态融合模式是指教师根据每个幼儿，尤其是特殊幼儿在普通幼儿园接受早期融合教育的实际情况，通过不断地调整和更新项目活动、人员组合、教育内容和方法增进学前特殊幼儿与普通幼儿交往的早期融合教育模式。这种学前融合教育模式强调根据活动水平进行动态组合，最大限度地消除特殊幼儿与普通幼儿之间的隔阂，从而激发他们积极参与、相互帮助、共同提高的热情。动态融合模式的项目开展需要动员全园的力量和教育资源，从园长到每一个教职工都是早期融合教育的倡导者和实践者。

## 二、学前融合教育的指导模式

### （一）资源教室模式

特殊幼儿教师的主要工作是执行抽离式的方案，主要负责特殊班级或资源教室的教学，但同时为普通幼儿教师提供有关学前特殊儿童教学与辅导上的咨询服务。这种教学模式强调特殊幼儿大部分时间在普通教室与同伴一起接受教育，只在部分时间段离开普通教室到资源教室接受辅导。资源教室是多元性的，并不限定某一类型的特殊幼儿才可进入。

### （二）巡回指导模式

巡回指导模式是指为了推进特殊幼儿融合教育，由特殊教育机构通过定期或不定期派出专业教师，对融合幼儿园中的特殊幼儿提供指导、咨询服务与帮助的重要支持方式。巡回指导教师通常是从一个学校巡回到另一个学校，且直接同特殊需要幼儿接触。该模式还包括为融合幼儿园中的普通幼儿教师提供教学方法上的指导。这种方式花费少，指导的对象主要是少数学前特殊儿童。

### （三）咨询模式

咨询模式是巡回指导模式的变体或更自由化的模式，其不同之处在于特殊幼儿教师在同一办公地点为普通幼儿教师、特殊幼儿或家长提供服务，属于一种非直接的服务方式。特殊幼儿教师的主要职能是在普教幼儿教师对特殊幼儿进行教学遇到问题时给予解答，或者协助普通幼儿教师制订个别化教学计划等。

### （四）影子教师指导模式

影子教师是指与特殊儿童如影随形，给予他直接帮助支持的教师助理。影子教师通常是在班级教师的督导和指导下，为特殊儿童提供积极的学习环境，帮助他们在主流教育环境中学习和适应。

在美国《不让一个孩子掉队法案》中，影子教师被定义为在普通幼儿园或者中小学中雇佣的特殊教师，这些教师承担着课堂或活动项目中的督导监督作用，他们往往对特殊需要儿童进行督导监督。普通幼儿园教师及保育员每天要面对很多幼儿，有很多事情要兼顾，往往难以精确地满足特殊幼儿的需要。在这种情况下，在普通幼儿园就读的特殊幼儿（如孤独症多动症、抽动症、学习障碍、沟通障碍、阅读障碍及感统需求大的幼儿）就特别需要一名影子教师的帮助与支持。

影子教师的工作内容通常包括撰写每日工作记录；反馈特殊幼儿的需求和进展，收集相关数据；维持支持性的环境及安全的学习环境；记录和调控特殊幼儿的情绪和行为，使他们能够融入课堂；帮助特殊幼儿适应幼儿园和班级，引导他们恰当地遵守班级常规；维持特殊幼儿的课堂注意力及学业水平；利用课间、集体游戏时间、区角游戏时间等促进特殊幼儿的社会交往和语言能力；与家长、班级教师、机构康复师保持密切的沟通，确保在家园共育中特殊幼儿与普通幼儿的发展目标是一致的；评估特殊幼儿新的发展需求；报告特殊幼儿在影子教师计划中取得的进步；对特殊幼儿家长进行心理咨询与疏导等。

## 三、学前融合教育的教学模式

### （一）活动本位模式

活动本位模式要求以幼儿作为教学活动的主体，在各类活动中融入个体发展的个别化目标，合理安排先行因素及预测行为后果，培养幼儿的功能性和生成性技能。活动本位的意义在于教师以各种自然环境中发生的事件为教学内容，为幼儿创造可以学习的机会。这些学习的时间不需很长，重点在将幼儿的个别化学习目标融入活动和生活作息中。在设置这些教学内容的时候，教师必须明确教学关注的不是各项活动，而是幼儿在参与活动时被培养的适应不同环境需要的各种社会技能。

在教学中，运用活动本位模式的优点有以下四个方面：

一是教学策略可以与活动和作息相结合，因此策略的设计符合自然情境，而且不需单独设计教学。

二是教学的设计是以幼儿的兴趣喜好为中心的，能够引发幼儿的参与和学习动机。

三是幼儿在自然情境中学习，同时为幼儿提供练习和应用新技能的机会。简而言之，自然情境既提供了学习新技能的机会，也提供了练习新技能的机会。

四是教师将幼儿的学习融入不同类型的活动中，可增加幼儿内化技能的机会，幼儿通过不同的活动可以灵活迁移适应多种社会环境的技能。前者是后者的基础形式，进一步促进幼儿独立地适应社会生活。

### （二）积极行为支持模式

积极行为支持强调教师对学前特殊儿童的行为进行全面的功能性评估，在教学过程中为幼儿提供有利于适应性行为产生的相关先行因素和行为后果，从而使幼儿养成良好的社会适应性行为，并以此取代各类问题行为。具体来说，积极行为支持教学模式有以下三层内涵：

第一，强调学习游戏环境的创设与改变，而不是针对问题行为的直接惩罚与抑制。20世纪30年代，著名心理学家桑代克修正了他的学习定律，指出“惩罚并不一定削弱联结”。也就是说，惩罚并不是改变问题行为的有效方式。20世纪80年代中期，积极行为支持的理念被提出，强调以积极的、指导性的方法来代替对学前特殊儿童严重行为问题的惩罚。积极行为支持并没有把行为改变的焦点放在特殊幼儿身上，而是主张通过创设有利于适应行为发生的学习与游戏环境来促使幼儿的问题行为得到改变。因此，积极行为支持需要教师对于幼儿行为的反应做出非惩罚性的、有建设性的、积极的回应。

第二，功能性行为评估是实施积极行为支持的核心步骤。积极行为支持与功能性行为评估密不可分，其理论假设认为每一个行为都有其功能。行为的功能有三类：一是正强化（通过行为得到了个体想要的事物）。二是负强化（通过行为避免了个体厌恶的事物）。三是感觉刺激与调整（通过行为提高或降低感觉刺激，使感觉输入保持在一个合适的水平或者产生感觉输入）。功能性行为评估就是要通过评估幼儿问题行为与发生的环境先行因素、行为后果之间的关系，了解幼儿问题行为的社会生态学功能（幼儿的问题行为在什么情境下发生，有哪些关联要素，起到了什么作用），进而为之后的行为干预计划提供依据。

第三，强调在控制问题行为发生的同时，教给幼儿正确的目标适应行为。积极行为支持基于功能等价模型，目标在于教会幼儿用一种可以与问题行为达到同样社会功能的适应行为来抑制并代替问题行为的产生。在实行积极行为支持的过程中，对于学前特殊儿童的问题行为，教师当然应该给予及时、明确的回应，引导幼儿纠正此行为。

### （三）训练中心模式

训练中心模式是指在固定的场所内由专职或兼职的特殊教育专业人员对学前特殊儿童进行专门的训练和教育的一种模式。这种模式适合年龄较大（4～7岁）、在某些方面存在较明显障碍的学前儿童。

训练中心模式一般具有固定的场所，里面配备了比较齐全的特殊教育设备，并且教师大多接受过特殊教育或培训，具有较多的专业知识和较高的技能水平。

训练中心模式的优势在于：第一，针对性强。针对孩子的独特需要制订个别化教育计划，训练的内容比较系统。第二，孩子在训练中心有机会跟其他小朋友一起游戏、参加活动，有利于发展学前特殊儿童的社会适应能力和交往能力。第三，训练中心能为家长提供专业的咨询与定期的培训，指导家长在家里进行康复训练，特殊儿童家长之间也可以相互交流孩子的发展情况，互相学习好的教育经验。

### （四）学校教育模式

学校教育模式是在学校或幼儿园中由特殊教育教师、受过一定特殊教育培训的普通教师及其他相关专业人员对学校或幼儿园中学前特殊儿童进行的专门的教育和训练。形式上包含普通幼儿园随班就读、普通幼儿园设特殊班、特殊幼儿园、特殊学校设幼儿班等。这种模式适合残疾程度较轻，认知能力发展较好的儿童。目前已有多座城市把随班就读向学前教育阶段延伸，倡导学前特殊幼儿进入普通幼儿园接受教育。

学校教育模式侧重于对学前特殊儿童的教育，开展一般性的品德教育、知识教育、生活习惯培养、游戏活动。同时，也有康复的内容，根据不同类型残疾幼儿的特点，进行有针对性的缺陷补偿和功能康复训练。比如，教学前视觉障碍儿童定向行走，训练其触觉、听觉、嗅觉等感知觉功能；教学前听觉障碍儿童发音说话和看话的方法，培养其口语表达能力。

学校教育模式的优势在于：对学前特殊儿童进行生活、学习习惯的培养，并进行一定的缺陷补偿训练，为今后顺利接受初等教育奠定基础。学前特殊儿童与其他儿童在一起学习、生活，社会交往范围广，获得了生活自理和集体生活能力。

### （五）医疗康复模式

医疗康复是指在医疗层次开展的康复活动。医疗康复模式是将医疗和训练相结合的一种特殊教育模式。医疗康复机构有以下三种：一是康复医疗科。在综合医院内设置康复门诊，对康复对象进行康复诊断和康复治疗。二是在疗养院中建立的康复机构。利用疗养院的自然环境，把疗养与康复结合起来。三是儿童康复医院和残疾儿童康复机构。通过依靠医护人员与教师，采取各种可能的康复、教育措施，为学前特殊儿童提供康复、教育服务。

这种模式主要适合程度较重的特殊儿童，这些儿童多存在运动障碍及姿势异常，日常活动不便，有些甚至伴有智力落后、语言方面的障碍。有研究表明，对脑瘫儿童有针对性地采取医疗康复与教育相结合的方法，可获得良好的效果。

医疗康复模式需要来自多专业的人士通力合作，如儿童医生、特殊教育教师、心理治疗师、护士等。儿童医生全面负责孩子的康复工作，制订医学康复计划；特殊教育教师是教育康复的主体，负责具体教育计划的制订与实施；心理治疗师对孩子的心理发育进行评估；护士主要配合医生和治疗师对残疾儿童进行照顾、护理和服务。

医疗康复的主要工作包括对特殊儿童进行鉴别诊断，找出他们存在障碍的类型及程度，以及其他一些必要的基本情况，为制订康复教育计划提供可靠依据。在医生、心理治疗师、特殊教育教师、护士等的配合下，对学前特殊儿童进行康复和教育。为特殊儿童家庭提供咨询服务，或者上门进行医疗服务。

以上从不同的角度对学前特殊教育模式进行了分类。实际上，这些分类都是相对而言的，各种模式之间没有绝对的分界线，分类是为了让研究者更深入地了解学前特殊教育，以便家长进行比较和选择适合自己孩子的模式。

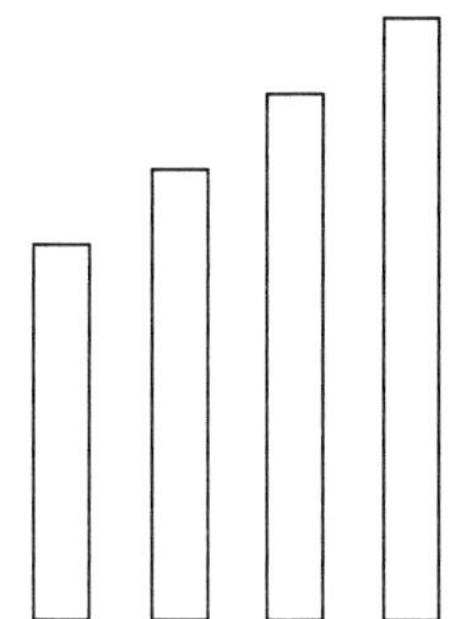

# 第三章　学前特殊儿童分析

本章为学前特殊儿童分析，介绍学前特殊儿童的教育、学前特殊儿童的评估、学前特殊儿童的安置三个方面的内容。

# 第一节　学前特殊儿童的教育

## 一、视觉发展障碍儿童的教育

### （一）视觉发展障碍儿童概述

1. 视觉障碍的概念

视觉障碍亦称“视觉缺陷”“视力损伤”。1987 年我国残疾人抽样调查使用的《残疾标准》将视觉障碍定义为：由于各种原因导致双眼视力低下并且不能矫正或视野缩小，不能承担一般人所能从事的工作、学习或其他活动，以致在日常生活和社会参与过程中存在障碍。

美国于 1975 年颁布的《全体残障儿童教育法案》中对视力残疾的定义是：视力残疾是一种视觉上的损伤，即使经过矫正，其损伤对孩子的教育活动仍有不利的影响。这个定义的关键是学生有某些妨碍他们学习的视觉系统的障碍，这些障碍影响他们在日常生活中的行动及社会生活。

2. 视觉障碍的分类

视觉障碍儿童教育的产生与社会的发展有着紧密的联系。18 世纪，特殊教育开始萌芽，视觉障碍儿童的教育开始在欧洲引起人们的重视。1784 年，霍维在巴黎成立了世界上第一所盲童学校。1824 年，布莱尔发明了六点盲文，促进了视觉障碍儿童教育的普及与提高。

视觉障碍的程度复杂多样，根据程度的轻重可分为两类共四个等级，即盲和低视力两类，一级盲、二级盲以及一级低视力、二级低视力四个等级。

（1）盲

一级盲：好眼的最佳矫正视力低于 0.02，或视野半径小于 5 度。

二级盲：好眼的最佳矫正视力等于或优于 0.02，而低于 0.05，或视野半径小于 10 度。

（2）低视力

一级低视力：好眼的最佳矫正视力优于 0.05，而低于 0.1。

二级低视力：好眼的最佳矫正视力等于或优于 0.1，而低于 0.3。

有关残疾标准的规定，盲和低视力都是指双眼而言，如果双眼视力不同，就以视力较好的一只眼为准；如果仅有一只眼盲或低视力，另一只眼矫正视力是 0.3 或优于 0.3，就不属于视觉障碍范围。最佳矫正视力是指以适当镜片矫正所能达到的最好视力，或针孔镜所测得的视力。

3. 视觉障碍儿童的出现率

出现率即医学上的流行率，通常用实际发生某种疾患人数与可能发生该疾患的同年龄总人数之比来表示。视觉障碍儿童的出现率是指一个时期内视觉障碍儿童的数量在同龄人口中的比例，视觉障碍儿童的出现率因各国、各地区的卫生条件、医疗设施状况、判断标准不同而存在明显的差异。一般而言，经济发达、医疗卫生条件水平高的国家和地区，视觉障碍儿童的出现率低，反之则较高。

### （二）视觉障碍儿童的鉴定

1. 视力检查

视力即生理视力，是指一定距离内眼睛辨别物体形象的能力，是通过对视敏度和视野的测量以及对特殊眼病、外伤、遗传或产前因素的影响的评估而得知的。视力包括中心视力（视敏度）和周边视力（视野），视敏度反映的是视网膜黄斑部注视点的视力，包括远视力和近视力。视野是指当眼球固定注视平直方向所能见到的空间范围。

视力检查即视觉量的评估，包括视敏度量的评估和视野量的评估。视敏度量的评估需借助视力表进行，如《国际标准视力表》，其结果用数值表示。视野量的评估则需借助视野计测定，如“周边弧形视野计”“自动视野计”，结果用视野图表示。

2. 鉴定方法

视觉障碍的鉴定与评估的方法可分为两类：筛查和诊断。

（1）筛查

筛查主要是通过观察儿童的视觉行为和眼睛的症状去判断，发现疑似的视力障碍儿童，一般由家长或教师来完成。家长和教师可以用正常儿童的发展过程作为衡量标准，当发现儿童有下列情况时，就要引起家长或教师的高度重视，家长应及早带孩子上医院确诊：

①视觉行为

不停地揉眼睛、常闭上或遮住一只眼睛、常倾斜脑袋或者往前伸头、难以完成阅读或其他需要近距离观察的任务、把东西靠近眼睛看、过于频繁地眨眼、在做需要近处观察的任务时很暴躁、看东西模糊不清或很难看到等。

②眼睛的症状

眼睛运动不整齐，眼睑有红晕、结痂或肿胀，眼睛潮湿或红肿（发炎）等。

③儿童的描述

“我的眼睛痒”“我觉得我的眼睛像火烧一样”“我感到我的眼睛很刺痛”“我看不清”等。

（2）诊断

诊断是指通过专业的医学人员（如眼科专家）等运用各种有效的工具对儿童的视觉及

眼睛状况进行专业的检查。检查的方法主要有远视力检查、近视力检查和视野检查三种。

①远视力检查

远视力是指 5 米或 5 米以外的视力。远视力检查是指视网膜黄斑部中央凹处视力机能的检查，检查方法有视力表检查、实物检查和观察检查三种。

视力表检查：适用于 3 岁以上儿童，用《国际标准视力表》（“E”字标准视力表）《标准对数视力表》或《儿童图形视力表》测试视力。

实物检查：一般包括两种方法，即乒乓球测试和硬币测试，对于年幼不能用视力表测视力的儿童，可用实物检查。

观察检查：对 2 岁以下的儿童，可根据儿童视觉发育的规律对视觉行为进行观察，从而做出粗略的判断。

②近视力检查

近视力是指 30 厘米远的视力。近视力检查也称为调节机能或阅读视力检查，是指两眼受调节作用下的视敏度的检查，主要采用《标准对数视力表》检查。

③视野检查

视野包括中心视野和周边视野两种，中心视野是指以黄斑为中心的 30 度以内的视野范围，周边视野是指以黄斑为中心的 30 度以外的整个视野范围。检查方法主要有动态检查和静态检查两种。

动态检查：利用运动的视标测定相等灵敏度的各点并连接各点成线的方法，所连之线为等视线，记录视野的周边轮廓。对周边视野进行检查，主要了解视野范围的大小情况。

静态检查：视标不动，通过逐渐增加视标刺激强度来测量视野中某一点的光敏度或光阈值的方法，是将测定一条子午线上各点的光灵敏度阈值连成曲线以得出视野缺损的深度概念。目前最常用的是被公认为标准的自动视野计。

比起动态视野检查，静态视野检查更有优越性，对一些视网膜变性、黄斑病变、视神经炎等，能查出用一般方法不能查出的视野改变。

### （三）儿童视觉障碍的成因

视觉生理结构和功能的障碍，可以发生在胚胎发育时、出生后的很短时间内或儿童成长的各个时期，造成儿童视觉障碍的原因主要有先天因素、后天因素（致病与外伤等）。

1. 先天因素

先天因素已经成为儿童致盲或低视力的主要原因，先天因素包含遗传与非遗传两种情况，非遗传因素包括近亲结婚及胎儿期的因素等。

（1）遗传

遗传是指父系或母系中一方或双方存在显性或隐性的致盲因素，遗传给后代。父母有一方或双方患有先天性疾病，就有可能遗传给子女，造成子女的视觉障碍。许多遗传性疾病在儿童出生时就表现出症状。也有一些遗传性疾病在出生时没有任何症状，几年或几十年以后才发病。

很多国家都有这方面的调查资料，如英国盲童遗传性眼病率约为50%，美国约为47%，澳大利亚约为50%，加拿大约为45%等。

（2）近亲结婚

近亲结婚是指直系血亲和三代以内的旁系血亲结婚。近亲结婚容易造成隐性遗传（隐性遗传即患者的双亲表型正常，但都是缺陷基因的携带者）的发生，因为双方带有相同致病基因的可能性大于一般群体，增加了子女发病的概率。

（3）胎儿期因素

母亲在妊娠期药物中毒、外伤、营养不良或患有其他疾病及产程中的困难等，都可能造成先天性眼疾。

2. 后天因素

后天因素包括各种出生后发生的眼疾，如眼球萎缩、角膜病、视神经萎缩等，还包括心因性疾病、眼外伤、环境因素、全身性疾病等方面因素。

（1）眼疾

视觉障碍多是由视觉器官本身的器质性病变造成的。视觉器官包括眼球、视神经传导系统（临床上也称视路）和眼附属器三部分，这三部分的任一部位发生病变，都会导致视觉障碍。造成视觉障碍的各种眼疾中，白内障、角膜病、视神经萎缩、视网膜色素变性、眼球震颤、白化病、发育性青光眼、沙眼、屈光不正、斜视及弱视等为主要的致盲眼疾。在各种致盲眼疾中，白内障是主要因素，其次是角膜病，沙眼和青光眼分别是致盲的第三位和第四位因素。

①白内障

白内障是眼睛内晶状体发生混浊，由透明变成不透明，阻碍光线进入眼内，从而影响视力，甚至造成失明。白内障导致视力残疾的构成比例约为46%。白内障有很多不同的病因，大致可分为遗传因素、环境因素及不明因素，先天性白内障是婴幼儿常见的眼疾，由于混浊的部位、形态和程度不同，视力障碍的表现也不同，可分为完全性白内障和不完全性白内障，又可分为核性白内障、皮质性白内障及膜性白内障。

②角膜病

角膜是透明组织，即使轻微的病变，也会造成浑浊，影响视力，而且角膜没有血管，不易修复。引发角膜病最常见的原因，首先是外伤加感染造成角膜混浊，严重者发生溃疡导致瘢痕或发生穿孔，进而引发视力下降；或是由于抗生素及皮质类胆固醇药物的滥用造成菌群失调。其次是长期佩戴角膜接触镜后护理不当或不按操作规范佩戴。

角膜病的临床表现有眼红、眼痛、发光、流泪、眼内异物感、角膜混浊和视力不清等。

③沙眼

沙眼是由微生物沙眼衣原体引起的一种慢性传染性结膜角膜炎，因其在眼睑结膜表面形成粗糙不平的外观，形似沙粒，故称沙眼。沙眼衣原体可感染人的结膜、角膜、角膜上皮细胞。医疗卫生条件差的地区，沙眼的发病率很高。该病在亚非地区个别国家仍是致盲的主要原因。

沙眼的急性发作的临床表现有不同程度的异物感、畏光、流泪、发痒、黏液性分泌物多、睑红肿、眼睑结膜高度充血、因视盘增生眼结膜粗糙不平、上下穹窿部结膜布满滤泡、合并有弥漫性角膜上皮炎及耳前淋巴结肿大，数周后急性症状消退进入慢性期。在慢性病程中，因反复感染，病程可延数年或十多年。晚期常因后遗症，如眼睑内翻、倒睫、角膜溃疡及眼球干燥等严重影响视力，甚至导致失明。

沙眼衣原体常附在病人眼睛的分泌物中，任何与此分泌物接触的情况，如接触沙眼病人不干净的手、被污染的毛巾，均可造成沙眼的传播感染。因此，沙眼的预防应培养良好的卫生习惯，不用手揉眼睛，毛巾要勤洗晒干，使用流水洗脸等。

④青光眼

青光眼是眼内压间断或持续升高的水平超过眼球所能耐受的程度，从而给眼球各部分组织和视功能带来损害，使视神经萎缩、视野缩小、视力减退，甚至失明。在急性发作期，24～28 小时即可完全失明。因急性眼压增高时瞳孔区显示出一种青绿色反光现象，故称为青光眼。青光眼属于双眼性病变，可双眼同时发病，或一眼起病，继发双眼失明。

青光眼的临床表现为畏光、流泪、眼睑痉挛、角膜混浊、屈光不正、眼球扩大、视盘凹陷扩大等。青光眼是不能预防的，主要依靠早发现和早治疗。

⑤屈光不正

眼的屈光系统包括角膜、房水、晶状体和玻璃体为一同心共轴的一组屈光质。当眼调节静止时，来自 5 米以外的平行光线经眼的屈光系统折射后，应聚集在视网膜上形成清晰的物像，这种屈光状态称为正视，即眼的总屈光力与眼球轴长相适应；如果由于某种原因，眼屈光系统的屈光力与眼球轴长不相适应，使平行光线进入眼内后不能清晰地聚焦在视网膜上，而是聚焦在视网膜前、后或不能聚焦，使物像模糊不清，这种屈光状态为非正视，或称为屈光不正，屈光不正包括近视、远视、散光三种类型，也是儿童斜视和弱视的主要原因之一。

⑥斜视

斜视是指两眼视轴不正，有偏内、偏外或上、下不正的情形。因发病原因不同，分为麻痹性斜视和共同性斜视两大类。

麻痹性斜视的致病因素又能影响到支配眼肌运动的神经核、神经及眼外肌本身的炎症、肿瘤压迫、血管病变、外伤、中毒及营养不良等。

共同性斜视的病因主要有屈光不正或屈光参差所致的调节与预计结合不平衡。此外，还有遗传因素，如融合机能发育不全或未发育，使双眼单视的条件反射无法建立。还有解剖因素，如眼眶发青异常、眼外肌发育不平衡、肌腱附着点异常或节制韧带异常。

共同性斜视的治疗应先矫正屈光不正，治疗弱视，待双眼视力平衡再进行手术；麻痹性斜视的治疗应针对病因采用不同的治疗方法，如药物治疗、光学治疗、针灸或物理治疗、手术治疗，以达到正常眼位，保持两眼眼外肌肌力平衡。

⑦弱视

弱视是指眼部无明显器质性病变，或者有器质性改变及屈光异常，但与其病变不相适应的视力下降，矫正视力低于 0.9 者，可能发生于一眼或两眼。引起弱视的病因主要在视觉形成的早期，由于先天性或视觉发育的关键期，进入眼内的光刺激不够充分，剥夺了黄斑形成清晰物像的机会而造成视力减退。弱视发病越早，其程度越重。根据病因不同，弱视可分为斜视性弱视、屈光参差性弱视、屈光不正性弱视、失用性弱视、先天性弱视和器质性弱视。

弱视的临床表现有视力和屈光异常，弱视按程度分为轻度弱视、中度弱视及重度弱视。弱视的特征为：分读困难，即弱视眼识别单独视标比识别集合视标或密集视标的能力好，也称为拥挤现象；眼位倾斜；固视异常，即弱视较深者由于黄斑固视能力差，而常用黄斑旁的网膜代替黄斑作为固视。弱视的治疗应遵循早发现、早治疗的原则，先去除病因，然后矫正屈光不正。

（2）心因性疾病

个体短期的情绪困扰立刻会在视觉功能上显示出异常症状，如视力模糊、眼前呈灰暗色或有云雾感，随即视力骤减等；个体长期心情低落、抑郁紧张，或焦躁不安等消极情绪对视觉功能则会显示出更长远的影响，严重的仅有光感或完全失明。

对于这些患者，如及时治疗，多数人在数周或数月后可逐渐恢复视力。

（3）眼外伤

眼球结构精密而又脆弱，生理功能复杂，即使是轻微的眼外伤，也可能导致严重的视力减退，尤其是穿孔性眼外伤，不仅受伤眼会遭到严重破坏，而且可以通过交感性眼炎的发生使双眼失明。眼外伤的原因有钝器或利器的机械性打击，如钝挫伤、爆炸伤、穿孔伤、眼内异物等。此外，还有非机械性伤害，如化学物质的腐蚀、热烧伤、辐射性眼外伤等。

眼外伤对眼球的破坏，即使得到及时的治疗，有时也难以保持原有的视功能。因此，在幼儿园的日常活动中，应当注意防止眼外伤的发生。

（4）环境因素

环境因素对视力的影响不可估量，如城市林立的建筑物，马路上车水马龙、嘈杂不堪，空气中夹杂着太多的粉尘，大街边的橱窗让人目不暇接，在这种条件下，眼睛得不到充足的休息，使儿童常常感到眼睛生涩、疲倦。

（5）全身性疾病

全身性疾病主要包括某些传染性疾病和一般性疾病两类。传染性疾病包括麻疹、风疹、脑炎、伤寒、结核病、白喉和红热等；一般性疾病包括糖尿病、高血压、肾炎、贫血及维生素缺乏等。这些疾病均有可能造成不同程度的视力损伤。除此之外，颅脑外伤、震荡导致的器质性病变、脑肿瘤等也可导致视力缺陷。尽管以上这些疾病造成的视力缺陷的比例不高，但仍需给予足够的重视，最大限度地避免由此类原因导致的视力缺陷的发生。

### （四）视觉障碍儿童的心理特点

1. 感知觉

视觉是人类最重要的一种感觉之一，它主要由光刺激作用于人眼所产生，对于一个普通人来说，从外界获得的信息中 80% 来自视觉。普通儿童通过对大自然、社会生活的观察，以及对成人行为的模仿和同伴交往活动，能接收大量的视觉信息，逐步积累起丰富的感性材料，而视觉障碍儿童在生活和学习中缺少这样一条重要的渠道。为了弥补丧失的视觉信息，有严重视力障碍的儿童必然要从其他感觉渠道得到一些信息的补偿，由此使他们在感知觉方面形成一系列不同于正常人的感知特点。

（1）听觉

在失去视觉后，听觉成为视觉障碍儿童认知物体、认识世界的重要途径，使他们比普通儿童更多地关注听觉信号。长期依赖听觉渠道获取信息，他们能更好地用听觉进行空间定向，判断发声物体的远近，判断生人、熟人，判断人的喜怒哀乐和在纷杂的环境背景下选择性注意等。

有学者指出，视觉障碍儿童在听觉注意力、选择性和记忆力方面都比普通儿童更具优势。有研究者运用相关电位（ERP）对视觉障碍儿童的认知特点进行研究，发现视觉障碍儿童的听觉记忆操作要优于普通儿童的记忆操作。同时，实验结果还表明视觉障碍儿童的听觉注意和听觉表现能力比普通儿童好。但视觉障碍儿童的这种听觉特点并不是天生的，而是在后天的生活中不断补偿和感觉适应的结果。

尽管听觉在视觉障碍儿童的生活中扮演着如此重要的角色，但听觉并不能完全取代视觉，仍具有自身的局限性。例如，听觉感受声音所产生的空间知觉不如视觉感受到的准确，特别是对方位和距离的辨别；通过听觉无法了解事物的形状、大小、颜色及动态形象，如闪电、云涌等，这对视觉障碍儿童形成正确的概念以及准确认知事物等都会产生不利影响。

（2）触觉

刺激作用于皮肤引起各种各样的感觉是肤觉，触觉是肤觉的一种，也称为压觉，是皮肤表面承受某物体压力或触及某物时产生的一种感觉。同听觉一样，触觉也是视觉障碍儿童认识外界事物的重要渠道之一。视觉障碍儿童通过触摸物体了解其形状、大小、轻重、温度、软硬、粗细及质地等特征。

在日常生活中，视觉障碍儿童通过手部或脚底的触觉辨别不同材料的路面，协助准确定向及行走；在学习生活中，视觉障碍儿童通过手的触摸分辨盲文来获取信息、掌握知识。因此，对于视觉障碍儿童来说，自古就有“以手代目”的说法。

苏联学者捷姆佐娃等人曾将 8 名使用盲文的盲人作为实验组，8 名普通儿童作为对照组，对盲人和视力正常的人的两点阈进行测试，结果如下：盲人的手指两点阈平均为 1.02 毫米，而视力正常的人平均为 1.97 毫米。另有研究证明，正常人的指尖感觉限值为 2.2～3.0 毫米，而经过摸读盲文训练的盲童却能达到 1.5 毫米，个别盲童能达到 1 毫米。所以，盲童手指尖感觉灵敏度高不是天生的，而是经过触觉强化训练的结果，是补偿与适应的结果。

但我们也不能否认，触觉只能起到一部分作用。对于物体的颜色、亮度及立体透视的感觉，手是不能感知的。对于能感知的物体，手在触摸时速度慢，需一部分一部分地感知，而且受物体大小与距离的限制；太大或太小的物体只能制作成模型去感知，手不能触摸的物体也很难感知，如火、太阳等。

2. 注意

注意就是通过心理活动对一定对象的指向和集中，是一种可以通过外部行动表现出来的内部心理状态。注意保证了人们对事物有更清晰的认识并做出更准确的反应，是人们获得知识、掌握技能、进行各种智力活动和实际操作的重要心理条件。视觉障碍儿童主要是通过听觉、触觉等来注意外界的事物变化，因此也表现出与普通儿童在注意发展上的差异。

（1）较强的听觉注意

在实际生活中，视觉障碍儿童更多地依靠听觉，所以他们有较强的听觉选择性。许多普通儿童忽略的声音信号，对于视觉障碍儿童来说可能具有特殊的意义。正如方俊明在《特殊教育学》中所说：“和视觉正常人不同，盲人对声音刺激的反应增强了，并且长时间内不消退，声音对盲人有不同于正常人的信号意义。”

（2）突出的有意注意

视觉障碍儿童由于缺乏容量较大的视觉信息，只能借助将听觉、触觉等其他感官获取的信息加以整合来认识周围的事物。因此，视觉障碍儿童需要不断加强有意注意的能力，使有意注意得到不断强化并发展。

（3）较高的注意稳定

对于普通儿童而言，注意对象的衣着、服饰、神态等发生变化时，一般会使其注意受到干扰，视力障碍儿童则不会受到这些视觉方面的刺激。

（4）良好的注意分配能力

视觉障碍儿童虽然不能或很难从事视觉参与的注意分配活动，但除视觉以外的其他感觉的注意分配活动可能因此得到良好的发展。例如，能够一边小心马路上的车辆，一边通过触觉用手杖点触注意道路上的障碍等。

尽管视觉障碍儿童表现出较好的注意稳定性和分配能力，但也存在注意分散现象，他们的注意分散通常表现在思想上开小差，干扰则主要来自非视觉信号的影响，如无关的声响、气味、情绪不安等。

3. 记忆

记忆是大脑对过去经历过的事物的反映，视觉障碍儿童虽然无法通过清晰的视觉表象完成记忆过程，辅助记忆内容的提取，但是在记忆发展上并不完全落后于普通儿童。

视觉障碍儿童主要依靠听觉、嗅觉、触觉等感知为记忆的基础对事物进行再认和回忆。其记忆的发展具有以下特点：

（1）视觉障碍儿童记忆过程中缺乏视觉表象或视觉表象不完整

形象记忆又称为表象记忆，是以感知过的事物形象为内容的记忆，通常以表象形式存在，具有直观形象性。视觉障碍儿童由于视觉的缺陷，在用视觉感知事物的过程中可能出现困难或者根本无法通过视觉来感知事物，因此在其记忆过程中表现出缺乏视觉表象或视觉表象不完整的特点。视觉障碍儿童视觉表象保留的数量和质量取决于视觉损伤的时间和程度。一般情况下，失明越早，视力损伤程度越重，视觉表象的保留就越差。就儿童失明的年龄而言，一般 5 岁是个关键期。5 岁以前失明的儿童，其视觉表象容易消失，而 5 岁以后失明的儿童，其视觉表象有可能保留住，可以为其之后的学习提供比较具体的参考框架。

视觉表象对于视觉障碍儿童来说具有重要的作用，可以为其认识事物提供较为具体的参考轮廓，因此家长和教师应该抓住合适的时机强化和利用儿童已经获得的视觉表象，为视觉障碍儿童今后的生活、学习和工作奠定良好的基础。

（2）视觉障碍儿童的记忆以听觉记忆和触觉记忆为主

虽然视觉障碍儿童缺乏视觉表象的记忆，但是他们通过其他感觉通道所获得的表象反而有所增强，视觉障碍儿童的记忆以听觉记忆和触觉记忆为主。在听觉记忆上，视觉障碍儿童表现出“凡事一入耳，就像钉子钉在木板上”的独特优势。例如，对人的再认，视觉障碍儿童主要根据对方的语音、语调甚至是脚步声来回忆。不仅听觉记忆稳定，触觉表象对于视觉障碍儿童来说也不容易忘记。有研究者通过测验发现，他们对熟悉的实物，如盲文笔、苹果、皮球、茶杯等，几乎一放到手上就能正确地说出其名称，速度几乎等于用眼睛看到物体说出名称的速度；而对于日常生活中不常见或很少用过的物体，视觉障碍儿童也能依靠触觉正确地再认。

（3）视觉障碍儿童机械识记能力较强

机械识记是指根据材料的外部联系或表面形式，采取简单重复的方式进行的识记。其特点是对识记的材料很少进行加工，基本上是按照材料呈现的时空顺序进行逐字逐句的识记。视觉障碍儿童通常在无法加工的情况下进行机械记忆，也就是我们常说的“死记硬背”。由于长期进行机械识记，视觉障碍儿童的机械记忆能力不断得到锻炼，因而有所增强。在视觉障碍儿童的全部识记内容中，机械识记占较大部分，低年级的视觉障碍儿童尤其如此。

（4）视觉障碍儿童的短时记忆和长时记忆较好

短时记忆是指当信息第一次呈现后，保持在 1 分钟以内的记忆，美国心理学家乔治·米勒在 1956 年提出，短时记忆的容量大概是 7 ± 2 个组块。研究结果显示，视觉障碍儿童在短时记忆上似乎存在些许优势。这很可能是由于视觉障碍儿童在机械识记能力上要高于普通儿童，从而使短时记忆的能力随之增强。

相对于短时记忆而言，长时记忆是指学习过的材料在人脑中保持 1 分钟以上甚至终身的记忆，其容量几乎无限。从事视觉障碍儿童教育的工作人员普遍认为视觉障碍儿童的长时记忆能力很好。苏联盲人研究者克罗吉乌斯通过研究证明：盲人在记忆和再现词、数字时，在背诵诗句时，比视觉正常的人强得多，并且能长久地记住所获得的知识，“盲人在记忆的发展方面比视觉正常的人优越得多”。

（5）视觉障碍儿童的工作记忆能力可以接近普通儿童水平

从信息加工理论来看，人的信息加工系统会把接收到的外界信息经过模式识别加工处理之后放入长时记忆中。之后，当人们进行认知活动时，需要长时记忆中的信息处于一种活动的状态，这种活动状态中的信息记忆就叫工作记忆，工作记忆是个体存储信息和加工信息的平台。它在表象、言语、创造、计划、学习、推理、思维、问题解决和决策等高级认知活动中起着非常重要的作用。

有研究者通过不同的操作任务（数字视听、数字计算、姓氏排序、词语填空、图形排序和图形嵌入）对视觉障碍儿童的工作记忆容量和记忆任务对记忆效果的影响进行了研究，发现：在低、中年级，视觉障碍儿童工作记忆的效果明显地落后于普通儿童；在高年级，视觉障碍儿童和普通儿童工作记忆的能力的差距趋于消失；随着年龄的增长和训练的加强，视觉障碍儿童工作记忆的能力可以得到较好的改善。

4. 想象

想象是人类智力结构中的必备要素之一，对获取知识形成经验具有重要意义。爱因斯坦说过："想象力比知识更重要，因为知识是有限的，而想象力概括着世界上的一切，推动着进步，并且是知识进化的源泉。"

想象是对头脑中已有的表象进行加工改造、形成新形象的过程，是一种高级的认识活动。我们在听广播、看小说时，在头脑中产生的各种人物形象或故事画面，表演者根据生活体验，创造出不同时代的人物形象，这些根据别人介绍或者自己已有的经验在头脑中形成的新形象，都是想象的结果。

随着视觉障碍儿童生活经验的丰富，听觉和触觉所获得的信息可以在一定程度上取代视觉形象，在头脑中形成有关事物的形象，并展开符合逻辑的想象。

（1）视觉表象的缺乏或不足影响了视觉障碍儿童想象的发展

个体的想象多以自身的生活经验作为基础，而对于缺乏视觉表象的视觉障碍儿童来说，要进行以视觉表象为材料的想象是十分困难的。例如，在语文教学中，视觉障碍儿童很难通过想象去理解如诗如画的境界，他们很难领会"窗含西岭千秋雪""日照香炉生紫烟""落霞与孤鹜齐飞""一行白鹭上青天"等诗的意境，因而影响了对诗的内容的把握。

（2）视觉障碍儿童的想象以听觉表象、触觉表象等为主要材料

视觉障碍儿童虽然缺乏视觉表象作为想象的材料，但是可以通过听觉、触觉以及嗅觉等通道来获取丰富的听觉表象、触觉表象和嗅觉表象等。例如，视觉障碍儿童可以将常人不注意的声响或词语连贯起来，夏天教室里吊扇的风、夜晚偶尔出现的一些声音、他人讲话的语调等都能使他们展开丰富的想象，还可以通过音乐的旋律对音乐作品中包含的思想感情与内容进行想象和体会。

（3）视觉障碍儿童的想象有时带有个人愿望和情感色彩

视觉障碍儿童在缺乏视觉表象的基础上进行想象，有时会带有个人的愿望及情感色彩。例如，把要求十分严格的教师想象成面目可憎的样子，将态度和蔼、声音悦耳的教师想象得非常美丽可爱。

（4）视觉障碍儿童主要通过再造想象获取间接的知识

再造想象是根据已有的描述在头脑中形成相应的新形象的过程。视觉障碍儿童与普通儿童一样可以通过词句的叙述、已有的知识经验、个人的感受等来对事物进行再造想象，以获得大量的间接知识，从而丰富自己的知识体系。例如，他们可能没坐过飞机，但是可以通过坐汽车时突然下坡、身体失重的经验来想象飞机下降的感受。

（5）视觉障碍儿童也具有无意想象梦

梦是无意想象的一种特殊形式。美国心理学家研究了盲人的梦，他们发现，先天的盲

人，即从未见过任何东西的盲人，他们的梦里没有视觉形象。例如，一个先天盲人做了个与家人团聚的梦，他梦中的一切都是听觉和触觉的形象：听到有人在开吹风机，听到洗衣机的转动声和流水声。而后天失明的盲人所做的梦完全是另一番景象，一位后天失明的女盲人描述，她梦到在朋友的庭院里与一些人共进午餐，她清楚地见到了梦中的人和周围的景物。她所梦到的事情大都是在她失明之前曾经经历过或看到过的，梦境中的人物形象也是根据她失明前见到的人塑造出来的。由此可见，盲人也会做梦，只是缺乏视觉表象的参与，即使有视觉表象的参与，也是将曾经获得的视觉表象进行再加工然后加入梦境中。

5. 思维

思维较之感知觉、记忆来讲，是一种更复杂、更高级的认知活动。我们通过思维学习知识、解决问题，通过思维辨别真伪、识别美丑，通过思维探索新知、创造未来。

思维是借助语言、表象或动作实现的，是对客观事物的概括和间接的认识，是认识的高级形式。思维能揭示事物的本质特征和内部联系，主要表现在概念形成和问题解决的活动中。思维作为一种理性认识，其发展必须经历从具体的感性认识上升到理性思维的过程，感性认识以及由感性认识所获得的材料是思维不可或缺的基础。

由于缺乏视觉参与到认识活动的过程中，视觉障碍儿童获取的感性材料非常有限，这在一定程度上制约了视觉障碍儿童的思维，但是视觉障碍儿童思维发展的总规律与普通儿童并不存在本质的区别，仍然包括分析和综合、抽象和概括、比较和分类、系统化和具体化几个方面。综合相关文献可以发现，视觉障碍儿童的思维能力特点主要表现在以下方面：

（1）缺乏视觉表象为形象思维提供素材

视觉障碍儿童无法通过视觉建立表象，其表象只能通过感觉和运动觉来建立。

（2）难以建立完整的触觉表象

由于视觉障碍儿童是通过触觉整体表象进行思维的，当遇到自然景观等难以触摸的事物时，就难以建立完整的触觉表象并通过触摸表象进行思维，“盲人摸象”就是一个典型的例子。而对于可以通过触觉感知的事物，也会造成能感知的外界事物特征减少、准确性差的结果，如视觉障碍儿童不能直接感知光、色和物体的透视。

（3）形象思维制约概念的形成

概念是指个体对具有共同属性的事物所获得的概括性的认识，视觉障碍儿童在形象思维方面缺乏感性经验，无法形成事物的视表象，某些概念的形成有困难。由于视觉障碍儿童很难建立视觉表象，听觉信息未能呈现出物体在空间中的形状和幅度，所以对某些过大、过小或飘动不定的较为抽象的，如蚊子、蚂蚁、河流、云雾、飞机等物体的概念的形成有困难。另外，他们通过听觉和触觉感知到的一些事物的特征往往是不完全、不连贯，甚至是不准确的，所以容易形成错误的概念。

但是视觉障碍儿童在形成概念上存在的困难并不能一概而论，特别是低视力儿童和后天失明儿童，他们的残余视力和失明前的视觉经验在概念形成中仍然可以发挥很大的作用。

（4）分类归纳能力、概括与抽象能力较差

分类是通过比较事物之间的特征，区分出这些特征的异同，从中抽取出事物的本质特征，把具有共同本质特征的事物归为一类。视觉障碍儿童由于缺乏感性经验，做不到全面地分析综合，因而往往容易忽略事物的整体性，不容易全面地反映这些事物，在概念形成上存在较大的困难，造成他们对事物进行分类归纳的能力较差。

（5）推理能力发展不平衡

对视觉障碍儿童类比推理与因果推理能力的实验研究表明，先天性视觉障碍儿童与普通儿童在类比推理能力方面不存在显著性差异，因果推理能力的发展又好于类比推理能力的发展。究其原因，有学者认为可能是对很多无法通过触觉感知的事物，家长和教师常借助视觉障碍儿童能够感知到的一些事物，通过类比推理的方法进行说明，使视觉障碍儿童类比推理能力得到提升。

（6）思维较敏捷

有学者认为视觉障碍儿童虽然失去了视觉，但依然可以借助第二信号系统进行思维。视觉障碍儿童由于常常独自沉思默想，长期勤于动脑，思维比较敏捷。

6. 语言

语言在人类文明和个体智慧的发展中起着重要作用。人们的日常生活、学习和工作都离不开语言这个工具。语言是一种社会现象，是人类通过高度结构化的声音组合，或通过书写符号、手势等构成的一种符号系统，同时是一种运用这种符号系统交流思想的行为。

视觉障碍儿童由于视觉缺陷而形成了与普通儿童不同的知识获取渠道，因此，语言的形成和发展也表现出自己独有的特点。

第一，视觉障碍儿童听力敏锐，他们的语言能力发展的速度与其生理年龄的增长同步，语言水平完全可以达到同龄儿童的水平。语言的学习主要是通过听觉而非视觉，因此凡是以口语形式进行的活动，如朗诵诗歌、说相声、表演唱歌等，视觉障碍儿童都能够完成得很好，并且由于语言是视觉障碍儿童与他人交流的主要渠道，他们学习或使用语言的主动性要比普通儿童更强。由于视觉障碍儿童更注意倾听他人讲话，因此他们对词汇的掌握、言语的发展可能比普通儿童要快一些。

第二，视觉障碍儿童由于缺乏视觉表象，其语言缺乏感受性认识作为基础，使语言与实物脱节。例如，他们的作文描写的“蔚蓝色的天空飘着白云”，这些词汇都是听到的，并没有形成自己的感性认识。特别是在表达与视觉经验有关的概念方面，如月光、浮云、雪亮、五颜六色等，因缺乏亲身的体验而容易误解或错用。但是这种现象会随着视觉障碍儿童学习的深入、知识面的扩大、对词语意义的逐步理解而逐渐减少或消失。

第三，视觉障碍儿童在借助表情、手势、动作帮助说话方面有较大困难，有时会出现盲态：我们经常用开心、愤怒、伤心、郁闷、内疚和害怕等来描述个体由于外界事件、思想和生理变化所引起的内在的情感变化。普通儿童在进行语言表达时，一般附带有表情、手势和动作来完善自身的语言表达，但是视觉障碍儿童因为自身的视力缺陷，往往很难做到这一点。

第四，视觉障碍儿童有的发音不准或有口吃、颤音等。视觉障碍儿童在模仿和学习语言时仅凭听觉和触觉，看不到口形，因而会出现发音不准或口吃、颤音的情况，甚至在发音时出现面部的多余动作。并且由于缺少视觉参与，也就缺少了视觉在模仿发音过程中的调整作用，一些错误的发音动作得不到很好的纠正。

虽然视觉障碍儿童的语言发展具有上述问题，但是只要教育得法，这些问题仍然能够被克服。因此，教师在具体的教学过程中应注重将词汇与具体事物的形象联系起来，帮助视觉障碍儿童形成丰富的感性认识，从而使他们在理解的基础上掌握词汇，恰当地运用词汇。

7. 人格

人格即个体在行为上的内部倾向，它表现为个体适应环境时在能力、情绪、需要动机、兴趣、态度、价值观、气质、性格和体质等方面的整合，是具有动力一致性和连续性的自我，是个体在社会过程中形成的独特的身心组织。其中，对个体人格起关键作用的包括个体的气质、能力以及兴趣。下面将对视觉障碍儿童的人格特征进行介绍：

（1）视觉障碍儿童的气质

气质是指在人的心理活动和行为中表现出来的稳定的动力特点，包括感受性、耐受性、敏捷性、可塑性、情绪兴奋性、内外向性。气质是人格中受先天因素影响较大的部分，因此是比较稳定的人格特征。气质对应个体的体液可以分为四种典型类型：多血质、胆汁质、抑郁质和黏液质。在对视觉障碍儿童的观察中，我们发现视觉障碍儿童的气质倾向以黏液质和抑郁质类型居多，而多血质和胆汁质类型的人数较少。也就是说，视觉障碍儿童更多的还是表现出内向的特点。

（2）视觉障碍儿童的能力

能力是一种很重要的人格特质。在西方心理学中，能力有两种含义，既可以解释为实际能力，又可以解释为潜在能力。实际能力是指个体具备完成某事的既有水平，而潜在能力是指个体可能做到的，也就是通过适当的训练和教育能够达到的预期水平。

视觉障碍儿童的能力发展与普通儿童相比存在一定的差异，表现在视觉障碍儿童的听觉分辨能力、触觉能力要高于普通儿童，而应变能力，特别是应变新环境的能力、定向行走能力以及操作能力要逊色于普通儿童。

（3）视觉障碍儿童的兴趣

兴趣是个体对特定的事物、活动以及人为对象所产生的积极的和带有倾向性、选择性的态度和情绪。每个人都会对他感兴趣的事物给予优先注意和积极探索。人的兴趣具有倾向性、广阔性和持久性等特点。兴趣的倾向性是指个体对什么感兴趣，兴趣的广阔性主要指兴趣的范围，兴趣的持久性主要指兴趣的稳定程度。视觉障碍儿童通常对听觉信息和触觉信息更感兴趣。例如，昆虫、鸟类的鸣叫声，抒情动人的音乐，发音玩具的模拟声响，器皿的独特音色，摸上去光滑柔软的物品等，都能使视觉障碍儿童乐此不疲、兴趣盎然。而在兴趣的广阔性上，视觉障碍儿童由于缺乏视觉这一主要的信息通道而显得不如普通儿童那样兴趣广泛。在兴趣的持久性方面，视觉障碍儿童要强于普通儿童。因此，视觉障碍学校可以通过提供课外读物以及丰富的课外活动等来扩大视觉障碍儿童的知识面，增加其兴趣的广阔性，使他们的生活丰富多彩，有助于他们塑造良好的人格品质。

8. 社会化

儿童社会化有时也称作儿童社会性发展，它是每个儿童成为负责任的、有独立行为能力的社会成员的必经途径。心理学认为，个体心理发展的主要过程就是儿童的社会性发展。视觉障碍儿童作为儿童群体中的一类，他们的成长同样有社会化的问题，同样要经历社会化的过程。从视觉障碍儿童本身来讲，在视力受限的影响下，他们常常无法得知他人的肢体语言，包括一些表情的变化，也无法通过表情、手势或语气给予对方适当的回应，因而造成人际互动和同伴接纳上的困难。

### （五）视觉障碍儿童的教育建议

在接收视觉障碍儿童之前，资源教师以及接收班级应对等待接收的儿童进行评估和了解，从各方面评估其是否达到入园标准，是否有能力适应幼儿园生活，同时资源教师和班级环境应为视觉障碍儿童的融入做好准备。如盲道、班级设施、物品摆放、班级儿童及家长等，都需要进行准备和沟通。

在幼儿园活动的过程中，应发挥家长的重要作用，多和其进行沟通交流，了解视觉障碍儿童的生活、学习习惯等，以便在活动中对其进行更好的引导。以儿童为主导，有计划地提供学习技能时所需的物品，有技巧地安排活动，帮助视觉障碍儿童通过自己感兴趣的活动学习各项技能，并根据视觉障碍儿童的情况对教学活动进行调整。多对视觉障碍儿童进行鼓励，引导其探索世界，帮助其独立。家长和教师应为其提供更多倾听、触碰、嗅闻的机会，鼓励视觉障碍儿童去探索、去玩耍，如多感官训练、交流训练、定向能力训练、生活技能训练等。

1. 视觉障碍儿童的教育原则

（1）早期发现、早期诊断、早期教育的原则

视觉障碍儿童并非都是全盲的，许多儿童的视力恶化是一个渐进的过程，早期发现、早期诊断、早期教育可以丰富他们的感性经验，为以后的发展提供良好的条件。需要指出的是，由于儿童的语言表达能力有限，在进行视力测查时会有很多困难，家长往往无法确切地知道自己孩子的视力状况，因此很难做到尽早发现问题。为此，幼儿园教师在日常生活中要注意观察儿童的视觉表现，及时发现异常情况，一旦发现儿童可能有某种视觉障碍，应当及时通知家长到医院确诊。确诊的目的是确切地了解儿童的视力状况，根据视力状况以及视力恶化的情况制定相应的教育策略。早期教育虽然无法挽回视力受损害的局面，却可能为孩子的发展打好基础，使他能较好地补偿视觉的第一性缺陷。

（2）多重感官协同原则

由于视觉障碍儿童在人们获取信息的最主要途径——视觉功能上的不足，才更有必要对他们加强多感官协同的训练，多感官协同并非将各种感觉器官相加或混合，而是要求根据视觉障碍儿童的特点来开展各种感官的整合活动训练。首先，要注意根据儿童的特点合理使用残余视力。在了解儿童的视力状况后，更有效地帮助他们选择合适的阅读材料开展一系列用眼能力训练，保护和合理使用他们的残余视力，尽可能丰富他们的感觉经验，为以后的发展打好基础。其次，应借助其他感觉途径丰富和发展儿童的感知能力，在听觉和触觉的主导作用下，充分发挥各种感觉的积极作用，使他们从小得到较为广泛的信息，提升其感觉能力。

（3）自然性原则

根据学前儿童的特点，在对视觉障碍儿童进行早期教育时，应尽量为他们提供自然情境，使他们在生活中获得知识和提升能力。这与儿童天性好动、好玩的心理特点是一致的。通过自然生活来学习是一种比较好的获取信息和提高能力的途径，这样的学习比专门设置特定条件要优越得多。儿童视力受损后，更要从自身特点出发来学习，因此在自然情境下应当使他们掌握同龄儿童都要学会的行为。例如，在游戏活动中，儿童接触到各种各样的事物，教师要分别告诉他是什么，并让他亲手摸一摸。遇到下雨天，让儿童到户外感受一下雨是怎样的，让儿童穿上雨靴，打上雨伞，体验一下下雨的情景等。

（4）安全性原则

儿童的视觉障碍限制了其行动能力，也降低了其自我保护能力。特别是处于幼儿阶段的视觉障碍儿童尚未形成自我保护意识，因此在对他们进行教育时要特别强调安全性原则。与此同时，要注意不要过分限制这些儿童的行动，否则会降低他们的自我保护能力，形成依赖心理。为了防止由于忽视对安全的考虑而带来的依赖心理，就要求幼儿教师合理使用

视觉障碍儿童的残余视力，保护其触觉、听觉、运动觉，避免过度疲劳，防止意外伤害。随着年龄和知识经验的增长，儿童对他人的依赖会逐渐减少，这时就可以更多地让儿童自己行动，在实践中增强其自我保护的意识和能力。

（5）全面性原则

视觉障碍儿童在生活中遇到的困难和障碍比普通儿童要多，只有加强全面的早期教育和训练，才有可能缩短他们与普通儿童之间的差距。忽视对视觉障碍儿童的全面培养，会给他们以后的成长带来不利影响。全面发展并不是要在各个方面齐头并进，在儿童阶段，身体的发展是最基本的，其他方面的发展也不能忽略。对于儿童经常出现的心理或行为问题，如缺乏信心、畏惧困难、过分依赖等，要及时矫治，帮助他们塑造良好的行为习惯。在社会适应和交往方面，还应有步骤地发展其交往能力。

（6）持久性原则

教师和家长在教育视觉障碍儿童时必须有耐心，仅靠零星的、时断时续的教育和训练是不可能有成效的。因此，教育视觉障碍儿童，一定要持之以恒。

经验表明，在学龄前对视觉障碍儿童及时开展教育和训练是最有效的。教师要正确面对孩子的特殊性，充分抓住儿童在幼儿园生活的每一瞬间，不放弃任何机会，尽最大努力教育好孩子。这个过程是艰苦的，也是非常有意义的。

2. 视觉障碍儿童教育的内容

（1）感官训练

感官训练是指对视觉障碍儿童的听觉、触觉、嗅觉、味觉及残余视觉等感官功能进行有计划的干预训练，以使其他感官更好地代偿视觉的损失，使视觉障碍儿童能客观地认识世界、学习各种技能、适应社会生活。

①残余视觉训练

视觉技能包括固定、注视、追踪、调节等。普通儿童在日常生活中获得了大量的视觉技能，但视觉障碍儿童的视觉技能发育不同程度地受到各种阻碍。因此，对视觉障碍儿童进行视觉技能的训练是十分必要的。

最初的视觉技能训练是让视觉障碍儿童对光亮产生注意，可以利用手电筒的亮光向上、下、左、右、近、远移动，训练他们的视觉追踪能力以及辨别远近的能力。随后可以把各种色彩鲜艳、反光良好的玩具拿到背景对比明显的环境中进行上述训练。在儿童1岁左右能够爬、站立及行走时，应该在他的周围放一些玩具，让他去寻找。在这个时候，要逐步让儿童注意周围的事物，如家具等。在儿童2～3岁时，开始让他学习辨别目标物体的形状。这时他们的语言理解能力已经得到一些发展，可以呈现给他们不同形状和大小的物体，用语言说明物体的名称及特点，在讲述时应该着重讲明直线、曲线、点、角等。

接下来是画图及其他视觉训练，开始时要给儿童看一些简单的单色图或颜色对比明显的图。刚开始练习时图要大一些、简单一些，以后慢慢变小、变复杂，儿童刚刚能看清即可，当儿童能看清并说出图的内容后，就应让他们练习描画形状，要从不同的角度表现图的整体或全貌，这样视觉障碍儿童在看到实物时，无论是正面还是侧面，都能把它辨认出来。另外，通过训练也能提高视觉障碍儿童的手眼协调能力。3 岁以后，视觉障碍儿童便可以开始进行视觉分类、视觉记忆、认识符号等训练。这些训练可以利用画线条、走迷宫、点连画、剪纸、搭积木等游戏活动进行。在训练视觉障碍儿童时应该多使用语言，告诉他看到的是什么，或让视觉障碍儿童运用他的触觉，用手去触摸看到的目标。这样大脑可以将视觉和其他感官传来的信息进行综合，促进视觉识别能力的发展，提高视觉效率。

②听觉训练

听觉是人们接收外界信息、认识客观世界的重要工具之一，由于视觉障碍儿童丧失了部分或全部的视觉，所以听觉成为他们认识世界、获取外界信息的主要手段，也是他们学习、交流、活动的主要途径。

在婴儿出生后的几个月，就可以开始对其进行听觉训练了。在他们 0～6 个月的时候，家长要随时跟幼儿交流，或者播放电视或收音机，或者把小铃或其他产生柔和声音的玩具放在他们的周围，让他们了解声音的存在；6～12 个月的时候，家长可以通过改变玩具的位置，让幼儿转头追寻声源；1～2.5 岁时可以让儿童通过触摸了解闹钟等声源，家长这个时候还可以带儿童外出去听声音，并指出声音的来源，如超市的嘈杂声、马路上的车鸣声等；2.5～4 岁时，家长可以指导儿童听更多的声音，可以到郊外听听大自然的声音，辨别声音的远近，也可以把发声体藏起来，让儿童去寻找。接下来是训练儿童的听觉记忆，可以通过执行家长的指令、玩耳语传话游戏、打电话等活动来进行。对于视觉障碍儿童而言，还有一项特别重要的听觉训练，就是在嘈杂的环境中进行有选择地听声音，接收有用的信息，对没有意义的声音不予关注。这个可以通过在嘈杂环境中听拍球的次数、在音乐中听指令等方式进行训练。

③触觉训练

人们对事物空间特性的认识和触觉分不开。触觉不仅可以帮助人们认识物体的软、硬、粗、细、轻、重等特性，而且通过同其他感觉联系起来，还能够帮助人们认识物体的大小和形状。触觉是视觉障碍儿童获得经验与知识的重要感觉。

触觉训练要先教会视觉障碍儿童认识物体，包括认识日常实物和模型。在 6～12 个月时，家长可以为幼儿提供一些既方便抓握又能避免吞食的触觉玩具，鼓励儿童玩耍，在玩耍的过程中认识物体。在 1～2.5 岁的时候，家长可以帮助儿童认识事物的一些特性，如干、湿、软、硬等。视觉障碍儿童辨认物体的时候，家长和教师应给予生动的语言描述，如柔软的枕头、硬的地板、冷的水、热的馒头等。在 2.5～3.5 岁的时候，要为视觉障碍儿童介绍尺寸的概念，如提供家人的鞋子让儿童去配对，或使用其他物品，依据尺寸、长度、形状去分类，如积木、纽扣、小塑料瓶等。在 4～5 岁的时候可以指导儿童穿珠子，走路时让儿童感受不同的路面，如人行道、泥土、草皮、柏油路面等。在训练的过程中，家长要教给视觉障碍儿童正确的触摸方法，要按照一定的顺序进行触摸：先整体，再局部，再整体；从头到尾，从上到下；触摸较大的物体要借助基准点、线、面，避免观察遗漏和重复。另外，还要进行视觉障碍儿童的触摸分配训练，可以让视觉障碍儿童的两手同时触摸两种不同的物体，观察其异同，这对提高触摸效率、拓展观察范围非常有效。

④嗅觉与味觉训练

美妙的气味会引导视觉障碍儿童去主动探索外界的事物，嗅觉可以帮助视觉障碍儿童辨认物体、辨别方位以及为定向行走提供线索。

家长首先要帮助孩子认识和分辨不同的气味，然后区别各种物品特有的气味特征，以此区分不同的物体。等孩子稍大一些，可以让他们根据气味来认识环境，如小吃店的气味、书店的气味等。在味觉训练中，一方面，视觉障碍儿童要能区分不同的味道，如酸、甜、苦、辣、咸等；另一方面，视觉障碍儿童还要能通过品尝辨认食物。在味觉训练中，必须注意以下事项：要使儿童知道不是所有的东西都能放到嘴里去品尝，有毒的物品是不能随便吃的；结合嗅觉训练，让孩子能区分出鲜奶与馊奶、鲜肉与腐肉、鲜水果和坏水果等的不同，一旦尝到了腐烂或有毒的味道，就要立刻吐出来，并用清水冲洗嘴部，以防食物中毒。

（2）运动技能训练

运动技能的训练包括粗大动作训练和精细动作训练两类。粗大动作是指身体的大肌肉运动，精细动作是指身体的小肌肉运动。视觉障碍儿童由于自身的缺陷，自发的运动会相应减少，与正常儿童相比，他们更倾向于待在某个地方不动，以保证自己的安全，这就会造成视觉障碍儿童的运动技能发展相对落后于正常儿童，还有可能出现“盲态”，所以要加强对视觉障碍儿童的运动技能的训练。

①粗大动作技能的训练

视觉障碍儿童坐、爬、站、蹲、走等基本动作的发展顺序与普通儿童是一致的，由于视觉障碍儿童缺少运动动机，因此其发育相对于普通儿童来说要晚一些。有人对低视力儿童进行追踪调查后发现，低视力儿童的动作发展明显晚于普通儿童。在爬行动作发展中，低视力儿童平均比普通儿童晚两个月。有趣的是，在被追踪的 30 名儿童中，所有的父母都报告说，孩子在婴儿期不喜欢处于俯卧状态，并且有 15 名儿童没有经历爬行动作的发展阶段而直接进入了行走动作的发展阶段。这就要求家长不断地给予大量有效的刺激，促进其运动的发展。粗大动作的训练从婴儿期的变换体位开始，这个时候视觉障碍儿童需要家长的帮助，不然他们会长期地保持一个体位不动，不同的体位不但能使不同部位的肌肉得到训练，还能激发视觉障碍儿童的运动兴趣。

②精细动作技能的训练

当儿童能控制自己的身体时，就要开始训练其精细动作的发展。精细动作训练包括手和手指的动作以及手眼协调的能力，如手指对捏、捡拾、捻压、揉搓等。精细动作可以通过以下方式来训练：

一是取物练习。在幼儿还没有懂得伸手触摸物体的时候，家长可以协助幼儿伸手触摸发声玩具，让幼儿发现声源并主动抓取玩具；在幼儿仰卧时，家长可以在两旁放一些不同声音的安全玩具，鼓励幼儿伸手探索和抓取。

二是训练幼儿的手指对捏动作。家长可以手把手地教孩子通过食指和拇指对捏来拾取物品，穿珠训练是一个很好的练习手指对捏的游戏。

精细动作的训练应遵循以下年龄顺序：

在0～1岁时，学会利用尾三指及掌心抓物体，能够将玩具在桌上敲击、将两块积木相向碰撞敲击、将物件从一只手交到另一只手中，利用前三指抓握物件，用拇指及食指拾起小物件，将玩具放入容器内或将玩具从容器中拿出、将小物件放入瓶中或从瓶中取出等。

在1～2岁时，要学会将大圆圈套在柱上，圆木棒插在圆形柱板上以及用蜡笔随意涂写、用玻璃丝或小电线穿扣子洞、扭开物件等。

在2～3岁时，能够将6～7块积木叠高、用锤子敲打小柱子、用前三指握蜡笔、用剪刀剪纸等。训练要求尽可能全面并注意安全，玩具最好由不同材质制成或能发出不同的声音，这样有利于儿童的运动感觉统合能力的发展。

（3）语言训练

人类的发音器官的运动是一系列非常精细复杂的运动，口形的变化、舌的伸缩、面部肌肉的运动以及发音时的呼吸，任何一项发生障碍，都有可能影响语言的表达。视觉障碍儿童由于视觉上的缺陷，看不到人们发音时的动作，也看不到人们使用目光、手势、表情等辅助手段进行交流，因此他们学习说话时会遇到很多普通儿童想象不到的困难和障碍。0～3岁是语言发展的关键期，这就要求父母在视觉障碍儿童学习语言时注意他们的特殊需要，帮助他们学习语言。

对视觉障碍儿童的语言训练可包括发音、语言理解和语言表达三个方面。发音训练在视觉障碍儿童学说话时就要开始进行。家长首先应该让他们触摸说话者的脸和嘴，让他们感受唇、颊和下颌的运动，让他们感受说话时气流的运动，然后让视觉障碍儿童把手放在自己的嘴上，重复家长说的话、活动嘴唇等器官，这样就能减少一些发音不准的现象。另外，在生活环境中要直接告诉儿童每一个物品的名称，如杯子、饭碗、脸盆等，并不断重复，直到视觉障碍儿童理解和掌握为止。在教视觉障碍儿童说话的时候，要尽量让他理解词语表达的意义，除了详细的描述和触摸，还要结合各种情境让儿童理解语言，如反复地告诉儿童他正在做什么（“你正在刷牙”“你正在吃饭”等），以结合不同的生活情境理解语言。当儿童掌握了大部分名词和动词后，就要鼓励儿童跟家长进行交流。如果他想要某种东西，可以问他：“你想要牛奶还是果汁？”直到他回答了问题再给他。当其他人同视觉障碍儿童交流的时候，家长要让儿童自己来回答问题，而不要代替他回答。要用具体的、清晰的声音跟儿童交流，要注意避免使用含糊的非特指性的短语，如“这里”“那里”“它”等，因为视觉障碍儿童根本不知道说话者说的“这里”“那里”指的是哪里，也不知道“它”代表什么。另外，视觉障碍儿童的语言指导应该兼顾表情教育，在生活中鼓励其多利用面部表情表达内心的喜怒哀乐。

3. 视觉障碍儿童教育的方法

（1）综合多种感官法

鉴于视觉障碍儿童获取视觉信息方面存在困难，在对视觉障碍儿童进行教育训练时应坚持多重感官并用的原则，从而使他们有可能得到更加丰富的刺激，也就有更多机会认识和了解周围的世界。这就要求充分发挥儿童的各种感官能力，尽量获得对事物完整的、清晰的认识，以补偿视觉缺陷，提升认识事物的能力。

（2）表象指导法

儿童在视觉功能失去或下降后，面临的最大困难是缺乏视觉表象，无法获得对事物形象的完整把握。对每一个事物的教学都应结合实物或模型，使儿童得到直接的印象，从不同的侧面理解该事物具备的各种特征。特别是对后天失明的儿童，要争取将他头脑中残留的有关事物的形状、颜色、大小等特征保留下来，这对以后的学习非常有好处。通过加强对这些事物的记忆，他们在生活和学习中可以经常提取头脑中的形象，从而巩固记忆。虽然听觉或触觉不能完全代替视觉，但是也可以在一定程度上弥补视觉缺陷。

（3）实践法

随着素质教育的实施，更需要加强对视觉障碍儿童基本素质的培养。在教育中，不仅要教给儿童一些基本的知识，也要培养儿童的生活自理能力、与人交往的能力以及观察事物、分析事物的能力。因此，不能因为视觉障碍儿童行动不便而将他们限制在家中，而应该为他们提供大量的实践机会。学校和家庭都应为儿童提供大量的学习机会，这种学习应紧密地与日常生活联系在一起。首先，要从熟悉生活环境开始，学习自我服务的技能。其次，要带孩子到大自然中去感受，使他们得到充分的放松和休息。最后，让孩子多与同龄儿童接触，在参与活动的过程中了解社会，这一切都是要靠实践来提高和获得的。

## 二、听觉发展障碍儿童的教育

听觉是人们感受外界刺激的重要通道。听力的损失使听觉障碍儿童的认知、语言发展和社会交往等方面存在不同程度的障碍。卡尔达诺是16世纪意大利的数学家、哲学家。作为聋教育的奠基人之一，他提出:“我们可以做到，哑人通过阅读可以听到，通过书写可以说话。”他对听力障碍者掌握语言的可能性做了肯定的叙述。实践证明，经过适当的教育干预，大多数听觉障碍儿童都可获得一定程度的行为能力、认知能力、言语能力和社会适应技能。

### （一）听觉发展障碍概述

1. 听觉障碍的概念

听觉是通过大脑皮层对声音分析后所获得的感受，是由具有传导声音作用的传音器官和具有感受声音作用的感音器官协同完成的，这个系统中的任何部位发生结构或功能障碍时，均可导致不同程度的听觉障碍。

听觉障碍也称为重听、听力损伤或听力残疾。我国在1987年进行残疾人抽样调查时，将听觉障碍统一称为“听力残疾”，并把它和语言残疾合二为一，叫作“听力和语言残疾”。当时使用的残疾标准中把“听力残疾”定义为:“听力残疾指由于各种原因，导致双耳听力丧失或听觉障碍，而听不到或听不清周围环境的声音。听觉障碍与听力残疾的意思相同。”2006年，我国《第二次全国残疾人抽样调查残疾标准》中指出，听力残疾是指人由于各种原因导致双耳不同程度的永久性听觉障碍，听不到或听不清周围环境声及言语声，以致影响日常生活和社会参与。由于残疾更多地侧重于生理方面的病变，而障碍更多地侧重于功能方面的缺陷与不足，而且，前一种说法更容易引起偏见和歧视，因此，我们在本书中一律采用“听觉障碍”这一术语。

为了对听觉障碍这一概念有较为清晰的认识，我们有必要清楚聋与哑的关系。聋与哑之间是有联系的。聋是听觉系统出现问题，哑是口头言语表达出现问题，很多在出生前、学语前全聋的儿童或刚学会说话的幼儿因为听力损伤，基本不能或完全不能感受到外界的语言刺激与其他声音刺激，造成了口头言语表达能力的丧失，即哑，临床上表现为既聋又哑，但这类儿童在言语器官方面一般不会有问题。可见，聋是因，是第一性（原发性）的缺陷；哑是果，是第二性（继发性）的缺陷。事实上，随着科学技术、医疗和特殊教育的发展，聋未必哑。

2. 听觉障碍的分类

根据不同的分类标准，听觉障碍可以分为以下不同种类：

（1）按听觉障碍程度分类

儿童听觉障碍的程度主要从声音强度和声音频率两个角度进行判断。在日常生活中，常用来表示声音强度的单位是分贝（dB），人类所能听到的声音强度介于0～130分贝，正常人在0分贝时就能听见。当一个人听力受损伤时，分贝数字越大，表明听觉障碍的情况越严重。《第二次全国残疾人抽样调查残疾标准》中规定的听觉障碍分为四级：

听力障碍一级：听觉系统的结构和功能极重度损伤，较好耳平均听力损失≥91dBHL，在无助听设备帮助下，不能依靠听觉进行言语交流，在理解和交流等活动中极度受限，在参与社会生活方面存在极严重障碍。

听力障碍二级：听觉系统的结构和功能重度损伤，较好耳平均听力损失在81～90dBHL，在无助听设备帮助下，在理解和交流等活动中重度受限，在参与社会生活方面存在严重障碍。

听力障碍三级：听觉系统的结构和功能中重度损伤，较好耳平均听力损失在61～80dBHL，在无助听设备帮助下，在理解和交流等活动中中度受限，在参与社会生活方面存在中度障碍。

听力障碍四级：听觉系统的结构和功能中度损伤，较好耳平均听力损失在41～60dBHL，在无助听设备帮助下，在理解和交流等活动中轻度受限，在参与社会生活方面存在轻度障碍。

（2）按听觉障碍部位分类

按照听觉受损的部位不同，可以将听觉障碍分为传音性听觉障碍、感音性听觉障碍和混合性听觉障碍三大类。

传音性听觉障碍，即传导性听觉障碍，听力损失主要发生在外耳和中耳部分。外耳和中耳的损伤，减弱声音传导至内耳的强度，该类障碍很少造成高于60～70dBHL的听力损失，可以通过放大声音、医学治疗或手术减轻听力损失。

感音性听觉障碍，即感觉神经性听觉障碍，是由于耳蜗内以及耳蜗后听神经到大脑中枢通路发生病变导致的听力损失。根据病变部位，又可分为感觉性听觉障碍和神经性听觉障碍。感觉性听觉障碍是由耳蜗病变引起，所以也叫作耳蜗性听觉障碍。神经性听觉障碍的病变发生在耳蜗以后的神经部位，因此又叫作耳蜗后性听觉障碍。该类障碍主要是由耳蜗的听觉毛细胞或听神经受损所导致，这类障碍有轻有重，一般来说，较为严重的比例较大。

混合性听觉障碍是由外耳、中耳、内耳或听神经及听觉中枢都有问题所致，即同时患有传音性和感音性听觉障碍。

（3）按听觉障碍发生的时间分类

按照听觉障碍发生的时间，可以将听觉障碍分为先天性听觉障碍和后天性听觉障碍。

先天性听觉障碍指在出生时即获得的听力损伤疾病，可发生在产前期、产期以及围产期。

后天性听觉障碍指出生以后获得的听力损伤疾病，常见因素主要包括感染性疾病、中毒性疾病和外伤性疾病等。

教育学观点认为，听觉障碍发生的年龄，即听觉障碍发生在语言发展之前还是之后，直接影响儿童语言能力发展的程度。一般而言，听觉障碍发生的时间越早，儿童语言发展的障碍越大。听觉障碍儿童教育工作者经常使用“学语前听觉障碍”“学语后听觉障碍”这样的概念。

学语前听觉障碍是指儿童在出生后至 4 岁前发生的听觉障碍，即在儿童学会说话之前就出现的听觉障碍。

学语后听觉障碍主要是指儿童在大约 4 岁后发生的听觉障碍，即在学会说话之后出现的听觉障碍。

（4）按听觉障碍性质分类

根据听觉障碍的性质，可以把听觉障碍分为器质性听觉障碍和功能性听觉障碍。

器质性听觉障碍是指听觉系统的组织结构异常所导致的听觉障碍，在这种情况下，听觉系统中的某些器官不能接收声波的刺激或者不能传导声波引起的神经冲动。无论是传音性听觉障碍、感音性听觉障碍，还是混合性听觉障碍，由于它们都具有器质性病变（外耳、中耳或内耳病变），因此都属于器质性听觉障碍的一种。

功能性听觉障碍是指由心理因素和精神因素造成的听觉系统效能下降导致的听觉障碍，个体对声波有感知，但不够敏感，不够精确，容易把一些声音听成另一些声音，如把“yao”听成“you”等，通过加大音量可以避免这些问题。

（5）按听觉障碍是否遗传分类

按照遗传与否，可将听觉障碍分为遗传性听觉障碍和非遗传性听觉障碍。

遗传性听觉障碍是由基因或染色体异常所致，一般是由父母的遗传物质发生改变传给后代引起的。遗传性听觉障碍可能于出生前发生，也可能于出生后发生，前者称为先天性遗传性听觉障碍，后者称为遗传性进行性听觉障碍。

非遗传性听觉障碍是指除基因外的其他因素所致的听觉障碍，如母亲怀孕 3～4 个月患风疹、流感等疾病，或使用庆大霉素、链霉素等耳毒性抗生素，或分娩时间过长、难产、产伤或新生儿缺氧、早产儿、低体重等。

### （二）听觉障碍的成因

引起听觉障碍的原因众多，而且大约 1/3 的听觉障碍难以寻找到确切的致病原因。从教育康复的角度来看，确认听觉障碍发生在学语前还是学语后是非常重要的。因此，这里根据听觉障碍产生于学语前和学语后来分析其成因。

1. 学语前因素

国外一项研究表明，大约有 95% 的学龄期听力损伤或重听儿童为学语前听觉障碍。学语前听觉障碍的原因有很多，目前已识别出几百种导致听觉障碍的原因，其中最为常见的有遗传、早产或难产、麻疹及先天性细胞巨化病毒。其他原因包括怀孕时的并发症和 Rh 因子。

国内一项研究发现，低出生体重、高胆红素血症、庆大霉素注射史、卡那霉素注射史、化脓性中耳炎可能是新生儿听觉障碍的高危因素。相当比例的学语前听力损伤儿童的致残原因不明。0～6 岁听觉障碍儿童的主要病因构成为原因不明、遗传、母孕期病毒感染等。

（1）遗传因素

遗传因素是导致听觉障碍的一个重要因素，遗传性听觉障碍由基因和染色体异常所致。载有听觉遗传信息的异常基因通过一定的方式传给后代，造成遗传先天性听觉障碍。据统计，一半以上传音性听觉障碍是由基因异常引起的，绝大多数遗传性听觉障碍来自隐性基因。在儿童的感觉神经性听觉障碍中，约有 50% 是由遗传因素所致；在成人的感觉神经性听觉障碍中，约有 20% 源于遗传因素。约有 10% 的听觉障碍儿童家长也是听觉障碍者。约有 30% 的听觉障碍儿童，其亲戚中有一位是听觉障碍者。另一些没有家族病史，是精子和卵子中的基因发生变异，使染色体异常，从而导致听觉障碍。

（2）早产或难产

孕妇妊娠毒血症、创伤以及缺氧等都会影响神经及内耳，导致听觉障碍；还有如母婴 Rh 因子不合、溶血性黄疸也会造成听觉障碍。一些出生时体重很轻的早产儿会出现听觉障碍，而一些有脑出血经历或出生时内耳缺氧的婴儿也会发生学语前听觉障碍。

（3）麻疹

胎儿极易受到某些病毒的侵袭。虽然麻疹（通常称作德国麻疹）对儿童和成年人不会产生重大危害，却对孕妇非常危险，特别是怀孕期前 3 个月的孕妇，如果罹患麻疹，麻疹病毒就会侵袭正在发育的胎儿，造成胎儿听觉障碍、视觉障碍、心脏病以及其他严重障碍。

美国和加拿大于 1964—1965 年麻疹流行的调查结果发现，听觉障碍儿童的出现率显著增高，该次麻疹流行导致在 20 世纪 70 年代和 80 年代接受特殊教育服务的学生中有 50% 以上为听觉障碍。自从 1969 年研制出麻疹疫苗后，由麻疹造成的听觉障碍的出现率有所下降。

（4）先天性细胞巨化病毒

先天性细胞巨化病毒是一种常见的病毒，在人体内一般处于非激活状态。该病毒可通过母体传染给子宫内的胎儿，还可通过产道或母乳传染。母亲在怀孕期前 3 个月或胎儿出生前被传染该病毒，胎儿所受影响最为严重；但当母亲身上已经有抗体时，对胎儿的影响就相对较小。

2. 学语后因素

在听觉障碍儿童中，只有 5% 的儿童是学语后听觉障碍。在教育方面，学语前与学语后区别非常大，因为学语后听觉障碍儿童有学习语言和运用语言交流的基础。

导致学语后听觉障碍的主要原因是脑膜炎和中耳炎，其他原因还有药物、耳下腺炎、高烧、麻疹、传染病以及出生后的外伤。但仍有大约 60% 的学语后听觉障碍儿童的致障原因不明。

（1）脑膜炎

脑膜炎是细菌或病毒对中枢神经系统的感染，此感染可扩展到包括脑和耳在内的其他器官。脑膜炎引起的听觉障碍往往是全聋，并在维持身体平衡方面出现困难，还能出现其他障碍。

（2）中耳炎

中耳炎由中耳发炎引起，是 6 岁以下儿童最常见的耳病，主要发生于鼓室、乳突或中耳其他部位，根据发病时间不同，可分为急性中耳炎和慢性中耳炎。急性中耳炎常由急性呼吸道感染、急性传染病以及不适当的擤鼻动作等引起。由于婴幼儿机体抵抗力差以及解剖生理特点的影响，细菌容易通过宽大平直的咽鼓管进入中耳，引起中耳感染。中耳发炎不予治疗或治疗不当，可造成不同类型、不同程度的听觉障碍，主要表现为传音性听觉障碍。有研究发现，中耳炎也可能引起感觉神经性听觉障碍及混合性听觉障碍。

（3）其他因素

有毒化学物质和某些药物会引起感觉神经性听觉障碍。长期与磷、铅及汞等物质接触，可发生慢性中毒，引起神经炎导致耳聋；庆大霉素、卡那霉素、青链霉素等耳毒性药物的不当使用，也可引起耳中毒导致听觉障碍。强噪声以及长期暴露于噪声刺激环境中，也会引起噪声性耳聋。

### （三）听觉障碍儿童的早期发现

只有尽早地发现听觉障碍儿童的听力状况，才能在第一时间针对儿童的情况采取相应的听力补偿措施和教育干预计划，使他们在语言发展关键期最大限度地获得学习语言和交流的机会，从而提升他们未来受教育的程度和就业能力。

1. 早期听力筛查与诊断的含义

早期听力筛查又称为新生儿听力筛查，是指运用快速、简便的测试方法，根据设定的标准，从新生儿中鉴别出可能存在听觉障碍的新生儿的过程。美国婴幼儿听力筛选联合委员会规定："为了使听觉障碍婴幼儿获得良好的结果，所有的婴幼儿应该在出生后 1 个月之内进行听力筛查。筛查未通过的婴儿，最迟应该在出生后 3 个月内接受全面的听力学评估。”

早期听力筛查是早期发现听觉障碍儿童的重要手段和保证，要筛查出怀疑患有听觉障碍的儿童，还需要通过进一步做全面的听力学诊断，才能判断其是否具有听力损失。

2. 早期听力筛查与诊断的方法

比较科学的听力鉴定方法大致分为三类：电生理测听法、听力行为观测法和言语测听法。

（1）电生理测听法

电生理测听法是针对不能对筛查者做出主观反应的新生儿进行听力筛查的一种方法，其检测结果能够反映新生儿耳蜗或听神经至脑干的发育状况，但无法反映整个听觉环路的状况。常用的方法有三种：耳声发射、自动听性脑干反应和多频稳态反应。

（2）听力行为观测法

听力行为观测法能够反映听神经至脑干到运动系统的整个听觉环路的功能，而电生理测听法仅反映新生儿耳蜗或听神经至脑干的发育状况，所以此法在婴幼儿的听力测试中具有不可替代的作用。

婴幼儿听力行为测听的方法有很多，常见的有行为反射测听、视觉强化测听和游戏测听。

（3）言语测听法

在临床上，经常有婴幼儿表现出在电生理测听和听力行为反射测试中无听觉障碍，但无法正确辨别言语声的现象，即言语听力差。因此，对婴幼儿的听力测查还应该包括言语测听。专家们设计言语测听法，专门用来测验人对言语的察觉和理解情况。

言语测听法是指用言语信号作为声音刺激来评价受试者的言语觉察和言语识别能力的听力学检查方法，它在评价婴幼儿听力损失程度、损伤部位定位诊断、听觉功能状态、手术效果、助听设备效果、听觉中枢和言语中枢功能等方面具有重要的应用价值。

言语测听具体的测试方法可分为听声识图法和听说复述法。

### （四）听觉障碍儿童的听力补偿

对婴幼儿的早期筛查和听力诊断最终的目的是对其所存在的听力缺陷进行弥补，帮助他们发展残余听力。听力补偿的方法有以下四种：助听器、人工中耳、人工耳蜗以及辅助听觉设备。

1. 助听器

助听器是将声音信号放大并传入耳内的弥补性装置，有助于提升听觉障碍者的听觉能力。助听器是目前使用最为广泛的人工助听设备，主要适用于感觉神经性耳聋、部分混合性耳聋以及少部分传音性耳聋。

从理论上来说，满月的婴儿即可佩戴助听器。有研究者认为，早期验配应界定在2周岁以内，2～3岁配助听器也能达到较好的听力言语康复效果，4～5岁配助听器，孩子的家长和语训教师则要付出更多的努力进行康复训练，而6～7岁开始戴助听器的儿童学说话的能力也相对较差，大于7岁的孩子即使佩戴了助听器，其康复的效果也会大受影响。

2. 人工中耳

人工中耳又称为植入式助听器，是将声波转化为机械振动，直接振动听骨以有效刺激内耳、听神经和中枢的可植入体内的一种微型助听设备。人工中耳于20世纪80年代发展起来，与传统的助听器相比，它不再是通过将声波能量进行扩大传入耳内来获得增益，而是通过将声波能量转化为机械能来获得增益。因此，它传送的声音更加逼真自然，还能避免啸叫声的产生。

3. 人工耳蜗

人工耳蜗又称为电子耳蜗，是一种特殊的永久性植入耳蜗中的声电转换装置，其功能是取代内耳毛细胞直接电刺激听神经而产生听觉，对帮助感音性神经性耳聋的患者恢复听力和语言交流能力具有极大的作用。

人工耳蜗已经发展数十年，随着技术的日新月异，已从最初的单导装置发展为如今的多导系统，并逐步进行全植入式人工耳蜗的研发。同时，进行人工耳蜗植入的年龄也逐渐降低。

4. 辅助听觉设备

辅助听觉设备是指助听器和植入装置以外的帮助听出反应的辅助听觉设备。这些设备不仅可以放大声音，也可以将声音转换成视觉、触觉信号，以帮助听觉障碍者与他人沟通，或提升他们独立生活的能力。它是助听器、人工中耳、人工耳蜗的有力补充。

目前的辅助听觉设备种类较多，根据功能可以分为四类：声音增益系统、电视辅助系统、电话辅助系统、视觉信号系统。其中，声音增益系统又包括无线调频系统、感应线圈系统、红外线系统、有线连接器件等，主要用于帮助听觉障碍者提升与人沟通的能力。电视辅助系统、电话辅助系统及视觉信号系统的主要功能是帮助听觉障碍者提升独立生活的能力。

### （五）听觉障碍儿童的心理特点

听觉是除视觉以外人们接收外界信息、认识客观世界的另一重要渠道和途径。由于听觉损失，听觉障碍儿童感知世界的一条很重要的渠道被堵塞了，听觉障碍儿童在认知、语言及社会性等方面都表现出不同于普通儿童的特点。

1. 感知觉

（1）视觉

听觉障碍儿童认识世界主要依赖于视觉。有关研究数据表明，听觉障碍儿童所接受的外界刺激 90% 以上来自视觉，视觉是听觉障碍儿童获得信息的主要途径。

由于听觉经验的丧失，听觉障碍儿童无论是在视觉语言的使用上，还是在日常生活信息经验的获得上，都必须加倍依赖视觉经验。相关研究表明，听觉障碍儿童相对于普通儿童来说有着更高的视觉敏锐度、更敏感于边缘视野的刺激信息、更高的图形视觉加工能力、更强的视觉搜索能力、更好的视觉记忆能力以及更高的视觉表象能力。

听觉障碍儿童比普通儿童可能出现更多的视觉缺陷问题，如色盲较多、视力受损较多。国外对学龄听觉障碍儿童和普通儿童的视觉缺陷情况的调查显示，听觉障碍儿童有 40%～60% 存在视觉缺陷，而普通儿童只有 20%～30% 存在视觉缺陷。此外，研究者还发现听觉障碍儿童在阅读的视觉认知方面落后于普通儿童。

（2）触觉

听觉障碍儿童由于听觉的丧失，在一定程度上影响了触觉的发展。萨拉维约夫等人对听觉障碍儿童的触觉进行的实验研究表明，在学龄初期听觉障碍儿童的触觉落后于普通儿童，他们的触摸动作与普通儿童相比显得少而单调。

此外，希夫和同伴的研究发现在触觉敏感度上，听觉障碍儿童优于普通儿童。研究者认为，听觉障碍儿童可能更多地依靠触觉信息感知发生在周围环境中的事件。同时，发音和语言训练使触觉得到锻炼，提高了触觉水平。

（3）振动觉

振动觉属于触觉的范围，对听觉起到较大的补偿作用，因此被称为听觉障碍儿童的“接触听觉”。听觉障碍儿童可以靠振动觉感受音乐的节奏，欣赏音乐，体会发音器官的振动，掌握发音要领，辨别物体的运动。听觉障碍儿童在振动觉感受性上比普通儿童敏感。

（4）言语动觉

言语动觉就是发音时对自己言语器官的运动和言语器官各部分所处的位置状态的感觉。例如，发“ā”时，自己体会言语器官各部分是如何动作的，不同的音，言语器官的动作不同，自己会有一种感觉，这就是言语动觉。

言语动觉对听觉障碍儿童学习口语具有十分重要的作用。在幼儿期及学龄前期，普通儿童随着语言的掌握，逐渐产生和形成了言语运动的感觉。而听觉障碍儿童只有在接受发音说话训练之后，才有可能产生和形成言语运动感觉。在此之前，由于听觉障碍儿童无法借助模仿来发音，发音器官难以产生言语运动，他们的言语运动器官基本处于停滞发展状态。

（5）总体知觉

感觉是知觉的基础，知觉的完整性取决于感觉材料的丰富性，听觉障碍儿童由于得不到声音刺激，他们的知觉形象主要是视觉形象或视觉、触觉、动觉共同形成的综合形象，但不易形成视听结合的综合形象。然而，在日常生活中，我们面对的绝大多数都是通过视听结合方式提供的综合刺激，所以听觉障碍儿童的知觉范围自然会变得狭窄，知觉形象难以完整。

听觉障碍儿童在知觉过程中为了弥补听力欠缺造成的损失，试图最大限度地强化自己的视觉，这样就容易不分对象和背景地将视野范围内所有的事物都作为知觉对象，过分注重事物的细枝末节，难以形成整体的概念，影响思维的条理性、层次性和清晰度。

2. 注意

（1）视觉注意加工

听觉障碍儿童因听力部分或全部丧失，往往更多地采取“以目代耳”的方式去认识世界。其优势兴奋中心主要产生和保持在视觉感受区，注意大都是由视知觉刺激引起的。可见，视觉注意在听觉障碍儿童的发展中扮演着重要角色。

实验研究发现，听觉障碍儿童中央视野下的视觉注意加工和外周视野中的注意加工比听力正常者更发达。例如，他们在面孔加工、客体的空间建构和转换及视觉运动刺激加工等方面显示出更高的效率。

（2）注意发展

①无意注意起主导作用

听觉障碍儿童由于受年龄和语言的限制，认识水平较低。一些听觉障碍儿童只是对新颖的、刺激强烈的、运动变化着的事物产生注意，故在生活、学习、活动中以无意注意为主。

②有意注意发展缓慢

随着年龄的增长、知识的丰富和语言的发展，听觉障碍儿童的有意注意逐渐增强，但是发展速度缓慢，而接受系统教育时间较长的听觉障碍儿童有意注意发展相对较快。

③有意后注意发展水平较低

由于听觉障碍儿童主要依靠视觉刺激引起注意，但视觉刺激引起的注意不可能被无限地保持，所以听觉障碍儿童有意注意形成困难，有意后注意的发展水平较低。

（3）注意的品质

①注意分配比较困难

听觉障碍儿童通常不能同时做到既看又听，注意在几种对象之间来回转移，这样既减慢了感知的速度，又花费了更多的时间。

②注意范围相对狭窄

由于听觉障碍儿童单纯由视觉参与注意活动，所以他们的注意范围狭窄。吴永玲等人对此做了实验，结果表明，对于同时呈现的相同刺激物，听觉障碍儿童的注意范围明显落后于普通儿童。

③注意的稳定性较差

由于听觉障碍儿童较多地依赖和使用视觉来感知事物，因此更容易因视觉器官的疲劳而分散注意，容易使注意离开当前应注意的事情而被无关刺激所分心。另外，听觉障碍儿童在学习和生活中借助注意转移代替注意分配的特点，也会使其难以保持注意的稳定和集中。

④注意的转移能力较差

听觉障碍儿童不善于根据活动任务有意识地把自己的注意从一件事情迅速转移到另一件事情上。

3. 记忆

（1）瞬时记忆

①形象记忆好于语词记忆

听觉障碍儿童的感知特征决定了他们对于直观形象的事物，如“苹果”“桌子”“香蕉”等，记得快，保持得好，也易于提取并再现出来。但对于语言材料的记忆水平较低，记得慢，忘得快，再现也不完整。

②视觉记忆好于动觉记忆

一项研究结果表明，听觉障碍儿童的视觉记忆的发展落后于普通儿童，但视觉记忆的落后程度比动觉记忆的落后程度要小得多。与此同时，和普通儿童相比，他们的动觉记忆在学龄初期差距最大，中期缩小，到学龄晚期则几乎消失。

③对汉字的记忆存在语音混淆现象

汉字的字形相似在一定程度上促进了记忆，但语音混淆干扰了个体对汉字的记忆。字形相似虽然能促进听觉障碍者的汉字记忆，但语音相似若与字形相似结合在一起，干扰会非常显著。国内外的实验结果表明，听觉障碍者在瞬时记忆项目中存在语音混淆现象，并证明了听觉障碍者在言语加工中使用了语音编码。

（2）短时记忆

①短时记忆的编码方式和记忆容量与普通儿童有一定的差异

极重度听觉障碍儿童的视觉短时记忆的再重复能力要高于同龄的普通儿童。听觉障碍儿童对低频复杂汉字的短时记忆容量小于普通儿童。学者进一步研究发现，语音相似性混淆现象在一些听觉障碍儿童身上同样存在；语言表达发展好的听觉障碍儿童有声音混淆错误，语言表达发展不好的听觉障碍儿童则没有声音混淆错误。

②言语工作记忆广度小于视空工作记忆广度，视空工作记忆广度优于普通儿童

相关研究表明听觉障碍儿童的言语工作记忆广度小于普通儿童，而视空工作记忆广度又显著大于普通儿童。由于听觉障碍所导致的语言缺陷，他们的言语表征能力要远远落后

于普通儿童，而信息的编码方式与记忆容量又有着密切的关系，所以听觉障碍儿童言语编码上的这种缺憾可能是导致他们言语工作记忆能力表现较差的重要原因。

（3）长时记忆

①听力障碍儿童长时记忆保持的总量和普通儿童相似

听觉障碍儿童和普通儿童的长时记忆保持的总量大体相同，而且不同编码数量在系列位置的分布上也是近似的。在短时记忆和长时记忆加工过程中，两组被试都显示出了形义两维编码维量的作用最强，而音码的作用相对较弱。

②外显记忆弱于普通儿童，内隐记忆差别不大

与外显系统相比，内隐系统更为强健，更为稳定，更加不易受到被试变量（如年龄、智力、疾病等）和任务变量（加工水平、刺激类型等）的影响。此外，听觉障碍儿童的外显记忆弱于普通儿童，但是他们的内隐记忆丝毫不差于普通儿童。这说明内隐记忆不受听觉编码缺失的影响。换言之，内隐记忆无须借助听觉编码，启示我们可以通过创设较好的内隐学习环境，激发他们的内隐记忆能力，更好地弥补听觉障碍儿童在生理上的缺陷。

4. 思维

（1）直观动作思维

直观动作思维是指在思维过程中以实际动作为支持的思维。随着年龄的增长，普通儿童的直观动作思维的重要性有所下降，只占思维能力的较小部分，但直观动作思维在听觉障碍儿童的思维过程中仍起主导作用。

（2）具体形象思维

具体形象思维是指凭借事物的形象和表象进行的思维，即凭借对具体形象的联想而不是事物的本质和关系，借助概念、判断和推理进行的思维。具体形象思维是普通儿童在小学阶段的主要思维方式，而听觉障碍儿童由于言语形成和发展相对迟缓，具体形象思维发展过程漫长，一般在十四五岁。

（3）抽象思维

抽象思维是指运用概念、理论知识解决问题时的思维，也被称为抽象逻辑思维。听觉障碍儿童的抽象逻辑思维在发展速度和发展程度上都落后于普通儿童。听觉障碍儿童的抽象逻辑思维要到 15～16 岁时才逐渐占主导地位。在发展程度上，听觉障碍儿童把握概念中的抽象成分比较困难，常出现概念的扩大或缩小的情况；在分析综合能力上，他们分析事物比较粗略，无法将事物的各个部分严格区分出来。

5. 语言

对于听觉障碍儿童来说，听力丧失的结果表现为对语言发展的限制，不能或很难清晰地感知语言，发出声音却不能得到充分恰当的听觉反馈，无法得到充分的言语强化，不能

听到成人的言语示范，发生语言学习困难。听觉障碍儿童的语言发展具有如下特征：

一是不会说话。

二是发音不清。发音清晰度差，字音含糊不清；常缺乏辅音，韵母发音困难；缺少抑扬顿挫的韵律；送气音、不送气音不分。

三是发音异常。语调不准，嗓音异常，鼻音异常，由于无法协调运用发音器官和构音器官，喉发音失去圆滑清亮的音质，出现轻重不同的嘶哑。

四是音节受限制。听觉障碍儿童由于送气不自如、发音不灵活，不能连续发出几个音节，因而语言缺乏流畅性。

五是语言发展落后。大多数听觉障碍儿童口语形成晚，词汇量少于同龄儿童，而且他们不能分辨同音异义词，语音的理解能力发展不充分，语法比较差，常常出现措辞不当、字序颠倒、漏字和替代等错误。

### （六）听觉障碍儿童的教育建议

#### 1. 听觉障碍儿童的教育原则

根据听觉障碍儿童感知觉、认知、情绪等方面的特征，结合我国及世界各国的特殊教育理念、教育实践及发展趋势，听觉障碍教育的四个基本原则分别为：个别化原则、功能化原则、社区化原则和家长参与原则。

（1）个别化原则

个别化原则是为了达到良好的教育效果，基于特殊儿童的个体差异，根据特殊儿童的身心发展特点制定相应的教育目标和教学计划。

个别化原则一般通过个别化教育计划来实现。个别化教育计划必须包括以下内容：特殊儿童目前的学业成就及功能性表现，可测量的年度目标和短期目标（学业目标和功能性目标），特殊儿童达成年度目标的进程，所需的相关服务，参与普通班级教学及活动的程度，合适的教育安置形式，安置及服务的实施日期，计划实施的评估标准等。

（2）功能化原则

功能化原则是为了更好地满足特殊儿童的发展和现实生活需要而提出的教育原则，以帮助他们更好地适应现实社会，实现功能化。功能化原则不仅考虑了个体的差异性，也考虑了个体的社会适应性，是当前特殊教育发展的主要理念之一。在功能化原则的指导下，功能化教学主要通过功能性课程，辅以功能化的教育方法来实施，为特殊儿童提供与其年龄相适应的教学，帮助他们适应当前和未来的生活环境，包括学校、家庭、职场和社区环境。

（3）社区化原则

特殊教育社区化原则源于 20 世纪二三十年代社区教育的兴起。社区化原则要求反映和满足社会发展的需要，对社区全体成员的身心发展产生影响。听觉障碍教育实行社区化原则，将听觉障碍个体融入社区、参与社区活动，为听觉障碍个体创造大量的社会实践机会。一方面，社区化原则有利于提高听觉障碍个体的社会适应能力；另一方面，通过对听觉障碍儿童的帮助和关心，改善人们对听觉障碍儿童的接纳态度。

（4）家长参与原则

家长参与又被称为家长参与学校教育、家校合作，是指家长从事的一切直接或间接地影响其子女的教育活动。家长参与对于营造良好的教育环境，促进特殊儿童发展具有重要意义。

对于听觉障碍儿童而言，家长参与到语言训练中，一方面，能够为听觉障碍儿童的语言学习提供模板，为其提供良好的语言学习环境；另一方面，能够辅助学校教育。在家开展语言训练，帮助听觉障碍儿童进行必要的补充学习，这都将有利于听觉障碍儿童语言学习的发展。

2. 听觉障碍儿童教育的内容

0～5 岁是儿童各个方面发展最快的时期，因此教育者应将听觉能力和言语能力两个方面的干预内容及具体的训练方法纳入这个时期的早期教育干预计划中，以期最大限度地开发听觉障碍儿童残余听力或重建听觉的功能，同时使其接近或达到言语的正常发展水平。

（1）听觉能力训练的内容

听觉能力训练就是让孩子听懂世界上的声音，因此生活中能够听到的各种声音均可作为听觉能力训练的内容。这些声音大致可划分为噪声、乐器声和语音。

①噪声

语音和乐器声之外的声音都归为噪声。它大致包括：自然界的声音，如风声、雨声、雷声等；交通工具发出的声音，如汽车喇叭声、车轮的声音；动物发出的声音，如鸟叫声、狗叫声等；各种武器发出的声音，如爆炸声等。

②乐器声

乐器声是指由各种乐器独奏发出的声音及其组合音。它大致包括：各种乐器独奏发出的声音，如小提琴、二胡等发出的声音；几种乐器同时合奏出的声音，如交响曲、合奏曲等。

③语音

语音内容丰富，包括声母、韵母、声调、各种音节、词汇与句子等。

（2）言语能力训练的内容

言语能力训练主要涵盖三方面内容，包括听话能力训练（主要针对存在残余听力的听力障碍儿童）、看话能力训练和说话能力训练。

听话能力训练是一种听觉能力训练，要求听觉障碍儿童存在一定的残余听力。听话训练的内容包括各种音素、音节，但更重要的是日常生活用语，主要涉及词汇、句子、声调、语气等方面。开始训练时，主要是听懂有关词汇和句子，之后再体会语气。

看话又称为唇读，是指听力障碍者利用视觉信息感知言语的特殊方式和技能。看话能力训练是通过训练听障儿童观察别人说话时的口型，结合说话者的面部表情、手势等，理解说话者语意的一种训练。唇读在听觉障碍儿童的学习和生活中占有重要地位。

说话能力训练就是教儿童如何说话，包括怎样用气、怎样发音、怎样说出流利的合乎语法的句子等。说话训练主要包括以下内容：

一是呼吸训练。重点在于气流控制训练，包括吸气训练和呼气训练。呼气又可分为鼻呼气、口呼气、鼻口同时呼气。

二是口腔开合、舌头动作训练。

三是五腔共鸣训练。主要训练各器官协调系统。

四是发音训练。汉语普通话的语音主要包括声母、韵母、声调三个要素。

五是词汇、句子训练。具体训练各种生活中常用的词汇和句子。

3. 听觉障碍儿童教育的方法

（1）教育补偿与多感官代偿相结合

代偿是一种生理现象。结构的破坏使功能失常时，机体通过调整有关器官（包括病变器官本身）的功能、结构以代替和补偿，使机体趋于新的平衡和协调。机体的这种能力通过积极的锻炼可以提高。如盲人失去视觉，经过训练或反复运用，其听觉、触觉可部分代替视觉功能。在这种有特殊性的适应和发展过程中，被损害的机能可以得到不同程度的恢复、弥补、改善或被替代。对于听觉障碍儿童，这意味着为适应周围环境和自己受损的听力器官，要用未被损害的视觉、触觉、嗅觉、味觉、运动觉及平衡觉等感知觉的部分或全部功能来代替、弥补已损伤的听觉器官的功能，使听觉损伤对其发展带来的不利影响得到最大限度的克服。

在日常的活动中，教师要注重调动幼儿多种感官的互动，通过触觉、嗅觉、味觉、运动觉及平衡觉等感知觉的部分功能弥补已损伤的听觉器官的功能。比如，在不同季节，带领幼儿走进大自然，充分发挥嗅觉、触觉、味觉的代偿作用，感受大自然。这样既锻炼了幼儿的身体素质，又充分发挥了幼儿的想象力，同时使幼儿的多种感知觉得到锻炼，补偿了他们的听觉缺陷，为他们融入社会打下良好的基础。

（2）“教康”并重，共促语言发展

从事语言康复训练的教师还需要充当“医生”的角色。很多听觉障碍儿童之所以不能正确地构音，是因为他们对发音的部位和发音的方式把握不好，更有些是对唇、舌、下颌的运动无法控制，这时就需要康复师借助辅助工具帮助他们建立正确的构音方式方法，以达到听觉障碍儿童正确构音的目的。

通过佩戴助听器或者植入人工电子耳蜗，可以对听觉障碍儿童的听力进行补偿或重建，然后通过听觉康复、言语矫治促进听觉障碍儿童整体听觉言语功能的恢复与发展，使他们能自然、舒适地发音，并尽可能准确地构音，为学说话奠定基础。听觉障碍儿童的教育康复要注意遵循听觉障碍儿童身心发展的规律，结合每个听觉障碍儿童的特点，在语言教育的同时促进听觉障碍儿童的全面发展。

（3）创设真实的情境进行语言教学

对话是在一定情境下的连贯性语言，脱离了情境，对话就失去了意义。教学中通过创设一定的情境呈现对话内容，既真实又生动，对幼儿理解和掌握对话有很大帮助。例如，为了教听觉障碍儿童认识超市，可以带听觉障碍儿童到真正的超市中实地教学，根据真实的情境，教听觉障碍儿童学习知识，掌握语言。这种在真人、真事、真景下进行教学，能让听觉障碍儿童兴趣高、理解快，更容易掌握知识和语言。另外，真实情境还有一种是随机、自然的生活情境，抓住生活中的真实情境，对幼儿进行训练，效果也是很好的。

总之，我们应根据听觉障碍儿童的实际情况对其实施语言康复训练，为他们创设一个和普通儿童一样的成长环境，营造一种和谐发展、愉快成长的氛围，让他们能够与他人进行无障碍的语言沟通。

## 三、智力障碍儿童的教育

### （一）智力障碍的概念

智力障碍又称为智力落后或精神发育迟滞，是指个体在发育期内的智力显著低于一般人的水平，并显示出适应行为的障碍。

智力障碍包括：在智力发育期间（18 岁之前），由各种有害因素导致的精神发育不全或智力迟缓；智力发育成熟以后，由各种有害因素导致的智力损害；老年期的智力明显衰退。

智力明显低于一般人的水平是指一个人在标准化智力测验中所得出的智商值在负两个标准差以下。因使用的智力量表不同，以数字形式表示的智商值会有所变化，一般是在 75 或 70 以下。

适应行为是指一个人能有效、恰当地表现出处理日常生活和在社会环境中求生存、对社会尽责任的能力。例如，吃饭、穿衣、梳洗等生活自理能力，感觉运动能力，交往能力，学习能力，参加社会活动和处理人际关系的社会能力等。不同的年龄段有不同的适应行为要求。在学前阶段，主要强调儿童的发育成熟水平，如感觉运动的协调性、生活自理能力和语言的发展等；在学龄阶段，强调儿童基本的学习技能，如拼写能力、阅读能力、数学计算能力等；而到了成人阶段，社会能力则成为重点。

从上述定义可以看出，判断一个儿童是否智力障碍，必须从智力和适应行为两方面进行评估。当儿童既表现出智力缺陷，又存在适应性行为的问题时，我们才能将其鉴定为智力障碍。

### （二）智力障碍的分类

智力障碍有不同的分类方法，有的按照形成原因进行分类，有的按照教育的可能性进行分类，目前常按照智力发展的程度将其分为四类：轻度、中度、重度和极重度。

在参照世界卫生组织和美国智力缺陷协会的智力障碍分级标准的基础上，我国制定了分级标准，具体如表 3–1–1 所示：

**表 3–1–1　我国智力障碍分级标准**

| 级别 | 分度 | 与平均水平差距 –SD | 智商（IQ）值 | 适应能力 |
| --- | --- | --- | --- | --- |
| 一级 | 极重度 | ≥ 5.01 | 20 以下 | 极重适应缺陷 |
| 二级 | 重度 | 4.01～5 | 20～35 | 重度适应缺陷 |
| 三级 | 中度 | 3.01～4 | 35～50 | 中度适应缺陷 |
| 四级 | 轻度 | 2.01～3 | 50～70 | 轻度适应缺陷 |

在表 3–1–1 中，“SD”是英文标准差的缩写，“–SD”即负标准差的意思。智商（IQ）值一栏中，左边的智商值为韦氏量表测定的智商值，右边的智商值为盖塞尔量表测定的智商值。

由于智力障碍的程度不同，各类智力障碍儿童有一些不同的表现。

（1）轻度智力障碍

轻度智力障碍儿童的智商通常在 50～70，约为智力障碍儿童总数的 75%。他们生活能够自理，能够学习基础的文化科学知识，可以达到正常儿童的四五年级水平，可以发展足够的社会技能，成年后可以从事竞争性、非庇护性的工作。他们中的大多数没有明显的生理异常，只有 10%～20% 的人能够检查出器质性问题，他们只是求学期间在学术性课程上与同龄普通儿童相比而表现出“落后”，并且这种“落后”在学龄阶段随年龄的增加越来越明显。他们的社会适应性在很大程度上受历史、社会和经济因素影响，如传统习惯、家庭结构、他人的态度、受教育程度、生理成熟水平等。

（2）中度智力障碍

中度智力障碍儿童的智商介于35～50，约占智力障碍儿童总数的20%。他们通常可以发展基本的交际技能、生活自理技能、职业技能、较好的运动能力和社会技能。他们的学术能力有限，阅读、写作和数学技能经过训练也只能达到小学一二年级水平。多数中度智力障碍者有明显的器质性异常，普通人通过观察其行为和身体的外部特征就可以较容易地判断其为智力障碍。例如，他们的语言能力较差、社交能力也很有限、运动能力有缺陷等。尽管许多中度智力障碍者在儿童期和青春期仍保留着某种程度的依赖性，但他们最终的日常生活能力在某种程度上取决于他们所接受的教育和训练的质量，以及对他们要求的水平。

（3）重度和极重度智力障碍

重度智力障碍儿童的智商介于20～35，极重度智力障碍儿童的智商在20以下。这类儿童中的一部分人可以学会一些实用性的日常生活技能，可以学习行走、简单的交际方法。但他们无法独立，生活需要专人照顾。他们中的一些人甚至对环境刺激很少有意识，终身卧床不起。

### （三）智力障碍的原因

产生智力障碍的原因有两个方面：生物因素与心理社会因素。生物因素导致的智力障碍有清晰的病理和一定的器质性原因，通常属于重度和极重度智力障碍，一般都有明显的体貌特征。而对于心理社会因素的界定就不太容易了，因为它包含多种因素，而且这些因素可能是相互作用的。绝大多数智力障碍都与心理社会因素有着不同程度的联系，特别是轻度智力障碍。

### （四）智力障碍儿童的鉴定

为了便于教育教学工作，需要确定智力障碍儿童智力缺陷的状况、程度，分析造成缺陷的原因，制定补偿方案，这个过程就是鉴定。

1. 鉴定内容

医学方面：儿童从出生到就诊时的身体、智力的发育史，曾患疾病的症状及治疗过程，视力、听力和神经系统检查等。

教育方面：儿童在幼儿园、家庭或学校各个方面的表现，和同龄儿童交往的情况，各科学习成绩、学习兴趣、学习习惯和类型，教师的教学态度、教学方法和教材难度等。

心理方面：首先是对儿童的智力水平和适应性行为水平进行测验，其次是进行注意力、记忆力、语言能力、推理能力、个性等方面的检查和鉴定。

社会方面：儿童家庭、邻里、学校的状况，家庭成员，尤其是父母的文化水平；经济情况、管教态度和对儿童的期望水平；三代亲属以内有血缘关系者的智力情况；生活环境的变迁状况；家庭是否稳定、和谐等。

2. 鉴定过程

（1）推荐

学校根据教师、家长或其他有关人员的观察和学生考核的结果，将怀疑智力有问题的儿童送往专门的机构进行诊断和鉴定。

（2）初审

初审既可以由学校组织实施，也可以由专业人员进行。其主要目的在于确认儿童是否有问题。如果有，问题的状况如何，需进行哪些方面的检查和鉴定，具体审查包括三个方面：首先，审查学生的个案材料，如出生史、病史、各科成绩、班主任评语等。其次，和任课教师、家长等进行谈话，了解学生各方面的实际表现。最后，有计划地观察儿童的日常行为表现，观察他的适应性行为水平，并且可以做一些简易的心理测验，如画人测验。如果儿童智力障碍症状被证实，则进入下一个步骤。

（3）个别测验和诊断

由专业人员对儿童进行全面的诊断性测验，包括智力测验和适应性行为测验。必要时，还需对儿童进行神经系统机能检查、听力测查、视力测查、运动能力检查、言语能力测查、人格测验等。经过多方面的综合检查，才能做出被推荐儿童是否确属智力障碍以及智力障碍的性质和程度的诊断。

（4）个案协商

个别测验和诊断结束以后，还需要尽快召开一个由学校领导、教师、家长、心理学工作者、医生及其他有关人员参加的会议，以确认诊断和鉴定的公正性和准确性，解释并分析鉴定结果，分析儿童的特殊需要并讨论如何满足这些需要，制定具体的教育和训练方案，做出将儿童安置在何种教育机构的决定。

智力障碍儿童的鉴定是一项严肃且复杂的工作，要求很高。作为教师，不能只根据自己的观察和学生的几次考试成绩就轻率地下结论，在没有取得心理测验的资格证书前，也不要随便地运用标准化的心理测验量表。另外，对儿童的鉴定结论和相关个人材料要严格保密。

### （五）智力障碍儿童的特点

1. 身体发育特点

智力障碍儿童的身体特征因不同的缺陷程度和原因有比较大的差别。一般而言，轻度智力障碍儿童的身体发育与普通儿童基本是一致的。他们在身高、体重方面与同龄普通儿童没有明显的差别，发育正常。然而，随着智力障碍程度的加重，智力障碍儿童的生理和健康问题也越来越多，一些人有明显的相貌特征，如头颅尖小，眼距宽，骨骼、神经系统生长发育迟缓，动作失调，感官缺陷等。先天愚型儿童除了有明显的外部特征，还容易出现心脏和肺部异常。除此之外，中度以上智力障碍儿童在肺活量、肌肉力量、身体平衡能力、身体的协调性等指标上明显区别于普通儿童。因此，随着智力障碍程度的逐渐加重，对儿童身体发育带来的不利影响也越来越大。

2. 感知觉特点

很多人认为，健全人一眼就能看见、看清的东西，智力障碍儿童也一定能看见、看清，实际情况并非如此。苏联有位心理学家曾做过一个实验：用速示器呈现人们熟悉的苹果、桌子、猫、铅笔等物体图片，让普通小学一年级学生和智力障碍学校一年级学生辨认。当图片以 22 微秒的时间呈现时，正常儿童能认出 57%，而智力障碍儿童一个也没有认出。当图片呈现时间延长为 42 微秒时，正常儿童认出了 95%，而智力障碍儿童只认出了 55%。这个实验表明，智力障碍儿童的感知觉缓慢。这种现象在实际生活中也很常见，如观看节奏较快的动画片时，智力障碍儿童看起来较困难，有时兴趣不高。这是因为动画片变化速度太快，呈现时间太短，他们来不及感知。

与智力障碍儿童感知觉速度缓慢相联系的另一个特征是感知的范围狭窄，感知信息容量小。这表现在同一时间内他们能清楚地感知事物的数量比普通儿童少得多。例如，普通儿童在大街上行走，他们一眼就能看到行人、车辆、商店、工厂、交通信号灯、过街天桥等，可谓“一目了然”。而智力障碍儿童在同一时间往往只能看到其中的一部分，有的只见行人不见车辆，有的只见道路不见行人，有的只听见热闹的音乐而看不见脚下的障碍物。这种特征会妨碍他们在新的环境中的定向，导致迷路。

人对事物的感知不是像镜子那样简单地反映客观现实，而是通过多种感觉分析器对刺激物做精细的区分和一系列分析的综合活动。智力障碍儿童由于感觉分析器的障碍，造成感知觉不够分化，区分能力薄弱。例如，他们很难区分出长方形和正方形、手表和秒表的差异，有的甚至对咸淡、甜酸也很难区分。普通儿童 3 岁时就可以正确辨认各种基本颜色，4 岁开始逐渐能够细微地区别各种色调、明度和饱和度。而智力障碍儿童通常七八岁以后还分不清蓝和绿、白和黄等颜色，要区分各种颜色的不同浓度，如深红、浅红、桃红、殷红、紫红对于他们来说就更困难了。

缺乏感知事物的主动性和积极性是智力障碍儿童感知觉的特点之一。由于他们的神经活动过程存在惰性，因而在感知事物时有时仅满足于一般的了解，缺乏仔细观察和深入了解。他们不会仔细观察或找寻某一物体，不会有选择地观察周围事物的某部分，不愿从不同角度、不同方面观察同一事物。有人曾做过一个小实验，给智力障碍儿童和普通儿童分别展示一张彩色风景画，然后问他们：“你看到了什么？”多数智力障碍儿童只会回答“好看”，却说不出画中的任何内容，普通儿童则准确地说出了画中的具体景物。

感知觉是基本的心理活动，也是其他心理活动赖以进行的基础，对于儿童的智力发展有着非常重要的作用。因此，教师要利用一切可能的方法和手段，最大限度地弥补智力落后儿童感知觉的缺陷，促进其智力发展。

3. 记忆特点

记忆对人的学习和生活有着巨大作用。没有记忆，就没有生活经验的积累，也就谈不上知识和技能的学习，更谈不上智力的发展。智力障碍儿童的记忆与普通儿童相比有着明显的差异，主要表现在以下两个方面：

首先，识记速度缓慢，保持不牢固，再现困难或不准确。教育实践的经验告诉我们，智力障碍儿童识记新知识时，只有在多次重复练习之后才能记住，并且遗忘得也较快。

其次，记忆的目的性差，选择功能薄弱。智力障碍儿童记忆时，只是依照记忆材料的外部联系，采用简单重复的办法记忆，不善于有目的地去发现记忆材料的内部联系，也不会在理解的基础上进行记忆。有这样一个实验能够说明这一问题：给普通儿童和智力障碍儿童分别呈现一组图片（狗、桌子、楼房、狼、小屋、椅子、草房、猫），要求他们看几遍以后记住图中内容。普通儿童在记忆过程中往往会将图片顺序打乱，加以归类整理，便于记忆，而智力障碍儿童几乎不会归类整理，只能进行简单的重复，记忆效果较差。这种情况的出现与他们思维的直观形象性和缺乏记忆方法有关。

4. 语言特点

语言既是人类交流思想、传递文化的工具，又是进行思维的“建筑材料”。普通儿童通常在 1 岁左右开始说话，入学时基本上掌握了口语交际技能，能够比较流利地运用口头语言来表达自己的思想和情感。而智力障碍儿童语言发展的水平较低，不管是听觉辨别能力，还是表达和理解词及句子的发展，都要晚一些。智力障碍越严重，语言发展水平就越低。有的智力障碍儿童两三岁才会说一些单个的词，到五六岁才能说简单的、内容贫乏的、不合语法的句子。有的智力障碍儿童听觉器官正常，可以听到旁人的声音，但不能辨别和区分各个语音，只能分辨出少数的单音。

智力障碍儿童掌握的词汇量比同龄普通儿童要少。有研究表明，普通儿童入学时可掌握 2 500～3 000 个常用口语词语，而同龄轻度智力障碍儿童一般只会说几百个口语词语。与普通儿童相比，智力障碍儿童对语义的理解也不全面。在有些智力障碍儿童身上还经常能够见到语言的机械模仿现象，对于电影、电视中的一些对白，收音机和电视机播出的广告词，他们可以学着说出，但意思并不能真正理解。另外，智力障碍儿童在语法方面存在很多问题，主要表现为句式简单、句子不合语法。他们很少使用复合句，多使用简单的陈述句。一些智力障碍儿童还常出现情境语言，句子的意义只有和当时的情境联系起来才能被人所理解。

除了上述特征，相当数量的智力障碍儿童还存在构音和言语流畅性方面的障碍，表现为发音不准、吐字不清。多数智力障碍儿童说话时常出现音节的替代、省略、歪曲添加。调查显示，智力障碍儿童出现这类问题的概率高达 50%。另有一部分智力障碍儿童说话声音过大或过小，音调平平，缺少变化，声音嘶哑，说话时出现气声、鼻音过重或无音等。少部分智力障碍儿童有口吃现象，这妨碍了他们和别人的言语交往。出现这些障碍主要有三个原因：首先是听觉的辨别能力差，不能模仿正确的发音，言语发展水平较低。其次是发音器官有缺陷。最后是大脑言语运动中枢的功能缺陷，无法调节和控制发音器官的运动。

5. 思维特点

思维是反映客观现实的最高形式，是智力的核心成分。智力障碍儿童由于感知觉有缺陷，生活经验贫乏，语言存在障碍，影响了他们思维能力的正常发展。其主要表现为以下几方面：

第一，思维长期停留在直观形象阶段，概括水平低。智力障碍儿童通常是在日常活动中直接观察事物的条件下进行简单的思维活动，他们的思维主要依赖事物的具体形象或表象，以及这些形象和表象之间的联系，缺少分析和综合，很难将已有的知识、概念和表象综合起来。例如，低年级智力障碍儿童尽管学习了“两个加数位置交换，得数不变”的规则并且能够流利地背出来，但在计算出“5+4=9”后，让他们再计算“4+5”时需重新数手指。有人对 30 个平均年龄为 9.5 岁的轻度智力障碍儿童进行物体分类的实验，发现他们的概括能力明显障碍于幼儿园大班儿童（6 岁），只接近中班儿童（5 岁）水平。智力障碍儿童概括能力薄弱，在教学的过程中表现为难以掌握各种规则和概念，因而对语言材料和数学概念的学习困难最大。

第二，思维刻板，缺乏目的性和灵活性。作为一种高级认识活动，思维总是有预定目的的。而智力障碍儿童在思考问题时往往缺乏明确的目的性，他们在进行某项活动时，一旦遇到困难或其他更有吸引力的事情，就可能停下来。在思维过程中，他们还难以根据条件或条件的变化及时地调整自己的思维定向和方式，表现出思维的刻板性和不灵活性。

第三，思维缺乏独立性和批判性。人们在从事某项活动或解决某个问题的过程中，总是要不断检查自己的思维方向、思维策略、思维方法是否正确，从而发现问题，及时解决。智力障碍儿童往往对自己的行动和想法深信不疑，很少能主动地找出错误并加以改正，这是缺少思维批判性的典型表现。除此之外，一部分智力障碍儿童的思考能力较差，表现为思维缺乏独立性。

智力障碍儿童的思维虽然具有上述特点，但从总体来说，他们的思维是在逐渐发展着的，只要教育、训练得法，他们的思维水平会在原有的基础上得到提高。

### （六）智力障碍儿童的教育建议

1. 智力障碍儿童教育的教学原则

教学原则是指导教学工作的基本规则，是人们长期教学实践经验的科学总结。由于教学原则具有普遍适用性，因此普通教育中应遵循的一般教学原则（如直观性原则）同样适用于智力障碍儿童的教育工作。直观性原则是指在教学中充分利用学生的感觉器官和已有经验，通过各种形式的感知，丰富学生的直接经验，使学生获得鲜明的表象，从而掌握比较抽象的知识。研究和教学实践表明，教学的效果在很大程度上取决于学生各种感觉器官的感知的程度。对教材的感性认识越是多种多样，对它的掌握越牢固。

智力障碍儿童知识经验贫乏，抽象思维不发达，具体形象思维占主导地位，在教学中充分使用直观教具可以弥补这些不足造成的学习困难，增加学习的趣味性，使他们更好地领会和掌握新的知识和技能。直观性原则的运用，需要根据学生的实际情况和教学的具体任务进行。直观教具是直观教学的主要手段，直观教具分为实物直观、模象直观和言语直观三类。为了充分发挥直观教具的作用，教师课前必须做充分的准备，包括教具的种类、大小、多少，教具选择的准确性，教具演示的重点以及演示的顺序。教师的教学语言要形象、具体、生动、风趣，把深奥的道理浅显化、枯燥的东西形象化、抽象的东西具体化。需要注意的是，“直观”只是完成教学任务的一种手段，并不是目的。教师要时刻记住每次运用直观教具的目的，有意识、有重点地引导学生观察，帮助学生认识它的主要特征，形成和获得清晰的表象，掌握所学内容。

由于智力障碍儿童身心发展的特殊性，不同于普通儿童和其他类型的障碍儿童，因此智力障碍儿童的教育教学工作有其特殊教学原则。这些特殊教学原则包括以下几方面：

（1）个别化原则

智力障碍儿童之间个别差异较大，主要表现在他们有不同的智力缺陷程度、不同的致病原因和不同的行为特征。即使是同一缺陷程度的儿童，由于各种先天和后天因素的不同影响，他们的特殊教育需要也是不一样的。因此，智力障碍儿童的教育工作要求最大限度地个别化。

一方面，每一个智力障碍儿童都应当有机会通过参加集体的学习和生活，学习如何与人相处，分享相互之间的经验。

另一方面，他们更应接受符合自己身心特点和发展水平的教育。这个原则要求在进行教学之前，教师充分了解和考虑每个学生的具体特点和需要，如身体状况、智力水平、学习类型、个性特征等，制订出基本适合全班学生的教学计划。同时，要为每一个学生制订出一份个别化教学计划。在课程设置、教学内容、教学方法等方面，也应充分考虑每个学生的不同需要。

另外，教师应了解每个学生在学习过程中出现的困难，分析产生困难的原因，及时进行个别指导和辅导。

（2）激发兴趣原则

教学过程是教师和学生双边活动的过程。学生是教学过程的主体，教师在教学过程中起着主导作用。这个过程如果没有学生主动、积极的参与，就很难取得好的教学效果。因此，如何激发并保持智力障碍儿童的学习兴趣，强化学习动机，是智力障碍儿童教育的一个重要课题。

首先，要创造一个充满爱与快乐的教学环境，克服儿童的退缩、自卑等不良心理。教师要尽量和儿童保持良好的个人关系，关心他们，爱护他们，使他们体会到被尊重和被接纳的喜悦，逐渐忘却过去遭受挫折和失败的痛苦，增强自信心。

其次，要为儿童提供尽可能多的成功机会和体验。在教学内容的选择上，教师应尽可能照顾到每个学生的实际水平，使他们通过努力能够学会课程内容。在教学活动的设计上，教师应给予学生各种机会，鼓励他们发言、表演、创作，引导他们扩展学习兴趣，充实生活经验。除此之外，教师要善于发现学生的“闪光点”，对于他们取得的进步，哪怕是微小的进步，也应及时给予鼓励和强化。这样，可以逐渐增强学生的自信与勇气，消除畏惧、退缩心理，从而乐于学习。

（3）充分练习原则

这是根据智力障碍儿童识记慢、遗忘快的特点提出的。同样的学习内容，普通儿童可能很快就能掌握并记住，智力障碍儿童则需要进行更多的练习才能掌握。因此，充分练习是智力障碍儿童教学的一个重要原则。贯彻这一原则，首先，要求教师尽量引导学生对教学内容进行清晰的感知和理解。这是由于人的记忆与感知、理解是相互联系的，只有在感知并理解的基础上充分练习才能产生牢固的记忆效果。智力障碍儿童的理解能力较差，对所学知识的掌握有时不深刻、不全面，教师在指导学生练习的过程中，应有针对性地加强理解性指导，通过细心指导，反复练习，让学生记住、记牢，为进一步学习打下基础。其次，要求教师组织好学生的复习。复习是学生记住所学知识的法宝，但复习的效果取决于复习的方式方法。复习需要重复练习，正确的做法如下：复习要及时，传授新知识后要马上组织复习，然后逐渐进行间隔复习。复习不要面面俱到，而要抓住基本内容和规律性的知识。复习的内容和方式要有变化，新颖多样。复习的次数要适宜，每次的时间不宜太长，尽量避免学生对复习的厌倦情绪。

（4）补偿性原则

智力障碍儿童的教学工作除了要传授基本的科学文化知识和个人生活、社会生活必需的基本技能，还必须对其身心缺陷进行有针对性的补偿和矫正工作。智力障碍儿童在生长发育过程中由于受先天素质等影响，会出现一些问题，如感知觉缺陷、语言缺陷、行为缺陷等，纠正这些问题是学校的教育目标之一。这些问题得到纠正，智力障碍儿童才能顺利地走向社会，自强自立。

为贯彻这一原则，首先，要求教师对学生的身心缺陷状况和程度有较深的了解，在此基础上制订适合每个学生特点的补偿和矫正计划。其次，教师要具备扎实的专业技能。缺陷的补偿和矫正是一项技术性很强的工作，如果缺乏专业训练，不具备相关知识和技能，就很难取得成效。这就要求教师学习有关知识，如行为矫正知识等。最后，缺陷的补偿和矫正也是一项复杂和细致的工作，要求教师有长期工作的思想准备，防止出现急躁情绪。学生的缺陷问题并非一朝一夕就能得到解决的，只有循序渐进、细水长流，经过长期的努力，才能得到较好的补偿和矫正。

2. 智力障碍儿童教育的内容

学前融合教育的目标是让每一个特殊儿童都得到最大限度的发展。对于智力障碍儿童来说，这个目标应该根据智力障碍的不同程度和类型，以“发展”为轴心，从感知、运动、语言和沟通、情绪和行为管理、社会适应、认知和元认知等方面详细划分。

一是感知能力教育内容。针对智力障碍儿童的感知缺陷，补偿和发展他们的外部感觉能力（如视觉、听觉、嗅觉、味觉、肤觉）和内部感觉能力（如运动觉、平衡觉和本体觉等），并使他们将自己对外界的感知体验应用于日常生活中。主要包括：了解事物的外形和质地，分辨声音和颜色，感知韵律和节奏；感知味道、温度等并做出反应，感知知觉深度、大小、距离等。

二是运动能力教育内容。针对智力障碍儿童的大小动作不灵活的缺陷进行大动作和精细动作训练，逐步训练智力障碍儿童的感官和肢体配合，动作的协调以及控制力度和速度的能力。大动作训练有俯卧、抬头、竖颈、翻身、仰卧、爬行、独坐、独站、行走、跑步、跳跃等；精细动作训练有大把抓、手指捏、筷子夹、串珠、填涂、写字等。

三是语言与沟通能力教育内容。针对智力障碍儿童的语言交流障碍进行训练，能模仿别人的简单言语，能逐渐做到用目视、点头、摇头、微笑等动作表示理解他人的说话，并能用别人能理解的声音、单词、句子、问题表达自己的愿望和要求。

四是情绪和行为管理能力教育内容。针对智力障碍儿童的情绪和行为问题，运用一定的认知和行为矫正技术，逐步减少或消除焦虑、抑郁、恐惧、愤怒等负性情绪，攻击、毁物行为以及自我刺激和自伤行为。

五是社会适应能力教育内容。针对智力障碍儿童在社会适应方面的困境，根据儿童所处的生活情境有计划地训练其生活自理能力、基本劳动能力、社会交往能力和使用基本的道德规范约束自己的能力，根据儿童的智力和发育状况展开教育，使其逐渐学会基本的生活自理步骤和技巧，自我照料日常饮食起居和个人卫生，如穿衣、进食、个人清洁、如厕；学会简单的劳动，如扫地、擦桌子等；在游戏中学会遵守规则，和别的儿童交往，学会基本礼貌语言和文明礼仪；能运用学到的基本自理技巧，应对环境和生活的需要。

六是认知和元认知能力教育内容。根据智力障碍儿童的认知障碍，特别是在记忆和问题解决上的滞后，教给他们特殊的认知技能以及将这些技能应用到新环境中去的元认知训练。这些技巧和生活情境被应用到诸如感知觉、动作、语言、社会适应能力等训练中。

3. 智力障碍儿童教育的方法

（1）真实情景教学

研究发现，当幼儿的学习与真实的或类似真实的情境联系时，他们往往能够积极有效地建构知识。儿童的学习建立在自己已有经验的基础上，在特定的情境下以特殊的方式建构。真实情境教学是将知识与技能的教学与儿童常规的生活经验相结合。真实情境教学能够吸引儿童的注意，增强他们的记忆，增加成功的可能性。一旦儿童的学习与其生活密切联系，他们便会有更多的学习动机，能够更投入地学习，智力障碍儿童也是如此。真实情境教学需要教师用儿童的视角去观察，鉴别儿童的兴趣，发现存在于儿童日常生活中的课程元素。具体做法如下：

评定智力障碍幼儿的长处和需要；确定功能性优先；通过有意义的学习经验，完成真实情境教学活动；采用任务分析法，即分析儿童学习某项行为所需的每一个步骤和环节，对每一个步骤或环节进行单独训练，最终达到对整体行为的掌握。

例如，完成刷牙这个任务，有以下 12 个步骤：

第一步，走到水池边，取刷牙用具。

第二步，拿出牙刷，将杯子接好水并放好。

第三步，将牙刷打湿，放在杯口。

第四步，打开牙膏盖（将盖放好）。

第五步，拿起牙刷，在牙刷上挤一点牙膏。

第六步，盖好牙膏并放下。

第七步，另一只手拿起杯子，漱一漱口，开始用牙刷刷牙。

第八步，取出牙刷，另一只手端杯子漱口。

第九步，打开水龙头，清洗杯子和牙刷。

第十步，关上水龙头。

第十一步，将牙刷放入杯子。

第十二步，将用具放回原处。

（2）辅助技术

①计算机

计算机能提供教学、娱乐、交流等方面的支持。

②多感官室

多感官室又称为感觉刺激室，是一种特别设计供严重学习困难和严重智力障碍儿童进行康复和教育训练的场所。多感官室里装备有许多能提供视觉、听觉、触觉和嗅觉刺激的器材，让儿童在轻松、和谐和没有压力的环境下体验感觉刺激以及学习探索环境的技能。多感官室内部布置以白色为主，因此也称为“白室”“白房子”“史露西伦室”。

4. 智力障碍儿童教育应注意的问题

教师要注意多与智力障碍儿童交流互动，用字及语句尽量简单、直接、清楚；避免说话内容及表达方式的不一致；说话速度不宜太快。

要平等对待，真诚地关心和尊重智力障碍儿童。智力障碍儿童的自尊心很强，不要让他们觉得自己和别人不一样。

对于智力障碍儿童的提问或者是教他们学习要有耐心；利用手势及神情去鼓励表达；当他们主动与别人沟通时，应立即给予赞赏，增强他们与其他人沟通的自信心。

以一颗平常心去了解和接纳智力障碍儿童。

多给予口头上的鼓励和夸奖，多体谅智力障碍儿童，但不要可怜或作弄他们，因为可怜会剥夺他们的学习机会，作弄会增加他们的挫败感。

不要要求智力障碍儿童做超过他们能力范围的事情，以免制造挫折，使他害怕学习新事物。

同样的行为，多示范少指挥，为智力障碍儿童提供模仿的对象，多提供练习的机会。

相处时要采用合乎智力障碍儿童年龄的交往方式；如果他们表现出不适当的态度及行为，应具体地指出并鼓励他们如何做出正面的行为。

教学的时候，内容要尽量与他们的生活经验相关；尽量配以动作、图片或实物来协助他们理解；集中精神聆听，和他们保持目光接触，排除外界环境的干扰。

## 四、学习障碍儿童的教育

学习障碍儿童在学习中主要表现为记忆困难、注意力持久性缺陷、情绪焦虑等特点，从而产生学习困难或出现问题行为。

### （一）学习障碍儿童的定义

学习障碍儿童是特殊儿童的一种类型，是指在理解或运用语言的基本心理过程有一种或一种以上障碍的儿童。具体表现为听、说、读、写、拼字、推理和数学计算能力的不完善。通常分为发展性学习障碍儿童和学业性学习障碍儿童两大类。其出现率的估计差异较大，重度学习障碍儿童为 1%～2%，轻度学习障碍儿童为 5%～15%。通过适当的特殊教育和有关服务，他们中的绝大多数能取得明显的进步。学习障碍儿童一般分为三种类型：

一是发展性学习障碍儿童。某些心理与语言功能的发展水平偏低的儿童，如智商在 70～85 之间，智力学前水平落后使学习表现不佳。

二是学业性学习障碍儿童。这类儿童在各学科的学习中存在听、写、说、拼写、阅读、计算等学习技能上的困难。

三是行为与情绪性学习障碍儿童。如存在品行问题、不成熟行为和个性问题导致的学业成绩落后。

上述各种类型儿童的学习困难受生物、心理与社会环境等因素影响。

### （二）学习障碍儿童的特点

学习障碍儿童的身体发育与同龄普通儿童基本一致，但在心理发展上存在明显的差别。

1. 记忆困难

记忆对人的学习和生活有着重要作用，记忆困难导致在知识和技能的掌握方面存在困难，影响生活经验的积累。学习障碍儿童有些在记忆的长度、广度、速度、精确度等方面存在困难，尤其在有意义的加工记忆方面存在困难。

2. 注意力持久性缺陷

学习障碍儿童注意力的稳定性差，不能在一件事情上持续很久，难以建立兴趣爱好，且兴趣极易转移、消失。同时，在同一单位时间内不能注意到多个对象，不能有效地专注特定的物体和任务。同龄普通儿童能够快速进入学习状态，而学习障碍儿童会表现出不太专心、东张西望、做小动作，往往需要很长时间才能进入学习状态，且持续的时间较短。

3. 思维刻板

学习障碍儿童在思考问题时缺乏明确的目的性，思维水平较低，在学习掌握各种规律和概念方面存在困难，并且普遍缺乏理解能力和解决问题的能力。

4. 情绪焦虑

由于学习、注意力方面的问题，经常面对失败、挫折，使学习障碍儿童普遍缺乏自信，易产生焦虑情绪。表现为行为任性、不遵守纪律、同伴之间关系较差、与同伴经常发生矛盾、意志薄弱；不能坚持完成一件事情，特别是有一定难度的事情。

### （三）学习障碍儿童的教育建议

由于学习障碍儿童具有不同于同龄普通儿童身心发展的特殊性，所以在学习活动中，除遵循因材施教、直观性、循序渐进等教育原则外，还应注意以下教育：

1. 发展性教育

学习障碍儿童的身心发展规律在大的方面和同龄普通儿童基本是一致的，随着年龄的增长，其认知、情感、意志等方面也遵循一般的发展规律。在学习活动中，教师要主动为他们提供全面发展的机会，恰当地筛选和处理教学内容，以培养他们适应生活、适应社会的能力，作为教学的出发点和归宿。在设计教学时，要把握好“知道”“会”“能”等程度的差异，使他们能听懂、学会，获得成功的体验，产生学习的动力和需要。

2. 激励性教育

在教学活动过程中应激发和保护学习障碍儿童的学习兴趣，强化其学习动机，为他们创造各种机会，以生活情境为媒介，以知识为内容，以解决问题为主线，由浅入深地开展教学。实践活动要使他们学以致用，学会运用各种方式去观察事物，解决日常生活中的问题。把观察、比较、操作等学习方式融入活动，满足幼儿好玩、好动的天性，使其主动参与学习活动。

3. 个别化教育

教师要考虑个别差异，针对他们的特点和需求制订切合实际的个性化计划，并采取适宜的策略和方法帮助学习障碍儿童克服困难，与班级幼儿共同进步。

4. 扬优补缺教育

教育不仅要教给幼儿知识，还要注重发展幼儿的身心机能，将潜能开发与缺陷补偿相结合。学习障碍儿童的身心缺陷是客观存在的，但他们在某些方面也存在一定的优势，教师要将他们的优势作为教学的着眼点，扶植优势和特长，这样才能增强他们学习的信心和勇气。

## 五、言语障碍儿童的教育

### （一）言语障碍儿童概述

在传统语言研究中，语言和言语是两个不同的概念。语言是以词为基本单位，以语法为构造规则组成的一种符号系统，而言语是运用语言材料和语言规则进行交际活动的过程。语言和言语既存在区别，又相互依存。由于语言和言语的这种密不可分的关系，在实际生活中，人们往往把它们统称为语言。

1987 年全国残疾人抽样调查使用的《残疾标准》中规定：“语言残疾是指由于各种原因导致不能说话或语言障碍，从而难以同一般人进行正常的语言交往活动。”这里的语言障碍是指个人的语言理解和表达能力与同年龄儿童相比较，有显著的偏离和异常现象而造成交往困难。

1. 言语障碍的定义

言语障碍又称为言语残疾，是指各种原因导致的不同程度的言语障碍，经治疗一年以上不愈或病程超过两年，不能或难以进行正常的言语交流活动，以致影响日常生活和社会参与。言语障碍包括失语、运动性构音障碍、器质性构音障碍、发声障碍、儿童言语发育迟滞、听力障碍所致的言语障碍、口吃等。3 岁以下不进行言语残疾认定。

2. 言语障碍的特点

言语障碍儿童主要有以下特点：

（1）构音障碍

因构音器官的原因，在发音过程中出现“替代”“歪曲”“省略”“添加”的表现，从而影响言语的可懂性，进而导致沟通交流的难以进行。

（2）嗓音障碍

言语障碍儿童可能在声音基本特性上表现异常，如音调异常、音质异常、响度异常。

（3）语流异常

语流异常是语言节律障碍中最常见的现象，即我们日常生活中所说的口吃。

（4）心理问题

言语障碍儿童由于障碍问题，不易充分发挥自己的学习潜力，比普通儿童有更多的过于羞怯、拘束和孤僻等个性问题，往往有自卑心理，不够自信。

### （二）言语障碍的教育建议

言语障碍产生的原因大致可以分为器质性原因和功能性原因两大类。器质性原因是指身体某个器官、部位的损伤、畸形或病变；功能性原因则通常不表现出特定的身体缺陷，主要由环境造成。针对不同的原因，应采用不同的方式进行干预。言语障碍的干预需要由专业人员提供，如言语病理学家、言语治疗师。干预的方式通常为“一对一”干预，即每次由一名言语治疗师对一名言语障碍幼儿进行干预。

1. 言语障碍训练

言语障碍多为器质性原因，始于运动性构音障碍的训练，训练与发声有关的呼吸器官、喉头、口腔、下颌、舌头、口唇等，主要训练方法有呼吸功能训练、口唇与下颌的运动训练、舌头的运动训练、构音训练等。

2. 语言障碍训练

语言障碍训练须根据幼儿的实际情况制订具体的康复计划和训练方法，主要采用手势符号训练、文字训练和交流训练等。

3. 辅助沟通系统

言语障碍儿童由于自身功能上的缺陷，在沟通上存在障碍，可利用辅助技术，如图片交换系统或点读笔等，帮助言语障碍儿童完成沟通。

## 六、情绪与行为障碍儿童的教育

### （一）情绪与行为问题儿童概述

1. 概念的界定

情绪与行为障碍儿童或青少年会表现出外向性的攻击、反抗、冲动、多动，内向性的退缩、畏惧、焦虑、忧郁等行为，或其他精神疾病等问题，以致造成个人在生活、学业、人际关系和工作等方面的显著困难，需要为其提供特殊教育与相关服务。在第一次全国残疾人抽样调查中，将这类人群部分纳入精神残疾。

2. 心理行为特征及表现

（1）智力及成就方面

第一，情绪与行为障碍儿童的智力中等（90 左右），只有少数智商在中等以上。

第二，缺乏理性灵活的思维，难以恰当地判断和选择。

第三，自我认识能力差，看不到自己的优点和不足，不能正确地评估自己。

第四，有能力，但是学业成绩差。

（2）人际关系方面

第一，多数情绪与行为障碍儿童互动能力欠佳，经常发脾气、攻击他人，无法与周围的人建立较妥善的互动关系。

第二，独来独往，不和人交流，不加入同伴的游戏。

第三，大多数情绪与行为障碍儿童通常不受同伴的欢迎，总是扰乱别人。当自己的愿望得不到满足时便发脾气和别人发生争吵、打架，且不接受教师和家长的管教。

第四，在家喋喋不休，到外面却不说话。

第五，只对特定的人开口说话。

（3）言语表达方面

大多数情绪与行为障碍儿童表达能力欠缺，经常说一些与情境无关的事情，常会用显著尖锐或特别低沉的音调讲话。

（4）日常生活方面

部分情绪与行为障碍儿童自理能力不强，无法料理自己的生活，甚至衣食住行等最基本的需求也不会用自己的语言表达。

（5）生理机能方面

第一，知觉反应障碍。对外界光线、声音的刺激反应较迟钝，或者出现过激的反应，不能专心听讲且理解不了老师讲课的内容。

第二，饮食或睡眠不是太多就是太少，没有良好的卫生习惯，对身体的不适反应比较迟钝。

第三，常表现出头疼、头晕、胸闷、气短，或肢体某一点麻木、疼痛等。这些儿童年龄多在 6 岁以上，主诉头脑或肢体麻痛等，部位不固定，突发突止。体格检查正常，头颅 CT，脑电图、肌电图正常。

（6）社会适应方面

第一，控制能力较弱，常发脾气，对外在事物表现得漠不关心，经常喜怒无常，且不合情境及时宜。当情绪与行为障碍儿童的欲望得不到满足时，常出现伤害他人、毁坏物品、打人骂人、强抢别人东西的行为、自残行为等。

第二，顽固性习惯。表现为有意无意地吸吮手指或咬嘴唇、抓头发、摇头、轻咬手指甲、擦腿等。这类儿童以 6 岁以下多见，常出现也可以称其为难以改掉、难以控制的行为习惯，症状与弗洛伊德研究的歇斯底里症的患者病情相似。

第三，大多数情绪与行为障碍儿童可能有攻击行为和退缩行为。

第四，情绪与行为障碍儿童常出现异常不良行为，如打架、说谎、厌学、逃学、戏弄他人、碰撞、大叫、不顺从、哭泣、破坏及野蛮作风等。

第五，表现出退缩行为的儿童基本上是行为幼稚或者不愿意与他人沟通互动，表现出社会性孤立，很少或几乎不与同伴玩耍，缺乏玩乐的能力。

第六，有些情绪与行为障碍儿童会有幻想和白日梦等不切实际的行为，有些会产生无缘由害怕的情绪，有些会退化到先前的发展阶段，同时要求不断地协助和注意，有些会产生莫名的沮丧，经常表现出一种弥散性的不愉快和抑郁心境，也叫作弥散性心境，严重的甚至有自杀行为。

（7）兴趣与注意力方面

大多数情绪与行为障碍儿童无法静坐，做事分心，记忆力差，注意力短暂，对所有事情都缺乏兴趣。

并非所有的情绪或行为障碍儿童都有以上所述的所有特征，往往是有其中一种或两种以上。

### （二）孤独症儿童的教育

孤独症属于典型的儿童情绪和行为障碍。1906 年，勃罗勒第一次在儿童身上鉴别出这种没有语言、没有交往的行为。该病于 1943 年被哈佛大学的一位神经病学家坎纳确定。

近年来，有研究表明孤独症的患病率可能高达60/10 000，男性发病显著多于女性。

1. 孤独症的研究

对孤独症进行详细的临床研究并发表第一篇研究论文的学者是美国的临床医学家坎纳。他通过对11名儿童的临床观察，于1943年发表了题为《情感交流的自闭性障碍》的论文。坎纳的研究对后来的研究者影响很大，其论文至今仍被广泛地引用和借鉴。1944年，澳大利亚的医生阿斯伯格也发表了关于儿童自闭性精神疾病的研究论文。两人的论文在很多方面具有类似点。例如，都使用“自闭性”一词，认为孤独症患者的社会性障碍是天生的，且在成人期也会持续不变，并举出缺乏视线的接触、言语与动作的刻板性、特殊的兴趣以及对变化的强烈抵抗等特征。虽然两人对孤独症的描述有很多相似点，但是又很难看出他们描述的是同一个病症。例如，阿斯伯格的患者比坎纳的患者有着较高的言语能力和独特的思维能力，但是运动机能障碍更显著。后来，相关学者于1981年提出“阿斯伯格症候群”一词，用来区分与坎纳报告的典型的症状不一致且有着高能力水平的孤独症者。

2. 孤独症的概念

孤独症是儿童从出生后到30个月以内出现的一组症状群。这类儿童对听觉或视觉的刺激反应异常，对别人的话难以理解，并且言语中常有反向语言、文法构造不成熟、不会使用反身代词和抽象的语言等特点。从1943年坎纳的心因性、环境性的情绪障碍学说到1967年美国伦敦大学精神医学者路特的脑器质性的障碍所致的认识、言语障碍学说的变化，不同学者的观点有所不同。根据1987年美国精神学会的分类，认为孤独症属于一种广泛性发育障碍。

在1990年世界卫生组织小儿孤独症的诊断标准中，对孤独症的概念进行了更加清楚的表述：孤独症的临床表现是一种广泛性发育障碍的其他类型。具有继发性的、社会的、情绪的问题，接受性言语的特异发育障碍，反应性迟滞障碍或脱抑制障碍，同时伴有一些情绪、行动障碍的精神迟滞。孤独症是一种因神经心理功能异常而导致交流、社会交往和行为三方面同时出现严重问题的综合征。

坎纳归纳了11例具有极其相似背景和行为模式的儿童的几项共同特征：很难与他人发展人际关系；言语获得的迟缓或丧失曾发展良好的语言能力；有重复的刻板行为，缺乏想象；擅长机械记忆；坚持某些惯例或常规；有正常的生理外表。坎纳把这种新的疾病称为早期婴幼儿孤独症。这些儿童一般存在语言发展障碍、交往障碍、想象障碍等，最明显的表现是兴趣取向和日常行为异常。

3. 儿童孤独症的成因

到目前为止，人们对孤独症的致病机制尚未完全阐明。但从总体上讲，孤独症是由遗传因素和环境因素等共同作用引起的。

（1）遗传因素

对孤独症患者的双生子和家庭成员的研究表明，一些患者存在明显的遗传易感性。同卵双生子之一患有孤独症，另一个的患病概率可达 60%，甚至 90%，而异卵双生子只有 5% 的患病概率。结合孤独症的发病率，有研究推测孤独症以及类似行为特征的遗传性达 90%。除此之外，直系亲属患病率也受遗传因素影响。孤独症患儿的兄弟姐妹患病风险会明显增加；家庭中有一个孩子患有孤独症，再生一个孩子患病概率可达 5%～6%。研究者还发现，孤独症孩子的家庭成员会出现较多的社交技能或重复性行为异常，以及某些情感障碍类精神疾病，如躁郁症等。还有理论认为，两个具有明显的重复、刻板、注重秩序和规则等超系统行为的人结婚后更容易生出孤独症孩子。

尽管研究认为孤独症是一种复杂的多基因控制的遗传性疾病，然而并没有发现确切的孤独症致病基因，仍不清楚它们之间的联系机制。事实上，遗传学因素能够解释 10%～30% 的孤独症成因，它的发病率逐年迅速升高提示着孤独症是遗传和外部环境相互作用引起的疾病，而环境可能更是值得我们关注的因素。

（2）环境因素

杀虫剂、农药、添加剂和防腐剂等正常人体不存在的生物异源物质进入体内会对人体产生伤害。某些重金属，如砷、铅、汞、镉、锑和锰等会对人体神经系统产生毒害。有研究发现，重金属和生物异源物质会引起硫代谢异常，氧化还原水平以及甲基化都会受到影响。

值得注意的是，汞在孤独症患儿体内的含量较高。正常情况下，人体能够将汞代谢为乙基汞，大约 18 天会被排出体外，然而，在体外，某些肠道微生物能够将汞甲基化或去甲基化，甲基化的汞具有神经毒性，可破坏神经系统，引起脑萎缩。此外，用抗生素清除大鼠肠道中的微生物后，会使组织中汞的含量增加，并且甲基汞的比例明显增加。某些肠道微生物可能将本身无毒的物质转化为有毒的物质，对含汞疫苗的安全评价应考虑特定肠道微生物的代谢。除汞外，另一种环境中常见的重金属铅在孤独症患儿体内的含量也显著高于对照组。

（3）孕期的影响

孤独症的发病时间通常是 3 岁以内，出生之前、期间或出生后不久的这段时间正是幼儿生长发育的关键时期，极易受到外界环境的影响。研究发现，怀孕期间的多种影响因素都有可能影响孩子的神经系统发育，如怀孕期子宫感染和孕期并发症，接触化学物质、环境污染、围产期和产后健康状况不良等都将增加幼儿患病风险，动物研究发现，产前应激会使母鼠脑中 5- 羟色胺的含量显著升高，而它的代谢产物 5- 羟吲哚乙酸会在后代中积累，使后代婴儿期出现行为缺陷。在怀孕和围产期感染病毒也会使后代患孤独症和精神分裂症的风险增加。有研究发现，给怀孕母鼠注射流感病毒后，其产生的后代会出现缺乏探究行为和交流行为等类似孤独症的异常行为。可能产前应激在人体内也会有类似的影响。

父母生育孩子时的年龄越大，孩子患孤独症的风险越高，并且祖父母晚育也会增加第三代患孤独症的风险。孤独症儿童母亲的年龄显著高于对照组，且约有 50% 的母亲曾经有过产前并发症，在怀孕期间服用药物可能增加孤独症风险，如孕期服用处方药丙戊酸等。此外，怀孕期间接触酒精，病毒感染以及甲状腺功能减退等都可能增加孩子患孤独症的风险。怀孕期间的环境会影响孩子，环境污染会增加孤独症的发生率。怀孕期间以及在孩子出生后的第一年暴露于交通空气污染中高浓度的二氧化氮、PM2.5 和 PM10 会增加孩子患孤独症的风险。因此，对孤独症的诊断和预防可能并不需要等到孩子长大，而是在孩子出生时、孕期乃至在母亲怀孕前就应该进行后代孤独症风险评估和干预。

4. 孤独症儿童的表现

（1）语言障碍

孤独症儿童表现的语言发育障碍十分常见，这是最早也最容易引起父母注意的症状，常为孤独症儿童的首诊原因。具体表现有以下几种形式：

①语言发育延迟或不发育

约一半孤独症儿童终生沉默，仅以手势或其他形式表达他们的要求，或极少情况下使用极有限的语言。也有些孤独症儿童 2～3 岁前语言功能出现后又逐渐减少，甚至完全消失。

②语言内容、形式的异常

孤独症儿童常常是自顾自地说话，毫不在意对方听与不听，也不顾及周围的环境或者别人正在谈话的主题。部分孤独症儿童不会使用代词，或代词混淆不清，不能正确运用“你、我、他”或把“我”说成“你”等。有的孤独症儿童即使有一定的词汇量，也不能运用词汇、语句与人进行正常的语言交流。

③刻板重复的语言或模仿言语

刻板重复的语言可为反复模仿别人说过的话，亦可是孤独症儿童重复提类似的问题或要对方回答一样的话，或重复自造的话，并渴望维持这种刻板重复语言和重复简单游戏活动不变。有的孤独症儿童则表现出无原因反复尖叫、喊叫。

④言语音调、节奏的障碍

语言缺乏声调，存在速度、节律、语调、重复等方面的问题，语言单调平淡或怪声怪调，缺乏抑扬顿挫，没有表情配合，患儿有时尖叫或发出别人听不清或不可理解的“话”，或自顾自地说话，也有人称之为“自我中心语言”。

⑤非语言性交流障碍

面部表情、手势或姿势语言缺乏，孤独症儿童很少以点头、摇头或摆手及其他动作来表达意愿，常以哭或尖叫表示他们的需求。部分孤独症儿童可拉着大人的手走向他们想要的东西。

（2）社会交往障碍

孤独症儿童不能与他人建立正常的人际关系。年幼时即表现出与别人无目光对视，表情贫乏，缺乏期待父母和他人拥抱、爱抚的表情或姿态，也无享受到爱抚时的愉快，甚至对父母和别人的拥抱、爱抚予以拒绝。分不清亲疏关系，对待亲人与对待其他人都是同样的态度。不能与父母建立正常的依恋关系，孤独症儿童与同龄儿童之间难以建立正常的伙伴关系。例如，在幼儿园多独处，不喜欢与同伴一起玩耍；看见一些儿童在一起兴致勃勃地做游戏时，没有去观看的兴趣或去参与的愿望。

（3）兴趣范围狭窄和刻板的行为模式

孤独症儿童对于普通儿童所热衷的游戏、玩具大多不感兴趣，而喜欢玩一些非玩具性的物品，如一个瓶盖，或观察转动的电风扇等，并且可以持续数十分钟甚至几个小时而没有厌倦感。对玩具的主要特征不感兴趣，却十分关注非主要特征。孤独症儿童固执地要求保持日常活动程序不变，如上床睡觉的时间、所盖的被子都要保持不变，外出时要走相同的路线等。若这些活动被制止或行为模式被改变，孤独症儿童会表示出明显的不愉快和焦虑情绪，甚至出现反抗行为。孤独症儿童可有重复刻板动作，如反复拍手、转圈、跺脚等。

（4）智能障碍

在孤独症儿童中，智力水平表现很不一致，少数孤独症儿童在正常范围，大多数孤独症儿童表现为不同程度的智力障碍。国内外研究对孤独症儿童进行智力测验，发现 50% 左右的孤独症儿童为中度以上的智力缺陷，25% 为轻度智力缺陷，25% 为智力正常。智力正常的孤独症儿童被称为高功能孤独症儿童。

5. 孤独症儿童的教育建议

（1）语言训练

孤独症儿童一般都存在或重或轻的语言障碍。高功能孤独症儿童还有一定的语言能力，低功能孤独症儿童甚至终生都不会讲话，即使经过训练能说上几句，也往往语言单调，没有人称的转换，还有少数孤独症儿童说着一些别人听不懂的语言。有人说孤独症儿童就像是来自星星的孩子。在一些机构里，培养孩子的语言能力的训练非常多，具体有以下两种：

①呼吸训练

呼吸训练一般用于学前教育阶段从未开过口的孤独症儿童。在训练之前，他们往往连妈妈都没有叫过。训练时，教师先教他们吹泡泡、吹蜡烛、吹哨子、吹小风车等，把训练变成一个有趣的游戏，使他们产生兴趣。

②口型训练

口型训练一般在课上进行，通过教师进行训练。主要方法是在课上多给孤独症儿童说话和发音的机会，如果他们回答不出问题，教师就要用口型进行提示；如果他们只是在咬字方面存在问题，教师就出声指导，反复训练。

（2）感觉统合训练

感觉统合训练是指基于儿童的神经需要，引导其对感觉刺激做适当反应的训练。此训练提供前庭（重力与运动）、本体感觉（肌肉与感觉）及触觉等刺激的全身运动，其目的是改善脑处理感觉资讯与组织并构成感觉资讯的方法。对于孤独症儿童来说，大都存在重复刻板的行为和感觉异常等方面的问题，因此感觉统合训练对改善孤独症儿童的动作协调能力、行为组织能力以及集中注意力能力非常有意义。

感觉统合训练是孤独症儿童重要的康复干预之一，其疗效在临床上已得到证实，多数学者认为感觉统合训练是治疗孤独症的有效方案。邓红珠、邹小兵等医生对 45 名孤独症儿童进行了 6 个月的感觉统合训练，结果显示，孤独症儿童的语言、社交、感知觉、行为以及本体感失调、触觉过分防御、前庭失衡失调的情况都有了显著改善。具体改善为注意力集中、目光对视好转、多动减少、情绪稳定、听指令、合作性行为增加、发音较干预前清晰、主动语言增多。

儿童感觉统合失调矫治应该在 3～13 岁进行。儿童感觉统合失调的矫治是一个严密的体系，这里介绍的只是一些操作简单的、具有矫治功能的游戏。

①根据孤独症儿童的心理特点，创造良好且安全的训练环境

儿童感觉统合训练室的设计应符合儿童身心特点，各感统训练器材布置摆放合理，环境色彩搭配采用冷暖色调相结合，墙壁图案动静结合，为训练营造一个愉悦宽松的氛围。做好训练中的入门关，即在第一次训练时与孤独症儿童建立良好的关系，带领其熟悉环境，进行简单快乐的游戏，在消除其紧张情绪的同时让其对训练产生兴趣，喜欢身处其中，同时树立权威且有亲和力的教师形象。

②顺应孤独症儿童的兴趣，增加训练的游戏性

兴趣是最好的老师，对孤独症儿童也是如此。例如，在训练时，如果孤独症儿童注意到一样玩具，我们应当顺势引导，教他这种玩具的玩法，然后通过将其他玩具引入游戏中，使他们在无意之中学到一些玩具的游戏方法，积累游戏经验，加强运动协调能力，从而提升自身的运动能力。例如，当孤独症儿童注意到大龙球时，我们可以引导其去推球、拍打球、爬到球上、躺到球上，还可以将球放在钻桶的一头引导儿童钻过钻桶获得大龙球，在游戏中进行钻、爬的训练。

③多种训练器材和多种方法相结合

在训练时要注意多种训练器材和多种方法相结合，这样不仅能增加训练的趣味性，而且能使孤独症儿童得到多方面能力的锻炼。例如，在推球训练中让孤独症儿童趴在横桶上进行，不仅可以使他们的前庭功能得到锻炼，而且通过腿部肌肉收缩夹紧横桶、腰腹部用力保持平衡、双臂屈伸推球击打目标等活动，能使其平衡感、视觉注意、各部位肌肉力量等都得到锻炼，各部位、感官协调、整合达到统合训练的目的。如果两个儿童相互推球，形成互动，还能提高其运动协作能力，比单纯的推球训练能获得更好的训练效果。

（3）应用行为分析法

应用行为分析是指人们在尝试理解、解释、描述和预测行为的基础上，运用行为改变的原理和方法对行为进行干预，使其具有一定社会意义的过程。

应用行为分析是行为干预的一种，最基本的原理是刺激—反应—强化。治疗者向孤独症儿童提供一种或多种刺激，孤独症儿童根据刺激做出一定的反应，治疗者对孤独症儿童的正确反应提供强化物加以鼓励，对其不当行为则不提供强化物，另外教授恰当行为替代问题行为。与传统的行为疗法相比，应用行为分析法的运用强调个体化，即针对不同的孤独症儿童采用不同的刺激和强化策略。更注重个体的内在需要，强调行为功能，巧妙运用各种行为矫正技术，从个体的需要出发，采用“ABC”的模式消除问题行为或塑造社会适应性行为。“A（Antecedents）”即前提，指问题行为发生前的情境，包括物理环境和他人行为等，它会刺激问题行为的发生；“B（Behavior）”即行为，指需要干预的问题行为；“C（Consequences）”即结果，指问题行为发生后的情境，也包括物理环境和他人行为等，它对问题行为有强化作用。

行为分析运用于孤独症儿童康复训练的突出表现为：首先，将动作分解为小的单元。其次，恰当地使用强化程序（针对不同的个体、不同的时期、不同的动作）。再次，干预应尽早实施（一般认为 3 岁之前为宜）。最后，干预应长时间实施。

### （三）多动症儿童的教育

多动症又称为注意缺陷多动障碍（ADHD），是最常见的儿童情绪行为障碍之一，是指以儿童表现与其实际年龄心理生理发育阶段明显不相称的活动过多、注意力不集中、容易激动、冲动、任性和情绪不稳定为主要特征的行为障碍。同时，伴有学习困难，运动功能不协调或技巧能力的发展延迟，因此是儿童心理学家、儿科学家、精神学家以及教育学家共同关注和研究的问题。多动症通常发生于 6 岁以前，但由于儿童精力充沛、活泼好动，难以在早期阶段被发现，一般在学龄期才容易发现。

1. 造成儿童多动症的主要因素

造成多动症的原因至今没有明确界定。研究者提出各种假设，从心理、生理和社会等方面探讨造成多动症的原因，医学家、生理学家和生化学家致力于神经解剖研究，发现大脑额叶区的失调与注意力缺损有关，主要表现为多动症儿童在额叶区的代谢活动要少于普通儿童，但在以感觉和感觉动作为主的区域内的活动却比普通儿童要多。心理因素与多动症有密切关系，也是造成多动症的直接原因。

（1）生理因素

遗传等因素可能导致儿童多动症。在这些因素中，遗传因素及脑组织器质性损害最能引起人们的关注。

①遗传因素

父母患有多动症或某些精神类疾病对儿童多动症的形成有一定程度的影响，父母的染色体异常、器官畸形和先天性生理缺陷也可能是遗传儿童多动症的主要原因。根据临床观察，单卵双生子的儿童比双卵双生子儿童出现多动症的比例更高。且多动症儿童的父母或者兄弟姐妹之间同样患有多动症的可能性高达 40%，在女性多动症患者中癔症比较多，而在男性多动症患者中反社会人格和暴力酗酒者多一点。由此可见，多动症的发生多是家族性的。

②器质性因素

器质性因素是引起儿童多动症的核心因素之一。器质性因素主要指的是孕妇在生产前、生产时和生产后造成的婴儿轻微脑损伤，如脑外伤、新生儿难产导致缺氧窒息、早产、颅内出血等。器质性因素是一种先天性因素，如妊娠期孕妇受伤，从而引起胎儿窒息等状况，导致儿童患病。还有的产妇可能在生产过程中用了较长时间，生产的时候血压升高，高血压会减少母体给胎儿的血流量使婴儿的脑损伤，此时需要进行剖宫产，将胎儿可能受损的程度降到最低。在医学界有这样的说法，难产会对儿童的脑部造成损伤，在生产时脑部受过创伤的孩子，以后会出现无法集中注意力、冲动或暴力等倾向。

（2）环境因素

①铅中毒

铅进入人体后，可通过血液侵入大脑神经组织，使营养物质和氧气供应不足，从而破坏小儿大脑的正常兴奋和抑制调节功能，使儿童产生行为异常和智力发育障碍，临床上可表现为儿童多动症，出现多动和注意力不集中的表现。张建平等人通过对 102 例（男 62 例，女 40 例）多动症患儿做铅接触方面的问诊和末梢血铅检测分析，结果发现 59 例血铅超过检验正常值（超标率为 58.8%），据此推测多动症与高铅有一定关系。

②家庭环境

从儿童的成长环境看，特别是家庭教育环境，家长不当的教育方式方法会在某种程度上促成儿童多动症的形成或多动症症状的恶化。一方面，调查发现，如果父母经常干涉孩子的决定，并伴有责骂甚至惩罚行为，可能会导致孩子产生焦虑、注意力不集中等症状，父母不恰当的教育方法或特殊的教育环境均会对儿童造成较大的心理影响。另一方面，不良家庭教育的影响会使儿童缺乏安全感，情感的需求得不到满足。

2. 儿童多动症的表现

患有多动症的儿童总是不停地无目的运动，并且注意力不易集中。患儿与同年龄、同智力的普通儿童相比，在活动质量及水平上是不同的。具体表现如下：

（1）活动过多

儿童多动症最常见的表现为活动明显增多，患儿往往从小活动量就大，有的甚至在胎儿期就特别好动。随着出生后身体机能的发展，更显得活动过多。多动症患儿活动杂乱，缺乏组织性和目的性，婴儿期爱哭闹、难以入睡、喂食困难、常以跑代走等，上学后在需要安静的场合也表现得活动过度，上课爱做小动作，如敲桌子、摇椅子、撕纸条、在座位上扭来扭去，严重的会自己离开座位，在教室里走来走去。多动症儿童中约有一半会出现动作不协调，如不能系纽扣、系鞋带等。

（2）注意力缺陷

多动症儿童最突出的表现是注意力难以集中，持续时间短暂，这类儿童比一般的同龄儿童更缺乏专注及贯彻到底的能力，易受环境的影响而分心。到了小学，症状表现更明显，坐在教室里总是东张西望、心不在焉，没有自控力，做事有始无终、半途而废。多动症儿童的注意障碍具有特殊性，主要是注意转化困难，注意分配涣散，对连续而快速的作业完成不好，对运动反应的选择性抑制能力差等。

（3）冲动任性

多动症儿童的自我控制能力较差，情绪不稳定，易激动，好冲动，行动先于思维，不能忍受挫折，常使同学和伙伴害怕和讨厌，因此患儿不易合群。久而久之，也可造成其反抗心理，常常发生自伤与伤人行为。

（4）学习困难

多动症儿童大多智力正常或接近正常，但都表现为学习困难、学习成绩低下。部分患儿可能有不同种类的认知功能障碍，如语言功能障碍、视觉运动功能障碍、空间功能障碍、思维功能障碍等。有的患儿分不清 6 和 9、b 或 d，甚至有的患儿倒读文字、反写字；有的患儿画图比例大小失调，位置安排不当；有的患儿学习成绩落后，高年级后体现尤为明显。

（5）神经系统轻微表现

在指鼻、对指、翻手、两翼伸展等试验上，可看到平衡共济运动不协调或病理性连带运动。在快速轮替运动和精细动作方面，则显得不自主，且有习惯性抽搐等表现。

3. 多动症儿童的鉴定和干预

（1）多动症儿童的鉴定原则和鉴定标准

①鉴定原则

对多动症儿童的鉴定是一项需多方面人员协作的工作，主要成员应为医生、心理学家和教师。在美国，多数多动症儿童的鉴定和药物治疗以儿科医生为主，而且美国的学校系统里常由学校心理学家负责心理测量工作。

在具体的鉴定过程中，医生要负责进行生理与脑神经方面的检查，以确定儿童是否有脑神经解剖上的异常或其他生理症状。检查和确定儿童多动症的病因，如遗传、造成脑伤的病史等，收集和确定儿童是否具有符合多动症的症状，检查或通过儿童的疾病史，确定药物治疗对儿童是否有任何明显的危险性。

在具体的鉴定过程中，心理学家要执行和解释标准的心理测量工具并进行综合判断。而且，在具体的鉴定过程中，教师也担任着重要角色。除了父母或养育者，教师是长期直接接触儿童的人，教师直接接触与被测评儿童年龄相仿的儿童经验较多，能对学生做出较正确的判断。同时，教师可以提供包括儿童的能力表现、成就、工作效率、人际关系及其他社会行为等在内的完整资料。

②鉴定标准

1989 年《中国精神疾病诊断标准》正式提出以下诊断参考指标，为多动症的诊断提供了较为客观的标准，符合下列指标越多，诊断正确性越高（必须符合以下症状表现中四项以上）：

A. 病于学龄前（6～7 岁以前），病程至少持续半年。

B. 需要其静坐的场合难以静坐，动个不停。

C. 容易兴奋和冲动。

D. 常干扰其他儿童的活动。

E. 做事常有始无终。

F. 注意力难以保持集中，常易转变。

G. 要求必须立即得到满足，否则就要产生情绪反应。

H. 经常讲话，好插话或喧闹。

I. 难以遵守集体活动的秩序和纪律。

J. 学习成绩差，但由非智力障碍引起。

K. 动作笨拙，精巧动作较差。

多动症并非由低能、儿童期精神病、焦虑状态、品行障碍等原因所致。要注意区别多动症和一般多动行为，即要区分多动症儿童和一般多动儿童。两者最大的区别为多动行为的跨情境性——真正的多动症儿童在任何场合下都无法控制自己的行为而表现出多动忙乱的行为。另外，药物治疗实验常使多动症儿童明显改变多动症状，对一般多动儿童则没有影响。鉴定“多动症”是一个慎重的、涉及医学和教育领域的、严肃的、科学的工作。

（2）对多动症儿童的心理学技术与药物干预措施

①干预的原则

早期发现和早期干预。出生后最初几年是儿童的大脑、智力和社会适应能力发展最迅速的时期，此时儿童的可塑性很强。大量的研究表明，人一生中掌握的概念有一半在 5 岁以前形成，针对儿童的特点提供适当的教育可以促进儿童的发展，为儿童良好的行为习惯和个性品质的形成奠定基础。对多动症儿童的早期发现有利于多动症的早期诊断和早期教育，对他们的早期干预不仅可以尽早地阻止障碍的加重，而且可以减轻障碍对儿童发展造成的不利影响，进行科学、有效的早期教育。

充分重视家长的作用和意见。由于家长与孩子相处的时间多于专家。因此，在对于多动症儿童进行教育、干预时，应充分重视家长的意见和作用。家长往往是最先发现儿童异常表现的人，如果能让家长了解多动症的特征、表现，将有助于多动症儿童的筛查。在诊断时，家长对儿童表现的描述应作为诊断依据的一部分。更重要的是，在教育、干预时，家庭是一个重要场所，可以取得在治疗室难以达到的效果。家长在早期教育阶段是最重要的教育者。

采取有针对性的干预措施。虽然同为多动症儿童，但每个多动症儿童又各不相同。他们不仅在发展水平、个性、气质等方面存在较大的差异，生理上的差异也是不容忽视的。对一个多动症儿童有效的药物并不见得对另一个多动症儿童也有效。同样地，一种教育、干预措施也不是适用于所有多动症儿童，同一种干预模式在每个多动症儿童身上具体的操作也是有差异的。因此，在对多动症儿童进行教育、干预时，不能人云亦云，不能盲目照搬某种“有效”的方法。

②干预的模式

药物治疗：自 20 世纪 30 年代起，就开始用药物治疗多动症。在 20 世纪六七十年代，大量研究证实了药物治疗的有效性。在美国，那些被父母、学校和医生认为是多动症的儿童中，有 85% 的儿童接受了药物治疗。据研究，大约有 70% 接受药物治疗的儿童的课堂行为达到正常范围。

行为疗法：行为疗法基本上都是运用操作性条件反射原理，通过对与多动症儿童的某种目标行为相联系的事件进行适当的环境控制，增加那些我们所期望的行为，同时减少我们所不期望的行为。在这一原则的指导下，人们常采用以下两种方法：

一是强化。强化指通过某一事物增强某种行为的过程，强化要考虑到事件发生的时间、情境、频率及主体的想法等。时间即情绪发生前、发展中和发生后。情境是根据对个案的了解，控制周围的环境，包括嘈杂的噪声、阴暗的屋子、杂乱物品的摆放，这些对多动症儿童情绪的影响较大。频率是指通过观察，多动症儿童一般隔多长时间出现负面情绪。考虑主体即要尊重当事人的想法进行干预。实行强化策略时，要注意以下几点：在强化物实施之前，应将计划告诉受训练者；强化物的发放应及时；使用恰当的指导语；让受训练者逐渐脱离程序。

二是行为的自我控制训练。自我监控是建立在信息反馈基础上的控制。自我监控与调节作用主要体现在个体通过计划、监察、评价、反馈、控制和调节过程后，对自身行为与思想言语的发动作用或制止作用。实际应用中还需要注意很多，如在计划环节，如果多动症儿童有自我欺骗性防御机制（常说“我本来就不会”）或者逃避性防御机制（一言不发或直接走开），则要在干预前对个案进行全面分析，考量多动症儿童的心理弹性，然后制订严密的干预计划。掌握儿童基本的疲倦周期，即何时需要休息，休息时可给儿童做感觉统合训练，使儿童在玩中学，在学中体验成长的乐趣。

认知行为干预模式：认知行为干预疗法是通过改变患儿思维的形式、信念、态度和意见以达到其行为的改变。这种干预模式有许多具体方法，对多动症儿童常采用的方法包括：自我指导训练、归因再训练和压力接种。自我指导训练主要是为了发展多动症儿童在学习或解决社会问题时的自我导向能力，常包含问题解决训练的一些内容，如学习辨别问题的存在，形成可供选择的问题解决方案，评价不同方案的合理性，检查选择方案的结果等。具体地说，该方法分为以下八步：

一是任务选择。干预者应选择那些需要长时注意的、有一定的策略才能顺利完成的任务，这些任务对于多动症儿童来说难度要适当。

二是认知模拟。干预者要以自己口述的形式模拟任务的解决过程。

三是明显的外部指导。按照上述认知模拟的步骤，干预者一步一步地教多动症儿童完成所要求的任务。

四是外显的自我指导。干预者让多动症儿童按照上述方法独立完成任务。这一阶段多动症儿童如果不能按要求完成，则再回到上一步骤，直至按要求完成为止。

五是模仿悄声的外部自我指导。干预者发现，多动症儿童对悄声的自我指导比对大声的自我指导更容易理解，而且零散的指导更适合于内部化。

六是练习悄声的外部自我指导。干预者认真地听多动症儿童的言语，观察他们的行为，帮助他们自己思考、自我指导，而不再模仿干预者。有时，多动症儿童对悄声的自我指导比对大声的自我指导更容易理解，而且零散的指导更适合内部语言或思维。

七是模仿内隐的自我指导。这种策略通常涉及将积极的自我肯定和目标设定内化为个人的内在信念，从而激发多动症儿童的内在动力，增强多动症儿童的自我效能感，以提高多动症儿童解决问题的能力。

八是练习内隐的自我指导。这一阶段多动症儿童必须自己思考如何完成任务，干预者可以问一些问题，如“你现在是怎么想的”等，了解他们的自我指导过程。

综合的干预模式：近年来，对多动症儿童的大量干预表明，单一学科、单一治疗模式对多动症儿童的矫正效果都不理想，综合干预模式渐渐显现出生命力。

从学科来看，综合干预模式要求多学科的共同参与，包括医学、生理学、生化学、心理学、教育学。因为造成多动症的原因是多方面的，而矫正干预时能从多方面着手，对症下药，各个击破，效果优于单一学科的治疗。

从参加人员来看，综合干预模式要求医务人员、生理学家、生化学家、心理学家、教育学家、学校教师及管理人员、多动症儿童的家长，甚至包括多动症儿童本人参与其中。在干预中重视和激发多动症儿童自我的作用，有利于取得更好的干预效果。

从干预的模式来看，主要有以下四种：药物治疗与在家庭、学校中家长与教师的行为管理、技术训练相结合；药物治疗与自我控制训练相结合；家长行为管理、技术训练与儿童自我控制训练相结合；药物治疗、自我控制训练与教师、家长行为管理、技术训练相结合。研究表明，综合干预模式对于多动症儿童的矫正不仅有明显的短期效果，还具有较好的长期效应。

#### 4. 多动症儿童的教育建议

##### （1）家庭教育建议

多动症儿童家长不仅是儿童的监护人，也是实施行为干预的主体。所以，家庭因素在儿童多动症的发生、发展及预后等方面具有重要作用。对于家庭来说，父母可以从以下几方面预防或干预儿童的多动症：

①改变对多动症的错误认识

多动症儿童由于无法控制自己的行为，通常会置教师和家长的命令于不顾，做出让教师和家长无法预测和理解的行为。事实上，多动症孩子虽然外表上是正常的，但是他们的许多行为是不正常的，导致行为不正常的主要原因是大脑执行功能的缺陷。因此，父母对儿童的多动症要有科学的认识，要知道多动症的种种行为是由于大脑里的神经传递素的不平衡导致的。多动症也不是一个能很快治愈或者单靠说教和惩罚就能克服的心理问题，父母必须接受系统有效的训练来改变儿童的行为，这一过程可能是漫长的和反复的。父母要无条件地接纳多动症儿童，不要把患有多动症的儿童和普通儿童比，对他们提出过高的要求和期望，对多动症儿童表现出来的一些无伤大雅的行为不要太在意，更不要想当然地认为那是一种恶劣的、故意挑衅的行为，否定孩子。

②改善教养方式，为多动症儿童提供温暖和信任的环境

父母教养方式作为精神因素的一个重要构成部分，与儿童注意缺陷多动障碍有密切关系。研究发现，多动症儿童的父母多缺乏情感上的温暖、理解、信任和鼓励，多倾向于用权威性处罚来教养孩子，对他们严厉惩罚，没有耐心。郭艳、施新宇的研究进一步证明，多动症患儿的家庭亲密度、情感表达、娱乐性的评分都低于普通儿童家庭的评分，矛盾性评分则高于普通儿童家庭。多动症患儿父母的心理健康水平比普通儿童父母心理健康水平低，而且患儿父母在教育方式上过度强制。

父母在教育多动症的孩子时，要多一些耐心和爱心。在孩子出现行为问题时，要冷静应对，不要训斥和打骂孩子。平时要多花些时间与孩子进行沟通交流，有意识地陪孩子做一些游戏或运动，并在活动过程中给予孩子一些有效的指导，以此培养孩子的自控能力和自信心。要保持教养态度的一致性，在面对孩子的行为问题时，父母要采取一致的、理性的态度去面对，不能各执己见或前后要求不一。此外，父母也不可走向另外一个极端，因为同情自己的孩子而替代孩子完成一切，过度纵容孩子的一些行为，从而失去了让孩子自己体验生活与承担责任的机会，这样做不仅会让孩子失去体验生活的机会，也会进一步增强多动症儿童内心的无能感，降低他们的自信和自尊。

③父母可以尝试采用正向行为强化法

多动症儿童虽然在行为上会出现一系列让家长或教师颇为头疼的问题，但是在内心深处，他们与普通儿童一样，都渴望得到父母或老师的认可。父母的奖励或表扬能增强多动症儿童的正向积极行为，减少他们的负向行为。来自强化依随范式的总体研究结果也表明，奖励和反应代价在多动症与控制组的成绩和动机水平上有积极的效果。还有研究发现，奖励对多动症儿童自我评定的动机水平有积极的效果，反应代价对内部动机提升有正面效果。无论是在奖励条件下，还是在反应代价条件下，多动症儿童的动机水平都得到明显提高，与普通儿童没有差异，且强化依随对多动症儿童的动机促进作用较正常儿童更为明显。代币制法和好行为记录本都是在家庭中实施正向行为强化法的有效手段。所谓代币制，就是在目标行为出现时（能够及时去做某项事而不抱怨），给予儿童一种代币，代币可以是扑克牌、五角星、小纸花或空白的记事本等。等代币积攒到一定数量，可以让儿童换取自己喜欢的物品或特殊待遇，如一根棒棒糖、一场喜欢的电影等。采用代币制时，一方面，要对儿童出现的积极行为给予代币等形式的奖励；另一方面，对儿童出现的破坏性等消极行为应给予收回代币等形式的处罚。另外，用代币换取奖励有一个原则，就是儿童可以用自己赢得的 80% 的代币换取他们喜欢的玩具或食品，而保留 20% 的代币做长期的奖励。代币制的运用可以鼓励儿童服从一些命令规则、纪律以及社会或幼儿园、学校对儿童日常行为的一些基本要求，也可以培养儿童学会等待、控制即时冲动的能力。

好行为记录本是让父母用一个记事本记录下孩子的所有好的行为（只要儿童没有表现出坏行为，就可以认为是好的行为）。每天，多动症儿童的父母可以用心观察孩子一天的表现，如果孩子不需要父母督促而顺利地自己洗脸、刷牙、穿衣服等，父母就要用简短的词语记录下来，并在家中大声表扬孩子的这些好行为，让孩子能够听到。晚上睡觉前，父母再给孩子念一念记事本上的好行为，让孩子意识到自己的哪些行为是有益的，从而强化多动症孩子的积极行为。此外，合理的饮食可以预防或缓解多动症的症状，多动症儿童的父母要注意为孩子提供合理科学的饮食。父母要保证让孩子每天饮用充足的水和牛奶，控制孩子少喝饮料，注意饮食的多样化，多食用一些新鲜的蔬菜和水果，多吃核桃、花生、芝麻等能改善脑神经功能的食品。

多动症孩子家中常常会出现许多意想不到、难以应对的问题需要家长去处理，父母也许会愤怒、痛苦、失望和无奈。但是，无论如何，父母都要无条件地接纳和关爱孩子，注意调整自己的教养态度和方式，多关注孩子的积极行为，忽略或淡化孩子的消极行为，创设一种充满温暖和信任、能够让多动症孩子心理上感到安全的家庭精神环境，以预防和减少多动症孩子的不良行为。

（2）学校教育建议

学校教育的前提是家长能将发病的孩子及时送进特殊学校，因为特殊学校里有专业的教师给予教育训练，集中在一起的患儿可以感受集体的气氛，利用集体的鼓励和赞许干预治疗。在学校教育中，行为强化是占主导地位的干预方法，对于多动症患儿，教师可以使用以下几种干预方法：

①强化消退训练

在教育实施的过程中，使用强化原理和消退训练进行辅助是极其重要的。赵新喜等人曾对 32 例多动症患儿采用强化与消退技术进行干预，显著地减轻了患儿的多动症状，其中 29 例疗效显著。对于多动症儿童安静、守纪律的行为要及时给予鼓励强化，对经常发脾气、尖叫等不满行为及时予以制止。应用消退训练，将“消退”和“强化”相结合，即对不满意行为不予理睬，对满意行为给予鼓励强化，使强化消退训练能取得最佳的效果。

②程序训练

减少多动症儿童过多活动和不良行为，安排一定的程序训练，使其学会在恰当的时间和地点安静地坐着，可用“刺激辨别训练”进行积极强化训练，即在某一特定时间打开一个非常显眼的绿灯，宣布：“同学们，灯亮了，大家坐好，不要说话！”组织多动症儿童就座，时间开始应短暂（约 15 秒），对坚持者给予表扬，强化那些安静者，立即警告违反者“不行，灯亮着”，并带其到隔离室待一会儿（通常 2～5 分钟）。程序训练几周后绿灯就变成（教室里）安静坐着的强有力的控制信号，经过循序渐进的训练，可有效地控制多动症儿童的多动行为。

③感觉统合训练

多动症儿童的一个具体表现是精力过于旺盛，动作多，停不下来。因此，对于这类活动过多的儿童，要进行感觉统合训练：通过滑板、滑梯、球和绳等体育器材和有趣的体育游戏活动进行形体协调训练。例如，滑板是让患儿俯卧在滑板上，从滑梯上自然下滑，在下滑的同时可以伸手去拿放置在旁边的小球，主要促进前庭神经和脑干体系的活跃化，强化刺激儿童的前庭器官，抑制过度敏感的信息。这些训练一方面给多动症儿童过多的精力提供了释放的出路；另一方面，这些有目的的活动可锻炼患儿的动作协调能力，促进大脑统合功能的完善，使儿童对外界刺激做出适宜的反应，增强其自我控制行为的能力。研究表明，感觉统合训练通过体育器材结合游戏的形式让多动症儿童参与，每疗程为 20 次，隔日 1 次。数据表明，经过 13 个月的训练，有 85% 的多动症儿童可以取得明显的效果。综合心理治疗技术，药物与教育因素协同作用，会对多动症儿童的症状有明显的康复效果。

## 七、发育迟缓儿童的教育

### （一）发育迟缓儿童的概念

临床上，我们把 3 岁以下发育迟缓的孩子诊断为“运动发育迟缓”或者“精神发育迟缓”；而把 3 岁以上的智力障碍并伴有适应行为缺陷的孩子诊断为“智力低下”。也就是说，一些早期的发育迟缓可能会使以后的智力水平低下、学习能力障碍等。

### （二）发育迟缓儿童的类型

1. *运动发育迟缓*

儿童运动发育迟缓分为以下几种：

一是身体发软、运动明显减少。肌肉张力低下在婴儿 1 个月时表现较多。身体发硬，即肌肉张力亢进的表现。

二是反应迟钝。大多表现在听力以及视力上，这是听力或视力系统损伤，又或智力低下的早期表现。

三是头围异常。头围是脑发育的形态指标，脑损伤婴儿往往会出现头围异常的现象。

四是体重增加不良。伴随有进食减少。

五是固定姿势。大多数儿童由于脑损伤导致肌肉张力异常，如弓角反张、蛙位、倒 U 字姿势等。

六是不笑。3 个月的婴儿开始出现微笑表情，运动迟缓则会导致不笑或者推迟发笑时间，4 个月大时不能笑。

七是小手紧握。时常握拳不能张开，或拇指内收，尤其是一侧上肢存在不能伸手抓物的现象。

八是身体扭转。3～4个月的婴儿出现身体扭转现象，往往提示锥体外系损伤。

九是头不稳定。4个月大婴儿坐立时，头部无法竖直或者不能抬头。

十是斜视。3～4个月婴儿出现斜视现象或者眼球运动不良。

十一是注视手。注视手的行为一般不超过6个月。

2. 语言发育迟缓

绝大多数孩子在12个月前后能开口说话，并且语言表达能力会随着孩子年龄的增长而增强。而在语言上发育迟缓的孩子，主要表现为不说话。不说话是在儿童言语发展过程中形成的一种发育迟缓现象，经过及时矫正是可以克服的，但如果不及时消除问题，有部分儿童会慢慢形成不良反应习惯或吐字不清，更有可能形成严重的语言障碍，产生阅读困难，影响学习成绩，甚至影响孩子的成长，或影响其成年后的工作和生活。

### （三）发育迟缓儿童的家—园—社区—康复机构协同教育

1. 家庭的教育

发育迟缓的儿童最终都要回归正常的生活，所以家长不可因孩子的发育问题而忽略了对于孩子居家生活方面的教育。居家生活是指家庭生活中的基本能力，如家事清洁、衣物整理、食物料理、家庭布置、家庭沟通等。家长应有意识地让孩子参与到居家生活中，尽量去完成一些力所能及的居家活动。一方面，能让儿童通过活动参与到日常生活中，在家中有归属感和胜任感，增强孩子的自信心；另一方面，通过居家活动为孩子回归正常生活做好准备。

如有需要，可以引入康复机构对发育迟缓儿童进行“居家教育评估”，对儿童的居家生活能力进行短期目标的规划，通过家长的日常家庭教育去实现。

作为发育迟缓儿童的家长，要有意识地从幼儿园、社区或康复机构处获得教育和帮助发育迟缓儿童的方法，不断地自我提升。

2. 幼儿园的教育

幼儿园教育是目前融合教育的主要阵地之一，也是发育迟缓儿童恢复正常的重要教育环节。目前，我国正在大力发展融合教育，有越来越多拥有特殊教育专业背景的教师加入学前教育事业中。发育迟缓儿童在幼儿园将获得更为专业、更细致、更有针对性的个别化康复训练，最重要的是由于幼儿园的时间优势，能让发育迟缓儿童的康复训练达到足够的强度和针对性，使儿童有更大的可能性尽快恢复正常。

3. 社区及康复机构的教育

社区是人们共同生活的一定区域，也成为占有一定地域的人口集中体。社区由人口、地域、制度、政策和机构五要素构成。生活在同一社区的人们的社区认同感、归属感和参与感构成了社区意识。任何社区都有特殊人群，而特殊儿童又是这一群体中更为特殊的群体。特殊儿童社区生活教育是特殊儿童生活技能教育的重要组成部分，肩负着帮助特殊儿童适应社区生活、回归主流社会的重任。

康复机构并不只是社区要素中“机构”的一种，它是发育迟缓儿童实现回归的重要环节。家长在康复机构中可以找到特殊教育的专业从业者，向他们寻求专业的帮助。康复机构中还会有一些康复训练的专业器械，由专人负责清理，在实现资源共享的同时，能让家长和教师更专注于孩子的教育和训练。

4. 家—园—社区—康复机构的协同教育

与其他有特殊需要的儿童相比较，发育迟缓儿童是所有特殊儿童中最有希望恢复正常状态、回归正常生活的群体。利用好布朗芬布伦纳在发展心理学中提出的个体发展模型“生态系统理论”，使影响发育迟缓儿童个体发展并相互影响的一系列环境系统（家、园、社区、康复机构）协同教育，实现发育迟缓儿童的最终回归。在康复的道路上，家长和教师要综合地、协调地应用医学、社会、教育和职业的措施对儿童进行训练和再训练，使其活动能力达到尽可能高的水平。

### （四）发育迟缓儿童的教育原则

1. 融合教育中对发育迟缓儿童的教育原则

在平等和不歧视的前提下，尽可能将发育迟缓儿童安排在所在社区的普通班级就读，并提供最适合其需要的支持和帮助，使不同学习习惯、不同能力和背景的发育迟缓儿童能够得到尽可能好的公共教育。目前，特殊儿童和普通儿童一起接受教育的融合教育先进理念正被越来越多的教育相关人士所接受。

（1）坚持零拒绝、就近受教原则

对于学前融合教育中的发育迟缓儿童，应提供受教育机会。“零拒绝”任何一个发展障碍儿童，是法律给予的受教育权利，没有人可以剥夺。现行的融合教师与学校接纳可接收范围内的发育迟缓儿童，发育迟缓儿童可根据实际情况选择离家最近的学校接受教育。按自然比例安排特殊学生在普通班级中，融合教育班级中，普通儿童与特殊儿童的比例大约为 10：1，发育迟缓儿童与普通儿童在同一个班级中接受教育，不应受到歧视与排斥。

（2）坚持普特共同合作原则

融合教育教师要积极学习，为发育迟缓儿童提供足够的支持与服务，在融合的背景下积极坚持普通教育教师与特殊教育教师合作，探索最适合儿童的教育方法。教师的教育应建立在了解学生能力和充分发掘儿童长处的基础上，通过促长补短为发育迟缓儿童提供充分的教育支持。

（3）坚持早期补偿教育原则

应尽早地抓住时机，对儿童进行早期诊断、教育和干预、训练。针对发育迟缓儿童，及早进行训练和矫正，增强他们的适应能力。在教育过程中，要针对儿童不同的身心特点，充分地发挥儿童的内在潜能。由于儿童的身体、心理各项指标正处在发育时期，可塑性强，因此早期有效的干预训练会产生较理想的补偿效果。

（4）坚持个别化教育原则

根据儿童的身心特征和实际需要，针对每个发育迟缓儿童实施个别化教育计划，不仅能满足每一个接受融合教育特殊儿童的独特需要，还能关注个体的差异，满足个体的教育需要。

学前儿童在成长的过程中具有特殊性，对其教育可将康复教育方案和功能康复相结合，加强社会康复活动等。为了满足认识的需要和美的欣赏需要，要组织他们学习关于社会和自然方面的基础知识，指导他们观察自然现象以及与他们生活有关的劳动等。学前发育迟缓儿童受到不良榜样影响，也可能形成各种不合理的需要，因此要及时纠正，保证其个性积极性向正确方向发展，防止他们形成不合理的需要。根据发育迟缓儿童身心发展的实际情况，包括身心条件、年龄特征、发展水平、个性差异，教育者应进行有针对性的、有的放矢的教育，促使其潜能得到最大限度的发挥。

（5）坚持系统原则

融合学前教育是一个系统，应将家庭教育、幼儿园教育、社会教育结合起来，不断巩固和发展幼儿教育的成果，这样才能取得良好的教育训练效果。重视家庭教育和加强家园合作，融合教育涉及的人员不只是幼儿园教师，家长、教师、相关专业人员需要通力合作，在融合环境中帮助特殊需要儿童和普通儿童。融合教育应加强教师的特殊教育专业知识培训，如果没有提供适当的支持手段，仅把特殊需要儿童放到普通班与同龄伙伴在一起，分享相同的课程，仍然很难实现真正的融合。特殊需要儿童在早期如缺乏正确有效的干预和指导，将使他们无法适应幼儿园教育，阻碍他们后续的成长和发展。教师需要更多地了解和学习与特殊需要儿童教育相关的知识、方法、技巧以及应对措施，提升融合教育能力。

另外，融合学前教育的教师要营造一个宽松和谐的班级环境，开展普通儿童和家长的教育，帮助他们了解、接纳发育迟缓的特殊需要儿童，引导普通儿童与其和谐相处，共同进步，这是学前融合教育得以推行的基础和前提。

2. 教育康复中发育迟缓儿童的教育原则

（1）增强多感官康复活动，重视其非智力因素、智力因素的培养原则

首先，坚持感官训练，即多听、多看、多摸、多嗅、多尝。运用各种感知、运动、游戏、

音乐等疗法，最大限度地开展康复活动，强调融合教育中的生生互动和师生互动。促进情绪、情感健康发展，使学生形成良好的社会适应能力和人际交往能力，以及意志力和学习、解决问题的能力。其次，用发育迟缓儿童喜欢的方式和方法开展康复教育活动。通过不同内容、形式的活动让他们涉足更多的学习领域，以提高他们的综合能力发展。通过感官活动积累经验，不断获得各种能力完成学习、发展、成长过程，锻炼儿童的心理素质。

（2）诊断性评估原则

诊断性评估原则是指在对儿童进行教育康复训练之前，通过观察和检测，对儿童的听力状况、智力状况、家族病史、语言水平等方面的情况做出判断，并对其结果进行综合分析，形成正确的结论，为制订儿童的教育康复训练计划提供依据。诊断性评估原则要求检测人员有相应的专业知识和熟练的操作技能。在对儿童进行诊断评估时，要以国家规定的统一标准为依据，准确检测和记录儿童的有关情况，并给予客观评价，必要时还要对个别学生进行追踪调查或连续观察，无此条件的学校可以在医院或保健所的帮助指导下进行。诊断性评估原则必须保证评估结果的客观性和可靠性。

（3）补偿与代偿性原则

补偿与代偿性原则是指在教育康复工作中，要正确认识儿童发育迟缓的问题，用科学的态度来看待他们，坚持以“用进废退”的观点对发育迟缓儿童进行缺陷和功能代偿的训练。代偿是机体受损伤后的一种生理现象，补偿缺陷既需要依靠代偿功能，又需要通过创造某些外部条件帮助代替、改善、恢复受损器官和组织的功能。

（4）循序渐进原则

循序渐进原则指要严格按照学科知识的逻辑顺序和儿童的身心发展顺序对儿童进行教学。但是对于发育迟缓儿童，要根据其身心发展规律对每一个个体进行有序的教育康复。值得注意的是，每个儿童各个方面的能力都会在其生长发育过程中有一个敏感期，在教育中要把握住其关键期，使儿童有更好的发展。

### （五）发育迟缓儿童的教育建议

1. 融合教育中对发育迟缓儿童的教育建议

（1）融合的支持性构架

实行融合教育需有相应知识能力的专业人员，将特殊教育和普通教育相结合，教师和教育管理队伍在融合教育中应担起自己的责任，经由相关专家委员会和特殊教育相关专业教师制定发育迟缓儿童的个别化教育方案，并通过教师和家长的反馈、观察，调整教育治疗目标和方法。班主任主要做教室物理环境的安排，如座位、替儿童选择固定友伴、班级规范的适应，并且机动性地向其他任课教师传达儿童的特质。除此之外，随时向特教教师通报儿童在团体生活中的状况。

（2）改善教学和生活条件，提供必要的物质支持

随着人工智能、教育技术辅助教学的普及，建立无障碍设施、资源教室、发育迟缓儿童所需康复工具等改善在融合环境中接受教育儿童的教学和生活条件是非常重要的。教师、负责制订个人训练计划的专业人士、家长合作与沟通，形成三者间的良好互动，增强教育干预的效果。

（3）医教结合，重视全方位尝试

如果儿童的问题比较严重，超过了幼儿园能够把控的范畴，就需要到康复中心甚至医院做专业的康复或治疗，或者请这些专业人员到学校提供支持。而且需要根据不同儿童的特点提供发展的可能，进行提升儿童综合素养的尝试，让儿童在课程中更多地自我表达，提升德智体美劳等方面的综合型培养能力。

（4）具体教育训练

由于发育迟缓儿童存在认知能力与语言能力较弱等问题，教师采用图片教学法、同伴示范法、自然情境法等教学策略，有助于其理解与掌握新知识；进行有针对性且小步骤的训练，可有效提升发育迟缓儿童的学习自信心和个人成就感，为将来小学生活及学习更高阶段的课程做好铺垫。

①游戏训练

对于年龄较小的儿童，要注意让其在游戏的过程中学习语言，在不同的发育阶段加入不同的游戏内容，使其在游戏时应用自己学过的词汇和语句，促进交流行为的发展。

②手势符号训练

手势符号是利用自身的手势作为一定意义的示意符号，表达自己的意愿，与他人进行非语言的交流。对于中度和重度语言发育迟缓儿童、语言符号未掌握的儿童以及表达困难的儿童，均可将手势语作为表达训练的导入方式，逐步过渡到用儿语、口语进行表达。

③简单文字训练

普通儿童的文字学习是在全面掌握了语言的基础上再进行的。但对于语言发育迟缓儿童来说，将文字符号作为语言行为形成的媒介，是一种非常有效的学习方法。另外，文字还可以作为语言的代替手段。文字训练适用于语言理解与表达发育均迟缓的儿童。

④交流训练

交流训练不需要特殊教材，主要是根据儿童的发育水平选用合适的训练项目进行训练。交流训练不仅在训练室中进行，在家中、社会中也应随时随地进行，尽可能帮助儿童参与家庭和社会的活动，鼓励其和普通儿童一起玩，提升其社会交往能力。注意不要把表达的手段只限定在语言上，要充分利用手势语、表情等。儿童日常生活交流能力的提高，会大大地促进语言的发育，为其将来进入社会做准备。

2. 教育康复中发育迟缓儿童的教育建议

（1）加强对自身的认知，解决行为问题

教师可通过角色扮演或创设情境等方式，让儿童知道在什么场合应该做什么事情。例如，教师分别给儿童看两张照片，一张是午休室的照片，另一张是厕所的照片，接着以“这是什么地方”“你现在应该做什么”等询问方式引导儿童进行自我思考，当出现不当行为时，教师便用照片提醒其应该做的事情。另外，如果行为问题是属于自我刺激，教师可以适当安排一些儿童愿意做或感兴趣的事情，转移其自我刺激的行为。

（2）强化精细动作，提升自理能力

教师可通过穿珠子、剪纸、用筷子夹豆子等活动对儿童进行精细动作和手眼协调的训练，并将训练计划分成小步骤，适当地辅助其完成训练内容，为后面独立完成穿脱衣服、上厕所等日常活动做铺垫。

在教授儿童穿脱衣服时，教师需遵循从简至难的原则，先从较容易的脱衣服开始，待其有一定的成就感和自信心后，再通过适合的方式教授儿童穿衣服的技巧，如从下往上扣带有大纽扣的上衣。教儿童拉拉链时，教师可将拉链头换成拉环。

在如厕方面，教师需训练儿童遵循固定的如厕时间及保持便后干净，建议在特定的时间提醒其去上厕所，训练用腹部力量排便。如果儿童坐在马桶上超过 10 分钟仍无便意，就请其穿好裤子回到教室，过 5～10 分钟再去坐马桶，在顺利完成如厕后给予口头表扬。

（3）制定针对性发音训练，提升语言能力

首先要知道儿童发音含糊不清的根本原因是什么，接着找出哪些音发得不准确，再对其进行针对性的语言训练。假如儿童是构音异常，建议教师准备一面大镜子，在镜前放一些提示其正确发音的图片，与儿童一起面对镜子并排坐，录制其发音过程，教师通过观察、比较儿童发音的口型、声音等，做构音障碍评估，根据评估结果制定有针对性的发音训练，提升语言训练效果。另外，教师可以考虑用自然情境教学法创设特定的剧情并结合生活实际拟定对话脚本，减少儿童使用肢体语言的次数，鼓励其在情境中用完整的句子与教师进行对话，在日常生活中泛化其所学内容，使其更好地掌握和运用完整的句式。

（4）运用实景示范，强化社交互动能力

在日常教学中，教师可采用图片、视频等介绍社交互动的概念和重要性，再通过教师和普通儿童的实景示范，如被邀请时应该如何回应对方、别人在玩耍时要怎么加入等，帮助儿童学习社交互动的技能。建议教师在集体活动时，将能力参差不齐的儿童安排在同一组，鼓励每个儿童参与活动、做出贡献，使大家彼此带动，共同完成活动。教师需注重小朋友在活动中的合作、互动。

（5）具体教育训练

①言语语言训练

首先，使用互动策略。儿童与教师建立信任，接受教师。要寻找语言训练的切入口，首先要让语言发育迟缓儿童接受教师。经过与家长的多次沟通，了解发育迟缓儿童的兴趣喜好，如以其喜爱的卡通形象为媒介，通过手偶游戏与其打招呼，消除恐惧感。待排斥减少时，教师通过发育迟缓儿童喜爱的事物逐渐拉近关系。通过抱一抱等肢体的接触，让儿童找到安全感。这样，在之后的交往与训练中，儿童的排斥心理逐渐减少，从而顺利地接受训练。

通过游戏加强儿童的眼神交流与专注力。经过第一阶段的交往，发育迟缓儿童与教师建立了良好的信赖关系。但是，当发育迟缓儿童与教师互动时，可能仍然会注意力不集中。教师通过儿童感兴趣的“吹肥皂泡”游戏，引导其追寻、注视泡泡，提高专注力和眼神的追随能力。经过第二阶段的训练，儿童在与教师互动中可以持续 1～2 分钟的目光注视。

通过游戏加强儿童的模仿能力。提高模仿能力对儿童语言发展起着至关重要的作用。手指游戏是儿童喜欢的一种游戏形式，教师可以和儿童一边唱儿歌，一边活动手指，手口并用，在游戏中锻炼模仿能力。通过游戏，儿童与教师的眼神交流接触的程度、专注力、模仿能力都将得到提高。

其次，使用音训策略。通过游戏加强儿童口肌的活动能力。利用一些游戏让儿童进行口唇运动练习，如组织全体儿童一起玩开火车游戏，在玩的过程中，要求儿童模仿火车响的声音说“呜”，音越长越好，或是让儿童根据教师播放的音乐（音乐要求节奏鲜明、欢快）做鼓腮、咂嘴、弹舌等动作。

通过游戏帮助儿童提升气流的控制与分配能力。通过“吹羽毛”“吹碎纸片”等游戏帮助儿童控制气流的分配，通过“水墨吹画”等让儿童切身感受到气流，并要求儿童吹长气、吹短气，提升口肌控制能力。

通过游戏提高儿童的发音清晰度。在日常生活中，我们利用游戏帮助儿童模仿发单音、单字、词、短语、句子等，提高发音的频率与清晰度，如可以通过玩“山谷回音”的游戏提高目标音的清晰度。教师可以选定一个目标音，双手做喇叭状放于脸颊的两侧，教师先大声地念出目标音，然后请全体儿童进行模仿回应，最后比比看谁模仿的发音最准确。

最后，使用语用策略。通过游戏促进儿童对词语含义的认知。使用图片沟通法为儿童提供辅助和补充，让其通过指认图片表达自己的想法，促使其主动发起交流。教师根据需要按类别制作图片，如生活适应方面有“喝水”“上厕所”“吃饭”“洗手”等。教师可以大声念出目标词语，如“肚子饿了”，要求儿童从图片中找出对应的卡片（吃饭）。

通过游戏引导儿童学说完整、连贯的句子。经过一段时间的语义训练后，教师可利用卡片引导儿童正确使用词汇，进而学说较为完整、连贯的句子。例如，利用卡片进行拼句游戏，将“肚子”“吃饭”两张卡片并列放在一起，先提供摸肚子的动作提示，引导儿童说出“肚子饿要吃饭”的句子。重复练习后，教师不做动作提示，而是直接出示两张卡片，要求儿童按卡片内容说话。

通过游戏提高儿童的语言表达能力。利用角色游戏帮助儿童纠正日常生活中常出现的语病，从而帮助儿童丰富词汇、发展思维、提高口头语言表达能力。教师以游戏者身份介入游戏，根据游戏主题及情节发展适时引导儿童表达、沟通、协商，并通过对游戏内容（主题、情节）、角色、玩具或材料、规则、背景的安排，有针对性地促进儿童语言的发展。

语言认知训练是一种特殊的训练方法，即加强儿童的感知、认知、交流及手功能训练，该方法可以有效地指导孩子主动进行口部运动训练，对患儿的社会适应能力、语言与学习能力有所帮助，保证了他们语言沟通能力的提升。通过对语言发育迟缓的儿童家长采取调整养育方式、丰富语言环境等普通家庭训练，对儿童进行专业感觉统合功能训练、专业语言训练和儿童早期的互动式阅读等训练后，语言发育迟缓儿童的语言表达可有明显进步，在 3 岁前对儿童进行干预可明显降低语言障碍的短期和长期不良影响。

2～3 岁是儿童口头语言发展的关键期，综合干预的方式对语言发育迟缓儿童的语言和智能发育水平具有明显的促进作用。对于语言发育迟缓儿童，在语言训练过程中结合感觉统合功能训练、精细动作训练、认知能力训练，可以促进智能的发育、提升训练效果。

②沟通能力训练

首先，通过感兴趣的事物，提升仿说能力。教师需先增强儿童沟通的意愿。儿童对某一件事物的浓厚兴趣可以成为教师引导其主动沟通的切入点，并围绕其展开对话。需要注意的是，在引导儿童主动表达的过程中，教师的用词需要明确、清楚、前后一致。另外，家长也需要在家里开展一些类似的活动，鼓励孩子多开口说话。

教师可以根据儿童的需要，让儿童接受一些具有针对性的口腔训练，帮助其更好地发音，如吹气、紧闭嘴唇再张开嘴唇用力发出不同的声音、舌头体操、咀嚼较硬的东西等。

其次，强化注意力训练，激发沟通意愿。教师要利用不同的时机与儿童交流，让其习惯与人对话，提升社交能力。比如，当儿童正在看下雨时，有雨滴落在窗户上、地面上，打在叶子上，教师可以尝试看着儿童说关于下雨的话题，让其先习惯听教师说话的时候被看着，再慢慢学会自己说话时也看着对方。

最后，加强规划教育，引导正确表达。语言发育迟缓儿童表达能力、沟通能力的培养离不开家校合作、协同育人。家长需要与教师保持一致的教育步调，帮助儿童建立学习、生活最基本的良好习惯，从其生活经验、学习经验出发，展开交流和沟通，激发沟通意愿，保持交往兴趣，为儿童将来更好地适应学习生活打下基础。

③重复经颅磁刺激联合语言认知训练

对儿童的视觉进行刺激，治疗时使用颜色鲜艳或闪光的物体。有规律地引导儿童听儿歌、音乐，通过玩各种能发出动听声音的玩具刺激听觉，鼓励其通过感觉去寻找声源。在看动画或听音乐的同时，引导儿童跟随声音进行模仿，反复操作，以加强其对语言的理解和表达。开展情境对话训练，应用一对一训练方式，加强儿童对常用口头用语词汇的理解、运用。

④网状密集式悬吊训练联合常规康复训练

对儿童进行发育评定后制订个体化康复训练计划，通过本体感觉性神经肌肉促进技术、Bobath 技术、Rood 技术等诱发儿童该月龄阶段正常的运动，抑制异常姿势，从而促进生长发育。同时，开展生物电反馈、经皮电刺激等治疗。在此基础上进行联合网状密集式悬吊训练，具体包括适应练习、核心力量训练、稳定性训练、运动控制训练。

⑤重复经颅磁刺激辅助干预

首先是运动训练。根据儿童运动发育水平、运动姿势及模式，进行坐、站、走、爬、跑、跳、单腿站立以及躯干核心力量、平衡及协调能力训练，改善粗大运动能力。

其次是丰富的感觉统合训练。在运动训练的基础上进行各种前庭感觉及本体感觉统合训练，促进运动平衡及协调能力发育，如荡秋千、滑滑梯、钻时光隧道、蹦床等。

再次是认知及语言发育训练。根据儿童认知及语言发育水平，设计训练计划和内容，如在情境中的模仿、指认，让其在游戏中进行简单事物的理解、模仿、表达及操作能力的训练，提升认知能力及语言表达能力。同时，加强记忆力、注意力、定向力及日常生活能力的训练。

最后是家庭训练。在儿童治疗期间，医务人员根据患儿的发育情况，针对性指导和培训家长在日常生活和社会交往中引导患儿进行训练，以游戏互动形式引导患儿参与人际交往，在游戏中进行感觉统合训练、模仿训练、指认训练、理解表达及丰富词汇量训练。

## 八、病弱儿童的教育

### （一）病弱儿童的含义

病弱儿童又称为“身体孱弱儿童”“虚弱儿童”，他们也是特殊教育的对象。方俊明认为，病弱儿童是指一些患慢性疾病和体质虚弱的儿童。他们需要在医教合一的环境中接受特殊的指导和帮助。病弱和虚弱都不是严格的医学定义，通常是社会教育方面的用语。

患有疾病或体质差的儿童包括患有各种慢性病、急性病初愈、严重贫血、营养不良、发育落后、癫痫等儿童。轻者可以在普通学校学习，重者需要在专门的学校通过其他形式接受教育。需要特别的医疗保护、治疗和卫生环境，由医生指导和监督其营养、康复训练和劳动。需限制学习的负荷量，可免修一些课程，避免不良的精神刺激和过度兴奋。

（1）慢性病患者

结核病——肺结核及其他结核。

呼吸器官疾病——支气管哮喘及其他呼吸器官疾病。

心脏病——心房中隔缺损、心室中隔缺损、法乐氏四联症及其他心脏病。

泌尿器官疾病——肾炎等。

风湿病——活动性风湿病、风湿性关节炎、全身性风湿病及其他结缔组织病。

（2）严重的营养不良造成的各种障碍症

如贫血、发育不全、筋骨脆弱、进行性肌肉营养障碍症等。

（3）精神、神经障碍症

如癫痫、神经性精神创伤反应、精神分裂症、抑郁症等。

有关病弱儿童的调查资料表明，上述疾病中以支气管哮喘、心脏病、肾炎、癫痫及严重营养不良造成的各种障碍症在病弱儿童中所占比例较大。

气喘是一种会影响呼吸的疾病，主要有三个特征：肺部肿大、呼吸困难、气管对许多环境因素（如灰尘、烟、冷空气及运动）有负面的反应。气喘可能引起支气管的紧急收缩。患有气喘的儿童的严重程度也不一致，教师应该知道何种症状代表气喘发作及如何应急处理急性发作的气喘，同时应该严格控制气喘儿童的运动量。

纤维囊肿是美国发生较频繁的致命性基因疾病，患有纤维囊肿的儿童有严重的呼吸及消化问题。基因学家已经发现了 70% 的纤维囊肿的病体基因，未来的基因治疗有望控制纤维囊肿。

地中海型贫血是一种基因疾病，与血液细胞有关，多发于地中海地区。地中海型贫血的儿童出生时看起来很健康，与普通儿童没有太大的区别，但会逐渐变得没精神、胃口不好，常会感染疾病。镰刀型贫血多发于美国及加勒比海地区，普通儿童的红细胞通常是圆的，镰刀型贫血儿童的红细胞呈新月或镰刀形，且不像正常红细胞那样有弹性，易受阻于身体的器官中。当红细胞受阻，氧气则不能传遍全身，缺氧的状况通常会使儿童容易受到感染。

癫痫俗称羊癫疯，是脑部未能对神经元释放出来的电流做有效的控制而突然引起的抽搐现象。一般而言，癫痫不会影响学业成绩或导致儿童智力发育迟缓。根据大脑电流异常活动区域，可以把癫痫分为全部性癫痫和局部性癫痫两大类。

### （二）病弱儿童的教育评估

教育康复中对病弱儿童开展的教育要先评估病弱儿童的生理机能、身心状态等基本情况，以便为病弱儿童设计科学合理的康复训练方案。

1. 病弱儿童的教育评估人员及一般过程

日常生活自理、学业成就、社会适应能力都与个人的独立能力有关。对于病弱儿童而言，只有包括心理与身体两方面的诊断和评估，才能确切了解他们的身心状况，从而更好地为他们提供合适的教育服务。

（1）成立专业的评估小组

对病弱儿童的评估常常由以下几方面的专业人员构成：医生、物理治疗师、特殊教育教师等。

医生通常是第一个为病弱儿童做诊断的人，主要确定受评者的障碍程度，指出生理限制和需要，以及家长及学校教师应如何配合孩子。物理治疗师要评估病弱儿童的运动能力，并使用特别的方式改变儿童的活动方式。特殊教育教师主要是为病弱儿童提供教育方法和材料，并持续和系统地做评估，同时调整学校的教学环境，以适应特殊需要。

（2）评估的一般过程

收集资料：通过各种途径获取必要的材料，如查阅病弱儿童的医疗和教育档案等。

分析与总结：对获得的材料进行整理、归纳和分析，由此确定病弱儿童功能现状和存在的问题。

确定目标：在上述材料的基础上，确定对该儿童进行训练的短、长期目标，并初步选定达到这些目标拟采用的方法和措施。

再评定：在病弱儿童接受训练和教育的过程中，定期地评价该儿童的进展和现状，确定所选用的方案是否适合，需要做哪些调整与修订等。

2. 病弱儿童的评估流程

（1）转介

由家长或教师转介个案到医院门诊。根据教师、家长或其他相关人员的观察结果，将被怀疑为身体病弱的儿童送往专门的诊断机构，通常是专科医院，请求进一步的鉴定和诊断。

（2）筛选

由专科医生或专门的诊断人员进行。有以下症状的儿童应作为重点筛查对象：肤色苍白，嘴唇与指甲常呈青紫色；身体羸弱，动作笨拙，经常跌倒，身体协调性不好；四肢无法伸直；关节、肌肉或身体某部位隐隐作痛；常发烧不退，常出血与发炎。

筛选工作有两个方面：检查被转介儿童的出生史、病史、各科成绩和有关文字记录；和教师、家长等进行谈话，了解儿童各方面的实际表现。

学前儿童筛选主要依靠家长或幼儿园教师观察并发现儿童是否有以下症状：一是动作

表现过于笨拙，二是身体很虚弱，三是不会吸吮、吞咽，四是经常发烧，五是关节经常作痛，六是肢体协调不佳，七是常有痉挛现象。如果儿童有以上列举的某一症状，就需要引起注意，及时前往医院进行专业的诊断。

（3）临床评估

由医生担任主要鉴定角色，按需要进行各项检测，包括康复科、整形外科、神经科、精神科、一般内科、眼科、耳鼻喉科等。通过综合评定，判断该个案是否属于身体病弱儿童，以及所患慢性疾病的性质和程度如何。

（4）专业团队评估

专业团队由心理师、语言治疗师、社会工作者、职能治疗师等人员组成。确定该儿童属于身体病弱儿童后，特殊教育工作者或治疗师还要进一步使用一些儿童身心发展量表来评估儿童身心各方面发展的实际状况，以便提供一个合适而有效的个别化教学方案。

（5）决策

由教师、学校领导、家长、心理学家、社会工作者和其他有关人员参加决策会议，确认评估的准确性、公正性，解释和分析评估的结果，评估儿童的特殊需要，做出教育安置决定，并制定出具体的教育和训练方案。

### （三）病弱儿童的家—园—社区协同教育

特殊儿童与家庭相互之间有着这样或那样的影响，有时以某种循环的形式出现，呈现出互为因果的关系。特殊教育工作人员在进行特殊儿童教育的同时，注意到对特殊儿童家庭的教育和辅导是必要的，要帮助他们打破非良性循环，建立良性循环，让特殊儿童家长和所有家庭成员面对现实，接纳特殊儿童，和幼儿园、社区一起对特殊儿童进行教育和训练，使他们尽可能地独立生活，自食其力。要发展特殊儿童的家庭幸福，关键是建立充分的支持体系，构建家—园—社区协同教育机制尤为重要。

1. 病弱儿童家庭协同教育的作用与途径

（1）家庭协同教育的作用

家庭是人出生的地方，是人们最初的生活环境，是人们接受教育最早的场所。家长承担着较为重要的责任，家长是否对孩子尽心尽力，影响着孩子的发展。与普通儿童的教育相比，特殊儿童家长在教育过程中所占的地位和应发挥的作用更为重要，家长的素质、家庭文化生活水平都会对特殊儿童教育产生很大影响。特殊儿童家长在教育训练方面发挥着重要作用。

家庭辅导和训练是完成教育计划的重要环节之一。例如，对病弱儿童动作技能的训练，需要家长在家为孩子提供独立做事的计划，让孩子在尝试自己做事的过程中锻炼动手能力。在家庭辅导的过程中，家长需要仔细地观察孩子的进步情况和存在的问题，纠正孩子某些错误的做法和不良行为习惯。家长要积极采取有效的措施激发孩子的学习兴趣，提高孩子的学习效果。有时，家长除了自己参与对孩子的训练和辅导，还应发动其他家庭成员共同帮助和辅导特殊儿童，为他们创造更好的家庭学习环境。

（2）家庭协同教育的基本内容

①帮助家长树立正确的教育观念，度过心理危机期

有关研究发现，特殊儿童家长在刚刚知晓自己的孩子有疾病时，大多数的反应是悲伤，悲伤之余他们可能变得愤怒、沮丧，或充满内疚感。为了让家长克服这些感受，让他们面对现实，适应养育病弱儿童这一过程，特殊教育人员可以从两方面给予帮助：第一，帮助家长对他们的孩子进行诊断性的评估鉴定，帮助他们明确自己的孩子属于哪一类特殊儿童，孩子在哪些方面存在障碍，需要采取哪些教育措施帮助孩子提升能力。第二，尽量给予家长大量的安慰和劝解，消除家长的恐惧、自卑、内疚和绝望感。帮助家长明白，大部分病弱儿童通过一定的教育和训练同样可以成为社会的有用之才，甚至可以成为杰出的专业人才。通过教育心理咨询，特殊教育人员帮助家长减轻心理冲突，较快地平复、冷静、理智地考虑和安排子女的生活和教育问题。

②帮助家长了解国家有关方针、政策

我国是一个社会主义国家，政府历来关心残疾人的生活、教育与就业。我国的义务教育法等政策文件都有对发展障碍儿童的特殊教育规定，通过带领家长学习讨论我国有关残疾人生活、教育、就业问题的有关文件，使他们懂得有计划、有步骤地发展残疾人教育是国家、社会和残疾儿童家长的共同责任。通过学习相关文件，使家长明确认识到发展特殊教育是提高特殊儿童生活质量和综合素质的根本途径，提高自己的政策水平，加深对特殊教育意义的理解，更加明确自身的权利、义务和责任，更好地配合学校与社会对孩子进行教育。

③帮助家长掌握护理、教育、训练、辅导病弱儿童的基本知识和技能技巧

首先，对于病弱儿童，医疗护理很重要。家长要根据儿童的身体状况进行科学的护理，需要有基本的护理知识，好的护理可以防止病弱儿童疾病的发作和加深，也可以增强儿童的体质，避免出现意外事故。特殊教育人员需要适时地教授家长照料病弱儿童的基本护理知识和饮食营养知识，协助医生对孩子进行治疗。

其次，配合学校对特殊儿童进行教育需要家长掌握一定的教育知识，具备一定的教育能力。其中包括对孩子人生观的教育、道德教育，以及文化科学知识的教育，家长要鼓励、督促孩子努力学习，自强自立，克服焦躁、畏难和焦虑情绪，树立正确的价值观，特别是正确的竞争意识。

最后，家长要努力学习一些有关特殊教育的基本训练方法。例如，儿童粗大动作和精

细动作发展的基本规律和训练方式，采用游戏化的方式加强练习，避免枯燥的动作训练。家长对孩子的正确训练，能促进病弱儿童生活自理能力、良好生活习惯的建立。

④帮助家长组织协同家庭成员关系，发挥家庭教育的整体功能

病弱儿童的出现，对家庭照料孩子提出了挑战。研究发现，一些家庭因为特殊儿童的出现，家庭关系变得更加密切了，孩子的特殊情况增强了家庭的生存勇气。特殊儿童的出现可能还给祖父母、兄弟姐妹带来了理解和接受他们的困难。因此，在进行特殊儿童家长教育的过程中，应帮助家长组织和协调家庭成员关系，发动家庭成员都来关爱孩子的成长，以正确的方法帮助孩子，不歧视、冷漠对待，让家长明白友好、和睦的家庭关系不仅有利于特殊儿童的成长，也有助于全体家庭成员的健康、发展。

⑤帮助病弱儿童家庭建立联系

幼儿园和社区可以帮助病弱儿童家庭建立通讯录，帮助他们定期聚会和交流养护教育自己子女的经验，商量如何克服共同遇到的困难，如成立家长支持团体。有时，家长也可以联合起来帮助学校和社会解决特殊教育中的某些资金、训练设备等方面的问题。

（3）家庭协同教育的途径

幼儿园要切实发挥主动与家长沟通的作用，如果家长和教师之间能够达成相互理解，儿童就更可能体验到良好的学习环境。双向沟通是达成理解的关键。教师在同家长沟通时要关注家长们已表达和未表达出的焦虑，未表达出的焦虑往往是最大的沟通障碍。教师应与家长协商建立满足家庭需要和工作人员可接受的长期沟通计划，包括教师更方便使用什么方式沟通、让家庭成员中的谁作为主要联络人等。具体来看，与家长沟通的主要途径有以下几种：

①非正式交流

非正式交流包含的形式很多，例如，利用家长接送孩子的时间进行简短而有效的谈话。非正式交流可以利用接送孩子的时间进行，并专门安排一位接待教师。在简短的交流中与家长就孩子的某个特殊问题，如孩子饮食习惯或睡眠情况进行交流，可以汇报孩子的细小进步。在公开场合进行积极的评价能使家长和儿童的自信都得到提高。由于公开场合的特殊性，接送时间不应谈论对儿童的焦虑或他们的行为及学习问题。不要谈论任何不适合儿童或其他儿童家长听到的事情，若有家长提到某个敏感问题，教师应注意倾听并做好记录，然后表示将尽快与家长通电话或安排一次专门的会面。

②电话交流

电话交流有助于维系家长和教师间的沟通。教师要注意保存与每个家庭进行电话联系的记录，这些记录不必十分复杂，主要是记录清楚打电话的日期、持续时间以及讨论的主题。电话交流也可以像接送孩子时的谈话一样报告临时发生的事情。还有的家长喜欢事先

安排方便的时间来接听电话，这样他们就能有一段自由交谈的时间。电话交流可以主要针对日常事件，如特殊教育专家的检查结果、病情、请假的理由等。

③班级通信

班级通信是教师让儿童带回家的记录本。主要目的是记录每天在学校发生的事情以及开展的学习活动，也可以用来发布对所有家庭的通告，如介绍新入班级的儿童及其家庭，或者将要开展的健康检查预告等。班级通信可以是每一个儿童参与的写作活动，每个儿童都可以将其话语或图画创意表达于其中，这样，在儿童回家后就可以与家长谈论相关内容，并激发儿童阅读班级通信的兴趣。

④家长会议

家长会议是教育机构协调家校合作的常见模式，一般而言，除了个别化教学计划的制订，每年还要定期召开两到三次家长会，或者根据实际需要召开家长会。一方面，家长会有助于非特殊儿童家庭了解班级融合教育的政策、理念，取得其他家庭的支持；另一方面，也有助于增加家长间交流学习的机会。家长会议的召开需要在会议一开始就建立良好积极的氛围，在舒适安静的场所举行。教师以简短的汇报开始会议。汇报内容可以是个别儿童或班级整体提高或掌握特定发展领域的大量实例，可以在开始时播放近期家长的实地参观或儿童教室活动的录像等。在汇报中，教师可以适时停顿，以便家长有机会对所观看的儿童表现进行评论、提问和表达想法。会议结束时，教师要进行简要的总结，回顾儿童短期和长期的学习目标，并再次阐述个别儿童或班级整体独特和宝贵的品质。

⑤家访

家访是进行个别家长教育指导的一种有效方式。家访的目的一般是沟通、协商儿童教育的方式方法。家访比较灵活机动，便于进行，而且因为了解深入具体，更具针对性。根据家访的具体目的和内容，可以分为了解性访问、宣传性访问、商讨性访问、通报性访问、警告性访问等。通过家访，教师可以向家庭宣传国家的特殊教育方针、政策和法律，或者宣传地方教育部门、幼儿园对特殊儿童教育的要求、建议，或者向家长介绍最新的特殊教育新经验、新知识和新思想，还可以向家长通报儿童在园的表现情况，针对其具体表现与家长协商教育对策，以便协调家庭教育、学校教育和社会教育的关系，相互协作，共同促进特殊儿童的发展。一般而言，进行家访要告知家访儿童，得到他们的理解和支持。家访要经常进行，随时与家长交流儿童的基本情况，让家长掌握孩子的在园情况，并将从家庭中了解特殊儿童的情况及时记录，以便事后查看并综合分析。

### 2. 幼儿园—社区协同教育的作用与途径

社区是以一定的地理区域为基础的社会群体，主要由地域环境、人口环境和文化环境等要素组成。我国《幼儿园教育指导纲要（试行）》明确指出：“幼儿园应与家庭、社区密切合作，与小学相互衔接，综合利用各种教育资源，共同为幼儿的发展创造良好的条件。”开发和利用社区资源促进教育已逐步成为教育界的共识。

（1）幼儿园—社区协同教育的作用

①社区为特殊儿童教育提供充足的教育资源

对于幼儿园来讲，社区是一个小社会，是儿童最重要的活动场所。儿童认识社会、获得关于社会的最初知识经验大都是通过社区进行的。儿童在社会中生活、游戏，其良好的品德萌芽、知识的积累以及社会适应能力的初步形成大都依赖社区环境的作用，社区环境是儿童重要的教育环境。社区中的图书馆、商店、超市、车站、医院、公园、养老院等为辖区内儿童提供了多层次、多内容、多种类的活动场地和活动设施，是儿童认识社会、提高社会认知的重要资源。特殊儿童教育需要有效开发和利用社区的教育资源。

②利用幼儿园教育的专业性开展家庭教育指导

首先，幼儿园可以利用自己的专业知识引导家长形成科学的育儿理念，即通过幼儿园主导式家园合作产生教育合力。幼儿园常见的知识分享方式是组织家长讲座，这种形式可以传递给家长教育儿童的方法，帮助其提高科学育儿的水平。家长讲座的内容应结合理论与实际，便于家长理解和操作，必要时可聘请专家进行。但知识讲座的对象群体不仅限于家长，还可以发动社区群体、教师群体、其他行业群体加入，实现知识内容的分享和有效教育合力的形成。

其次，通过开展亲子实践活动，引导家长参与到幼儿园的教育实践中。亲子活动的实施，一方面，发挥了幼儿园在幼儿教育中的主导作用，扩大了家长参与幼儿园活动的广度和深度，拓宽了幼儿园管理的视野；另一方面，促使家长转变自身角色，从旁观者逐步成为参与者，从不会指导到学会指导，使家长及时了解课程、了解教育理念，及时反馈。此外，教师还应根据儿童实际和家长建议随时调整教育活动设计，使教学活动更加适合儿童的发展，从而真正实现家园和谐互动。这一举措能提高家长参与家园互动的意识，使家长从开始的不知所措，到能够较好地指导儿童的活动，与孩子共同学习和进步，这也将使亲子关系更为融洽。

（2）利用社区资源协同教育的途径

①家长志愿者

家长志愿者是志愿者队伍的一种，是家长在不谋求任何回报的前提下，根据自身情况，自愿参加幼儿园提倡或组织的相关活动，合理运用自身的专业、技能或服务等资源，为幼儿园无偿奉献自己力所能及的、切合实际的帮助与服务。幼儿园将定期或不定期邀请家长志愿者参与幼儿园的活动，让家长参与幼儿园的保育、教育、教学、管理等方面的班级工作。

②家长、社区开放日

家长、社区开放日就是请家长、社区人员到幼儿园，走进班级，向家长、社区人员展现儿童在幼儿园生活、学习、游戏状态的一种定期或不定期的开放活动，是合作共育中的重要形式之一，也是向家长、社区直观展现幼儿园常规工作的一扇窗口。在开放日中，幼儿园向家长、社区展现了幼儿园的理念、方法，让家长、社区人员体验了儿童在幼儿园生活，观察了儿童在幼儿园的习惯、行为、态度等，感受了幼儿园的专业性，引导家庭、社区建立正确的育儿观念，也促进了三者之间彼此交流，达成共识。

③整合社区团体联合教育

幼儿园要有效利用所在社区的残疾人联合会、幼儿保健所、妇女联合会、社区居委会、社区内其他特殊教育学校，为学前特殊儿童创设良好的教育环境，提供有效的教育援助，制定整合的社区联合教育策略。例如，通过联合社区内特殊学校、特殊教育机构，建立不定期的交流沟通，形成宽松型的横向联系，努力从这些专门机构中汲取相关特殊儿童教育的知识经验，帮助制订教育计划。

幼儿园与社区各职能部门联合，形成多部门分工协作、共同关怀和帮助特殊儿童及其家庭的联合网络。

通过对社区资源的整合，为学前特殊儿童构建系统的社区服务网络，从而更有效地及早帮助病弱儿童及其家庭。

④联合社区个体成员积极加入协同育人

社区中的个体成员作为社区内的有机组成部分，也是重要和有价值的资源。我们呼吁社区内相关专家、医生、教师成为志愿者，通过让社区中学有所长的专家或教师成为社区导师，不定期地到实施学前融合教育的幼儿园对教师进行培训指导，促进对特殊儿童的干预训练。

同时，我们呼吁社区中的大中学生成为志愿者，通过宣传，让有爱心的大学生、中学生利用课余时间到实施学前融合教育的幼儿园或托幼机构与特殊儿童开展丰富多彩的活动，让孩子们感受来自大哥哥、大姐姐们的温暖和活力，促进特殊儿童的社会性发展。另外，对于颇具爱心的儿童家长，可以组成托幼机构义工，定期入园协助教师开展工作，定期带领特殊儿童外出游玩，帮助他们更好地认识社会、认识世界。

⑤适度开放幼儿园教育资源，为辖区内所有 0～6 岁幼儿服务

整合社区教育资源意味着要充分利用辖区内专业教育机构的教育资源和设施，为社区所有儿童服务。通过有计划、有步骤地开展幼儿园开放日活动，让社区内每个学龄前儿童都有机会享受到幼儿园的专业教育资源。例如，在周末、节假日，幼儿园的玩具、图画书向社区内所有 0～6 岁儿童开放，幼儿园的志愿者可以来园参与儿童的活动，让社区内更多儿童受益。

### （四）病弱儿童的教育建议

1. 融合教育中病弱儿童的教育建议

（1）以生活为本的教育

大部分病弱儿童智力发展正常，但因为种种身体原因在认知发展上可能出现注意力不集中、持续性不足和情绪不稳定的问题；个别儿童生活自理能力发展受到限制；学习上由于身体不适，学业容易中断或落后，学习积极性也不高。因此，对病弱儿童的教育应该以适应性教育为主，教学安排应考虑到其学习进度相对慢，并想办法提高其学习积极性。教育内容应来源于生活，特别是要选择能提高病弱儿童生活自理能力并有目的地培养独立意识教育内容。一方面，病弱儿童在生活中学习各种基本生活自理能力，以及在生活中学习与人相处的社会适应能力，在生活中感受与自己生活密切相关的事物与环境，逐步树立对学习的兴趣和自信，并从中体会到生活、学习的乐趣；另一方面，教学内容和幼儿园环境的设计不仅要根据儿童不同时期的发展需要，还要兼顾不同病弱儿童的个别差异，为其提供相应能力发展的适宜经验支持，切实让教学满足每个儿童的发展需要。

（2）正向行为支持教育

正向行为支持又称为积极行为支持，是指教师通过对儿童行为进行全面的功能性评估，在教学过程中为儿童提供有利于适应性行为产生的相关先行因素和行为后果，从而使儿童形成良好的社会适应性行为并以此取代各类问题行为。

积极行为支持意味着强调学习游戏环境的创设和改变，源于行为主义的学习定律。该原则认为改变儿童身上不适宜的问题行为不是简单地靠惩罚就能完成的，相反，要改变儿童身上不良的行为问题，应该通过创设有利于适应行为发生的学习和游戏环境，从而促使儿童问题行为的改变。因此，该原则强调以积极的指导性方法来代替对特殊儿童严重行为问题的惩罚，倡导对儿童做出非惩罚性的、有建设性的、积极性的回应。设计良好的学习和游戏环境的前提是对儿童进行功能性行为评估，具体操作方式是通过观察儿童问题行为与课堂教学环境之间的关系，发现儿童不良行为的社会学功能（问题行为起到什么作用），进而为干预计划提供依据。教师要通过功能性评估获得的信息，寻找儿童问题行为诱发的因素或事件，从而通过调整教学环境中的相关因素，减少问题行为的发生，并教会儿童用恰当的适应性行为来抑制并代替问题行为。

（3）以活动为基础的教育

以活动为基础的教育又称为活动本位原则，是一种提倡由儿童主导的互动式教学原则。活动本位原则意味着以儿童为教学活动的主体，在各类活动中融入个体发展的个别化目标，合理安排先行因素及预测行为后果，以培养儿童的功能性和生成性机能。该原则意味着教师以各种自然环境中发生的事件为教学内容，为儿童创造可以学习的机会。学习的时间可长可短，重点在于将儿童的个别化学习目标融入生活和作息中，教师在设置这些学习内容时，重要的不是关注各项活动内容，而是关注儿童在参与活动时被培养的适应不同环境需要的各种社会技能。

具体而言，教师要以儿童的活动为教学主体。首先，教师应为儿童提供根据自身兴趣活动的机会，并从中引发他们某种主动的行为后给予积极的回应，让儿童感受到自身行动的力量，从而引发其他参与和学习动机。因为在融合教育课堂中的病弱儿童可能与其他儿童相比更缺乏活动的自主性和自信心。其次，教师应该以各种自然环境中发生的事件作为教学内容，将儿童课堂上常规性、计划性和自我主导性的活动作为教学重点，结合一日作息设计符合自然情境的教育，而不必单独设计教学，例如一日中的盥洗、上学和放学、进餐等活动，利用这些自然情境为儿童提供练习和应用新技能的机会。教育干预不仅着眼于他们眼前的学校家庭生活适应，更致力于培养其适应将来社会生活的能力。对于学前阶段的病弱儿童，由于自身的障碍或表达意愿的困难，教师要学会观察和分析儿童的行为表现，从各类线索中寻找可以引发他们自主活动的机会，并加以利用开发。

（4）个别化、动态灵活的教育

《萨拉曼卡宣言》提出：特殊教育教师在开展保教活动时，应先明确每个儿童都有其独特的特性、兴趣、能力和学习需要。导致病弱儿童出现健康问题的原因多种多样，这要求特殊教育工作者认真了解、分析每个儿童的身心健康状况后再开展适宜的教育，在充分把握儿童个体差异的基础上，认识和照顾到他们的不同需要，制订合理的、详尽的个别教育计划，实施适合儿童发展的保教，并根据个体参与保教活动的实际情况对其做出相应的评价。从个体发展的角度而言，个别化、动态化原则的落实为所有儿童提供了真正意义上的公平教育。

实施个别化、灵活化的教育是开展保教的一项基本保障。由于教育对象是学前儿童，他们在行为和能力等方面表现还不稳定、不全面，因此教师除了借鉴相关的医学、教育学、心理学和社会学报告了解儿童的个体差异外，还应该通过一段时间的保教活动情况，设身处地从病弱儿童的立场来看待他们的行为、兴趣、能力和需求等方面的表现。在此基础上发现不同病弱儿童之间的差异，确立发展的原有水平和学习起点，再通过合理的保教安排、课程内容和教学方法选择，使儿童的能力获得最大限度的发展，并最终成为适应社会生活、平等参与社会生活的人。

（5）资源教师指导教育

资源教师会为不同的儿童设计不同的上课内容，即个别化教学方案。资源教师运用专业能力，找出儿童的障碍之处，分析原因，拟订帮助成长计划。

①确定儿童在资源教室接受指导的时间

病弱儿童何时进入资源教室接受辅导，以何种方式进入以及每次所需的辅导时间长短都需要根据儿童的具体情况而定。一般而言，进入资源教室的方式有三种：一是抽离式。利用原班正课时间将儿童从班级中抽离 1～2 节到资源教室接受指导。二是外加式。利用不影响正课的时间进行指导。三是主导式。病情较为严重或能力较差的儿童，由于难以在大部分时间跟随普通班学习，因此大部分时间被安置在资源班，实行逐渐融合进入普通班的形式。

②确定资源教师的干预内容

资源教师干预内容的拟订主要依据儿童的个别化教学计划。教师需要拟订专门的干预方案实现教育计划中的短期目标和长期目标。此外，资源教师还需应对儿童的一些突发状况，如有的儿童癫痫发作后会感到非常疲惫，需要离开集体环境到安静的资源教室休息调整一段时间。

③记录干预内容

资源教师在利用特殊的教学设备、设施和资源为儿童提供个别化教学后，要详细记录干预过程以及评价儿童的表现，并定期与普通班教师进行沟通，为他们提供咨询或训练方面的支持性服务，并依据儿童的需求与普通班教师进行合作教学，保证儿童学习的完整性。

④为儿童家长提供支持与指导

要保证身体病弱儿童得到完整的教育，教师与家长的合作十分重要。一方面，资源教师需要保持与家长的联系，及时了解儿童的病情变化，以调整资源教师干预计划和应对措施；另一方面，有些病弱儿童会因为疾病问题不得不请假离开学校，从而中断学校的学习。为了保证儿童得到持续性的发展，资源教师需要联络普通班级教师，了解学习进度，并和家长合作，为儿童安排好学习内容，让儿童在离校期间的学习与学校学习进度衔接。同时，资源教师要为家长提供相应的支持和帮助，可不定期到医院或儿童家中对家长进行指导。

（6）分组活动指导教育

为了让病弱儿童按照自己的兴趣和能力选择适合自己的活动，幼儿园常常采取区角活动的形式，将儿童分成小组来教学。小组活动为病弱儿童适应班级教学进度提供了个别化的服务，为病弱儿童提供了选择的空间，班级的普通儿童有足够的时间自由地探索，教师也有了相对充足的时间对病弱儿童进行个别指导。

①选择合适的活动区域

幼儿园区角活动包括多种类型，如阅读区活动、表演区活动、建构区活动、科学区活动等。病弱儿童可以根据自己的兴趣爱好和特长选择相应的学习区域，也可以由教师根据儿童的能力水平将儿童安排到相应的区域，对儿童的薄弱点进行训练。

②个别辅导

在儿童学习的时候，教师可以通过观察进一步了解儿童的学习情况。当他们需要帮助时，教师可以为其提供个别化指导。例如，在益智区，病弱儿童原本都是自己玩，这时教师可以加入，和该儿童一起玩拼图游戏，同时教导他如何与其他小朋友轮流玩。

③通过同伴协助指导病弱儿童

教师除了自己介入儿童游戏活动，还可以通过发挥同伴作用让同一组的其他成员帮助组内的病弱儿童。例如，在小组活动中，一开始病弱儿童只是在旁边观望游戏，不知道如何加入其中，教师可以请该组的普通儿童分配任务给病弱儿童，并请组员协助该病弱儿童，由小组同伴共同合作完成游戏。

（7）设置适合的渐进式目标

在分组活动中，教师需要配合病弱儿童的个别情形设定合适、渐进式目标，从而激发病弱儿童的积极性。例如，在户外活动“搬运小球”游戏中，同组的其他儿童需要用前三指握汤勺来运送小球，若病弱儿童手部力量不足，可以只要求他用手将汤勺握紧并将球运到终点。

2. 教育康复中病弱儿童的教育建议

（1）教育与康复结合教育

学前特殊儿童的教育应与康复训练紧密联系，特殊教育的目的就是干预，成功的干预可以阻止、消除或克服个体在学习上的障碍，从而使其能够全面地参加学校和社会活动。早期预防性干预包括早期诊断、早期治疗、早期教育与康复训练。在早期诊断与治疗的基础上，及时进行科学的、系统的、有针对性的早期教育与康复训练至关重要。治疗性干预可以达到消除障碍病弱儿童的影响；补偿性干预是运用各种技能或设备来补偿障碍所造成的功能缺陷。对于病弱儿童，应加强对其的早期干预、治疗性干预和补偿性干预。在确定教学内容、教学形式、教学场所、教学时间和教学方法等方面，需要征询并采纳医生的建议，保证活动难度和强度得到适当安排，经医生同意，并在教育康复专业人员的监督下进行，这样，有助于更好地消除病弱给其生活、学习带来的障碍影响。因此，教学活动的设计应考虑到补偿病弱儿童的不足，对病弱儿童进行分类、分组、分层的教育和训练，达到教育与康复的统一性和协调性。例如，对于身体病弱的儿童进行走路训练，单一的走路训练枯燥无味，但加入游戏的情境，如在“走小路，摘苹果”的活动中，病弱儿童能够提高训练兴趣，训练效果也相应比较好。

（2）综合康复教育

综合康复是指对特殊儿童，尤其是有多重障碍的儿童使用多种康复手段和方法进行干预，以促进其全面、协调地发展。在教育康复实践中，我们常常会遇到病弱儿童可能同时伴有多重障碍的情况。因此，病弱儿童也可能面临多种康复训练任务，即综合康复。坚持综合康复原则要求特殊教育工作者采用多种手段，形成合力，力求促进特殊需要儿童全面协调发展。

要对病弱儿童进行综合康复教育，就必须架构起现代康复医学理论与特殊教育学校实践之间的桥梁。根据现代康复医学的理论和特殊儿童需要，建构囊括听觉功能评估与训练、言语功能评估与训练、语言能力评估与训练、认知能力评估与训练、情绪行为评估与训练、运动能力评估与训练、学习能力评估与训练的综合康复体系。以上七个康复功能训练可分为生理与心理两类，其中听觉功能、言语功能与运动功能主要涉及生理问题，生理功能的障碍主要通过康复训练来解决；语言能力、认知能力、学习能力与情绪行为主要涉及心理问题，心理方面的障碍需要通过教育与康复共同解决。

按照综合康复原则，在教育康复的具体实施过程中，既不能仅就一种障碍进行康复性训练，也不宜对各种障碍进行同步与等量的康复训练，而是要根据儿童的多种表现与程度制定不同的教育康复训练方案，有计划、有步骤、协调综合地实施多种适宜的干预手段。例如，对于患有癫痫的病弱儿童，可能伴有智力障碍、语言发展迟缓、动作不协调等问题行为，在进行康复教育时，可针对其动作不协调实施运动功能及感觉统合训练，同时进行言语能力、认知能力训练，并关注其情绪和行为问题，开展适宜的情绪行为训练。

（3）游戏化教育

针对学前儿童喜欢玩游戏的特点，学前特殊教育在集体教学和个别训练中应采用综合游戏的方法实施，让病弱儿童在玩中学、学中玩，最大限度地调动儿童的学习兴趣，提升其参与活动的能力，增强学习训练效果。一个知识点的学习要在系列游戏中由浅入深，这样才能更好地帮助儿童接受知识学习，并且寓教于乐，调动儿童的学习兴趣、学习动机和参与志愿。例如，在认识空气时，可以让儿童在游戏活动中整体地认识空气，通过游戏“找空气、捉空气”，理解空气无处不在，通过玩气球的活动认识空气无色、无味、看不见的特性。再如要对病弱儿童进行运动康复训练，学习双脚并拢行进跳时，教师可以把双脚并拢行进跳的动作进行分解，组合在不同的小游戏中进行教学，如在“大皮球”游戏中，先让儿童学习双脚并拢向上跳；然后在游戏“跳荷叶”中，学习双脚并拢向前跳；最后把两个动作联系起来，玩“青蛙捉害虫”的游戏，练习双脚并拢行进跳。在一系列游戏活动中，不仅练习了基本的体育动作，训练了身体的协调能力，而且对儿童进行了爱护环境、认识动物的科学教育。通过一系列游戏，教师向儿童循序渐进地传授了双脚并拢行进跳的动作技能，儿童在游戏中也掌握巩固了双脚连续向前跳的技能。

## 九、超常儿童的教育

### （一）超常儿童的概念

历史的长河中有许多中外名人，他们在年幼时就显露出非凡的才能。

唐朝的王勃6岁善文辞，10多岁时便饱览六经，年少之时写出《滕王阁序》，留下“落霞与孤鹜齐飞，秋水共长天一色”的名句。李白5岁诵六甲，10岁观百家，15岁已有诗赋多首。白居易9岁精通声律，16岁写出“野火烧不尽，春风吹又生”的诗句。德国诗人歌德8岁就能用德、法、意、拉丁和希腊语读和写。

在特殊教育学和心理学领域，将这些出类拔萃的儿童称为超常儿童。超常儿童是指智力上明显超过同龄普通儿童发展水平或具有某种特殊才能的儿童。美、英等国称这类儿童为“天才儿童”，苏联称其为“高天资儿童”。名称虽不相同，所指对象都是相同的。

“天才”“高天资”等名称强调的是儿童的先天遗传因素。按照辩证唯物主义的观点，则既承认人的先天遗传素质有差异，又认为先天遗传素质不是决定个人最终发展的唯一因素，后天的教育、环境以及个人的实践对人的发展也起着至关重要的作用，因此我国采用“超常儿童”的名称其原因有以下几方面：

首先，超常儿童是相对于普通儿童而言的，超常儿童是儿童中智能发展优异的一部分，他们与大多数智能中等的儿童之间虽有明显的差异，但无不可逾越的界限。

其次，超常智能是指在教育和环境的影响下发展起来的人的聪明才智，不是天生的。先天素质虽然为超常智能提供了某种潜在的可能性，但需要教育和环境条件才能成为现实。

最后，超常智能是稳定的，但也是发展变化的，它不是固定不变地预测终生的指标。随着儿童年龄的增长，超常儿童的智能可能加速超常发展，也可能停滞甚至后退，这取决于儿童所处社会环境提供的学习机会、教育条件、本人的个性特点以及主观努力等因素。

在理解“超常儿童”这个概念时，还应注意不能把有无成就作为衡量儿童是否超常的标志。“超常”是一种智力状态，不论儿童是否做出突出的成绩，这种状态都是存在的。

### （二）超常儿童的类型

过去人们对超常儿童的认识，关注最多的是智力方面，即高智商的儿童被称为超常儿童，而在其他非智力因素方面容易忽视。经过研究，人们对超常儿童的分类已经比较全面和客观了。下面介绍两种比较普遍的具体分类方法：

从智力、才能上，可把超常儿童分为两类：一类是智力发展比较全面的超常儿童。超常儿童智能发展的水平并不完全一致，有些超常儿童智能发展高于同年龄儿童的平均水平 2 岁，有些高四五岁，个别甚至高 7 岁。国外把智商在 170～180 以上的称为高天才，130～140 以上的称为中等天才。这类儿童在普通智力测验时成绩高于常人，在学习上一般能力较强，成绩优异，有的能一年完成其他人 2～4 年的学习任务。另一类是具有特殊才能的儿童。这类儿童有的既有较高的智力水平，又有某一方面的特殊才能。根据超常儿童的才能表现，分为文学、数学、综合等类型。超常儿童有的偏好文学，幼年大量识字，三四岁已掌握 2000 多个汉字，能津津有味地自己阅读儿童读物并可写作，文笔生动通顺；有的数学才华早露，2 岁就表现出对数学的特别兴趣，七八岁自学完初中数学；有的擅长外语，7 岁时就掌握了英语常用单词 3000 个以上，可以大量阅读英文儿童读物，还能自如地和外国人进行英语会话；有的表现出杰出的艺术、体育才能，如小画家、小影星、小健将等；有的既具有非凡的心算能力，数学才能出众，又擅长绘画、书法，表现出抽象逻辑思维和形象思维兼有的发展特点；有的具有音乐才能，对音乐有独特的理解，对节奏等也比常人有更深的领悟力；还有的具有领导才能、记忆才能等。

有障碍的超常儿童，通常智力很高，但是有的在学业上表现并不突出，还有的甚至会被教师当作问题儿童。有的儿童自身有某种缺陷或障碍，如视觉障碍、听觉障碍等，但并不妨碍其表现出超人的能力和智慧。

### （三）超常儿童的身心发展特征

1. 超常儿童的身体发展特征

超常儿童虽然智力水平明显高于同龄普通儿童，甚至达到或超过一般的成人水平，但他们仍然是儿童，身体尚处于发育过程当中，因此对他们同样要进行儿童保健工作。

历史上曾存在一种看法，认为超常儿童是一种超越生理发育阶段的不正常现象，超常儿童会早慧早衰；并且认为，由于超常儿童很早就沉溺于某一学科的学习，或很早就显露出某种才能而专注于某一项活动中，很容易缺少其他有利于儿童生长发育的活动（如游戏活动），对身体发育不利，会造成身体发育缺陷。20 世纪 50 年代，美国心理学家推孟等人根据 20 年对千余名超常儿童的研究，证明智商在 140 以上的儿童在身体发育、健康水平等方面要优于同龄普通儿童。这项研究结果告诉我们，超常儿童在儿童期就开始进行大量的脑力活动，不会对儿童身体其他方面的发展有直接的不利影响。

但是，超常儿童智力超常，体力并不一定超常，他们的智力发展水平与身体发育水平是不平衡的。因此，他们在从事学习等活动时，也会出现心有余而力不足的现象。对此，需要对他们加强卫生保健和体育锻炼的指导，避免其片面发展。

2. 超常儿童的心理发展特征

超常儿童心理发展的水平很高，但他们的心理发展过程与普通儿童是一样的，也是从简单到复杂、从低级到高级。在不同年龄的超常儿童中，可以看到他们的一些共同的心理特征。这些特征包括以下几方面：

（1）兴趣广泛，求知欲旺盛

这是超常儿童非常突出的一个特点，他们从小就好奇好问，爱追根究底。特别是很小的时候就表现出探求知识和对学习的浓厚兴趣。

有些儿童两三岁时就不满足于看图画、听故事，而是要家长逐句念书，他们边听边看，认识了不少字。许多超常儿童对认字很感兴趣，把认字当游戏，四五岁就能自己大量地阅读，如饥似渴地看书。这种广泛的阅读兴趣在已进入高中或大学的超常儿童中仍继续保持着。

有些儿童较早表现出对数字的特别兴趣，两岁多就能对数字认读和计算。七八岁时就不满足于学校所学内容，在家长辅导下自学小学和初中数学。

有些儿童很小就对大自然产生浓厚的兴趣，爱观察、了解动物的生活习性，收集花叶制作标本，并用实验探索事物发展变化的奥秘。

（2）注意力集中，记忆力强

超常儿童注意力能高度集中。特别是对感兴趣的事情，往往专心致志，注意力在2～3小时，甚至精彩的电视节目也不能使他们分心。

超常儿童的记忆超过比他们大3～4岁普通儿童的平均水平，他们识记快，保持长久。例如，他们记忆数字的特点是善于分析概括数字之间的关系，并寻找有效的记忆方法。

（3）观察敏锐，想象丰富

超常儿童的视觉、听觉辨别能力发展突出，主要反映在对文字的形、音细微差异的区别上。因此，在学习汉字时极少有错误，听录音学英语时，读音、语调也相当准确。

超常儿童的主要特点是有目的、有条理，善于分析比较，抓住观察对象的特点，采取有效的方法创造性地解决问题。超常儿童通常具有丰富的想象力。

（4）思维敏捷，能独创性地解决问题

从与普通儿童的类比推理和创造性思维能力的比较看，各年龄超常儿童都不同程度地超过比他们大2～5岁普通儿童的平均水平。超常儿童的思维有着一些同年龄普通儿童所不及的特点。他们理解快，能迅速发现事物之间的关系，尽管有的语言表达不够概括确切，但能抓住本质。能摆脱已有经验、知识或习惯的束缚，思路灵活开阔，有适当的策略，善于分析条件或关系，从而迅速地找到正确的答案。

一些数学上超常的儿童还有一个突出的特点，即善于在脑中分析筛选捕捉关键性的东西，压缩运算程序，使运算步骤简化、概括化，能采用一些独特的方法，不满足于一种正确答案。

（5）自信心、进取心强，勤奋，有坚持性

超常儿童一般进取心都比较强，他们自信，喜欢与别人相比，别人会的自己也要会。尤其突出的是他们有一股倔劲，想要学什么或干什么，就一定要学会、干好。他们一旦对某事产生兴趣，就会在一段时间里执着于这件事。他们为达到目的，坚持勤奋学习，即使遇到困难，也善于排除各种干扰，坚持学习和锻炼，表现出了坚毅顽强的个性品质。

这些特点在每个超常儿童身上发展是不平衡的，可能某一种或某几种特点发展特别突出，并以独特的方式与其他特点结合在一起，形成各自的特色。有的视觉、听觉的辨别力非常敏锐，言语感受能力很强；有的形象记忆和形象思维占优势，想象非常活跃；有的抽象逻辑思维发展优异，概括能力很强，善于推理等。因此，超常儿童的表现是千差万别的。

超常儿童的心理结构除智能外，还包括个性品质方面。同是超常儿童，有些日后成就很大，有些则不突出。这种差别不在智力，而取决于个性品质的不同。自信、有进取心，有最后完成任务的坚持精神才能获得成功，否则就会限制才能的发挥。

追踪研究超常儿童的发展变化情况可以看出，他们的发展过程是不平衡的，多数是跳跃式前进。他们提前入小学，又在初中、高中跳级，破格考入大学少年班；有些是波浪式前进，在学前期发展非常突出，以后放松了要求，发展速度放慢，经过及时采取措施，又明显地取得进步；也有少数超常儿童发展迟缓，由于受到社会以及家庭压力使学习积极性受到挫折造成发展停滞或减缓。

### （四）超常儿童的鉴别

1. 智力测验

使用《韦氏学龄期前智力量表》（WPPSI），严格按照测验指导手册进行测验。超常儿童的语言量表和操作量表得分明显高于同龄儿童的平均分，其操作量表得分略高于语言量表。该类儿童智力测验分超过 130 分。

2. 儿童认知能力测验

这套测验是 1987 年中国科学院心理所经过协作研究而成，专门用于鉴别超常儿童的认知能力。测验结果如表 3–1–2 所示。

**表 3–1–2　超常儿童认知能力测验结果**

| 图片词语类推 | 图形类推 | 数类推 | 创造性思维 | 记忆 | 观察 |
|---|---|---|---|---|---|
| 7.12 | 741 | 696 | 7.02 | 35.13 | 15.12 |

经测验发现，该类儿童的各项得分明显高于同龄组儿童两个标准差以上。

3. 学业评估

20 世纪 70 年代以来，对传统的智力量表有了重新评价。许多研究者先后指出，智力量表只能测到完成学校作业所需的能力，不能测量儿童可测智能的所有方面，因而不是鉴别所有超常儿童的完善工具，仅可用于最初的筛选。应使用综合的多种鉴别方法对超常儿童进行鉴别，其中包括标准化智力测验、创造力测验、成就测验或学习成绩评定、行为核对、人格测验、作品分析评定及书面谈话、向教师及家长问卷等方法。

（1）鉴别超常儿童的原则

我国的研究者参考了国外鉴别超常儿童的经验，在辩证唯物主义的指导下，经过多年的实践摸索，逐渐形成了鉴别超常儿童的原则：在动态的比较研究中鉴别，采用多指标、多途径、多种方法鉴别，兼顾智力和非智力因素进行鉴别，鉴别应服务于教育，通过教育进一步鉴别。

（2）我国鉴别超常儿童采取的步骤

一是与儿童见面。由家长填写调查表，包括儿童的发展史、超常的主要表现、家庭简况、家长对儿童的教育情况等。

二是初试。包括对有关主科知识和能力的考查及一般智力测查。

三是复试。用我国超常儿童研究协作组编制的《鉴别超常儿童认知能力测验》进行鉴别。对于具有特殊才能的儿童，则要将他们的作品送给有关专家评定。

四是向原学校或幼儿园教师进行问卷调查，了解其个性、品质及表现。

五是进行体格检查，了解儿童的健康情况。

六是综合分析材料，初步确定超常儿童，并对他们进行追踪研究或吸收他们参加超常儿童实验班，同时进一步对他们进行考察。

超常儿童的鉴别，有利于超常儿童的发现和培养，使他们健康地发展和成长。根据研究，家长和教师可通过以下途径初步发现超常儿童：首先是观察。通过儿童的各种活动（学习和游戏等），观察他们的言行表现。其次是注意儿童的教育过程，通过教育干预过程，从儿童的接受能力和学习能力、兴趣等方面了解情况，以发现哪些儿童具有特殊才能倾向。再次是通过的作品展览或竞赛发现能力突出的儿童。最后是通过以上几个步骤的初步筛选后，再运用各种心理测验鉴别，以得到比较客观正确的结果。

我国学者根据国内外关于学龄前超常儿童表现的特点概括出《超常幼儿早期发展特点核查表》，可以作为筛查超常儿童的参考。每个幼儿只要符合核查表（表 3–1–3）中的一至两项或两项以上特征，就可能是某方面的超常儿童。

鉴别超常婴幼儿的工具比较少，在测查幼儿智能方面的有《麦卡锡儿童能力量表》等，测查学前儿童的行为特点方面的有《学前儿童非智力个性特征测验》等。

**表 3-1-3　超常幼儿早期发展特点核查表**

| 序号 | 核查内容 |
|---|---|
| 1 | 好奇心强，常爱打破砂锅问到底，喜欢拆拼玩具或用具，了解其中的奥秘 |
| 2 | 记忆力好，给他讲的故事、念的诗歌或他阅读过的东西，不费力就能记住，有的甚至过目不忘 |
| 3 | 注意力集中，对感兴趣的事，如绘画、阅读或制作等能专心致志，并能集中注意较长时间 |
| 4 | 感知敏锐，对周围的事物敏感，能发现别人没有注意的现象，或小的时候就对形状、色彩、音阶等具有精确辨别能力 |
| 5 | 语言发展早，不少超常幼儿很小就喜欢识字、阅读，表现为口头语言与书面语言同步发展 |
| 6 | 想象力丰富，自编故事、歌谣、绘画，或利用玩具和用具进行制作、建造、编织等 |
| 7 | 理解力强，喜欢比较事物差异，或对事物进行概括和分类，并喜欢运用类比和推理 |
| 8 | 喜欢动脑，有创造性，把两个看上去关系不大的东西或事件联系在一起，并能提出新奇的想法 |
| 9 | 兴趣广泛、浓厚，一个阶段对某件事，如下棋、认数、识字、绘画等产生兴趣，往往容易入迷 |
| 10 | 好胜心强，有恒心，无论学习或游戏都不甘落后，且一旦要学或做什么事，不学会或做好不罢休 |

### （五）超常儿童的教育建议

超常儿童的早期教育非常关键，可为超常儿童的发展打下良好的基础，更能促进儿童超常才能的形成以及让其已显露的才能得到进一步的发展。科学家认为，以 17 岁青年的智力为准，约有 56% 是 4 岁时完成的，30% 是 4～8 岁时完成的，余下的 20% 是 8～17 岁时完成的。可见，在人生发展的关键期及时进行教育是非常重要的。许多超常儿童的成功案例都说明了这个道理。为了尽早发现并予以充分培养，使超常儿童健康而全面地发展，父母对超常儿童的认识和家庭的教育、影响是很重要的。

1. 超常儿童的家庭教育建议

（1）家长对超常儿童要有正确的认识

首先，家长不应过多地炫耀孩子，避免其盲目骄傲，不能客观地认识自我。其次，家长对超常儿童要有正确的认识，不能以成人的想法拔苗助长，给孩子太大的压力。最后，家长应明白超常儿童也是一个处于成长期的儿童，应从儿童的特点、兴趣等方面进行培养，促进儿童超常才能的发展。

（2）针对儿童的心理特点进行适当的教育

作为超常儿童的家长，应该充分了解和学习儿童心理发展的特点和规律，并运用于对超常儿童的教育中。1 岁以前的婴儿主要是通过感知觉和外界发生联系去认识周围世界的。超常儿童家长要注意抓住婴儿期的教育，重视智力的早期开发，如在婴儿期，家长可以用颜色鲜艳的玩具、音乐等促进儿童的视觉、听觉等感知能力的发展。超常儿童多数都表现出早慧，即 2～3 岁时就表现出优异的才能，这时，家长也可以根据孩子早期表现出的智力和能力倾向因势利导地抓好孩子的早期学习。

（3）从玩中学

游戏是儿童喜欢的活动，作为一名细心的家长，应该考虑如何运用游戏有计划、有目的地对孩子进行教育，让孩子边玩边学，把学习变成生动有趣的游戏。

（4）注意保护儿童的好奇心，抓住时机教育儿童

超常儿童都有强烈的好奇心，对任何事物都感兴趣，并爱提出一系列问题。作为家长，当孩子提出问题的时候，应该给予热情的支持，并根据孩子的心理特点耐心地讲解以及适当地启发。除了好问，儿童的好奇心还表现在行为上爱拆拼新鲜物品，对于这种表现，家长不应该鲁莽地训斥或打骂，而应该问清事情的缘由，给予正确引导。

2. 超常儿童的幼儿园教育建议

幼儿园是儿童逐渐离开家庭、简单接触他人的开始。作为教师，首先应该知道如何去发现班级中可能存在的超常儿童，其次是教育策略问题。

（1）超常儿童在幼儿园的表现

了解超常儿童在幼儿园的一般表现，有利于教师在幼儿园及时发现这类儿童。一般来说，超常儿童在幼儿园中有如下表现：比一般幼儿更容易、更迅速地学习。比一般幼儿有更加丰富的常识和实际的知识。思想有条理，凡事好探求其中的关系和原理。对所见所闻能保持很久的印象而不会遗忘。知道许多其他同学还没注意到的事物。容易用正确的字句来表达心中的想法。阅读能力较强，阅读速度较快。能够很容易地处理其他同学不能胜任的工作。好发问，对事物的兴趣非常广泛，常有异想天开的问题和想法。经常保持最迅速、最正确的反应。能够运用各种不平凡的方法和思想去解决问题。如果儿童具有上述标准中的一个甚至几个表现时，应该引起教师的注意，并进一步观察。若情况属实，则应送相关部门进行科学鉴别。

（2）作为超常儿童的教师应具备的品质

超常儿童的教师应该符合一个合格教师的标准。由于教育对象的特殊性，应该与普通教育教师有所区别。具体包括：热爱教育事业、关心、爱护超常儿童。对超常教育有深刻的理解，真正了解超常儿童的特点，并愿意为超常教育服务。有丰富的知识，在某个学科

领域表现突出，在知识上能胜任超常儿童的教育工作。善于观察，能够根据超常儿童的需要设计教学工作。与超常儿童及其家长都能很好的交流和沟通。灵活运用超常儿童的幼儿园教育方法和形式。

3. 超常儿童的教育方法

（1）按能力分组

按能力分组是遵循因材施教的原则，把特定年龄阶段的超常儿童按其能力编入同一组，施以特别的教育。在幼儿园中可以根据超常儿童学习能力、兴趣和智商等的不同，把他们分进不同的小组进行学习。这种按能力分组的方法能使超常儿童充分发挥自己的特长，并在其感兴趣的方面做较深入的学习和活动。

（2）充实法

充实法是额外为超常儿童提供更多、更广、更深的课程内容，以满足他们强烈的求知欲望，充分发挥和挖掘他们的智慧潜力。其中包括横向拓宽充实法与纵向加深充实法。横向拓宽充实法就是扩大学习的范围，如各种课堂教学之外的兴趣小组。教师可以组织班级儿童参观、游览活动，如带领儿童参观科技馆，对拓宽儿童的视野、激发儿童的兴趣都能起到很大的作用。纵向加深充实法就是加深、加快、加难超常儿童学习的内容，使他们的学习进程向前迈进一步。超常儿童的接受能力、理解能力和记忆能力都很强，在学习完一般的内容后，教师就可以引导他们进行一些有深度和难度的思考。例如，教师给全班儿童讲完一个故事后，就可以要求超常儿童改写这个故事，编出新的故事讲给其他儿童听，或者根据故事编写儿歌，或者把故事改编成小剧本等。通过这样的形式，超常儿童在满足一般的学习内容后又可以有更多的延伸。

## 第二节 学前特殊儿童的评估

学前特殊儿童的评估是指经过适当的检查、测验或其他方式把特殊儿童与普通儿童区别出来，确定特殊儿童的特异性，也称特殊儿童的鉴定、诊断、评价、判断等。特殊儿童评估使用最广泛的评估系统是美国精神卫生协会出版的《精神障碍诊断与统计手册》第五版和世界卫生组织的《国际疾病分类》第十版。

### 一、学前特殊儿童评估原则

#### （一）客观性原则

评估人员不能带有主观和个人感情色彩，结论要产生在全面检查、分析之后。

#### （二）准确性原则

用于诊断特殊儿童的全部材料应该是准确的，如儿童发展中的材料、家族史材料、医学检查结论、心理检查结论、儿童的作品等。不能用模糊的概念描述被评估儿童，如“可能”“大概”“也许”“差不多”等。

#### （三）科学性原则

要使用经过实践检验并被证明有效的方法来检查特殊儿童，如经过标准化的量表，并由专业人员实施检查。

#### （四）全面性原则

对特殊儿童的检查要考虑各方面因素和儿童的发展变化，要对所得检查材料进行全面深入的分析，不能只检查某一个方面就随意下结论。

#### （五）慎重性原则

对特殊儿童的评估限制因素很多，如身体健康状况、新环境、儿童的心情等，因此，评估不能凭一次检查结果而定，可以做较长时间的观察、了解，让儿童在自然状态下表现自我，确保评估结果真实、有效。

#### （六）个别性原则

对特殊儿童的评估可以参照同类儿童的评估结论，但是，特殊儿童不会面临完全相同的问题，对特殊儿童的评估主要还是针对个别儿童的评估材料得出最终结论。

## 二、学前特殊儿童评估程序与内容

### （一）评估程序

对特殊儿童的评估是一项严谨的工作，要按规定的流程进行。一般的流程是：首先，要对家长或监护人进行儿童成长资料的收集，包括母亲孕期情况、生产情况、家庭成员病史、儿童病史等。其次，由专业人士通过对儿童一定时间的全面观察和记录，确定疑似问题的倾向。再次，专业人士运用权威性工具对儿童进行测评。最后，对所获取的全部资料进行深入细致地分析，得出诊断结果。

### （二）评估内容

1. 智力评估

智力评估是应用最广泛、能在最大限度上反映儿童发展状况的重要评估内容。智力评估主要是借助智力测验工具对儿童的智力发展水平做出评定。智力测验分为个别智力测验和团体智力测验。个别智力测验是同一时间内只对一个受测者施测的测验，如《比奈智力量表》《韦氏智力量表》《考夫曼儿童成套评估测验》等；团体智力测验是由主试在同一时间内对许多受测者同时施测，如《瑞文推理测验》《团体儿童智力量表》等。由于学前儿童年龄小，自控力、注意力等尚不稳定，对他们的智力测验一般为个别智力测验。

2. 交流评估

交流评估是通过儿童在自然状态下的交流，对他们的言语与语言能力进行评定。特殊儿童如智力障碍、孤独症儿童都存在不同程度的交流障碍，对学前儿童进行交流评估主要是通过亲子交往和言语与语言发展评估完成的。

亲子交往是专业人士在家长与儿童的交流、交往中观察儿童与家长之间的交往方式与内容，从中评估儿童的问题。

言语与语言发展评估主要采用测验法，其量表很多，如有用于对构音障碍、发音障碍、口吃、失语症或语言理解等做专项评估的量表，也有用于对语言发展水平做综合评估的量表。

3. 社会和情绪发展评估

儿童的社会和情绪发展主要指随着年龄的增长，其心理发展逐渐从自然人向社会人转变，包括生活自理技能、社会适应能力和情绪控制能力等。社会和情绪发展评估是运用权威工具对儿童的个体特征、情绪状态、自我认识等进行的评定。

社会和情绪发展评估要使用正规的检核表和评定量表，如巴格内托、内斯沃斯、塞尔维亚和亨特编制的《气质和非典型行为量表》（Temperament and Atypical Behavior Scale，缩写为 TABS），主要针对 11～71 个月大的婴幼儿，是较新的常模参照的筛选评估工具。

4. 感觉—动作发展评估

人的动作技能离不开人的感知加工。如让儿童进行任务操作，先要对一个言语线索或指示进行加工，如果听不懂话，儿童就要对指示动作进行加工，然后把加工信息转化为动作，如产生触觉、本体感觉、运动觉等。因此，感觉—动作发展评估主要是对儿童的触觉、本体感觉、运动觉进行评定。感觉—动作发展评估是评价儿童从对任务的感觉到满足动作要求的连续性水平。评估工具比较少，主要选择权威的儿童感觉统合测评工具、儿童体适能测评工具。

5. 适应性行为评估

适应性行为是指个人保持生活独立并承担一定的社会责任的行为。这种行为包括儿童与其发展水平相适应的、独立发挥功能的能力，在与环境相互作用时有效满足环境中社会要求的能力，在社会文化约束下调节和发挥功能的能力。

适应性行为评估主要通过融合了诊断性访谈、行为检核表、行为评定量表和直接观察的适应性行为量表对儿童的适应性行为进行评定。其中，直接评估的方式是在自然情境下进行观察和与重要成人进行访谈。间接评估是通过发展性量表、标准参照列表和生态调查表等方法完成的。

## 三、学前特殊教育评估的特点

### （一）多维性

在学前特殊教育过程中，无论是评估、干预方案的制定，还是评价信息的获得，都应包括来自各方面的多种类型的资料。内斯沃斯和巴格内托将多维性评估界定为“一种全面的整合式的方法，该方法采用多种测量手段，从多方面获取资料，对多个领域进行调查，并达成多重目的”。早期儿童评估是一个灵活的、家长和专业人员合作决策的过程。在该过程中，决策者可不断修正其所做出的判断，并就改变家庭和幼儿的发育、教育、医疗及心理健康状况达成一致意见。在设计幼儿发展性评估时，必须对以下标准加以考虑：

一是多种测量。学前特殊教育评估应采用多种测评手段。虽然发展量表能够提供多方面的信息，是一种对儿童发展进行全面评估的工具，但是学前教师最常用的测量手段是课程性评估，心理学家及相关专业人员（即言语 / 语言病理学家、职业治疗师、理疗师等）则常采用常模参照量表。一些实际工作者可能只了解常模参照评估或课程性评估，而并未认识到常模参照评估与课程性评估等评估的有机结合将会带来更全面的信息。因此，完整的儿童诊断性评估应包括对发展或行为特征的常模参照性的、课程性的评估及临床诊断量表等方面的测评。

二是多种技术。评估工具通常包含观察所用的表格、访谈时常使用的记录表、标准化的成套测验等，这些测量工具都是可供专业人员和家庭利用的评估材料。评估应采用多种工具和方法，如正规和非正规的测试、观察与访谈等。正规测试具有标准化的内容和施测程序，非正规测试包括生态调查、行为检核表和其他评估儿童功能的结构化程度较低的程序。对真实生活的观察是我们获取最佳信息的渠道，而对熟悉儿童的家庭成员和其他人进行的访谈也能提供非常有用的信息，使我们的评估更具针对性。

三是多种场合。评估应在多种场合中进行。通过对一天中的不同时间、一周的不同日子进行评估，可以确定儿童行为的一致性、疲劳的影响、忍耐性及睡眠对儿童学习能力的影响等情况，这对那些有健康问题和特殊发展需要的儿童尤为重要，通过仔细观察儿童在不同熟悉场景中多个场合的行为表现，评估者可详细描绘出儿童当前的强项和弱项。

四是多来源或多视角的信息。对学前特殊儿童的评估应包括来自数位专家和儿童照料者的信息与发现，因为幼儿具有个体特异性和情境特异性。来自若干专家和儿童照料者的信息将使早期干预人员得以观察儿童在不同场景中的行为表现，从而验证常模参照评估和课程性评估的结果，最终对儿童技能做出更准确的评价。能够在多种场合提供相关信息的评估小组应包括如下人员：幼儿的照料者、心理学家、教师、言语 / 语言病理学家、职业治疗师、理疗师、护士、儿科专家、社会工作者和其他任何熟悉儿童的辅助人员。

五是多个领域。多领域评估指的是在多个发展和行为领域考察儿童的优势和弱势。课程性评估通常考察幼儿在认知、语言、社会情绪、粗大动作和精细动作及自理等领域的发展情况，具体的行为过程包括好胜心、社会能力、游戏、气质、注意、情绪表达和早期应对行为等。评估信息还应包括儿童的学习过程（如何学习）和学习的结果（技能水平的证明）。

六是多重目的。学前特殊儿童的评估结果可应用于几种不同类型的决策，因此所有参与者均应明了评估的目的。多重目的的测量使早期干预人员得以筛选、诊断、安置、拟定干预措施，预测或评价干预措施。筛选工具可对特殊儿童进行简略考察，看其是否需要进一步评价；课程性评估则有助于特殊儿童干预方案的拟订，选择测评工具时必须考虑其与评估目的一致。此外，所选测评工具还应与课程目标和内容相匹配。如果课程目标是提高亲子活动的质量，就必须选择能够测量这种互动关系的评估工具。

### （二）注重家庭的参与

学前特殊需要儿童的评估应该以家庭为中心，必须将家庭而非儿童作为整个特殊教育干预系统的核心。儿童的父母在学前特殊教育评估中也起到不可忽视的作用。

首先，家庭的参与为评估提供了儿童信息的来源。家长和照料者是信息来源最重要也是主要的提供者。相关研究表明，家长能够准确评价自己孩子的发展状况，要求他们就儿童当前的行为做出判断时更是如此，出生时的情况、病史以及早期发展经历对于了解幼儿是相当重要的。家长或照料者对行为检核表、调查问卷和调查表的反映，可以为儿童发展水平技能的掌握情况和行为状况提供全面的信息，适应性的、日常功能水平的测量是儿童发展评估中一个重要的部分，这类评定最好由与儿童共同生活的人来进行。

其次，家庭的参与为评估提供了最少限制的环境。在家庭这一最为重要的自然环境中考查儿童各项功能的状况，将使评估更加丰富、更加全面，也更具真实性。对儿童—照料者—家庭互动情况的直接观察，有助于评估者更好地了解儿童与人际相关的技能水平、人格和气质特点以及交流的有效性。在家庭的参与和报告下，可以开展良好的发展性评估、行为评估和社会技能评估。

再次，家庭的参与还为评估提供了干预方案中的家庭投入。这种家庭参与的评估过程将使家长、照料者和家庭同样获益。作为评估和干预小组中的积极成员与决策者，家长或照料者也更多地了解了儿童的功能水平、优势和需要。多学科专家小组中专业人员的看法可对家庭的观察结果加以肯定，对其疑虑加以排除，或提出新的观察；反过来，这一切又将增加家庭的知识基础。此外，由于对评估需要及有关论述的理解和认同，家庭成员将逐渐认可这项自己参与拟订的计划，而计划也能够更准确地反映他们的想法。这样的过程能够提高家庭成员的能力，促使他们更有效地满足孩子和家庭系统的需要。

最后，家庭的参与为需要参加评估的学前儿童提供了安慰与安全保障。幼儿的安全知觉通常依赖父母的反馈与支持，婴儿的安全知觉则依赖父母在陌生环境中的言谈举止。父母无论是在了解和控制自己孩子的情绪变化方面，还是在帮助儿童熟悉评估环境并配合评估人员的工作中，都能起到重要作用。

## 四、学前特殊教育评估的一般方法

学前特殊儿童的评估需要先收集有关儿童的全面信息，包括儿童的发育史、病史、日常表现、所遇困难和行为表现等。信息的收集有助于对儿童做出客观、细致的评估，因此是评估中至关重要的一环，要获得全面的信息，必须调查多名对象，考察不同的环境，并使用不同的方法，包括正式技术（标准化工具）与非正式技术（观察、个案）。评估者在获得儿童的全面信息后，再对特殊儿童加以分类，就可以灵活地对他们做出评估。下面对学前特殊儿童评估中的一般方法进行讨论，包括家庭参与的评估、个体评估、观察评估和游戏评估。

### （一）家庭参与的评估

家庭参与的信息收集过程可通过家庭访谈这一主要形式来实现，因为家庭访谈为评估人员提供了幼儿在自然情境中表现的信息，这样就提高了对幼儿技能水平、发展滞后以及最后分类评估的精确性。因此，可以将通过诸如观察与非结构访谈等非正式技术以及某些正式测量技术（结构化的调查表）而获得的信息运用在自然情境中。这些测量技术在熟悉和自然的环境中考察儿童不同领域的行为、表现与发展，并以家长 / 监护者以及家庭其他成员提供的信息为其情境效度来评估测量结果，从而提高了对学前儿童技能水平、发展滞后以及最后分类评估的精确性。

### （二）个体评估

个体评估是对学前特殊儿童发展的关键领域进行评估的一种常用方法，包括对幼儿的认知、社会性发展、身体、语言和言语发展以及自主行为发展的评估。个体评估通过评定幼儿在完成专门设计的、涵盖各发展领域的测验任务中的表现来发现幼儿现时的技能与能力状况。

个体评估最好是在特定的时段，在幼儿家中、班级或其他指定地点进行，其目的是获得与设计任务有关的技能与能力方面的信息。评估者可通过构建或指导活动促使幼儿操作某些特定任务，或展现技能行为。在特定的时空条件下，评估者还可利用不同的方法进行个别评估。

根据评估者所选择的测验项目通常会采用不同的测量方法，如标准化测验、技能检核表、行为检核表以及观察技术等，其中客观的、标准化工具的使用可使我们将所测得的幼儿在特定任务上的表现与标准样本中其他幼儿的表现进行比较，这样可以使我们获悉个体的技能与能力状况在同龄幼儿中的相对位置。目前常用的标准化测量工具有：贝利的《婴儿发展量表》，斯坦福的《比纳智力量表》等，这些测验所提供的标准分与标准离差可被用来作为鉴别特殊儿童的指标。

### （三）观察评估

观察评估方法可以对学前特殊需要儿童的自发行为、所具备的技能和学习风格等进行观察，还可以提供有关幼儿的技能、气质和交往风格的信息。因此，这种方法在了解幼儿技能和能力状况中起到了重要作用。观察中使用的具体方法一般可分为质的观察方法和量的研究方法两种。

质的观察方法一般指以描述性记录技术收集有关自然行为信息的方法，如逸事性记录和流程式记录。这两种记录都没有使用量的研究方法，如记录行为发生的次数是通过质的观察方法对幼儿的行为进行深入的理解和描述。逸事性记录在课堂中已经运用很多年，教师们通过这种方式来记录儿童的行为。这种记录对记录的长度、时间和结构没有特定的要求，只是间断性地对一名儿童任何有趣的值得记录的事件加以收集和描述。相比于逸事记录，流程式记录能够提供更为完整的信息，这种记录方式要求观察者将一段时间中发生的任何事都记录下来或拍成录像，在评估过程的任何阶段，如在做出安置决定的时候、在确认儿童的功能领域以及在方案评估阶段都可以运用流程式记录的方法。

量的研究方法指的是在特定时间中对发生的特定行为进行观察，并使用某一种或几种具体方法来描述行为的发生，其中两种最常用的方法是间隔记录和事件记录。在间隔记录中，事先决定整个记录时间的长度，然后将其分成一系列时间间隔相等的时段，观察者记录下在每一时段中目标行为是否出现。间隔记录适用于那些没有明确的开始与结束标志的行为。事件记录则可显示目标行为发生的频度，观察者记录下在某一段特定的时间里特定行为发生的次数、持续时间、强度及其潜伏期（即要求指令与行为开始之间的时间长度）。事件记录适用于那些具有明显开始与结束标识的行为和那些发生频率较低的行为。

### （四）游戏评估

研究儿童发展的学者通常将游戏视为儿童认知，身体、社会性和情感发展的重要途径，而这些技能的获得是幼儿健康成长和适应未来的基础。由于在游戏情境中幼儿既可以使用相关物体，也可以与他人发生交往，因此可以让评估者深入了解幼儿在认知与社会发展两个关键领域的发展情况。人们一般以幼儿在游戏中使用物体的方式，即游戏的形式作为衡量认知发展的指标，而以幼儿在游戏活动中与他人交往的情况评估社会性发展，如幼儿以何种方式与他人交往。一般而言，幼儿在游戏中展现出的认知与社会发展与其年龄发展相对应，不同年龄的儿童游戏形式有所不同。

在儿童游戏中出现的迟滞、缺陷和偏差，可能反映出儿童在认知、交流、社会情绪和运动领域的发展中存在的问题。对于没有言语或有多重障碍的儿童，可通过在自由或结构游戏中的观察，得到其在认知活动中的评估信息。评估者可以在儿童组织自己与玩具和玩伴的互动时对其加以观察，儿童与玩具的互动形式是其认知发展的反映。在使用游戏评估时，评估者主要观察儿童的活动，并据此进行计分。评估者也可以观察其游戏行为的复杂性和变化性。

游戏评估有多种形式，可以根据学前儿童的年龄特点灵活运用不同的游戏评估方法。评估者可以利用自由游戏或半结构游戏进行评估，也可以在自然的或专门设置的环境中进行评估，评估人员可以是跨学科的，评估过程中可采用非正式的或正式的具体技术。非正式的技术通常包括对非结构化的自由游戏的观察，正式技术则是依据儿童发展理论评估游戏。正式评估的工具有游戏评估量表、基于游戏的跨学科的评估等，这些工具为评估与发展相关的幼儿技能提供了正式的、结构化的方法。

# 第三节　学前特殊儿童的安置

在对学前特殊儿童进行筛查和鉴定后，需要根据他们的身心特点和实际条件给予及时、有效的安置，这对于促进特殊儿童发展具有重要意义。

## 一、学前特殊儿童安置模式

学前特殊儿童需根据其障碍类型和程度、学习的特殊性、现有能力和各类学校或机构的现实情况，将其安置在最适当的学校或其他合适的教育、康复环境中接受教育，更好地促进特殊儿童的发展和成长。

发现疑似学前特殊儿童后，应由专门机构采用科学客观的方法对其进行检查、测验，鉴定其障碍类别、障碍程度及障碍原因。鉴定的目的在于准确把握特殊儿童的情况，便于进行有效的安置，拟订符合特殊儿童需求的个别化教育计划，提供有针对性的支持性服务。依据筛查鉴定的结果，将学前特殊儿童安置在最适合的场所，且根据学前特殊儿童的具体需求，整合资源为其提供符合身心发展需求的相关服务。

特殊儿童安置模式关系着特殊儿童在何种环境中接受教育的问题。现代意义上的特殊教育最初是以建立分门别类的特殊教育机构为起点的。法国人莱佩、阿羽依、谢根分别开创了现代意义上的机构化、正规化的听力语言残疾教育、视力残疾教育和智力障碍教育事业。

根据特殊儿童的障碍程度和需要，为他们提供从最少受限制的安置环境（普通教室）到最多受限制的安置环境（医院或者机构），瀑布式特殊教育服务体系应运而生。这种体系具备瀑布般的特点，既有分级，又贯通连续，常用倒三角形表示，故俗称“倒三角形体系”，于20世纪70年代由美国人迪诺提出，以特殊儿童为服务对象，提供满足他们不同程度需求的各级各类公立学校教育。

## 二、学前特殊儿童的安置形式

学前特殊儿童的安置也符合瀑布式特殊教育服务体系，安置环境大致分为三种：普通幼儿园、特殊教育机构或者医院、家庭。

### （一）普通幼儿园

1994年颁布的《残疾人教育条例》，2014年国务院办公厅颁布的《特殊教育提升计划（2014—2016年）》，2017年颁布的《第二期特殊教育提升计划（2017—2020年）》，2022

年颁布的《“十四五”特殊教育发展提升行动计划》均提出全面推进融合教育，在学前教育阶段扩充残疾幼儿学前教育规模，除普通幼儿园积极招收残疾幼儿外，还鼓励特殊教育学校增设学前班或附属幼儿园，资助家庭经济困难的残疾幼儿接受学前教育。当前，对特殊儿童开展学前教育的教育机构主要有三种安置特殊儿童的方式，分别如下：

1. 定期活动

定期活动主要指的是定期地在一所幼儿园中对正常的幼儿与少数特殊幼儿组成的小组组织开展活动。

2. 特殊班

特殊班主要指的是在学前教育机构里面单独设立一个专门安置特殊幼儿学习的特殊班。针对特殊幼儿的特殊需要进行教育安排，使他们接收到对应的特殊教育。

3. 全融合

全融合就是让特殊幼儿跟普通幼儿一样，在一个班级中学习、生活、游戏，但是会有针对性地为特殊幼儿设计个别化教育计划，对他们进行适当的教育康复训练。

### （二）特殊教育机构或者医院

人的发展存在“关键期”，人类的某种行为和技能、知识的掌握在某个特定的时期发展最快，最容易受环境影响。如果在这个时期施以正确的教育，可以收到事半功倍的效果，错过这一时期，就需要花费很多倍的努力才能弥补，或者可能永远无法弥补。0～6 岁是很多能力发展的关键期，如语言、动作等。儿童幼年时期具有巨大潜力，儿童发展的关键期又多在幼年期，因而对特殊儿童实施早期教育可以充分发挥特殊儿童的潜力，促进其发展。很多学前特殊儿童的家长选择进入特殊教育机构或者医院进行康复，接受动作、语言、认知等方面的康复训练，以期抓住发展的时机。

特殊教育机构或者医院中都有专业的医学康复训练人员，有物理治疗师、语言治疗师、作业治疗师等，从而可以确保学前特殊儿童接受康复的专业性以及全面性，保障学前特殊儿童康复的效果以及康复的进度。

### （三）家庭

一些障碍程度较严重或家庭住址较为偏远的学前特殊儿童由于各种原因无法进入幼儿园或者康复机构，家长是他们的主要照顾者，由家长对他们进行教育和康复。虽然有专业人员送教上门，但因为幼儿全时段都在家庭中，康复师、教师等专业人员很难及时给予学前特殊儿童及家庭及时的指导与支持，因此会影响幼儿的教育、康复效果，进而影响学前特殊儿童的身心成长。此外，幼儿与外界接触少，尤其是与同龄幼儿接触少，不利于幼儿社会性的培养。

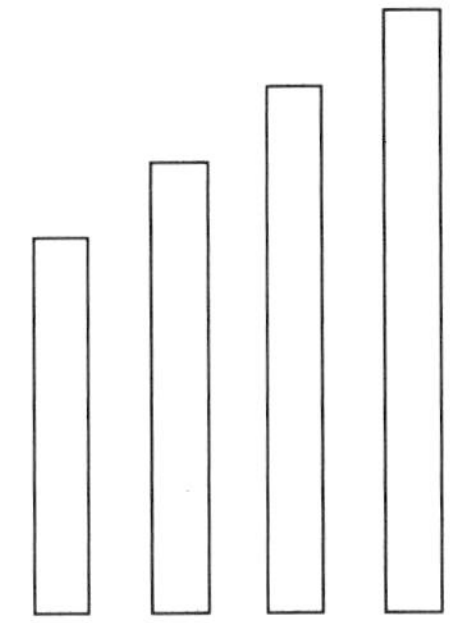

# 第四章　学前融合教育教师职业道德修养和职业技能

本章为学前融合教育教师职业道德修养和职业技能，论述了学前融合教育教师职业道德修养、学前融合教育普教教师职业技能、学前融合教育资源教师职业技能三个方面的内容。

## 第一节　学前融合教育教师职业道德修养

师德师风即教师的职业道德修养及其表现出来的思想和工作作风。师德师风是教师和一切教育工作者从事教育活动时必须遵守的道德规范和行为准则的总要求。

教育发展以教师为本，教师素质以师德师风为先。加强教师职业道德修养是完成教师崇高职责和历史使命的需要。在人类及教育进步的文明大潮中，从事融合教育工作的人应当把自我塑造放在极为重要的位置。

### 一、牢固树立责任意识

一个人的责任心决定着他在工作中的态度。一个有责任心的人，一定会认真思考、勤奋工作、细致踏实、实事求是，做每一件事都会坚持到底，按时、按质、按量完成工作。

教育工作是培养人才的工作，教师不要小看自己，妄自菲薄。管理学中的木桶原理启发我们：一个木桶由许多块木板组成，如果组成木桶的这些木板长短不一，这个木桶的最大容量不取决于长的木板，而取决于最短的那块木板。教学工作同样如此，需要齐心协力的团队，需要每个教师全身心地投入，不能断腿，更不能缺腿。

### 二、爱岗敬业，把职业当作事业

教育事业是造就人、培养人的事业，它教学生学会做人、学会生活、学会生存、学会学习。教师投身于这个崇高的伟大事业，应该感到无上光荣，应该孜孜不倦地工作，像陶行知先生说的那样，“捧着一颗心来，不带半根草去”。

教师对教育事业要有责任感，牢固树立终身从教的乐业精神、严谨执教的敬业精神、不甘落后的进取精神、不计得失的奉献精神。教师要热爱自己的职业，把职业当作事业来做。

教师要不断激发自己的工作热情，把全部热爱都倾注在教育事业上，奉献自己的力量。既然选择了教师这个职业，就要去做一个称职的老师，一个快乐的老师，一个幸福的老师。

### 三、热爱幼儿，尤其是特殊幼儿

热爱幼儿是教师做好教学工作的前提。热爱幼儿不仅是一种教育手段，更是教师高尚道德品质的表现。教师热爱幼儿在教育过程中起着十分重要的作用。热爱幼儿能使幼儿获得愉快的心理体验和幸福感受，是特殊幼儿身心健康成长的重要因素。热爱幼儿也是幼儿人格健康发展的条件。热爱幼儿，让幼儿感受到爱，他们会把这种积极的情感体验迁移到对他人的信任、尊敬和热爱上。热爱幼儿还可以换来幼儿的爱，幼儿往往因为喜欢教师而对教师所教的课程感兴趣，并努力学好它。

教师应以高尚的教育伦理、宽阔的胸怀去热爱幼儿、塑造幼儿。热爱幼儿应将对幼儿的爱与严格要求结合起来，还要将爱与尊重、信任相结合，尊重幼儿的人格，保护幼儿的自尊心和自信心。应全面关心幼儿，尤其是特殊幼儿的学习及身心健康发展，成为幼儿人生道路上的引路人。

## 四、加强性格修养

教师是幼儿直观的、鲜活的榜样。高尚的品格情操会给幼儿带来很大的影响。幼儿善于模仿，教师的一言一行、一举一动都会给他们留下深刻的印象，教师的思想品德、治学态度、行为习惯会对幼儿产生潜移默化的影响。“不能正其身，如何正人”，教师必须严于律己、言行一致、举止文明、为人师表。

对于处在性格形成时期的幼儿来说，教师的性格对他们影响极大。教师性格和善、做事民主，幼儿的性格就会稳定积极、态度友好；教师性格严厉，幼儿的性格就会容易紧张，表现出冷漠或带有攻击性；教师性格冷漠、教育放任，幼儿的性格也容易变得漫不经心，言行常处于放任状态。因此，教师良好的性格对幼儿的性格形成有着十分重要的作用。

融合教育学校教师团队是学校融合教育实践的核心集体，融合教育学校教师团队包括普教教师与特教资源教师。只有各位教师都做好自己的本职工作，尽职尽责，并且与其他教师密切合作，形成普特教资源为一体的融合支持系统，融合教育才能收到实效。

## 第二节　学前融合教育普教教师职业技能

学前融合教育是指将特殊儿童安置在幼儿园和普通儿童接受同等的教育。党的十九届四中全会要求“健全特殊教育的保障机制”，中共中央、国务院发布的《中国教育现代化2035》，国务院修订通过的《残疾人教育条例》等政策法规都对加强随班就读、推进融合教育提出了明确要求。

### 一、融合教育专业能力

了解学前融合教育的政策，掌握学前融合教育的基本知识和技能，是学前融合幼儿园普教教师的必备职业技能。由于融合教育的特殊性，教师的岗前指导和入职后的培训进修尤为重要。对新入职的教师进行岗前融合教育专业知识的培训，是每个学前融合幼儿园必不可少的一项工作，它能够让新入职教师尽快适应工作，学习专业理论知识，掌握专业操作技能。

### 二、融合班级管理和指导的能力

在一所学前融合幼儿园中，不仅有普通儿童，还有少数学前特殊儿童。如何在班级中为所有儿童建立平等、互助、包容的德育环境，是教师必备的基本技能。作为一名学前融合幼儿园的教师，要做到有意识、有针对性地开展德育教育，创设德育环境。融合教育所倡导的理念是双赢甚至是多赢的教育环境。学前融合幼儿园中受益的不仅是有特殊需要的儿童，也包括普通儿童。

学前融合幼儿园的普通班级教师应掌握基本的融合班级教育活动组织方法。在开展普通儿童的各类活动时嵌入学前特殊儿童的活动目标与活动内容，非常考验教师的教育教学设计能力。学前特殊儿童的班级活动目标需要以资源教师的专业评估作为依据，结合儿童自身能力及学习需求，班级教师在生活活动、户外活动、区角活动等环节中要与班级主题内容相适应，制定出融合教育方案。同时，应与儿童家长、资源教师共同讨论这一目标，让儿童把所学到的知识技能在生活环境中尽可能地进行多次巩固，最终达到在生活中可以使用该知识技能的程度。

融合班级中的教师还应具备对学前特殊儿童进行动态评估的能力。在一日的学习生活中，对儿童各方面的能力做出过程性和阶段性评价。掌握基本的科学评估方法，注重观察评估的重要价值，将评估与班级活动相结合，适时调整融合教育目标、活动内容与方法。

## 三、处理学前特殊儿童问题行为的能力

大部分特殊儿童存在语言能力和沟通能力的缺失，在发生他们难以接受的事情时，这些儿童没有办法清楚地向教师表达自己的感受，情绪无法得到恰当的释放，因此出现问题行为。作为融合教师，一方面要关注幼儿的心理健康，另一方面，应了解他们身体、情感发展的特性和差异，找到幼儿出现问题行为的真实原因。

在处理幼儿的情绪行为问题时，教师要善于运用积极行为支持策略，帮助幼儿的问题行为得到改善。积极行为支持是一种对个体行为实施干预的系统化方法，通过教师引导幼儿发展积极正向的行为以及对幼儿所处环境中的要素进行改变，调整幼儿与环境的互动关系，达到减少、预防问题行为发生的目的。教师应能够分析、处理学前特殊幼儿常见的情绪行为问题，引导幼儿学会正确的表达方式。

## 四、积极有效开展家长工作的能力

对幼儿的教育需要幼儿家长和教师的全力配合才能够完成，应该把家长和教师作为共同促进幼儿发展的主体。融合班级普教教师应不断提升自身开展家长工作的能力。目前提倡的“家园互动”“家园共育”都包含幼儿家长支持幼儿教师工作的必要性。如果幼儿家长能够充分理解教师、相信教师，与教师的教育理念达成一致，在态度和行动上支持教师，对教师的工作将是一种极大的鼓励，使教师在对幼儿的教育上充分发挥作用，为幼儿的成长提供最大的帮助。

## 第三节　学前融合教育资源教师职业技能

融合教育资源教师是在普通教育当中提供特殊教育服务的人。资源有“支援”之意，指对融合教育、普通教育、学校、班级教师、特殊需求幼儿家长的支持协助。资源教师是特殊教育的主要负责人，承担着资源教室建设的责任，对资源教室进行规划和运用。资源教师是融合教育的宣传者、咨询服务者、学校融合教育的规划抉择人、融合教育的执行人、协调者和合作者。资源教师多由资深特教教师担任，也可由普教教师经特教培训后担任。

### 一、对学前特殊儿童进行评估和安置的能力

资源教师应具备运用各类专业评估工具对不同障碍类型的幼儿进行教育和康复评估的能力，运用多种评价方式对幼儿进行教育教学评价，运用观察、与家长及教师进行访谈、问卷调查等方法以及客观比照评价标准对幼儿进行教育评量的能力。通过评价，科学、客观地对待幼儿的个体间差异和个体内差异，明确差异对幼儿的学习能力、语言能力、运动能力、自理能力、社交能力的影响，据此确定幼儿学习及发展的方向，同时促进教学方式的优化。资源教师应根据评估的基本理念和自身经验准确解读报告结果，为幼儿制定个别化的教育康复目标和内容。

幼儿园是否接收学前特殊儿童入园，应综合考虑以下因素：

一是该名幼儿的障碍类型、程度。

二是本机构现有学前特殊儿童数量，以及园所的接收能力。

三是家长的支持程度和家庭状况。

根据特殊教育教师精细化评估的结果，将学前特殊儿童编入班级，编班时综合考虑以下因素：

一是按照学前特殊儿童的能力而非按年龄安排融合的班级。

二是综合考虑全园学前特殊儿童的分布情况。

三是考虑班级教师的融合教育能力。

四是每个普通班级可按照 10：1～7：1 的比例编入学前特殊儿童。

在编班后，资源教师需要与普通班教师、家长一起制定特殊儿童的发展目标，结合各方面的资源，普特结合、家园共育，齐心协力地为特殊儿童创造良好的教育康复环境。

## 二、根据幼儿的障碍类型制订教育康复计划并实施的能力

资源教师应制订符合幼儿身心发展阶段和年龄特点的教育康复计划，选择基于实证的一系列教育康复策略和方法，促进学前特殊儿童的全面发展，根据幼儿在教育康复过程中的具体表现，使用恰当的教育技术支持幼儿的能力变化。

教师应创造适合幼儿发展，有效促进幼儿各项能力提高的教学情境和教育内容，为幼儿提供一个宽松、愉悦、安全的教育环境。运用各种教育措施激发学前特殊幼儿的学习动机，提高他们学习的主动性，调动他们学习的积极性，让他们在自然的、有准备的教学环境中潜移默化地接受教育内容。

资源教师要运用特殊教育理论知识和实践经验，根据幼儿的学习特点和已有经验，选择适合幼儿能力发展并与之相匹配的教育康复技术和手段，科学运用提示、辅助强化等教学策略帮助幼儿，再结合幼儿的班级教学活动和离园后的生活活动，针对幼儿已掌握的能力，在真实的社会环境和家庭环境中进行实际运用。

资源教师除了开展班级的集体教学，还要根据学前特殊儿童的实际情况，定期为他们开展康复训练。资源教师都有自己擅长和主要负责的领域，如认知、语言、感觉统合、康复等。家长针对孩子的情况选择个训教师，教师针对幼儿选择适合的科学的方法，每天进行半小时的针对性康复训练，家长回家进行巩固强化，教师定期或不定期地和家长进行沟通交流。资源中心个训教师将个训内容告知幼儿所在班级的教师，所在班级的教师应积极配合，使康复效果最大化。

资源教师定期或不定期开展巡回服务，对学前特殊儿童提供部分时间的抽离式或外加式的直接教学服务，或与普通班教师、家长讨论学前特殊儿童的辅导策略，提供间接的服务。

巡回指导服务由资源教师承担，主要工作包括以下四个方面：

第一，按照计划表到各个有学前特殊儿童的班级进行巡回，观察特殊儿童在集体课、区角活动、户外活动以及生活活动中的行为表现，及时处理孩子出现的行为问题，必要时辅助孩子参与集体活动，与普通班的教师沟通交流，了解孩子的融合情况并做好巡回记录。

第二，不定期到有学前特殊儿童的普通班级对学前特殊儿童及普通班教师直接或间接进行教学辅导。

第三，依据幼儿的个别化教育计划，辅助普通班教师完成教学目标的制定和完成工作。

第四，撰写幼儿在园一日生活作息的融合要求，督促普通班教师和家长按照要求严格执行。

影子教师在融合课堂中的作用主要是辅助任课教师的教学，满足学前特殊儿童的各种需求，帮助有特殊需求的幼儿更好地融入课堂中。

影子教师由资源教师兼任，在幼儿进入普通班级初期，影子教师跟随幼儿进班，帮助幼儿在新环境中尽快建立生活常规和课堂常规，当幼儿适应普通班生活后，影子教师便撤出。影子教师在提高幼儿融合质量的过程中担任着重要角色。

## 三、调整教育康复计划及课程的能力

资源教师充分利用各类教育资源，选择并调整教育教学的具体目标和内容，采用不同目标、不同要求、不同内容、不同方式来撰写教学设计。做到一人一目标、一人一方法，相同教学材料，不同教学内容，不同教学标准。根据学前特殊儿童的已有经验和实际需要，在学习的方式、内容、深度、广度等方面做适当调整，在明确关键能力的前提下，根据学前特殊儿童的个体特点，设计可选择的教育康复方式和内容。在教育康复过程中，适时调整计划，确保各项教育支持手段能够有效支撑幼儿的发展。

特殊教育教师在精细评估结果的基础上，为每个学前特殊儿童制订适合其发展的个别化教育计划，制订时要注意以下要点：

一是每个学前特殊儿童都有一份属于适合自己的个别化教育计划，应尊重个别差异，允许其按各自的学习速度前进；根据学前特殊儿童的发展需要确定其学习内容和目标；根据学前特殊儿童的能力确定其学习速度和难度。

二是全面系统、科学地了解学前特殊儿童，并且确保信息的真实性。

三是个别化教育计划要具有针对性和可操作性。目标制定要合理，应是最适合其发展的目标。

四是制定的个别化教育计划目标要与普通班的教学目标相结合，并做好目标分解。

五是个别化教育计划的制订和实施需要教师、家长、社区的参与。

六是根据幼儿的优、弱势项目对其急需发展的能力进行全面了解。

七是对个别化教育计划的描述语言要简明，内容要全面。

## 四、对学前特殊儿童家庭康复进行指导的能力

对于学前特殊儿童来说，除学前教育康复训练之外，家庭的支持与日常生活训练也非常重要。学前特殊儿童父母如果能够给予幼儿适当的反应和互动，提供愉快的生活环境，随机指导幼儿学习和提供足够的语言刺激，则有助于学前特殊儿童在认知、沟通及社会适应等方面能力的学习和发展。因此，除了提供学前特殊儿童个别化的教学和服务，幼儿园还非常重视和兼顾家庭的需求，并提供相关的支持与服务。

作为资源教师，要在充分了解学前特殊儿童家庭的前提下，与家长建立合作关系，为家长提供支持服务，促进家园共育。应做到以下几点：

第一，尊重家长，积极倾听家长的观点。

第二，明白家长的需求会随着幼儿的成长而变化。

第三，保持和家长的有效沟通，为家长答疑解惑。

第四，为家长提供家庭康复的知识和技能，指导家长进行家庭干预。

第五，定期召开家长座谈会，增强家长对自己孩子在园情况的了解。

第六，通过多种形式的家园合作和联系，沟通家园的教育信息，以达成家园合力的教育效果。

## 五、教育教学科研能力

面对复杂的社会问题影响下的教育问题，教师必须能够用学科的理论知识分析问题、解决问题，而不是依赖与等待。这就迫切要求每一位教师尽快提升教育教学科研能力。

科研不一定是专业理论知识的驳斥和创新，当代的资源教师应立足于工作中发现的实际问题，解决教学中的实际矛盾，以问题促进科研的实施，以解决问题提升科研的能力，以问题解决的效果提高科研的动力。以实际工作中出现的问题为导向，引领教师进行科研，不仅让教师在工作中更轻松，也让幼儿的成长更迅速。

## 六、终身学习及专业发展的能力

作为一名资源教师，应及时了解和掌握学科知识的最新研究成果，学习先进的教学技术，不断提高自身的专业理论水平，主动寻找并积极参加各类培训及学习活动。要谨记教师职业伦理道德，时刻践行教师职业道德。在面对学前特殊儿童时，以爱为出发点，以专业知识和能力为支撑。遵循特殊教育领域与大教育领域的理论知识和职业道德要求，进行教育指导活动，积极参加各类教研活动，利用网络等媒介方式，增加自身的专业知识，提升教育康复的实践能力。从心理学、社会学、环境学、教育学等学科知识出发，保持终身学习的态度，并内化为自身教育的力量。

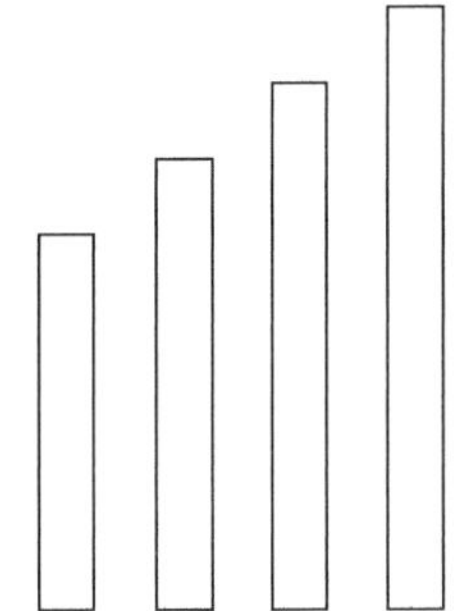

# 第五章　学前融合教育中的个别化教育计划

本章为学前融合教育中的个别化教育计划，论述了学前融合教育中个别化教育计划的内涵、学前融合教育中个别化教育计划的制订、学前融合教育中个别化教育计划的实施三个方面的内容。

# 第一节　学前融合教育中个别化教育计划的内涵

特殊儿童的教育问题一直备受人们重视。长期以来，人们尝试了多种方式和方法。目前，受到国内外人士认同的是采用个别化教育计划，实施对特殊儿童的教育。

## 一、学前融合教育中个别化教育计划的定义与特征

### （一）个别化教育计划的定义

个别化教育计划也称为个别化教育方案，一般是指由地方教育部门的代表、学校教师、心理学工作者、医生、社会工作者以及家长或监护人组成的小组，为特殊儿童制订的一份满足其个别化学习需要的特殊教育及服务的书面计划。这个计划既是儿童教育和身心全面发展的总体构想，又是对儿童实施教育与相关服务的具体方案，主要包括：现有教育表现水平描述，应达到的短期与长期目标，应提供的特殊教育服务设施及应参与普通教育活动与计划的程度，实施的日期与期限，评估措施与日程安排等。肖非指出，个别化教育计划涉及特殊儿童在学校接受的特殊教育的方方面面，描述了儿童的教育需要，确定了儿童要达到的教育目标，规划了儿童的教育安置形式，明确了儿童的教学进程和进步的评价标准，既是特殊儿童教育和身心全面发展的一个总体构想，又是针对他们进行教育教学工作的指南性文件。

### （二）个别化教育计划的特征

个别化教育计划与教师日常所写的教案不同，表现出以下特征：

一是严谨的科学性。个别化教育计划要在科学与精确测量的基础上制订。也就是说，制订要以科学态度、科学方法，采用科学的测量工具完成。

二是规范的程序性。个别教育计划是为特殊儿童提供满足其个别化教学需要的科学指南，其中规定了教师对特殊儿童进行教育的程序，并且这些程序应是适合儿童发展需要的、由初级到高级安排的。

三是设计的标准性。对于特殊儿童而言，个别教育计划是个别化的，针对他们独特的需要而设计，是异质的、基于个别差异的计划。但是，对于设计与实施者而言，个别教育计划的制订要用同质的、标准化的形式与步骤来规范。这有利于个别教育计划的相关研究与推广。

四是实施的民主性。个别教育计划的设计与实施需要多方人员的协同配合来完成，如

教师和其他专业人员、学校与社区人员、家长与教师的合作等。

## 二、学前融合教育中个别化教育计划包含的内容

### （一）儿童的基本信息

个别化教育计划表格中的第一项内容是儿童的基本信息，其中包含姓名、性别、出生日期、入学日期、班级等。这样的信息呈现旨在方便阅读者快速了解特殊儿童的基本情况。

### （二）教学情境、教学策略与方法

教学情境重点阐述在何种教学活动中达成目标。教学策略与方法是指儿童在达成目标的过程中需要什么程度的协助，需要哪些支持，以及需要采用哪些教学方法。其中，协助程度可以分为：大量协助、少量协助、示范提示、口头提示、身体协助等。可以选择的教学方法除了与普通教育相一致的讲授、谈话、讨论、自学辅导、阅读指导、演示、参观、实验等方法，还有学前教育、特殊教育经常使用的游戏教学法、情境教学法、工作分析法等。

### （三）达成情况、教学决定

达成情况主要依据教学情况，标记特殊儿童目标是否达成，并备注达成的方法以及未达成的原因等内容。

教学决定主要是用于学期末，评估特殊儿童学期目标达成情况时标记该目标是继续还是更换。

### （四）签名、执行与评价

个别化教育计划是严格按照流程进行的，所有参与人员要对该个别化教育计划负责，因此最后会有一个签字环节，行政人员以及教师都要在这份个别化教育计划上签字。同时，要明确填写该计划的拟订日期以及执行日期，这样便于他人及时了解该计划的具体执行日期。

此外，个别化教育计划中还需要写明个别化教育计划的评价日期、评价人员以及评价结果。该部分主要是在个别化教育计划执行后填写学生目标达成情况。

## 三、学前融合教育中个别化教育计划应考虑的要素

### （一）特殊儿童自身的特点

个别化教育计划首先要考虑的是特殊儿童具有的特点，他们的独特性和差异性是个别

化教育计划的出发点。特殊儿童的特点应包括年龄、障碍类型及程度、障碍伴随的心理特点以及家庭情况等方面的内容。这些特点直接关系着个别化教育方案的制定与实施，需要根据这些特点决定计划中的内容，如障碍的类型和程度不同，计划中的学习内容也不同。

1. 特殊儿童的年龄

个别化教育计划需要考虑学生的年龄特征，不同年龄段特殊儿童发展的重点不一样。比如，刚进入小班的特殊儿童教育重点是课堂常规的建立以及融合环境的适应；而进入大班的特殊儿童则要将学习能力的培养、学习态度的养成列为计划的重要内容，为转衔进入小学阶段做准备。3～6 岁是儿童语言、动作和社会交往发展的关键期，要特别注重儿童这些方面能力的发展。

2. 特殊儿童的障碍程度

个别化教育计划还要考虑特殊儿童的障碍程度。障碍程度较轻的儿童，在计划拟订时，可以多安排在普通班级进行融合学习，使儿童可以最大限度地实现融合；障碍程度较重的儿童，可以考虑抽离式的训练方案，在目标拟订上更要考虑功能性。

### （二）学前教育机构的特点

学前教育机构的特点直接影响个别化教育方案的内容，影响计划的贯彻和实施，因此必须考虑机构特点，尤其是机构中特殊儿童的安置方式、师资条件、设备情况以及机构中普通儿童的情况等。

目前，我国学前教育机构中特殊儿童研究有以下三种安置形态：第一种是对口活动形态，即在学前教育机构的环境内，一个班级的儿童与一组特殊儿童定期开展共同活动；第二种是中心活动形态，是指在学前教育机构中设立特殊儿童学习中心，接受有特殊需要的学前儿童；第三种是个别活动形态，指特殊儿童处于正常学前教育机构中，在正常随班学习的同时，根据每个特殊儿童的特殊需要，安排个别的或小组的学习活动，对他们进行特殊教育。在以上三种不同的活动方式中，特殊儿童相对独立的学习活动内容、时间、方式，特殊儿童与普通儿童一起活动的内容、时间、方式均不相同，因而特殊儿童个别化教学计划必然有不同的内容。

### （三）特殊儿童的家庭情况

特殊儿童的家庭情况也是个别化教育计划必须考虑的因素，包括特殊儿童父母的职业及文化程度、经济收入、教养方式及态度等，这些方面都将对特殊儿童产生影响，也必然影响个别化教育计划的实施。

# 第二节　学前融合教育中个别化教育计划的制订

个别化教育计划是学前融合教育质量的关键，制订出符合特殊儿童身心发展需求的个别化教育计划，是能够为儿童提供有效教育服务的前提。

## 一、学前融合教育个别化团队建设

要推动学前融合教育的科学、有序发展，个别化团队建设是关键。积极推进个别化团队建设是促进学前融合教育科学、持续、健康发展的有效举措。下面将从四个方面阐述个别化团队建设。

### （一）个别化团队的概念

个别化团队就是为制订和实施个别化教育计划而组建的教育团队。团队成员包括教学人员、管理人员、康复训练师、心理学工作者、医生等。他们分工协作、技能互补，共同承担制订和实施个别化教育计划工作。个别化团队的目的是改善和提升特殊幼儿的生活品质。

### （二）组建个别化团队的意义与价值

1. 确保为特殊儿童开展科学准确的评估

特殊儿童在生理上及心理上的特点异于普通儿童，并且障碍类型及程度参差不齐，这就需要个别化团队提供相应的支持。除此之外，在评估过程中，有一部分特殊儿童情绪变化大，不能稳定地配合教师，当特殊儿童不积极配合教师评估时，就需要个别化团队中的相关人员通过观察、询问等方式，结合特殊儿童在日常学习和生活中的表现进行综合评估。另外，还有部分孤独症及言语障碍儿童不愿意或无法与外界进行有效的交流和沟通，也需要个别化团队中有专业背景的相关人员提供专业的评估工具做引导。

个别化团队由具有多样化知识背景的人员构成，有的具备渊博的特殊教育专业知识和丰富的教学经验，是特殊儿童进行个别化教育计划的执行者；有的具备特殊教育教学的先进理念，协调团队成员之间的分工协作，为团队注入特殊教育理念的新鲜血液；有的具备特殊儿童康复训练的各项技能，给予特殊儿童适合自身发展的康复训练；有的具备深入了解特殊儿童心理需求的能力，可以及时解决个体的心理问题；有的具备相关的医学专业知识，可以明确诊断特殊儿童生理上的缺陷。在多样化知识环境中，通过多角度、多视野、全方位地了解特殊儿童，从而对特殊儿童做更具科学性和准确性的评估。

2. 为特殊儿童制订切实可行的个别化教育计划

在对特殊儿童进行科学准确的评估基础上，对特殊儿童制订针对性较强的个别化教育计划。提高特殊儿童素质的根本途径是对其实施个别化教育。个别化教育是真正意义上的特殊教育。

特殊儿童个别化教育计划的制订按照收集基本资料—观察—分析诊断—制定长短期目标等流程，在整合教材的基础上确定特殊儿童的教学目标，提升特殊儿童的学习效果。个别化教育计划制订增进了学校与特殊儿童家长的配合，协调了各方人员合作，从多角度关注特殊儿童的学习活动，从而做到因材施教，顺利达成教学目标。

3. 确保特殊儿童个别化教育计划的有效实施

在儿童园融合教育教学中，实行集体教学与个别教学相结合。教师在备课时必须结合特殊儿童的个别化教育计划，在同一教学内容中，教师既要兼顾全体儿童，又要给予特殊儿童更多的关注。教学时以集体教学为主，以分组教学、个别教学为辅，让特殊儿童学有所获，确保特殊儿童个别化教育计划的有效落实。

4. 促进特殊儿童最大可能的发展

促使特殊教育事业科学、高效、有序发展，当前需要树立科学发展理念，以素质教育为核心，尊重、接纳每一名学生的个别差异，因材施教，大力实施、推广个别化教育，促进每一名特殊儿童获得最大可能的发展，为他们将来更好地适应生活、适应社会打下坚实基础。

5. 促进教师自身的专业能力发展

个别化团队教师是开展个别化教育教学工作的领航人。通过定期培训、自主学习、集体研讨、磨课、议课等活动，能促进教师的成长，使其能深度理解个别化教育理念，熟练操作个别化教育流程，逐渐成长为具有个别化教育理念和行动能力的教师。

6. 培养教师团队意识，凝聚团队力量

个别化团队成员之间为了制订和落实特殊儿童的个别化教育计划这一共同目标，必须通力合作、共同奉献、取长补短，遇到问题及时交流沟通，发挥团队的力量。

### （三）个别化团队主要成员及其职责

1. 个别化团队主要成员

教学人员：通常有特殊教育学校教师、学前融合教育教师、普通幼儿园教师、班级教师等。

管理人员：可以是特殊教育学校领导、幼儿园园长等。

个别化团队小组长：通常从教学人员中推选。

康复训练师：可以是具有康复技能的专业人员，也可以是具备特殊教育专业知识背景的康复训练课的教师，或者是康复机构的相关人员等。

心理学工作者：通常有心理学咨询师、心理医生、心理学专业毕业的教师等。

医生：可以是儿科医生、校医等。

特殊教育专家。

对于个别化团队成员的组成，各学校可以结合学校的实际情况进行选择。

2. 个别化团队成员的职责

教学人员：主要参与特殊儿童的个别化教育计划的制订与实施，是个别化教育计划的执行者角色。

管理人员：负责协调团队各项工作，确保团队资源得到最佳利用，是协调者的角色。

个别化团队小组长：负责统领整个活动过程，制订活动计划，安排活动事项，确保活动科学有序开展，是组织者的角色。

康复训练师：为特殊儿童提供科学有效、合理有序的康复训练服务。

心理学工作者：对特殊儿童进行心理评估，促进儿童心理健康发展。

医生：对特殊儿童进行专业的检查，使教师深入了解特殊儿童的生理特点，以便采取更合适的教育机制。

特殊教育专家：为团队提供专业知识和技能指导，帮助解决特殊儿童评估、计划制订及执行过程中遇到的问题，促进团队专业能力的提升，保障个别化教育计划工作的顺利开展。

### （四）团队成员工作的流程与内容

1. 团队成员开展工作的流程

团队成员主要采取分工协作的方式开展工作，在特殊儿童评估、对个案的研判、个别化教育计划的制订中，要充分发挥团队合作的优势，群策群力，多角度、全方位地对个案进行综合分析研判，从而制订出最具科学性与可行性的教育计划。在个别化教育计划的执行过程中，具有不同学科背景的团队成员负责不同领域的教育教学工作，如有的对个案进行言语康复训练，有的对个案进行肢体康复训练等。这样，在整个团队中，既有分工又有合作，促进了特殊儿童最大限度的发展。

专业团队合作模式一般分为专业分工模式、跨专业合作模式、贯通专业模式。专业团队合作模式要求以特殊儿童为中心，集体制订个别化教育计划，各专业不间断地合作以提供全面的服务。结合我国融合教育发展现状及学校的实际情况，个别化团队主要采用贯通专业合作模式。

2. 团队成员开展工作的内容

（1）推广和普及融合教育理念，提升幼儿园教师对特殊儿童的理解和接纳度

在特殊教育领域中推广个别化教育理念，体现了教育平等、以学生为主体、个性发展和全面发展的理念，适应了时代发展对特殊教育提出的要求。个别化教育理论是一种尊重学生的个体差异性，满足每个学生的教育需要的理论。个别化教育是以特殊儿童为中心，促进每个儿童个性发展的新教育。同时，个别化教育的实施需要众多群体参与，如教师、家长、医生、志愿者等，他们在参与的过程中理解、接纳特殊儿童，并把这样的理解、接纳、向更多的群体宣传。因此，个别化教育的实施有效地宣扬了平等、尊重、接纳的教育理念。

（2）对特殊幼儿进行教育评估与诊断

个别化团队主要对特殊儿童进行生理诊断评估、认知功能评估、动作功能评估、语言功能评估、社会适应行为及情绪行为评估。

（3）制订个别化教育计划

个别化团队参与人员包含教师、家长，必要时应由各类检测人员（如医生、心理学及教育学工作者，甚至包括幼儿本人、保育员）共同制订教育计划，主要制订人最好是班级教师。

（4）实施个别化教育计划

班级教师是个别化教育计划的执行者，个别化团队要加强对班级教师的监督与指导，让特殊儿童的个别化教育计划真正落实到位。

（5）对个别化教育计划进行反思调整

幼儿园个别化教育计划的开展主要分为两个部分：一是计划的制订、评估与修订，二是计划的实施。无论是制订还是实施，都需要多方面人员的协作。一般来说，评估和目标制定需要两周到一个月的时间，实施一个学期后要对计划进行效果评估和修订，实施一学年后要重新对特殊儿童的发展和计划实施情况进行评估和审核，重新制订计划。

计划修订要根据评估结果，对目标进行再次审核，将通过的目标删除，将还需要继续发展的目标保留，将需要简化的目标重新撰写。另外，根据个体发展需要，还会适度增加发展目标。

（6）对幼儿园教师进行专业技能指导与培训

积极推进特教知识的进修，教育主管部门需组织开展相关的特教知识培训，多提供不同类别的特殊儿童教育示范课，为有教学需要的融合班教师提供更多选择。同时，进修的内容侧重于特教专业教学能力的设计，如特殊幼儿诊断、个别化教育计划活动与制订特殊幼儿发展评估、课程设计与教学策略等，以提升普通幼儿教师的特教理论水平和实践操作能力。

学前融合教育赋予幼儿园教师更多的责任。幼儿园教师不仅要具有普通幼儿教师的专业素养，还要具有特殊教育的专业知识和技能。专业的爱才是对特殊儿童最好的爱。个别化团队建设系统可以提升幼儿园教师的专业能力和素养，对学前融合教育的发展起到推波助澜的作用。

## 二、教育评估与诊断

教育评估与诊断是特殊儿童个别化教育与教学的关键环节，个别化教育计划是否有效，所制定的长短期目标是否符合儿童需求，取决于教育评估与诊断是否对儿童各方面能力做出准确判断，是否准确把握了儿童的现有能力。下面将重点介绍教育评估与诊断的概述、内容与流程、方法等，引导读者全面认识教育评估与诊断，以期进一步提升教育评估与诊断的技能技巧。

### （一）教育评估与诊断概述

1. 学前融合教育中特殊儿童教育评估与诊断的定义

“教育”一词来源于孟子的“得天下英才而教育之”。拉丁语“educare”，是“教育”一词的来源，意思是“引出”。社会根据受教育程度选拔人才，人通过接受教育实现社会地位的改变。教育伴随着人类社会的产生而产生，随着人类社会的发展而发展，与人类社会共始终。广义的教育泛指一切有目的地影响人的身心发展的社会实践活动。狭义的教育指专门组织的教育，即学校教育，不仅包括全日制的学校教育，也包括半日制的学校教育、业余的学校教育、函授教育、刊授教育、广播学校和电视学校的教育等。

“评估”一词译自英文“assessment”，又译为“评量”或“评定”，是根据一项标准对所测量到的数值予以价值判断。在教育上，评估是指使用测验和其他测量手段测量儿童的成就与行为，以便做出教育性决定的过程。

“诊断”是从医学角度对人们的精神和体质状态做出的判断，也是对正常人的健康状态、劳动能力和某一特定的生理过程的判断。司法部门判定血缘关系和伤害性质也属于诊断。用来认识疾病的诊断最广泛，是治疗、预后、预防的前提。

学前融合教育中特殊儿童教育的评估与诊断是一项综合性工作，在广泛收集学龄前特殊儿童大量信息、资料（包括医学鉴定与检查、认知功能、动作发展、语言功能、行为问题、心理测量、学业测试以及家长、教师提供的相关资料）的前提下，采用科学的方式方法对这些信息、资料进行综合的分析、判断、解释，全面了解特殊儿童的现有能力、存在的问题以及教育需求，从而为特殊儿童做出科学、有效、可操作的教育性决定的过程。

2. 学前融合教育中特殊儿童教育评估与诊断的意义与价值

（1）有助于贯彻实施个别化教育理念

通过教育诊断与评估，可以对特殊儿童的生理状况、认知、沟通、动作发展、心理状态以及学业成就等方面进行全面的评估，从而准确把握特殊儿童在各方面发展的现有能力以及存在的问题，找到教育起点，确定符合特殊儿童身心发展的长短期目标，制订合理的个别化教育计划，开展有效教学。

（2）有助于加强幼儿教师教学的针对性，提升幼儿园教师的教学技能

教育评估与诊断督促幼儿园教师在开展教学前深入了解学生，明晰特殊儿童存在的问题以及教学的起点。

幼儿园开展教育评估与诊断的最终目的是希望制定出科学的、符合特殊儿童身心发展需求的学期、学年目标。幼儿教师需要在开展本班主题教学内容以及教学目标时，将特殊儿童相应的目标融入其中。幼儿教师应该在确定全班幼儿达到学习目标的同时，特殊儿童的学习目标也同样达成，这对幼儿教师的教学技能提出挑战。科学的教育评估与诊断，有助于形成一种监督与激励机制，督促教师不断反思自己的教学情况，不断提升教学水平和教学技能。

（3）有助于构建幼儿园服务特殊儿童的支持体系

随着社会的进步，社会及大众对待特殊儿童的态度转变成“我们能够为特殊儿童做些什么，让他们也能够正常地参与社会”，于是专家、学者开始共同探讨“支持体系”这一概念。

学龄前特殊儿童的教育评估与诊断使幼儿园了解了特殊儿童进入幼儿园学习的教育需求，便于幼儿园根据特殊儿童情况调动多方力量，构建支持体系，创设无障碍的物理环境，使特殊儿童在幼儿园内无障碍地参与教学活动。与此同时积极创设无障碍的人文环境，无论是班级教师、资源教师、保健师，还是幼儿园其他工作人员，均能接纳特殊儿童，为其创造符合身心发展需求的学习环境。

（4）科学的教育评估与诊断符合国家特殊教育相关法律法规政策的要求

中华人民共和国教育部等七部门联合印发的《第二期特殊教育提升计划（2017—2020 年）》（以下简称《计划》）中明确提出，提升特殊教育的基本原则第二条：“坚持尊重差异，多元发展。尊重残疾学生的个体差异，注重潜能开发和缺陷补偿，提高特殊教育的针对性。促进残疾学生的个性化发展，为他们适应社会、融入社会奠定坚实基础。”尊重学生差异的前提是要全面了解学生，教育评估与诊断正是了解学生的基本途径。“计划”中重点任务的第三条明确提出：“提高特殊教育质量。促进医教结合，建立多部门合作机制，加强专业人员的配备与合作，提高残疾学生评估鉴定、入学安置、教育教学、

康复训练的有效性。”由此可见，对残疾学生有效的评估鉴定，是提高特殊教育质量的重要条件之一。

由国务院第161次常务会议修订通过的《残疾人教育条例》(以下简称《条例》)第三条规定:“残疾人教育应当提高教育质量，积极推进融合教育，根据残疾人的残疾类别和接受能力，采取普通教育方式或者特殊教育方式，优先采取普通教育方式。”第十九条要求:“适龄残疾儿童、少年接受教育的能力和适应学校学习生活的能力应当根据其残疾类别、残疾程度、补偿程度以及学校办学条件等因素判断。”第二十三条提出:“在普通学校随班就读残疾学生的义务教育，可以适用普通义务教育的课程设置方案、课程标准和教材，但是对其学习要求可以有适度弹性。”条例中虽未明确提出教育评估与诊断的问题，但是均在强调有效的教育、高质量的教育都要考虑特殊儿童的差异性，教育评估与诊断有助于以上政策、法规的落实。

3. 学前融合教育中特殊儿童教育评估与诊断的注意事项

(1)注重评估内容的全面性

对特殊儿童的评估，涉及个案生理、心理、智力、运动、语言等。要想获得个案全面的资料，了解个案存在问题及发展潜能，需要对个案进行全面而系统的评估。

(2)保证评估的科学性、真实性、系统性

想要实现对特殊幼儿评估的科学性、真实性、系统性，不仅需要评估教师具有认真负责、实事求是的态度和精湛的专业技能，还需要教师具备较强的沟通能力，与个案的家长或监护人进行深入细致的沟通，让家长积极参与到评估与诊断的工作中，同时，部分评估内容，如智力评估、生理评估、心理评估则需要心理测量专家、语言病理学家或听力学专家、眼科专家、医院的其他相关大夫及专业人员的协助，才能确保评估结果的真实、可靠。

(3)坚持动态评估

标准化的智力测验仅能检测出特殊儿童目前的水平，对于特殊幼儿的评估，还需要了解个案“可能”达到的水平及如何实现可能。通过“前测—教育介入—迁移—后测”这一系列程序实施动态评估，使个案在动态评价的学习、探索、支持、帮助的过程中达到最佳的发展状态；对个案的社会适应能力及情绪行为进行评估时，要充分运用生态导向的评量，对于个案的情绪及适应能力问题，不仅要从智力层面分析，还要对个案的生活环境进行多维度分析，找到影响与其互动的诸多环境因素，呈现出个案在复杂生态系统的位置及生存状态，使评量在自然时间、常态生活环境和生活活动中进行，在活动中生成教学目标的同时，明晰了促进环境调整进步的方向。

（4）避免过度评估

特殊幼儿注意时间短暂，容易疲劳。在评估中，不能为了全面掌握情况在短期内对其实施所有项目的评估，这样易造成其对评估的抵触和不配合，使评估的准确性大打折扣。实施评估之前，要根据特殊儿童的实际情况选好评估项目；在实施评估中，要有计划分阶段地对特殊儿童实施评估，只有这样，才能确保评估的准确性和科学性。

（5）遵守职业道德

对特殊儿童实施评估以后，将产生一系列社会和教育行为，评估者应对其工作的行为后果负责，严格按照测验使用手册中的有关规定实施测验，评估中使用的方法和程序也必须达到专业标准。在评估中获得的特殊儿童的个人及家庭资料系个人隐私，不能向参与个别化教学以外的人员泄露，未经许可，不得在学术期刊上公开发表涉及特殊儿童的相关资料。

### （二）教育评估与诊断的内容与流程

1. 学前融合教育中特殊儿童教育评估与诊断包含的内容

（1）特殊儿童基本资料的收集

基本资料收集是开展特殊儿童个别化教育与教学的第一步，只有完整地收集基本资料，才能全面了解特殊儿童，准确把握其现有能力，制订出合理的个别化教育计划，开展有效的教学，促进特殊儿童不断进步、成长。

特殊儿童基本资料搜集包括三方面内容：一般资料、专项资料及其他资料。资料包括姓名、性别、出生日期、障碍类别、障碍程度、父母的姓名、文化程度、年龄等，搜集资料的目的是了解特殊儿童的基本信息，确保信息的真实性和准确性。

（2）生理状况的诊断、评估

生理状况的诊断、评估主要是了解学龄前特殊儿童的生理状况，包含的主要内容有视力、听力、神经系统功能等，该项诊断和评估主要由医院来完成，检查内容分为一般性的健康检查和针对性的特殊检查。

①健康体检是以健康为中心的身体检查

2009 年 8 月 5 日颁布的《健康体检管理暂行规定》提出，健康体检是指通过医学手段和方法对受检者进行身体检查，了解受检者健康状况，早期发现疾病线索和健康隐患的诊疗行为。儿童健康体检的主要内容包括身高、体重、呼吸、脉搏、血压、感觉以及神经系统检查。

②针对性的特殊检查

针对性的特殊检查包括血液检查、尿液检查、染色体检查、X 线检查、CT 检查、脑脊液检查等内容。针对性的特殊检查有助于特殊儿童障碍类别、障碍程度以及主要问题等方面的评估与鉴定。

（3）认知功能评估

认知功能评估是对个体整体的认知过程或特定的认知过程的评估，内容包括知觉、注意、记忆、想象、思维、推理、判断、创造、问题解决等内容。

智力测验是指运用客观、科学、系统的方法进行评量，是对个体的智力水平的评量与测验。我国对学前儿童进行智力测验常用的量表有《韦氏幼儿智力量表》第四版、斯坦福《比纳智力量表》第五版和古迪纳夫《哈里斯绘人测验》。

①《韦氏幼儿智力量表》第四版

测验目的：测量幼儿的智力。第一，可用于评估天赋优异幼儿、认知发育迟缓和智力障碍幼儿的一般智力功能。第二，为特殊幼儿早期干预、制订个别化教育计划提供有价值的信息。第三，应用于特殊幼儿的临床与教育研究领域。

修订时间：2012 年 10 月。

适用范围：2 岁 6 个月至 6 岁 11 个月的幼儿。

测验形式：个别施测的标准化智力测验。

测验内容：测验分为两个年龄段，即 2 岁 6 个月至 3 岁 11 个月和 4 岁至 6 岁 11 个月。2 岁 6 个月至 3 岁 11 个月年龄段的测验领域包括言语理解、视觉空间、工作记忆。4 岁至 6 岁 11 个月年龄段的测验领域包括言语理解、视觉空间、流体推理、工作记忆、加工速度。具体如表 5-2-1 所示：

**表 5-2-1 《韦氏幼儿智力量表》第四版测验内容**

| 测验名称 | | 所预测的内容 |
|---|---|---|
| 言语量表 | 常识 | 知识的广度、一般学习能力及对日常事物的认识能力 |
| | 背数 | 注意力和短时记忆能力 |
| | 词汇 | 言语理解能力 |
| | 算术 | 数学推理能力、计算和解决问题的能力 |
| | 理解 | 判断能力和理解能力 |
| | 类同 | 逻辑思维和抽象概括能力 |

（续表）

| 测验名称 | | 所预测的内容 |
| --- | --- | --- |
| 操作量表 | 填图 | 视觉记忆、认识能力、视觉理解能力 |
| | 图片排列 | 知觉组织能力和对社会情绪的理解能力 |
| | 积木图 | 分析综合能力知觉组织及视动协调能力 |
| | 图形拼凑 | 概括思维能力与知觉组织能力 |
| | 数字符号 | 知觉辨别速度与灵活性 |

②斯坦福《比纳智力量表》第五版（SB–5）

测验目的：测量幼儿、成人的智力。

修订时间：2003 年。

适用范围：2 岁至成人。

测验时间：完成整套测验需要 45～75 分钟。

测验形式：SB–5 属于个别施测的标准化智力测验。

测验内容：弗洛伊德把整个测验分为言语领域和非言语领域两个部分，每个部分均包括五个分测验，分别测量流体推理、知识（晶体能力）、数量推理、视觉—空间信息加工和工作记忆五个因子。

施测说明：施测分两个阶段进行，第一阶段施测言语知识和非言语流体推理分测验，根据这两个分测验的得分及受测者的实际年龄查“起测点表”，便可确定其他几个分测验从哪一题开始施测。第二阶段施测其他的分测验，根据受测者的应答情况确定其在每一个分测验上的基础水平和上限水平。基础水平是指受测者对两个相邻难度水平的题目都能做出正确回答的那个最高水平。如果从起测点开始，两个相邻难度水平的题目都能通过，受测者就不必再做难度更低的题目；如果从起测点开始，在两个相邻难度水平的题目中有不能通过的题目，受测者就要往难度更低的方向做，直到两个相邻难度水平的题目都能通过为止。当两个相邻难度水平的题目中有三道或四道题不能通过时，这两个水平的最低点就是受测者的上限水平。找到某个分测验的上限水平之后就应该停做这个分测验，开始做下一个分测验。当所有的分测验都找到基础水平和上限水平后，就可以进行记分和分数的解释。

③古迪纳夫《哈里斯绘人测验》

吉迪纳夫《哈里斯绘人测验》是由美国明尼苏达大学的古迪纳夫编制的，最早的版本发表于 1926 年。1963 年，美国人哈里斯对这套测验进行了修订并发表了修订本。后来日本的小林重维和城户氏在研究的基础上提出了 50 项评分法。1979 年，上海第二医科大学将这套测验引入我国。1985 年，首都儿科研究所作为全国幼儿智能研究协作组成员之一，发表了该测验在北京地区的修订报告，这个修订本被命名为绘人智能测验。

测验目的：评估儿童的智能。

适用范围：适用于 4～12 岁的儿童。

测验形式：既可以个别施测，也可以团体施测。

施测方法：让受测者按自己脑子里想象的人画一张全身的人像，可用橡皮擦，测试时间不限。在受测者画完人像以后，主试按照测验手册中提供的评分标准及评分样例进行评分，并根据受测者的实际年龄和原始分数查智商转化表，得到他的智商。

（4）动作功能评估

动作能力包含骨骼、体能，包含大小肌肉动作、肌力、关节能力等。动作功能评估主要评估个案动作发展的现有能力、动作发展训练阶段、障碍类型、障碍部位、异常肌张力分布以及影响动作发展的有利与不利相关因素。动作功能评估的目的在于掌握个案的动作发展（粗大动作、精细动作等）阶段。

常用的动作功能评估量表有《动作康复训练评估表》《幼儿感觉统合发展检核表》《幼儿感觉发展检核表》《动作训练评估记录表》等。

例如，《幼儿感觉统合能力发展评定表》。

测验目的：评估儿童的感觉和动作技能。

编者：艾尔斯发表于 1975 年，我国已修订。

适用范围：4～12 岁儿童。

测验形式：个别测试。

量表构成：量表共由 5 个部分组成，包括前庭失衡（14 题），触觉过分防御（21 题），本体觉失调（12 题），学习能力发展不足（8 题），大龄幼儿的问题（3 题）。

评价：该量表具有一定的信效度，内容简单，操作简便易行，应用广泛。幼儿感觉统合能力发展测评定量表每题 1 分，凡标准分 <40 分，则说明存在感觉统合失调现象。该量表提供年龄常模，一般来说，标准分在 30～40 分为轻度失调，20～30 分为中度失调，20 分以下为重度失调。使用时通常由熟悉被评估者的家长或教师进行评分，因此评估者需要特别解释量表中某些词句的准确含义，以免家长或教师误解造成评分错误。

（5）语言功能评估

语言能力包含发音器官的结构与功能、语言理解、语言表达以及语言障碍情形等内容。语言功能评估主要是为了了解特殊儿童语言发展的现有能力、存在的问题，从而进行针对性干预训练。

语言功能评估量表有《学前儿童语言障碍评量表》《语言行为里程碑评估和安置计划（VB-MAPP）》等。

①《学前儿童语言障碍评量表》

测验目的：用于测量学前儿童的口语理解能力、表达能力及构音、声音、语言流畅性等情况，可用来筛选沟通障碍或语言障碍儿童。

编制者：林宝贵、林美秀。

适用范围：3～5 岁 11 月的学前儿童。

测验形式：个别测验。

量表内容：该量表由语言理解和口语表达两个分测验组成。第一个分测验共有 30 题，用来了解儿童的语言理解和语法能力；第二个分测验共有 32 题，分别用来了解儿童的声音状况、构音、声调情形、表达能力及语畅和语调是否正常。

信效度：该量表具有较高的信效度。

②《语言行为里程碑评估和安置计划》

《语言行为里程碑评估和安置计划》是由桑德伯格编写而成的。《语言行为里程碑评估和安置计划》是一个呈现学生语言和其他相关技能的实际情况、跟踪学习进度、进行目标调整和提供效果量度的一个工具，整合了 ABA 程序和教导方法以及斯金纳的语言行为分析，以便为所有语言发育迟缓的幼儿提供一个以行为为基础的语言评估程序。目的是与正常发展幼儿的数据进行比较，从而找出幼儿语言习得和学习存在的障碍，确定个别化训练计划的目标。

（6）社会适应行为及情绪行为评估

社会适应行为及情绪行为评估主要测量个案社会适应技能，个体社会化发展、气质与人格（注意力、活动量、坚持度等）、兴趣与动机、异常行为，包括不适应行为、学习态度、异常行为、各环境中的行为等。

社会适应行为及情绪行为评估量表有《生活适应能力检核表》《学前幼儿提早入学能力检核表》《文兰适应行为量表》《多动症幼儿问题行为检核表》《学龄幼儿社会适应技能测查量表》《启智学生学习态度观察评量表》《DSM-IV-TR 诊断准则》《孤独症幼儿发展测验》《幼儿园幼儿活动量评量量表》《学生兴趣调查表》《学生学习特点调查表》等。

下面以《文兰适应行为量表》为例进行详述：

编译：吴武典、张正芬、卢台华、邱绍春。

测验用途：本量表系由熟悉学生之教师依其对学生之长期观察与了解进行评量，不必直接对学生施测，因此有助于年龄较小、能力较差或不易施测的学生情况与能力的掌握。

量表可提供个别间及个别内在差异之比较，协助有关人员了解学生在同龄团体上的相对地位及内在差异情形。判断是否需要实施进一步的评量或更详细的诊断程序。与个别化智力测验一并使用，用以诊断智能障碍学童。量表可作为诊断、评量智能障碍学生适应行为的评量工具，作为教育安置的重要参考。量表可配合其他领域的评量，如智力测验、成就测验、语言发展评量及心理功能发展评量等，做广泛而周全的教育诊断；也可作为个别化教育计划制订的参考，包括教育、复健、家庭服务、职业重建等计划。

适用对象：量表适用于 3～12 岁的一般儿童。量表应用于智能障碍学生时，其年龄可延伸至 15～18 岁。适应行为量表虽主要用来评量智能障碍学生，作为鉴定标准之一，但同样适用于评量智能障碍以外的身心障碍学生，以了解其社会适应能力，作为教学与辅导的参考。

（7）课程评量

作为教师必须掌握课程评估技能。只有通过科学、客观的课程评量，才能准确把握特殊儿童的学业成就等方面的现有能力，协助教师明确特殊儿童本学期、本学年的学习目标以及学习内容。

2. 学前融合教育中特殊儿童教育评估与诊断的流程

对特殊儿童的诊断与评估需要一定比例的教学人员、管理人员、心理学工作者、医生、康复训练师等人员组成专业评估团队来执行。整个评估过程分为三个阶段，即准备阶段、测评阶段与综合评定阶段。

（1）准备阶段

特殊儿童教育诊断与评估的准确性、科学性、针对性如何，除了诊断与评估中的技术问题，正式实施评估前的准备工作是非常重要的一环，它在某种程度上决定了评估的效果和质量。因此，在特殊儿童教育正式评估前，要把好评估的准备工作这一关。

在评估的准备阶段，先要明确评估目的和了解评估对象，以便选择更恰当的评估工具和评估方法。明确评估的目的和评估的对象以后，就可以着手制定评估方案了。特殊儿童的评估方案需从以下几个方面入手：

第一，确定评估的指标体系，即确定评估的具体范围、具体项目。通常特殊儿童评估包括智力测查、语言功能评估、动作功能评估、适应行为和情绪行为评定、儿童生长发育史、疾病诊疗史、家族史、教育史、体格检查、教育成就和家庭情况。

第二，选择收集资料的方法、途径和工具，并设计收集资料的程序。

第三，选择和训练评估人员。

第四，成立诊断与评估小组。

第五，安排评估场所，准备工具、器材、强化物等。

第六，联系个案家长，同家长沟通评估目的、内容，确定评估时间、地点，争取家长的支持和配合。

（2）测评阶段

测评阶段是检查、测试、评估、询问的阶段，即通过同个案本人以及家长的接触，采用不同的方法来获得有关个案身心发展的数据和信息。

在测评中，首先，由教育管理人员或教师接待前来参加评估的儿童和他们的家长，并和家长做初步交谈确定每个儿童的评估目标。其次，由医务人员、心理学工作者和特殊教育教师进行分项测评。最后，由评估小组收集和汇总各项专业性检查测定资料，编号装袋，检查有无遗漏。

（3）综合评定阶段

综合评定是评估的最后一环，也是最重要的一环。评估小组将个案测定、评估的材料提交会议讨论，通过分析综合与讨论，为参评的个案写出书面的评估意见和教育建议。在综合评定阶段，首先，需要对评估资料进行分析，剔除无效资料，筛选出真实、准确、有用的资料，并对评估资料中有矛盾的部分重新验证。其次，评估者需要运用专业知识以合理的方式分析、比较和解释各种资料，根据评估目的对评估对象的心理发展状况存在的各种问题及需要的特殊支持等做出书面结论，撰写《综合分析研判报告书》。

《综合分析研判报告书》主要是统筹教育评估与诊断的内容，为个别化教育计划会议的召开做准备。该报告书前三个部分的主要内容有：被评估者的基本信息，评估过程中使用的评估工具清单，个案各项评估内容信息汇总（学生基本资料、生理状况、认知能力、动作能力、语言能力、社会适应以及情绪行为、课程评量）。

### （三）教育评估与诊断的方法

为充分了解特殊儿童的教育需求，明确教育起点，制订科学合理的个别化教育计划，需要对入园的特殊儿童进行教育评估与诊断。教育评估与诊断的方法有多种，下面主要介绍特殊儿童教育评估与诊断中最常用的三种方法：

1. 观察法

（1）观察法的定义

观察法是指研究者根据一定的研究日的、研究提纲或观察表，用自己的感官和辅助工具直接观察被研究对象，从而获得资料的一种方法。观察法在特殊儿童的生理、心理、认知、动作、语言、社会适应行为及情绪行为的评估中都被广泛运用。

（2）观察法的类别

观察法可以根据不同的标准划分为不同的类别，在此，把观察法分为系统观察和非系统观察两类。

①系统观察

系统观察是针对特殊儿童的某几项特别行为或障碍程度进行观察，观察者必须设计时间表，并排列观察顺序，以探究行为背后隐藏的问题。如针对某一个案的自伤行为问题，可以设计在不同的时间段、不同的地点、不同的情境下观察记录个案的自伤行为，以探究个案自伤的原因和目的，并寻求解决这一问题的途径。

②非系统观察

非系统观察是指观察者并非依照一定的观察规则进行观察，只要与观察目标有关的所有特征及行为反应都要列入观察记录中。比如，在个案的游戏或学习过程中，我们可以观察个案的认知、语言、动作、情绪及社会适应性，并把观察到的各项内容做好记录。

（3）观察法的实施要求

①观察的目的要明确

在对特殊儿童进行观察时，必须做到整个过程有目的、有计划、有步骤。

②坚持观察的客观性原则

观察资料直接关系着研究结果的真实性，必须以实事求是的态度进行观察研究，在整个观察过程中，要坚持对个案的各种表现和能力进行感官观察，避免使用感觉观察、掺杂个人的主观倾向性。

③保证观察的自然性

个案应处于自然情境与状态中，不能加以干预和控制。同时，应防止被观察对象的虚假现象干扰。

④力求观察的全面性

从空间上，观察个案的各个方面；从时间上，系统研究个案演变发展的各个阶段、发展的全过程；从研究对象的内部关系以及与其他事物之间的相互联系上观察个案的整体特征和在周围环境或更大系统中的表现。只有全面地、系统地、动态地观察个案，才能比较客观地反映个案的实际情况。

⑤重视对观察者的培训

要确保观察资料真实可靠，观察者是重要的决定因素。在对个案进行观察前，要对观察者进行系统的理论及实践培训，使观察者具备观察个案的理论知识、专业技能和技巧。

（4）观察法的实施流程

①确定观察目的

观察目的指的是观察者希望了解或解决的问题。比如减少个案刻板行为和延长个案专注时间都属于观察目的。

②制定观察主题

观察主题与观察目的密切关联，有时观察目的与观察主题可以是相同的，但在多数情况下，为达成一个观察目的，需要多个观察主题为其服务。确定观察主题后，就要对主题进行分析，即分析用什么观察方法、从什么角度、观察什么内容、收集哪些资料、这些资料各有什么用途。分析主题时要根据主题所指，充分运用特殊儿童心理学的相关知识，结合教育经验，联系个案生活环境及发展需求进行分析。

③确定观察类型

在观察前要选择合适的观察方法，便于观察工作的开展和观察目的的达成。首先，要分析各种观察类型的优势与弱势，看哪一种观察类型更容易实现观察目的。其次，要考虑观察的经验和能力。最后，根据观察类型及该类型的观察要求，制作或选择相关的评量表。

④明确观察对象、内容、时间、地点及联系工作

观察对象：一是观察特殊儿童在家庭和社区的表现，二是观察特殊儿童父母和孩子的互动方式、互动效果以及存在的问题。

观察内容：包括环境、活动参与者及影响。环境包括特殊儿童所在家庭和社区环境如何，是融合、接纳、尊重、平等互助的环境还是冷漠、排斥、拒绝。活动参与主要是指在社区和家庭中有哪些人参与了特殊儿童的活动，如游戏活动、学习、康复、一日三餐、清洁、如厕、外出等。活动影响是指在所有活动中，儿童和活动参与者之间的互动程度、产生的影响、儿童及参与者的满意度。

观察时间：指连续或不间断地对个案进行观察的时长。比如个案近一个月的活动时间、某一天的活动时间或用餐时间。

观察地点：指需要观察的个案的生活、学习或活动场所，如客厅、个训室、操场等。

联系工作：指对个案进行观察时，须先征得个案监护人的同意，并在观察前同个案监护人做好联系沟通。

⑤培训观察人员

参与观察的人员有教师、专业大学生、教育科研人员、个案监护人，要使观察高效有序，且获得真实有效的资料，必须对观察人员进行专业态度和专业技能方面的培训。要求观察人员在观察中有耐心、负责，不误记，不漏记，根据观察主题准确抓住观察要点，观察记录重要场景与个案的相关活动，同时要尊重个案，妥善处理个案的隐私资料。

⑥进行观察

在观察中，观察者要与个案保持友好、合作的态度，尽量避免对个案的干扰。观察时，要按观察计划、观察步骤进行，并如实做好观察记录。

⑦整理观察记录

观察结束后，要及时做观察记录的整理。观察记录的完整性及信息抓取的有效性直接影响后期资料的整理。观察者可以提前准备好观察记录表，并在观察记录表上列出关键信息，如时间、地点、人物、事件、影响（结果）。这样，观察者可以快速、真实地记录关键点。在观察结束后，根据记录表上的内容尽可能地回忆起完整的内容。为了资料更加科学、完整，在家长同意的情况下，观察者可以录下视频资料，作为补充。

⑧分析观察资料，得出结论

通过观察资料中的诊断信息，可以看到个案的活动内容、活动情景，通过对个案行为的分析，结合个案其他资料及相关教育理论、实践做进一步分析，对个案的心理、行为做出科学的诊断。

2. 访谈法

（1）访谈法的定义

访谈法是指为了解相关信息，收集相关资料，访谈者与被访谈者双方做面对面的直接交谈。访谈法是特殊儿童评估与诊断中最常用的方法，主要是通过访谈家长或者主要照顾者，更好地了解特殊儿童的基本情况的评估方法。

（2）访谈法的分类

①结构性访谈

结构性访谈又称为“标准化访谈”或“封闭式访谈”，是指访谈者根据事先设计好的有固定格式的提纲进行提问，按相同的方式和顺序向被访谈者提出相同的问题，被访谈者从备选答案中进行选择，类似于一种封闭式的口头问卷。我们在针对特殊儿童家长进行访谈时，可以采用结构性访谈来增强访谈内容的有效性。

②非结构性访谈

非结构性访谈指不采用固定的访谈问卷，不依照固定的访谈程序进行的访谈，鼓励被访谈者自由表达自己的观点。非结构性访谈具有较强的灵活性，访谈者而且可以深入了解问题，可以对感兴趣的问题进行追问，得到更为深入的信息，但是比较耗时、费力，要注意把握好时间。

（3）访谈法的特点

第一，访谈者与被访谈者需要面对面地直接交谈。

第二，访谈是通过交谈方式进行的口头调查。

第三，访谈是访谈者与被访谈者双向传导的互动式调查。

第四，访谈需要一定的访谈技巧以有效控制调查方向。

（4）访谈法的实施流程

第一，确定访谈目的。

第二，明确访谈范围，选择访谈方式，制定访谈内容。

第三，预约访谈，确定访谈时间、地点、对象，内容预告，准备相关资料。

第四，进行访谈，按访谈表或访谈提纲进行访谈。

第五，整理访谈记录，对访谈获得的资料进行分析，得出访谈结论。

（5）访谈法的实施策略

①访谈前

做好访谈人员的培训工作，列好访谈提纲或准备好访谈记录表，准备好纸、笔、照相机、录音机等相关工具，同访谈对象预约好访谈时间和地点，告知其访谈目的和内容。

②访谈中

访谈者衣着整洁大方，言行举止得体，充分尊重访谈对象，需要录音、录像或拍照时，须征得访谈对象同意；访谈内容要依照访谈提纲或问卷上的顺序进行，当访谈对象的谈话内容偏离主题时，要适时引导，并留意访谈对象的动作、表情等非语言信息隐含的内容，如遇到访谈对象不愿提及的内容，可切换下一个问题，不能为难或激怒访谈对象。注意控制访谈时间，以 1～2 小时为宜。

③访谈后

访谈后应立即对访谈内容做如实记录。访谈者必须严守职业规范，妥善保存访谈对象的家庭资料、学生资料信息，未经许可，不得公开发表和在公共场合呈现。

3. 量表评定法

量表评定法是指根据评定量表来收集有关幼儿心理特征和行为表现资料的一种评估方法。量表评定法是搜集特殊儿童评估资料的一种最重要的方法和途径。在对特殊儿童的评估中，运用量表评估的项目较多，如动作功能评估、语言功能评估、社会适应行为及情绪行为评估，主要便于个别化教育计划的制订。

评定量表的形式是多种多样的，有数字等级评定量表、图示等级评定量表、图示描述评定量表、检选式评定量表、脸谱式评定量表等。融合教育幼儿园在使用评定量表时，既可以选用已有的经过大量实践验证的量表，也可以根据需要自行编制量表。编制量表没有标准化、信效度的要求，可以依据需要评定的目标自行设计量表。

4. 档案评量法

档案评量又称为文件夹评量或成长记录袋评量，幼儿园教师有目的、系统地搜集特殊儿童的作品，并依据一定的体系建立档案，用以呈现特殊儿童身心发展现状以及学习成就等情况。

档案评量要求只要是与特殊儿童学习、成就有关的作品都要编入儿童档案中，这些作品包括报告、图片、测验结果、录像、照片、幼儿园完成的学习任务记录等，通过搜集儿童作品，记录儿童学习过程。

档案评量有自身的特点，档案评量强调档案收集要有目的性、系统性，既重视过程也重视结果；档案评量需要长期坚持，强调真实性；档案评量既有对过去的回忆，也包含对未来的思考。此外，档案评量要调动特殊儿童的主动性，尽可能提升特殊儿童的参与度。

档案评价量步骤包括：为特殊幼儿准备一个档案盒，明确评估目的，确定评估内容，制定评量标准，收集档案评估项目，执行档案评量，档案评估结果呈现。

5. 实作评量法

实作评量即在实际操作中进行评量。实作评量适用于年龄小、发展迟缓的幼儿，重视个别差异，强调考虑幼儿本身的能力、学习特征以及兴趣等，通过实作反映学习成果，使特殊儿童教育评估更加多元化，确保特殊儿童的教育评估更加客观、公正。

实作评量具有实用性、阶段性、整合性、个别化等特点，教师们经常使用的实作评量的类型有纸笔成就表现、确认测验、结构化成就表现测验、模拟成就表现、工作样本等。

实作评量的步骤包括：确定评估目标，设计评估活动，确定实作评估标准，提供适当的表现情境，开展实作评估，呈现评估结果。

教育评估与诊断是学前融合教育个别化教育计划制订中的关键一环，全面的教育评估有助于准确把握特殊儿童身心发展现状，是有效个别化教育计划制订的前提，能够促进教学的针对性与有效性。当然，教育评估与诊断的方法多种多样，需要教师根据特殊儿童的评估需求合理选择。

## 三、课程评量

课程评量作为教育评估与诊断的一部分，是个别化教育计划制订的重要依据，也是学前融合教育教师的必备技能。

### （一）课程概述

1. 课程的定义

认识课程评量，需要先了解课程的概念。课程是指学校学生所应学习的学科总和及其进程与安排。狭义的课程是指某一门学科；广义的课程是指学校为实现培养目标而选择的教育内容及其进程的总和，包括学校所教的各门学科和有目的、有计划的教育活动。

2. 课程的基础

（1）教育思想

教育思想是课程的基础，影响着课程的内容与结构，导向着课程的目标，也决定着教学的方法与策略。教育思想决定了学校的办学定位、教育理念。融合教育幼儿园须依据教育思想明确本园的办园定位、办园理念。

（2）学生需要

融合教育幼儿园课程的建设需要充分考虑特殊幼儿的生理需要以及心理需要，了解特殊幼儿的障碍类型、障碍程度、生理特征以及心理表现，只有这样，才能确保融合教育课程的针对性、有效性。融合教育课程既能帮助特殊幼儿掌握必备的基础知识和基本技能，培养思维能力，又能促进特殊幼儿在情感态度与价值观等方面的发展，为其今后适应生活、适应社会、贡献社会打下良好的基础。

（3）社会发展需求

党的教育方针提出："坚持教育为社会主义现代化建设服务、为人民服务，把立德、树人作为教育的根本任务，全面实施素质教育，培养德智体美全面发展的社会主义建设者和接班人，办好人民满意的教育。"党的教育方针正是我国社会发展需求的充分体现。社会发展需求决定教育的思想与方针，直接影响各阶段的教育课程体系。融合教育幼儿园课程的建设需要一定的社会背景作为支撑，因为只有接纳、包容、平等的社会环境，才能够促进学前融合教育的发展，同时融合教育幼儿园课程的建设需要充分考虑社会发展的需求。

3. 服务特殊需求人群的课程分类——现有课程

（1）发展性课程

发展性课程是指依据普通儿童的身心发展顺序，通过适当引导满足儿童的身心发展需求，最终促进儿童各方面能力充分发展的课程。发展性课程注重把握儿童最近发展区，对其进行潜能的挖掘，通常适合学前（年龄较小）或障碍程度较轻的儿童。让不同类别、不同障碍程度的儿童在语言、认知、动作、生活自理等方面得到与身心发展相符的基础性教学与训练，以此补偿缺陷、发掘潜力，最终推动儿童身心进一步发展。

（2）义务教育阶段课程

《中华人民共和国义务教育法》明确规定："对视力残疾、听力语言残疾和智力残疾的适龄儿童、少年实施义务教育。"为全面提高特殊教育教学质量，中华人民共和国教育部于 2016 年发布了《盲校义务教育课程标准（2016 年版）》《聋校义务教育课程标准（2016 年版）》《培智学校义务教育课程标准（2016 年版）》，在课程标准中详细阐述了各个学科的课程性质、课程基本理念、课程设计思路、课程具体内容和教学目标，并出版配套的义务教育教科书。义务教育阶段课程的持续改革不仅进一步满足了特殊儿童身心发展需求，也全面提高了特殊教育质量。

（3）功能性课程

最早提出功能性课程概念的是美国特殊教育学者雷诺和伯奇。在 1992 年美国智力障碍协会修改智力障碍的定义后，功能性课程成为一种流行趋势。功能性课程观认为，残疾障碍不应被当成一种能力缺陷看待，而应视为功能及适应性行为受到某种限制。从此，人们对能力发展障碍儿童的教育观念、课程观念发生了转变，从以普通儿童发展为参考的模式转向以障碍儿童现在至将来适应社会生活需要的知识与技能目标为参考的模式。

功能性课程注重儿童个体障碍与环境之间的关系，侧重于消除儿童个体所在环境中可能存在的障碍，或者改善环境条件以达到功能性的支持。例如，听力障碍儿童无法听音，通过配备助听器即能实现听音功能。让儿童个体能有符合环境要求的适应性行为是功能性课程的本质，课程内容与儿童在社会生活环境中所需掌握的技能相关。功能性课程以儿童现有的能力、技能和他们在环境适应上的需求为基础，主要培养日常生活中必需的活动和技能，并以此设计课程，如生活自理、沟通、居家生活、社区生活等技能。

（4）生态课程

生态课程是指将儿童置于家庭、学校、社区、职业等日常常态生活环境中，在充分了解儿童生活环境的情况下，根据儿童现有能力、发展水平及环境适应状态而提供的个别化教育课程，它是以个体能适应未来的常态生活为导向的。生态课程以儿童生活的“环境”为中心进行教学活动，教育者必须对儿童生活的环境有整体性把握，重视对儿童生活的家庭环境和社区环境因素的构成做细致的解析，运用各种辅助手段对环境进行改善和支持，注重儿童在理想环境中参与活动的主动性，使儿童对环境的适应能力得到提升。

（5）职业教育课程

特殊教育学校职业教育的发展是衡量一个社会进步和文明的重要标志。特殊教育学校对有残疾障碍的青年学生进行职业教育，所开设的职业教育课程内容要符合当地的经济发展需求和劳动力需求。重点培养学生掌握某种职业或生产劳动需要的知识技能、职业素养、工作人格，解决残疾障碍学生的就业、自立问题，使其将来能够适应社会、立足社会，能够促进残疾障碍青年自强、自立、自信、平等地参与社会生活与劳动，为社会发展贡献力量。

（6）教康整合课程

教康整合课程，就是将教育教学和康复训练有机融合的课程，这是针对特殊儿童身心发展需求产生的特殊课程模式。特殊儿童生理和心理上的缺陷阻碍他们像普通儿童一样生活、学习，极易让他们产生自卑感以及出现消极、自暴自弃的情绪。特殊儿童不仅需要良好的教育，而且需要有针对性的康复训练。目前在特殊教育学校开设的教康整合课程主要包括孤独症儿童康复训练、言语康复训练、心理辅导、感觉统合训练、多感官训练、大小肌肉训练等。教康整合课程能有效促进特殊儿童运动功能、语言、社会技能、心理素养、认知、思维等方面的发展，为特殊儿童成长为完整的社会化的人奠定基础。

（7）融合教育课程

融合教育的发展让更多特殊儿童能有机会进入普通幼儿园与普通儿童一起接受教育，这是追求教育公平的结果，也是社会文明进步发展的必然结果。融合教育课程既要面向普通儿童发展需求，又要面向特殊儿童发展需求。因此，融合教育课程是一种共同课程，重点关注课程调整，通过分解、细化、调整达到“全方位通用课程设计”，确保每个儿童都能公平、全面地参与幼儿园的课堂内外活动，促进儿童各方面发展。同时，融合教育课程是一种兼顾特殊儿童个别差异，满足不同学习能力与需要的弹性课程。融合教育课程能有效促进特殊儿童学业和社会性发展，是特殊儿童融入主流社会的有力支持。

4. 服务特殊需求人群的课程分类——自编课程

（1）自编课程的定义

自编课程是学校为了达到教育目的或解决学校的教育问题，依据学校自身的性质、特点、条件以及可以利用和开发的资源，由学校教育人员与校外团体或个人合作，依据国家教育方针、国家或地方课程计划开发的课程。自编课程强调以学校为基地、以学校为基础、以学校为主体，与地区特殊教育需求和特殊儿童身心发展需求高度契合，同时兼顾地区性或校际间的个别差异。自编课程包含课程目标的制定、课程内容的选择、课程实施、课程评价等课程开发等基本内容。

（2）自编课程的优点

教师依据教学需求编制课程，课程对于本校学生的适用性较强；课程的开发与运用能依照社会变迁与学生需求随时做出调整与改变，课程更富机动性、多样性与弹性；强调活动与过程，以保持较大的开放性、灵活性与适应性；自编课程开发是促进教师专业发展的又一条重要途径，课程开发不仅对教师提出了新要求，还为教师的专业发展提供了可能性。

（3）融合教育幼儿园自编课程的编制流程与方法

①确定课程理念

课程理念是指课程的中心思想，课程要达到或追求的最高目标。

②确定课程依据和适用范围

课程依据是指课程编写的方向性参考内容，如“双溪课程”将一般儿童身心发展规律和社会适应作为课程内容的依据。适用范围是指课程适用于什么年龄段的儿童和障碍类型，如“双溪课程”适用于3～16岁的中、重度智力障碍儿童、少年。

③确定课程目标

课程目标主要是指本课程要培养什么样的学生，要让学生通过学习达到什么样的目标。课程的组织框架、课程内容及评分标准皆以课程目标为引领。课程目标体系结构可以分为：领域（一级目标），以1码为代号；次领域（二级目标），以2码为代号；功能（三级目标）以3码为代号。

④设置课程组织结构

课程组织结构是课程的内容概要，一般以工学模式或思维导图模式层层分解呈现，形成几个领域，每个领域再层层分解，不断细化。

⑤确定课程内容

课程内容的确定可以采用工作分析法，分析课程组织结构中包含的具体内容，并罗列出来。课程内容续写的方式可以采用常用“动词＋名词（词组）”的原则撰写。

⑥设定课程评量标准

课程评量标准从适应环境的需求、能力成熟度、能力具备的功能等角度设置，与课程内容、课程目标体系相匹配，能较为准确地将课程目标做更深入具体的解读，便于表达该项目的能力，掌握等级现状，便于教师找到教学起点。课程评量标准是多元化的，一般分为好、中、差或A、B、C。

（4）自编课程案例——幼小衔接适应性功能课程

①课程理念

课程理念是希望学生能够较好地适应小学生活，热爱小学生活。

②课程依据

课程依据普通儿童身心发展规律及社会适应需求编制。

③课程目标

知识与技能：通过学习，引导学生掌握参与班级活动、处理日常事务以及表达自己需求的知识与技能。

过程与方法：教师通过讲授法、谈话法、任务驱动法等，引导学生在实验中掌握适应小学生活的必备知识与技能，进而提升学生的语言表达能力、逻辑思维能力等。

情感态度与价值观：培养学生热爱小学生活的情感以及主动表达需求的意识。

④课程组织结构，如图5-2-1所示：

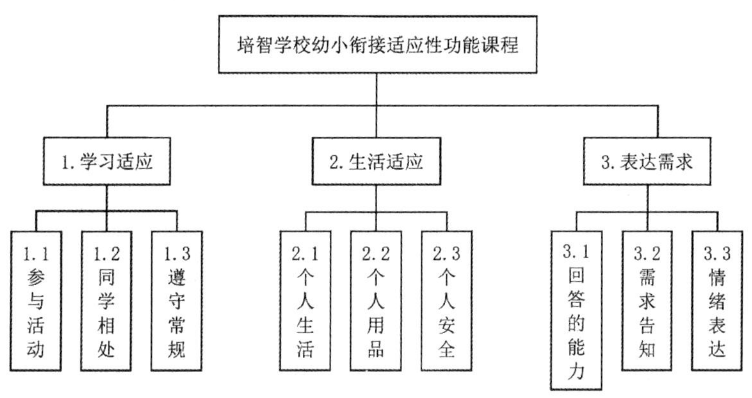


图 5-2-1　课程组织结构

⑤课程内容——以生活适应板块为例，具体如表 5-2-2 所示：

表 5-2-2　课程内容——以生活适应板块为例

| 课程内容 | | | 评分标准 | | | |
|---|---|---|---|---|---|---|
| 生活适应 | 个人生活 | 提升如厕的能力 | 0 | 1 | 2 | 3 |
| | | 提升个人清洁的能力 | | | | |
| | | 提升饮食能力 | | | | |
| | | 提升就寝能力 | | | | |
| | 个人用品 | 认识自己的物品 | | | | |
| | | 能把物品放到适当的位置 | | | | |
| | | 能适当地使用自己的物品 | | | | |
| | | 能适当地保管自己物品 | | | | |
| | 个人安全 | 提升食品安全能力 | | | | |
| | | 提升药品安全的能力 | | | | |
| | | 提升安全使用水电的能力 | | | | |
| | | 提升安全使用器械的能力 | | | | |
| | | 提升安全活动的能力 | | | | |

评分标准：0：完全不能做，1：能做一点点，2：能自己做大部分，3：能完全自己做。

### （二）课程评量概述

1. 课程评量的定义

课程评量是指依据特殊儿童身心发展需求，选择一套适合的课程，利用完整的课程目标、内容，依据课程所制定的评量标准，对特殊儿童进行课程涉及的领域、项目的动态性评量。

2. 课程评量的意义与价值

现行的教育法律法规及国家相关文案、计划对融合教育课程体系提出了新要求。学前融合教育课程设置应体现先进的融合教育思想，符合学前融合教育的基本规律和特点，遵循学前特殊儿童身心发展规律，适应构建和谐社会的要求，为学前特殊儿童的全面发展奠定基础。通过课程评量，评量者可以找到幼儿的教学起点，把握幼儿各项（依课程）能力分布状况及相互关系，为制订和实施个别化教育计划提供有效、可信的依据，让学前特殊儿童能更好地享受优质的学前融合个别化教育。

3. 课程评量的特点

课程评量具有“全面性”“生态化”“动态性”“重过程和结果”“教育全面介入”的特点。课程评量能全面了解特殊儿童在各领域的发展现状，要求特殊儿童在熟悉的生活学习环境中进行评量活动，注重评量活动的前期准备、操作方法与流程、评量结果的整理分析与运用。第一次课程评量是为了掌握特殊儿童的发展现状、教育起点与身心发展需求，制订和实施个别化教育计划，之后的再次评量是为了检验执行个别化教育计划后教与学的目标达成情况，包括阶段性评量和总结性评量，是一个伴随整个教育过程的动态性活动，是教育的全面介入。

4. 课程评量的原则

（1）以儿童为本原则

了解、尊重每个特殊儿童的个别差异，依据评量内容设计适合儿童个体的评量活动（沟通方式、材料准备、活动设计），安排儿童所熟悉的评量人员、评量环境、场地、适宜的评量时间等，以儿童为本完成课程评量。

（2）真实性和客观性原则

课程评量以儿童为主体，教师是评价的主要负责人，对评量过程起主导作用，要避免主观性，不能猜测儿童的表现，可以让班级其他教师和家长也参与评量，多角度了解儿童在不同场景中的表现。将多人的评量意见整合在一起，能得到比较真实、客观的评量结果。

（3）全面性原则

课程评量能使评量者掌握特殊儿童的能力发展现状、教育起点与水平及下一步的身心发展需求，能帮助评量者确定特殊儿童的学期、学年身心发展的长短期目标。课程评量时，无论儿童属于哪种障碍类型，都要从多领域评量幼儿的发展状况。各领域的发展相互关联，密不可分。因此，不能舍弃某个领域，要保证评价的全面性。

（4）生态化原则

将特殊儿童置于家庭、幼儿园、社区等日常常态生活环境中，让特殊儿童在熟悉的生活、学习环境中进行评量活动。只有在幼儿熟悉教师和场地后，身心放松、舒畅时才是最佳评量时机，此时幼儿才会有最真实的评量表现。因此，要求评量者对特殊儿童生活的环境有整体性把握。

（5）动态性原则

课程评量不是一次性活动，而是一个伴随整个教育过程的持续活动，有周、月的阶段性评量，也有学期、年的总结性评量，还有同一目标不同场景的评量，如在幼儿园、在家里都要针对“会自己刷牙、洗脸”做评量。既要评量幼儿的现有能力，还要评量幼儿可能达到的目标或发展优势。

5. 课程评量的工具

特殊儿童的年龄不同、障碍类型不同，选择的课程评量工具也不同。面对0～6岁的特殊儿童，融合教育幼儿园经常使用的评量工具有《双溪心智障碍儿童个别化教育课程》《学前发展性课程》《学前儿童教育发展评量手册》等；面对义务教育阶段的特殊需求学生，特殊教育学校经常会使用的评量工具有《自编培智课程四好评量表》《培智义务教育课程评估手册》，普通学校经常会使用的评量工具有《普通学校特殊需要学生课程评估工具》，普通学校也会依据全方位通用课程设计理念对现有课程进行课程调整，使其具备评量功能；面对高年级中重度障碍者，特殊教育学校经常会使用《智力障碍儿童适应性功能教育课程》开展评量。此外，对于有康复需求的学生，学校也会使用教康整合课程的评估量表对其开展评估；对于高年级学生的就业需求，在开展职业教育的过程中会对学生进行职业教育课程评量。

总之，随着国家对特殊需求人群的重视，满足特殊需求人群评估需求的课程评量工具越来越丰富，教师有了更多的选择，这也为普通学校融合特殊教育学校的有效教育教学提供了强有力的保障。

该书主要涉及学龄前特殊儿童，因此重点介绍现有的、适用于幼儿园融合教育开展的发展性课程。

（1）《双溪心智障碍儿童个别化教育课程》

从特殊幼儿身心发展角度设置的课程，目前应用较多的是《双溪心智障碍儿童个别化教育课程》（以下简称“双溪课程”）。

①课程历史

双溪课程是台湾双溪启智文教基金会于1983年至1986年间开发的一套以儿童发展为导向的培智教育课程，是特殊教育领域开发较早、较为经典的课程之一。重庆市江津向阳儿童发展中心的创始人李宝珍、方武也是该课程的主要编著者，二位老师在1996年将该课程在重庆市江津区试用并取得良好教学效果。此后，向阳儿童发展中心将此课程与全国其他地区特教同仁分享。之后向阳儿童发展中心与重庆师范大学特殊儿童重点教育实验室合作，双溪课程作为一种示范课程被再次推广。因特殊儿童的教育教学需要有一套以儿童发展为导向的课程大纲，同时为了让参与特教工作的教师掌握特殊儿童发展的序阶概念，向阳儿童发展中心经过全体教师的努力，于2010年将旧版的双溪课程进行校对及合理性修改，在保留原始课程架构的前提下，让新旧两版双溪课程评量融洽衔接。修改后的课程内容与时俱进，更符合时代发展和特殊儿童的发展需求，也更具实用性和操作性。

②课程依据

双溪课程将普通儿童身心发展规律和社会适应作为课程内容的依据，注重分析一般儿童各个领域综合能力的发展，同时对比身心发展特征，将心智障碍儿童现有的各领域能力与社会生活适应联系在一起，构建相应的课程目标体系，帮助教育者掌握儿童的发展状况，制定适合其能力发展及需要的下一阶段学习目标，促进特殊儿童各项能力逐步发展提升，使其适应社会生活。

③课程适用范围

双溪课程适用于3～16岁的中、重度智力障碍儿童、少年，并作为制订个别化教育计划的依据。此课程将一般儿童身心发育的顺序作为编制的依据，还包含系统化的学习结果评价，因此同样适用于一般幼儿园。

④课程特色

双溪课程同时具有两个鲜明的课程特色：一是兼具发展性与功能性，即依据普通儿童身心发展规律及社会适应，由易到难构建各领域发展的目标体系，并兼顾心智障碍儿童发展的特殊性，不同地区及不同文化背景的使用者都可以依据当地生活的特色、地域文化、风俗习惯设计适合儿童的评估活动，帮助儿童发展出相应的适应性能力；二是评量与教学合一，通过评量找出学生的现有能力基础和发展需求，了解其身心发展的优势与弱势，寻求问题及解决策略，制定长短期目标，评量内容与教学内容相符，评量的结果直接关联之后的教学内容和教学设计。

⑤课程框架（图 5–2–2）

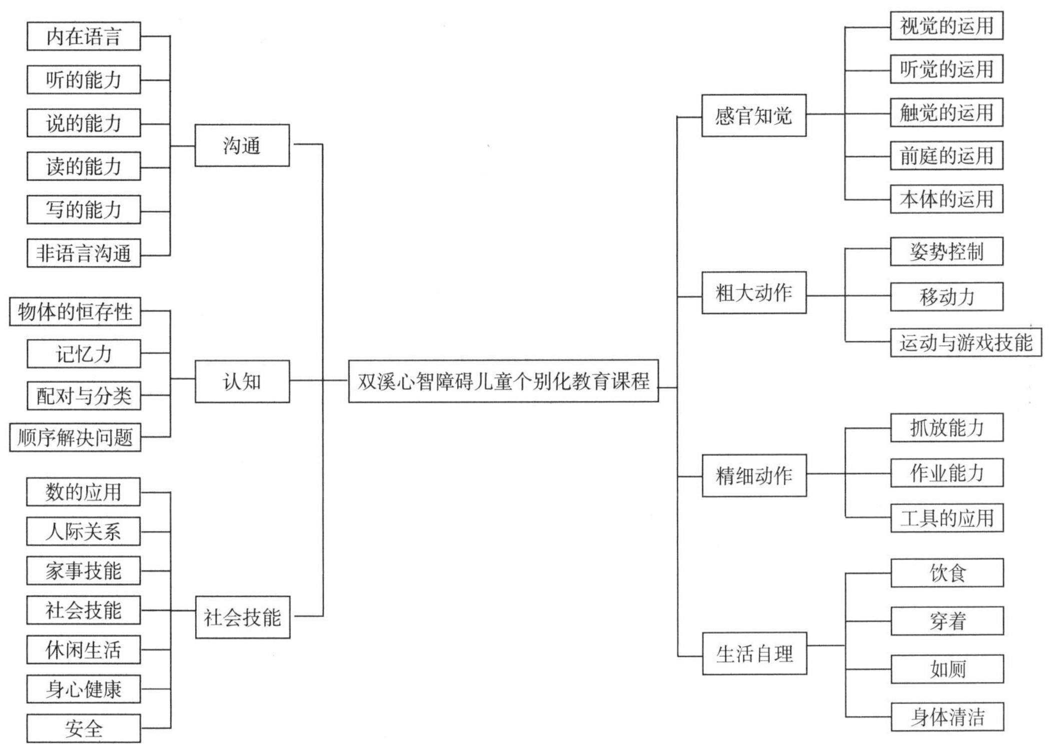


**图 5–2–2　课程框架**

⑥课程具体内容

双溪课程包含“课程纲要”“评量表”，二者紧密联系，缺一不可。

课程纲要是一个学生身心发展和社会适应能力的四级行为目标体系。一级目标即领域目标，一级目标以 1 码为代号，包含“感官知觉”“粗大动作”“精细动作”“生活自理”“沟通”“认知”“社会技能”七大领域。每个一级目标再依次分出相应的二级目标，即技能目标，以 2 码为代号，如“1.1 技能”。二级目标又依次细分出相应的三级目标，即终点目标（长期目标），以 3 码为代号，如 1.1.1 终点目标。三级目标最后细分出相应的四级目标，即教学目标（短期目标），以 4 码为代号，如“1.1.1.1 教学目标”。四个级别的行为导向目标条目以检核表的形式呈现出来。课程纲要可以用作检核表，也可以作为教学目标的参考。

评量表是实施课程评价的主要依据，是将“课程纲要”中的所有三级目标单独列出来，按照环境将每条目标所指行为的适应性要求分为“0～3”四个能力适应等级。教师可依据每个等级的得分和儿童的能力表现评量出相应得分。

⑦课程评量标准

依据课程目标体系，将三级目标（技能目标）单独列出后进一步解读，把评量标准分成“0～3”四个能力和适应等级。其中，“0”表示无法适应环境的需要（完全缺乏能力）；

“1”表示需要特别的协助才能适应环境的需要（具有微弱能力）；“2”表示在重点协助下即可达到适应环境的需要（具有很多能力）；“3”表示具备达到环境所需要的能力（具有需要的能力）。

（2）《学前发展性课程》

学前发展性课程源自特殊教育语言治疗师林丽英编制的《早期疗育课程评量》，适用于0～6岁的发育迟缓及障碍儿童。

①课程历史

1997年9月，林丽英编写的学前发展性课程评量出版后，被一些儿童发展中心、早期疗育机构特教学前班和实施融合教育的幼儿园作为制订个别化教育计划的依据。因学前特殊儿童的发展需求，林丽英在2008年对原有的《学前发展性课程评量》进行修订，对各领域的结构、评量题目及题量做了修改，后又在早期疗育机构、专业物理治疗师、听力治疗师、语言治疗师及特教教师的评量实践中不断修正完善，最终于2009年重新出版，并改名为《早期疗育课程评量》。修改后的课程内容大量增加了各领域评价的题目，更符合学前特殊儿童的发展需求，也适用于各领域治疗师作为幼儿发展评价的工具。大陆引进该课程后出版了简体中文版，并定名为《学前发展性课程》。多年实践证明，此课程让学前特殊儿童的个别化教育的制定与实施更具体、更有效。

②课程依据

《学前发展性课程》以0～6岁普通儿童身心发展作为课程内容的依据，将发育迟缓或身心障碍儿童的各项能力发展与之做对比，找到特殊儿童的适应性目标，构建目标体系。联合国世界卫生组织的统计报告指出，婴幼儿发育迟缓的发生率占儿童总人数的6%～8%。也就是说，每100名婴幼儿中就有6～8名儿童发育迟缓或有身心障碍，这些幼儿在动作发展、语言沟通，认知学习、生活自理、人际关系发展等方面落后于同龄普通幼儿。一旦发育迟缓被确诊，在婴幼儿身心发育的成长过程中，就应该积极提供发展上的训练，从而让特殊幼儿适应社会生活。

③课程适用对象

学前发展性课程适用于评量0～6岁正常儿童的各项能力发展，如感官知觉、动作、语言、认知、生活自理、社会适应等能力评量。此课程同样适用于0～6岁各类发育迟缓或有身心障碍儿童的各项发展能力的评量，评量结果可作为制订个别化教育计划的依据。

④课程特色

学前发展性课程兼具发展性与功能性，即依据普通儿童身心发展的规律及社会适应，由易到难构建各领域发展的目标体系。学前发展性课程兼具各类发育迟缓或身心障碍儿童发展的特殊性，评教结合，通过课程评量掌握特殊儿童的各项现有能力和发展需求，了解儿童在各领域发展的优势与弱势，分析存在的问题及解决策略，依据评量结果制定适合特殊儿童身心发展需求的长短期目标。评量的结果直接关联之后的教学内容和教学设计，通过课程实施帮助儿童发展出相应的适应性能力。

⑤课程框架（图 5-2-3）

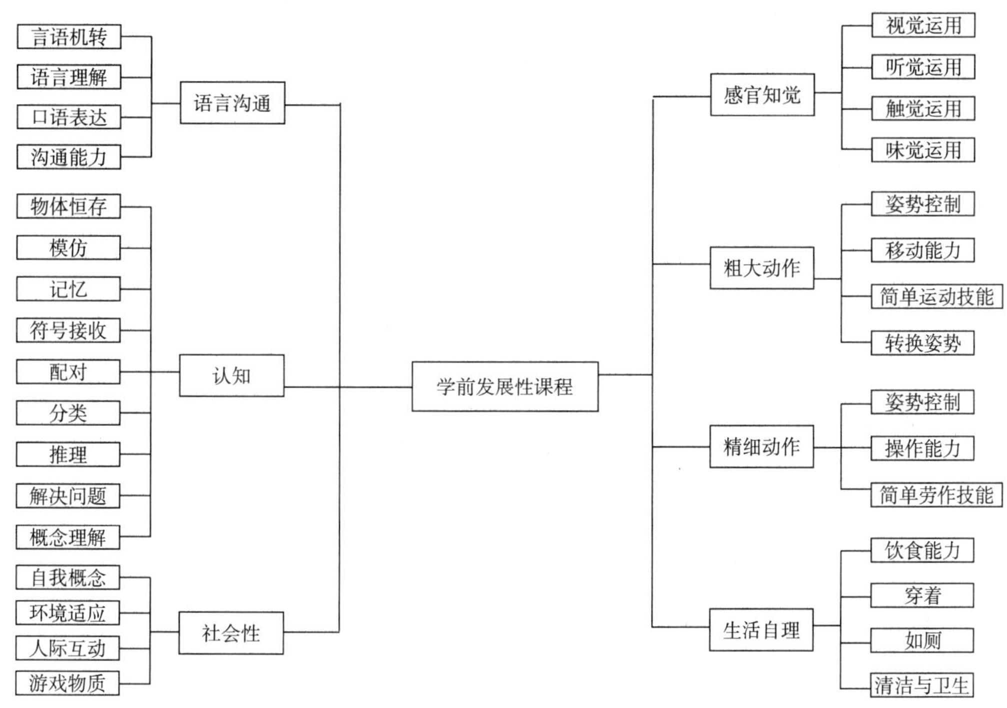


**图 5-2-3　课程框架**

⑥课程具体内容

学前发展性课程由“课程评量计分标准”“各领域发展侧面图”“整体发展侧面图”“评量结果综合研判分析报告”几个部分组成。

课程评量计分标准是一个学生身心发展和社会适应能力的三级行为目标计分体系。一级目标即领域目标，以 1 码为代号，包含“感官知觉”“粗大动作”“精细动作”“生活自理”“语言沟通”“认知”“社会性”七大领域。每个一级目标再依次分出相应的二级目标（技能目标），以 2 码为代号，如“1.1 视觉应用”。二级目标又依次细分出相应的三级目标，以 3 码为代号，如“1.1.1 头会转向光源”。为了便于在侧面图中记分，每个评量题目后面都有该题目的题标，如“5.4.15 能用电话与人对话（电话对谈）”，这题的题号为“5.4.15”，题目为“能用电话与人对话”，标题为“电话对谈”。每个领域的各项目中，题目都以发展顺序排列，题目内容都与日常生活结合，使评量方式更符合自然情境，评量者可以评量出学生现有的能力基础，找到起点行为，依据学生身心发展需求，预期下一阶段发展目标（项目），使教学目标与生活紧密结合。

各领域发展侧面图是将各领域下每个评量题目依计分标准计分后，记录到领域的侧面图相应分数位置中，再将记录点从左到右依次连接起来，构成反映儿童在该领域发展状况的曲线图。各领域发展侧面图能直观反映儿童在该领域（一级目标）的各个项目（二级目标）中每个评量题目（三级目标）的现有能力状况。

整体发展侧面图是在各领域评量及侧面图完成后，将各领域中二级目标（评量题目）得分记录到整体发展侧面图相应位置中，再将记录点从左到右依次连接起来，构成反映特殊儿童七大领域发展状况的折线图。

评量结果综合研判分析报告分析幼儿在七大领域各个项目的能力现况、优势与弱势及建议事项，为个别化教育计划会议的召开做准备。

⑦课程评量标准

依据课程目标内容和特殊幼儿社会性发展需求以及适应生活的能力需要，将每个评量题目（三级目标）做详细解读，以“0～4”五个等级计分，在0～4的记分标准中都有该记分标准的得分描述，每个记分等级都有其特定的含义。“0”代表未发展出该项能力或没有反映；“1”代表偶尔出现该项能力或需大量协助或引导才有反应；“2”代表正在发展该项能力或只具备此项能力中的部分能力；“3”代表已发展出该项能力，但仍不稳定，需稍加引导才能应用，或已具备该能力，但反应慢或表现品质不佳；“4”代表已发展出该项能力，可以独立完成并应用于生活中。

（3）《学前儿童教育发展评量手册》

①课程历史

奇色花幼儿园在1996年便开始了学前融合教育理论的探索与教育实践，经过近30年的摸索，已经形成较为完善的管理及服务流程。在大量的实践探索中，园长蔡蕾带领幼儿园的教师团队，多方征求高校教师、幼儿园园长、幼儿园教学主任等的意见，编制了《学前儿童教育发展评量手册》。

②课程依据

《学前儿童教育发展评量手册》是依据教育部《幼儿园教育指导纲要（试行）》及《3～6岁儿童学习与发展指南》中各年龄段幼儿发展的目标，汇集多方面资料和实际经验编写而成的。

③课程适用范围

该手册可供幼儿园教师及家长使用，主要用于对普通幼儿园融合的特殊幼儿进行评估。

④课程特色

该手册是由幼儿园园长带领教师们编制的，以大量的实践探索为前提，实用性较强。该手册所获得的评量资料可以用于特殊幼儿个别化教育计划的制订。

⑤课程框架（图 5-2-4）

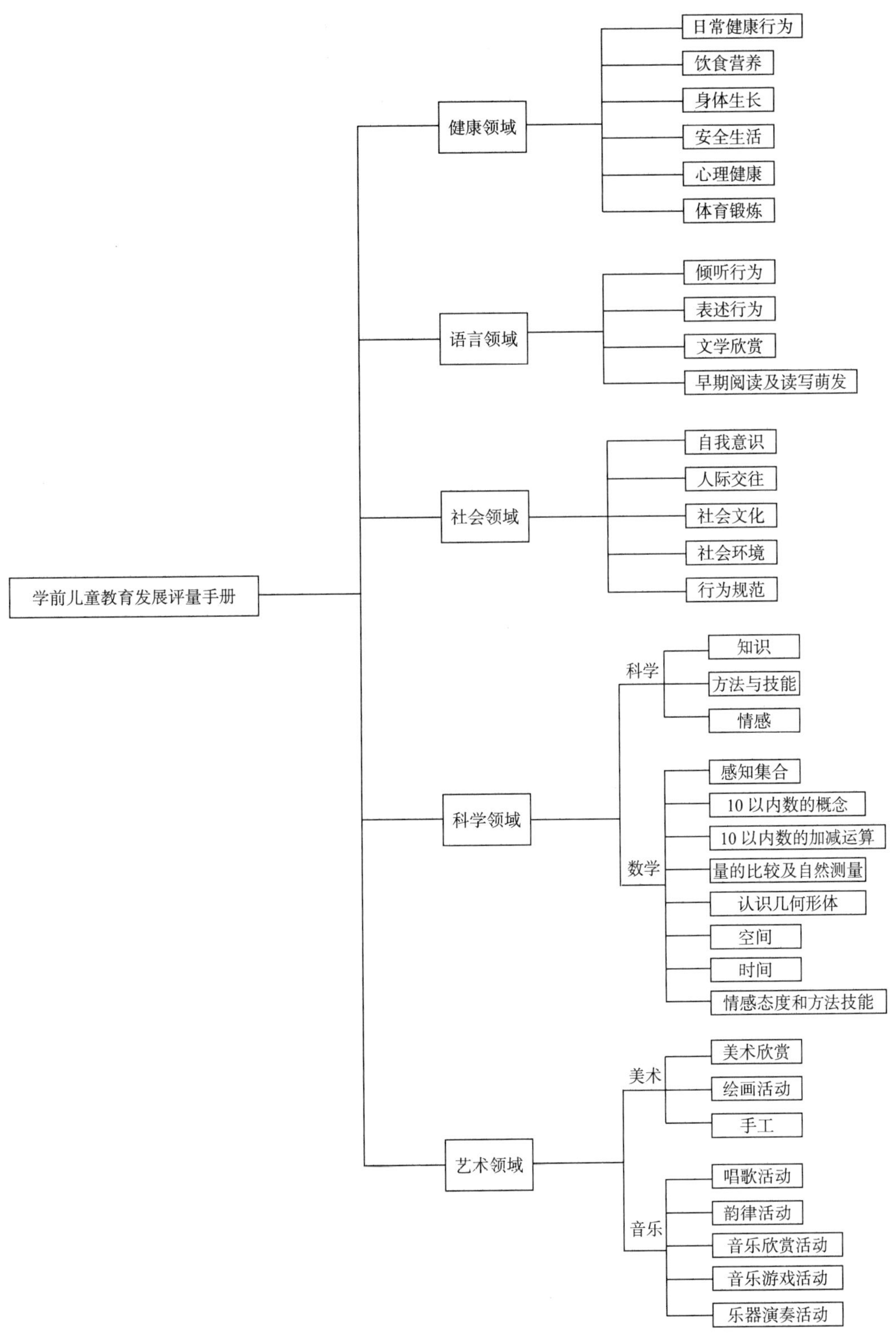


**图 5-2-4　课程框架**

⑥课程具体内容

课程具体内容是在上述课程框架的基础上的分解、细化，每个领域内的评量项目均按发展先后次序编排于3～4岁、4～5岁、5～6岁三个年龄阶段中，《学前儿童发展评量手册》完整收纳了3～6岁儿童的重要发展项目，如图5-2-5所示：

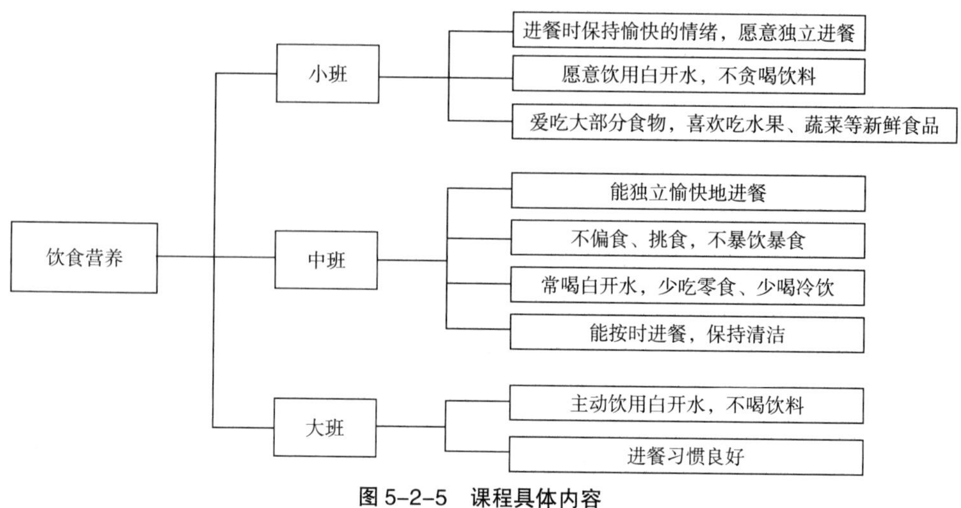


**图5-2-5　课程具体内容**

有些三级目标中的项目需要进一步细化的还会设置四级目标，如图5-2-6所示：

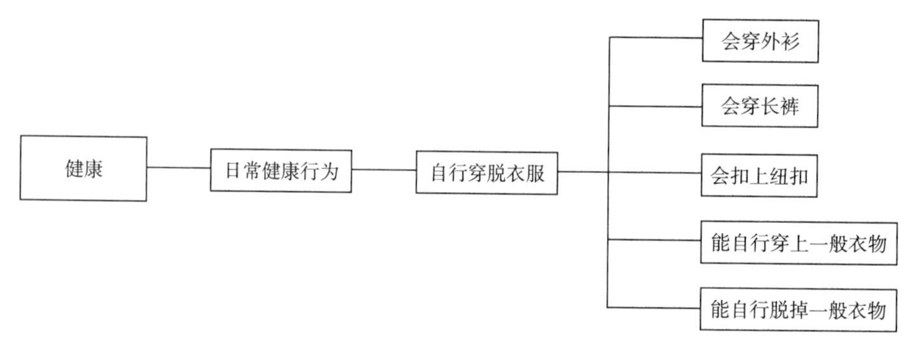


**图5-2-6　四级目标内容**

⑦课程评量标准

评量手册中大部分项目均可以通过观察或访谈计分，有些需要直接测试计分。具体评量标准："0"表示很差或几乎做不到，"1"表示有待加强或偶尔做得到，"2"表示表现平平或少数时间做得到，"3"表示极好或大多数时间做得到，"4"表示很好或经常做到。评量表旁边设置计分栏，用于记录儿童的每次评量时的分数。计分栏共有7列，可供7次评估使用。特殊幼儿入园时以及在园学习三年内的发展情况均可被详细记录。

课程评量对学前融合教育的推动至关重要，准确的评量既可以了解特殊幼儿的学习现状，也可以帮助教师找到特殊幼儿的学习起点，对学前融合教育的质量影响深远。现有的课程评量工具较多，融合教育幼儿园的教师们可以依据本园需求选择合适的课程评量工具。

### （三）课程评量的实行

1. 课程评量的开展

课程评量不是随意开展的，而是有固定的流程及要求，具体内容如下：

（1）选择合适的课程

以学生的障碍类型、障碍程度以及年龄作为参照，可以选择不同的课程及对应的评量工具。

（2）熟悉课程内容

课程评量所涉及内容较多，为确保课程评量的有效开展，评量教师必须提前熟悉课程评量内容，包括课程纲要、评量标准以及评量表，熟悉课程评量工具的结构框架、操作要领等，确保评估的准确性。

（3）收集特殊幼儿基本情况

收集被评估特殊幼儿的基本资料，使用专门的特殊幼儿基本信息登记表，将幼儿的个人基本信息、家庭情况、主要照顾者、障碍类型、喜好做具体分析，如幼儿因自身障碍无法完成某些项目评量，需要根据特殊幼儿的基本调整评价的项目内容、评量方式、沟通方式、强化物等。

（4）组建评量小组

需要说明的是，课程评量不应该是只由一个人完成的工作，而应该是由团队或小组来完成的工作。这个小组应该由幼儿园教师和当地特殊教育资源中心组建，以确保评价的专业性和准确性。课程评量涉及的内容较多，因此建议组成评量小组后，由组长统一安排，组员每两人负责一个领域的评量，一人负责评估，一人负责记录，相互配合，避免出现评估内容遗漏等现象。组长负责协助各个小组进行评量用具、材料及场地的准备工作，并给予及时的支持。

（5）评量表及准备

为了节约资源，可以将每个领域的所有评量内容整合到一张表格中，所有参评幼儿使用一张领域评量表即可，教师持有一本评量表即可对照相应得分标准完成评量。

（6）设计评量活动

评量活动的设计需要团队合作，发挥专长；需熟悉评估内容，整合评估内容，设计适合幼儿个体的评量活动；评量用具可就地取材，善用幼儿熟悉的材料以及学具等。争取一项活动可以评量多项内容，如“仿画线条和简单图形并涂色、仿写汉字”这个活动可以评量出幼儿“视觉辨别”“手眼协调”“视觉统整”的能力情况。

（7）与家长沟通

家长参与是课程评量有效开展的前提保障，评估工作开始前，小组成员确认准备工作是否完成，再由组长与家长约定评估时间、地点，小组应尊重家长的决定，认真对待家长提出的要求、建议，及时沟通，获得家长的支持与配合。

（8）开展课程评量

①评量时长

依据评估内容，以儿童的障碍程度确定评估时间，若特殊儿童障碍程度较重，注意力持续时间短，可以选择将评估内容分为多个板块，一次完成一个板块内容的评估。若儿童注意力持续时间较长，可以选择用一天的时间一次性评量完。每次评估持续的时间是依据儿童的状态确定的，要把握好高效评量时机。

②分工合作

每两人负责一个评估领域，分工明确，一人负责与特殊儿童互动，一人负责记录评估情况。评估者下达指令要求清晰、准确，确保特殊需要儿童能够准确接收讯息，记录者准确记录个案表现，必要时可以使用摄像机、录音笔等电子设备（须征得家长同意），便于准确收集信息。

③得分记录

依照每个项目的得分描述和学生的能力表现给出符合学生实际情况的分数，并填写在相应的得分栏内。

2. 课程评量资料的整理

（1）评量分数统整

统整各个领域评量分数，将每个三级目标或评量题目得分合计到相应的二级目标或项目得分栏中，再将每个二级目标或项目总分汇总至领域得分栏内。

（2）画折线图

将每个三级目标的分数标记在相应位置并勾画出折线图，接下来将每个二级目标的分数标记在相应位置并勾画出折线图，最后将每个一级目标的总分标记在相应位置并勾画出折线图，最终形成七大领域发展现状折线图。

画折线图时要注意以下几点：

首先，用铅笔在纵轴每项中间位置勾画得分点。

其次，用直尺画折线，保证图线规整。

再次，每次评量后所画折线图的折线颜色要有所区别，以便对比分析学生的能力发展状况。

最后，评量得分就低不就高，三级目标勾画时不可出现 0.5 分的情况。

（3）撰写评量结果分析表

评量结果分析表中包括三个板块内容，分别是现况分析、原因推断、建议策略。具体撰写要求如下所述：

①现况分析

折线图中评量分数达到 2 及以上的，可以判定为“基本适应环境需求”，属“优势”；评量分数在 2 以下的，可以判定为“尚未达到环境之需求”，属“弱势”。

②原因推断

包含“生理”“心理”“教学”“环境”“互动”。“生理”主要是缺陷描述，“心理”主要包括不安全感、胆怯等因素，“教学”主要描述教师教学方法、教学态度等，“环境”主要描述学生所处的家庭、学校环境，“互动”主要描述七大领域中相互影响的项目。

③建议策略

针对现状、原因，提出解决办法。策略越具体越好，且要有操作性。

（4）撰写《综合分析研判报告书》

《综合分析研判报告书》的作用是统整教育评量与诊断的内容，为个别化教育计划会议的召开做准备。评量者应有较强的信息统整能力，保留有效信息，剔除无效信息。《综合分析研判报告书》包含的内容有：被评量幼儿的基本信息、评量过程中使用的评量工具清单、幼儿各项评量内容信息汇总（幼儿基本资料、生理状况、认知能力、动作能力、语言能力、社会适应以及情绪行为、学习特质、课程评量结果）。《综合分析研判报告书》中的“课程评量结果”部分需要在课程评量完成以后撰写，该部分是对幼儿在课程领域现有能力状况的简要分析，具体撰写要求如下：

首先，幼儿园教师要根据选择课程的领域填写课程评量表格。

其次，各领域按优、弱排序，先分析幼儿现有能力最强的领域填写在表格的第一行，再分析幼儿现有能力较强的领域填写在表格第二行，以此类推。

最后，表格填写时需要对幼儿各领域能力现状做分析、说明并填入现状分析栏，内容要完整，语言要精练明了、突出重点，为制订个别化教育计划做准备。“课程评量结果”如表 5-2-4 所示：

**表 5-2-4　课程评量结果**

| **课程名称** | **双溪心智障碍儿童个别化教育课程** |
|---|---|
| 领域 | 现状分析 |
| 感官知觉 | |

（续表）

| 课程名称 | 双溪心智障碍儿童个别化教育课程 |
| --- | --- |
| 粗大动作 | |
| 精细动作 | |
| 生活自理 | |
| 沟通 | |
| 认知 | |
| 社会技能 | |

3. 课程评量的注意事项

第一，课程评量应该在教学实施之前完成，半年或一学期评量一次，做到连续性、积累性、比较性相结合。

第二，评量时以学生为主体，关注学生的精神状态。

第三，当对幼儿的某项评量项目得分难以确定时，就低不就高，让幼儿有更大的发展空间。

第四，早期疗育课程评量（学前发展性课程）适用于0～6岁特殊幼儿，能完整评估出特殊幼儿在感官知觉、粗大动作、精细动作、语言沟通、生活自理、认知及社会适应等领域中已经发展出的能力，作为制定疗育目标或教学目标的依据。但本课程评量不是标准化的测验，因此评估结果不能作为诊断特殊幼儿心智年龄或发展商数的依据。

第五，我国课程评量主要集中在感官知觉、粗大动作、精细动作、认知能力、语言沟通、生活自理和社会技能七大领域。从特殊幼儿的发展需求来看，这样的内容维度更具针对性、发展性和适用性。因此，尽可能做到特殊幼儿发展的七大领域与普通幼儿发展的五大领域相结合，把握教育教学的重点。

### （四）课程评量的案例分析

以双溪课程为例，进行学前融合课程评量案例分析。

1. 设计课程评量活动案例

双溪课程感官知觉领域——视觉的运用评量活动设计，如表5-2-5所示：

**表 5-2-5　双溪课程感官知觉领域——视觉的运用评量活动设计**

| 活动名称 | 材料准备 | 评量内容 | 评量活动 |
| --- | --- | --- | --- |
| 观察乒乓球 | 乒乓球 1 个 | 视觉敏锐度：<br>0 盲或无视觉注意力<br>1 只能看到眼前约 30 厘米远的小物体<br>2 能看到眼前 1～2 米远的小物体<br>3 能看到眼前约 3 米远的小物体 | 第一，教师手拿一个乒乓球，放到幼儿眼前约 30 厘米处，转动手中乒乓球，观察幼儿能否看到乒乓球，能否注视乒乓球 5 秒以上<br>第二，教师将乒乓球向左或向右平行移动至离幼儿 1～2 米远，观察幼儿能否看到乒乓球，能否追视乒乓球<br>第三，教师将乒乓球在地上任意滚动 3 米以上，观察幼儿能否看到乒乓球，能否追视乒乓球 |
| | | 视觉追视能力：<br>0 盲或视觉注意力短暂<br>1 能注视物体 5 秒以上<br>2 能追视视野内一个方向移动之物体<br>3 能追视视野内任何方向移动之物体 | |
| 仿画仿写 | 白纸，铅笔，橡皮，红、黄、蓝水彩笔，文具盒 | 视觉辨别能力：<br>0 盲或无法表现其辨别能力<br>1 能辨别少数特定物品<br>2 能以视觉辨别不同的物品<br>3 能以视觉辨别不同形状及颜色 | 第一，给幼儿出示白纸、铅笔、橡皮、文具盒、水彩笔并说明以上物品的名称，要求幼儿拿起铅笔在纸上模仿教师画线段，观察幼儿能否辨别纸和铅笔，能否尝试对准目标工作，能否仿画线段<br>第二，让幼儿仿画圆形，并从文具盒中拿出红色水彩笔给圆形涂色，观察幼儿能否以视觉辨别不同物品；能否对准目标工作，准确度、敏捷度如何；能否仿画简单图形<br>第三，让幼儿将红色水彩笔放回文具盒中，再从文具盒中拿出蓝色水彩笔，跟随教师仿写汉字“口”“人”，将蓝色水彩笔放回文具盒中，再拿出黄色水彩笔仿写汉字“二”“小”，观察幼儿能否以视觉辨别不同形状及颜色，能否对准目标敏捷地操作，能否仿写文字 |
| | | 手眼协调能力：<br>0 盲或不看目标，无法对着目标工作<br>1 能尝试对准目标工作，如尝试套杯但套不中<br>2 能对准目标工作，但准确度及敏捷度稍差，如套杯偶尔成功<br>3 能对准目标敏捷地操作，如套杯经常成功 | |
| | | 视动统整能力：<br>0 盲或仅能涂鸦<br>1 能仿画线段<br>2 能仿画简单图形，如“○”“+”<br>3 能仿写文字 | |

（续表）

| 活动名称 | 材料准备 | 评量内容 | 评量活动 |
|---|---|---|---|
| 卡片游戏 | 纸盒子 1 个，苹果、香蕉、西瓜、茄子、白菜、黄瓜、玩具熊、皮球、玩具车卡片各 1 张 | 形象背景区分能力：<br>0 盲或无法表现形象背景的区分能力<br>1 能在一堆物品中找出指定物品<br>2 能在简单的背景中找出指定图形<br>3 能在复杂的背景中找出指定图形 | 第一，教师先为幼儿出示水果、玩具卡片，让幼儿跟读卡片中物品名称或用手指指老师所读的卡片，让幼儿从这些卡片中找出皮球卡片放入盒子里，观察幼儿能否在一堆卡片中找出指定卡片；能否对少数特定的物品表现出记忆能力；能否分辨 1～2 种立体物的空间关系，如上下、里外<br>第二，教师出示苹果、香蕉、西瓜、茄子、白菜、玩具熊卡片，要求幼儿找出刚才教师教读的卡片，并将找出的卡片上下叠放，观察幼儿能否在简单的背景中找出指定卡片；能否指出 3 种以上刚才看到的物品卡片；能否分辨 1～2 种平面图形的空间关系，如上下、里外<br>第三，教师出示所有蔬菜、水果、玩具卡片，要求幼儿找出苹果卡片放在盒子的里面，找出香蕉卡片放在盒子的外面，找出西瓜卡片放在盒子的上面，找出皮球卡片放在盒子的下面，找出玩具熊卡片放在盒子的左面，找出玩具车卡片放在盒子的右边，观察幼儿能否在复杂的背景中找出指定图形；能否指出 3 种以上前一个活动看到的物品；能否分辨各种空间位置的关系，如上下、左右、里外 |
| | | 视觉记忆能力：<br>0 盲或无法表现出对刚才看到物品的记忆能力<br>1 对少数特定的物品，能表现出记忆能力<br>2 能指出 3 种以上刚才看到的物品<br>3 能指出 3 种以上前一个活动看到的物品 | |
| | | 空间位置的知觉能力：<br>0 盲或无法表现出对空间位置的知觉能力<br>1 能分辨 1～2 种立体物的空间关系，如上下、里外<br>2 能分辨 1～2 种平面图形的空间关系，如上下、里外<br>3 能分辨各种空间位置关系，如上下、左右、里外等 | |

2.《综合分析研判报告书》“课程评量结果”部分撰写案例

（1）案例一：课程名称——学前发展课程评量

课程评量结果如表 5-2-6 所示。

**表 5-2-6　学前发展课程评量结果**

| 领域 | 现状分析 |
|---|---|
| 感官知觉 | 优势：视觉、听觉、触觉<br>弱势：味觉 |
| 粗大动作 | 优势：姿势控制、转换姿势、移动力<br>弱势：简单运动技能 |
| 精细动作 | 优势：抓放能力、操作能力<br>弱势：简单运动技能 |

（续表）

| 领域 | 现状分析 |
| --- | --- |
| 认知 | 优势：物体恒存、模仿、记忆、符号、解决问题<br>弱势：配对、分类、推理、概念理解 |
| 生活自理 | 优势：饮食能力、如厕、清洁与卫生、穿着<br>弱势：无 |
| 沟通 | 优势：言语转机、语言理解<br>弱势：沟通能力、口语能力 |
| 社会技能 | 优势：人际互动、自我概念、环境适应<br>弱势：游戏特质 |

（2）案例二：课程名称——双溪心智障碍儿童个别化教育课程

课程评量结果如表 5-2-7 所示：

**表 5-2-7　双溪心智障碍儿童个别化教育课程评量结果**

| 领域 | 情况摘要 |
| --- | --- |
| 感官知觉 | 优势：视听触觉敏锐度、视听触记忆能力、前庭觉和本体觉能力<br>弱势：无 |
| 粗大动作 | 优势：姿势控制能力，翻滚、四肢爬行、跪行、走、上下楼、跑、跳，球类游戏、垫上运动、轮胎游戏、投掷游戏、循环体能、大道具游戏、体操能力<br>弱势：绳类游戏、溜滑活动、水中活动 |
| 精细动作 | 优势：抓放能力、作业能力、工具使用<br>弱势：腕部旋转、顺序工作能力、顺序套物能力、使用剪刀能力 |
| 认知 | 优势：物体恒存性、物品操作的记忆能力、地点位置的记忆能力、物品所属的记忆能力、配对和分类、顺序、设法取得物品、计划思考应用所学纠正错误<br>弱势：经历事件的记忆能力、了解因果关系 |
| 生活自理 | 优势：咀嚼和吞咽，拿食物吃，喝饮料，用餐具取食，穿脱鞋子、裤子、衣服，如厕，身体清洁能力<br>弱势：做饭前准备及饭后整理，适当的用餐习惯，穿戴衣饰、配件，使用雨具，剪指甲的能力 |
| 沟通 | 优势：听的能力，说出常用句、简单否定句，读前准备，肢体沟通（接受性和表达性），图片和照片沟通（表达性），内在语言上除注意力、模仿能力以外的能力，适应沟通能力<br>弱势：注意力，模仿能力，适应能力，说服能力，非语言沟通除肢体沟通（接受性和表达性）、图片和照片沟通（表达性）以外的能力，读写能力 |

（续表）

| 领域 | 情况摘要 |
| --- | --- |
| 社会技能 | 优势：数的应用、打招呼、团体活动、求助、清洗器具、整理衣物、认识社区、使用公共设备、听音乐、观看影视<br>弱势：介绍、尊重别人、约会、清洗衣物、烹饪、缝纫、使用交通设施、参与社区活动和休闲活动、身心健康、安全技能 |

教师须掌握课程评量技能，明确特殊幼儿本学期、本学年的学习目标以及学习内容，制订符合幼儿身心发展需求的个别化教育计划，为特殊幼儿提供优质的学前融合个别化教育。

## 四、个别化教育计划会议

### （一）会议概述

1. 学前融合教育中个别化教育计划会议的定义

个别化教育计划会议是个别化教育团队成员、家长、学校（幼儿园）、社区、医院、志愿者等沟通、交流、共同探讨特殊幼儿个别化教育计划的会议，通过会议总结前面的工作（包括资料的收集和评估结果的汇报），全方位地了解幼儿，确定幼儿的现有能力、主要问题，共同探讨特殊幼儿的教育目标和发展方向。

2. 学前融合教育中个别化教育计划会议的相关法律法规

1975 年，美国国会通过了《全体残障儿童教育法案》，该法案首次提出要为每位接受特殊教育的残疾儿童制订个别化教育计划。从此，美国开始依据法律的要求为特殊儿童制订个别化教育计划。该法案规定教育计划小组可以在任何时间召开会议，但一年至少召开一次。1990 年《残疾人教育法》规定：地方教育主管机构必须在开学后的三十天内举行第一次 EP 会议，并制定该儿童需要接受的特殊教育与相关服务。1997 年，美国通过了《障碍者教育法修正案》，简称 IDEA（1997）。IDEA（1997）要求特殊教育学校和普通学校（如果儿童在普通教育环境中接受教育）都参加个别化教育计划小组。另外，该法案也提到个别化教育计划对家长的重要性。除了在制订、总结与修订个别化教育计划时要考虑家长促进儿童教育的作用，还要发挥家长的监督作用。2004 年 11 月美国国会通过了《障碍者教育修正法案》，简称 IDEA（2004）。该法案对个别化教育计划进行了修订，更加注重效率，如 IDEA（2004）规定在个别化教育计划的年度审查会议之后，经家长与学校同意，教师可以不召开个别化教育计划小组会议而对个别化教育计划进行微调。除了面对面的现场会议方式，还可以采用电话会议、视频会议等方式召开个别化教育计划会议，以节约时间、提高效率。对于出席的人员，IDEA（2004）规定：如果家长、学校都认为某个小组成员的专业领域与会议讨论的信息无关，那么可以不邀请其出席，即使所谈论的内容与某个小组成员的专业领域有关，如果家长、学校意见统一，并且该成员能在会议前向家长和个别化教育计划小组提交书面报告，那么他也可以不出席个别化教育计划会议。对于个别化教育计划会议，美国法令规定：当个案被鉴定为身心障碍者后的30天内，就必须举行第一次委员会会议；一年内必须再召开个别化教育计划会议，以评价此个别化教育计划实施成效；在个别化教育计划必须做重大改变时，由家长或学区行政单位提出要求，个别化教育计划委员会必须随时再召开会议。

我国有多项相关法律法规文件，如《中华人民共和国残疾人保障法》《中华人民共和国残疾人教育条例》《特殊教育提升计划（2014—2016年）》《特殊教育教师专业标准（试行）》《第二期特殊教育提升计划（2017—2020年）》，均强调了个别化教育对于特殊儿童的重要性，对专业师资个别化教育技能的要求也趋于具体。2015年教育部关于印发《特殊教育教师专业标准（试行）的通知》，通知中“专业能力”的教育教学设计中规定：根据教育评估结果和课程内容，制订学生个别化教育计划。

3. 学前融合教育中个别化教育计划会议的意义与价值

个别化教育计划会议的召开可以集合多方力量，全面了解个案。参会人员可以共同讨论个案评估结果，准确剖析特殊幼儿的现有能力、存在的主要问题，把握教育重点，确定符合其身心发展需求的长短期目标，制订个别化教育计划，确保计划的有效性和准确性。

个别化教育计划会议的召开可以调动家长的积极性，引导家长参与个案评估结果的讨论并参与计划的制订。家园合作可以为孩子提供更好的学习和康复环境。同时，家长能监督幼儿园开展个别化教育计划的实施情况。

个别化教育计划会议的召开能够引起幼儿园的重视，集合幼儿园各方力量，形成从上到下的联动机制，提高个别化实施的有效性。

个别化教育计划会议的召开可以调动团队协作积极性，促进团队内成员的交流与合作，共同为特殊幼儿的健康成长服务。

4. 学前融合教育中个别化教育计划会议的内容

在我国，特殊教育发展较好的地区或城市已开始尝试实施个别化教育计划。通常情况下，个别化教育计划会议主要完成的内容如下：

（1）了解特殊幼儿基本资料

在个别化教育计划会议上要对特殊幼儿的基本资料（如生理状况、障碍类别、出生日期、家庭背景、各项评估材料等）进行汇报。会议开始前应做好收集、整理、呈现、分析基本资料的工作，熟悉特殊幼儿的成长背景及能力现状，加强参会的各界专业人士之间的沟通。详尽实用的幼儿资料有利于找到幼儿的最近发展区，使特殊幼儿的个别化教育计划的操作性大幅加强。在本环节，要保障基本资料经过信息的二次筛检、统整，保留有效信息，剔除无效信息，最终呈现的是根据评估结果整理的特殊幼儿基本资料报告书。我们可以用一个综合表格呈现幼儿的基本信息并打印，在汇报时以便参会人员记录备注。

（2）明确特殊幼儿的能力水平

个别化教育计划会议上应对特殊幼儿的能力水平进行汇报和讨论，具体内容包含特殊幼儿的生理状况、认知能力、动作能力、语言能力、社会适应能力以及学业成就等，主要为了让与会人员对特殊幼儿身心发展现状有一个较为全面的认识。

（3）探讨特殊幼儿的教育方案

该板块主要由会议成员共同探讨特殊幼儿的障碍类型、障碍程度、适应能力、长短期目标、教育措施与相关服务、教育评价、安置形式、转衔服务等内容。

①障碍类型

特殊幼儿的类型复杂多样，我国对特殊幼儿的分类有很多，对不同类型的特殊幼儿实施学前融合个别化教学时采取的策略也不同。

②障碍程度

特殊幼儿的差异性、障碍的程度、障碍出现的时间、某种行为持续时间的长短、障碍的表现形式和行为的表现形式等都会影响幼儿的融合质量。特殊幼儿由于大脑发育、感知、记忆、语言、个性等方面都与普通幼儿有明显的差异，感受性、知觉速度、注意的发展水平、言语发展、表达能力、记忆、思维等与普通幼儿有较大差异。对于幼儿园的教师来说，幼儿被诊断为某种身心障碍类型后，最重要的是了解特殊幼儿的学习需求，以尽早地进行干预。如果幼儿没有相关资质的医学鉴定时，资源教师可以向家长或者普通班教师了解幼儿行为表现的功能性，并提供咨询服务。讨论幼儿障碍类型和障碍程度对实施幼儿融合教育起到重要作用。

③适应能力

特殊幼儿的适应能力包括社会适应、学校适应、家庭适应。特殊幼儿在不同环境中对刺激的反应和表现，体现了是否能够满足其适应生活需求，其中涉及沟通、表达、动手能力、认知、记忆、生活自理……培养特殊幼儿的适应能力使其得到适合身心发展的教育。会议讨论要重视满足特殊幼儿个体的特殊适应需要，找准特殊幼儿适应普通幼儿园的学习起点，补偿重点，让特殊幼儿能有质量地融入幼儿园，接受适合自身特点和发展需要的教育。因此，在个别化教育计划会议中，对特殊幼儿适应能力的讨论不容忽视。

④长短期目标

个别化教育计划会议应初步讨论设定个别化教育计划的长短期目标，长短期目标应包括评估所涉及的各个领域，目标设定应可观察、可测量。长期目标的设定可以是一个学期或者一个学年，短期目标一般设定为一个月至三个月之间。每个领域长期目标控制在四个以内，短期目标控制在六个以内，目标不宜过多，能够及时、有效达成才是目标设立的重点。参与长短期目标讨论的应是直接负责教学的特教教师和家长，以达到了解特殊幼儿最近发展区及制定目标的可行性。

长短期目标的具体讨论流程如下：

首先，在教育诊断后，各领域参会人员熟悉特殊幼儿能力现状，提前做好分析、研判，熟悉特殊幼儿个别化教育计划的构成，包括主要（重点、优先）目标（主要的、迫切的、适应生活需求的能力与适应园内学习生活的衍生能力，目标可随着学期内动态产生发现后再补充）以及相关目标（关键目标）、次要目标。

其次，长期目标应在课程评量后着重讨论各领域的教育重点。收集家长的意见与需求，分析特殊幼儿在园内安置的环境要求。根据教师对幼儿的了解和观察，参考幼儿能力发展的顺序，参考课程评量结果（能力的优弱点、原因分析、建议），讨论一个年度或学期所应达成的能力目标。找到特殊幼儿的学习需求（在普通班的学习时间、学习方式、相关专业服务、可能需要的协助、行为介入计划等）是特殊幼儿该阶段的个别化教育计划的纲领，最终拟出长期目标。

最后，讨论短期目标。综合学期教学活动和学年目标（长期目标），对幼儿融合普通班在本学期主要学习活动的安排做出梳理。讨论短期目标应简明、具体、描述能力技能，要可操作、可评量。各领域教师在同一主题下讨论该科的个别化教育计划，这样的方式可避免个别化教育计划不完整，也避免让个别化教育计划窄化成教案、教学计划，因而曲解个别化教育计划。

班级各教师均应有每个特殊幼儿的个别化教育计划。制定园内定期会议机制，由组长收集资料向普通班教师传达幼儿动态评量下的最新情况，通过团体讨论的机制，调整幼儿的资料并形成文字材料，以便随时查阅。

⑤教育措施及相关服务

特殊幼儿需要相关服务（如心理辅导、社工服务、医疗服务、语言治疗、物理治疗、职业教育、家长咨询等）、辅助设施（如无障碍环境的建设）等。参与学前融合教育的人员相较普通学校更为复杂，同时接受的资源更加多元，如普通幼儿园的主班教师、保育员、保健医生、普通幼儿、普通幼儿家长、资源教师和相关服务人员。组织特殊幼儿发展过程中密切相关的人员建立讨论机制，各领域的参会人员共同研判特殊幼儿的教育需求；家长参会了解幼儿及其家庭教育模式，资源教师分析特殊幼儿行为的功能性；建立家园沟通机制，制定合适的检核表，记录家庭和教师对幼儿的期望，教师与家长教育的目标应一致，建立长期的家园合作关系；讨论幼儿园能提供何种安置服务，被安置的班级主班教师是否具备相应的特教知识，是否能够组织好融合教育教学的常规活动，包括普通家长、普通幼儿对特殊幼儿的接纳教育等。

⑥教育评价

教育评价方面主要讨论如何评价儿童长短期目标，计划评定的方式、标准以及评定日期，及时进行动态评估，调整目标和方案。

⑦安置形式

根据特殊幼儿的能力，选择恰当的安置形式和在普通班融合的时间及抽离出来的时间比例。依据评估结果以及个别化教育计划会议商讨结果，确定特殊幼儿的安置形式（如普通幼儿园普通班、普通幼儿园特教班、医院、康复机构、家庭），安置服务类型（如在家服务、幼儿园普通班、幼儿园特教班、幼儿园资源教室一对一辅导），融合幼儿园学习的形式（如全部活动、部分活动、个别活动）。

⑧转衔服务

如果是进入大班的特殊幼儿，个别化教育计划会议必须讨论幼儿的转衔问题，包含以年龄为基础制定的适当的、可测量的小学后的教育目标，教育及康复训练的内容；为达到满足特殊幼儿教育需求的连贯的转衔服务，转衔内容需结合特殊幼儿的基本资料以及教育诊断与评估的资料，并结合特殊幼儿的阻碍发展情况、障碍程度是否有所改善、转衔后的发展方向、学习优势、未来发展潜能、教育重点以及建议对策等内容。

### （二）会议流程

1. 学前融合教育中个别化教育计划会议前的准备工作

（1）参会人员准备

①参会人员组成

教师：特教班教师、资源班教师、普通班教师、主班教师、配班教师、保育员。

学校相关行政人员：园长、副园长、后勤、提供教育服务相关处室的行政人员代表等。相关行政人员或教师出席个别化教育计划会议时，幼儿园应配合其授课时间，以配合个别化教育计划会议进行。

家长：幼儿家长可以邀请相关人员陪同，并在召开会议前告知幼儿园；如果家长没有行为能力，法定监护人或相关家属可代表出席。

其他相关人员：语言治疗师、职能治疗师、物理治疗师、临床心理师、社会工作师、其他专业人员。

②参会人员职责

个别化教育计划会议成员职责，如表 5-2-8 所示：

表 5-2-8 个别化教育计划会议成员职责

| 身份 | 职责 |
| --- | --- |
| 主席 | 协调个别化教育计划小组的活动<br>汇总评估资料<br>与小组成员沟通<br>在计划和决策过程中提供支持服务<br>主持个别化教育计划会议 |
| 普通班教师 | 提供儿童在普通班情况的资料<br>提供课程设计的资料<br>草拟和制定学科的年度目标和教学目标<br>指出儿童接受普通教育的能力和限制 |
| 特殊教育教师 | 提供有关机械障碍情况的资料<br>指出儿童接受特殊教育的能力和限制<br>指出儿童的障碍需要<br>协助解释相关评估资料<br>协助制定长期目标和短期目标 |
| 机构代表（学校行政人员） | 代表学校解读相关制度<br>安排提供相关服务 |
| 家长 | 提供有关家长参与儿童教育与服务的能力和限制的资料<br>参与制订个别化教育计划的目标<br>提供相关资料，如儿童的发展、环境、接受的其他服务等 |
| 相关支持人员 | 解释评估结果<br>提供教育及相关服务的建议 |

③联系参会人员

确定会议时间和会议地点，联系参会人员。鉴于参会人员来自多个行业，会前需要主持人提前寄发会议通知，确保参会人员可以在规定的时间内参会，保证到会率。

（2）场地准备

尽量选择环境温馨、方便交谈的小型会议室，会议桌以面对面的方桌为首选，这样方便会议成员间的充分交流。

准备会议用品：纸、笔、摄像机、录音笔、多媒体等办公工具，便于及时记录会议内容。

（3）资料准备

将前期收集的特殊幼儿基本资料以及教育评估与诊断资料发给每一位参会人员，便于会上讨论时使用。个别化教育计划会议不是逐项讨论学生服务方案，会前的准备和沟通决定个案讨论的侧重点。在开个别化教育计划会议之前，各领域教师事先拟好特殊幼儿个别化教育计划会议内容的草案，及早准备好评估的相关资料，以提高讨论效率，并于开会前七天送交将出席个案会议的人员，以便开会时相关人员能提出意见。新入园特殊幼儿首次召开个别化教育计划会议时，教师准备的资料内容应包括：幼儿现况描述与分析、会议流程及时间、相关专业服务、参与普通班的时间、课程。非新入园的特殊幼儿在每学年期初召开个别化教育计划会议时，教师准备的资料内容应包括：会议流程及时间、上学年个别化教育计划执行结果记录、学年学期目标完成情况、适合幼儿的评量方式及其教育服务方案内容和上学期相异的部分。如果特殊幼儿处于幼儿园毕业阶段，在个别化教育计划会议中，除了常规准备，还需邀请转衔计划的相关人员参会，对已制定目标执行状况摘要、教育计划、需要调整的项目进行讨论，并记录存档。

依照与会人员在会议中的角色不同，提供的资料可以有所不同。针对幼儿园行政人员提供的资料应包括需要行政单位配合事项，如会议流程及时间、幼儿现况描述与分析、评量方式、行为介入计划、相关专业服务、参与普通班的时间及课程等。

（4）联系家长

告知家长会议的时间、地点，会议的目的，出席会议的人员。家长可以自行邀请熟知幼儿情况的人员或专家参会。确定开会的时间和地点，保证其对于家长和幼儿园来说都是可行的。由于每个特殊幼儿的个别化教育计划会议是独立的，因此应当在时间安排上考虑充分，为每个会议预留一定的时间。如果家长因故不能来参加会议，学校可以采用其他替代的方法保证家长的参与，如视频会议、电话会议。

2. 学前融合教育中个别化教育计划会议的召开

（1）个别化教育计划会议开始

主持人宣布个案会开始，简述会议目的、程序规则，介绍参会人员。

（2）介绍个案评估各板块的评估内容及结果

主持人根据教育评估与诊断的内容，请测评人员汇报评估、诊断情况，包括特殊幼儿的基本资料、出生史、教养史、家庭资料（由父母介绍孩子在家的一些家庭活动）等。评量结果包括课程评量结果和教育诊断结果。参会人员可以就一些问题提问。主持人根据参会人员汇报的情况，对特殊幼儿诊断评估的情况做综述。家长及其他参会人员若对各板块评估内容有疑问可以提出。

（3）综合分析研讨

参会人员广泛研讨特殊幼儿的发展现状、未来发展潜能以及教育重点等内容，具体内容如下所述：

特殊幼儿的障碍类型、程度、成因。特殊幼儿的优弱势，根据幼儿的优弱势，选择更适合幼儿的教学策略以及学习方式。综合幼儿家长的意见、幼儿实际需求，各教师共同讨论特殊幼儿下一阶段的发展。特殊幼儿下一阶段的学习重点即教学目标（长期目标）。探讨学习重点的过程中，需要考虑以下因素：

特殊幼儿能力发展的范围：参照评估结果、幼儿发展速度及该学年的教学时间，初步估量幼儿在未来年度各方面能力所能发展的范围。

适应环境所需的能力：根据特殊幼儿所处的环境以及家长和幼儿本人的需求，预估幼儿在未来发展中适应环境所需要的能力。

其他因素：参照幼儿生理发展的阶段以及当前的发展特征，考虑需要长期培养的重要能力。

（4）会议结束

主持人总结，参会人员签名，并记录会议时间（时间控制在1个小时以内）。最后，主持人宣布会议结束。

3. 学前融合教育中个别化教育会议召开后的工作

第一，整理会议记录并存档。会议记录主要记录个别化教育计划会议讨论的相关内容要点，便于制订个别化教育计划，由主持人整理，并同各类原件放入学生档案。

第二，根据会议讨论的结果制定个别化教育计划长短期目标，并再次征求各方参会人员的同意。其目的在于整合资源、沟通歧见，是一个教育理念与实际资源相互折中的讨论空间，没有异议的部分可以在会议后签名确认，需修改的部分必须在修改后请相关人员签名确认。

第三，协调准备开始实施个别化教育计划。

第四，会议结束后教师除依照个别化教育计划执行教学活动外，还要监督指导各相关服务或者行政资源是否落实。如果制定目标是采用的团体设计，就可以继续以会议的形式定期评价个别化教育计划的开展效果。所有会议记录都可以列入幼儿个别化教育计划的档案中，以作为调整个别化教育计划的依据。

4. 学前融合教育中的个别化教育计划会议的注意事项

第一，特殊幼儿入园的首次个别化教育计划会议最为严格，一般在新生入学一个月后举行，尽量准备充分，严格按照流程进行。

第二，做好会议时间安排明细表并制定工作任务表，使团队成员清楚自己的角色，并利用此次会议与其他专业人员相互交流，提高效率。会议因涉及幼儿个人隐私及法定权利，应合理安排好开会时间。

第三，在开会期间，让每个参会人员都获得发言的权利，并认真记录。与家长交谈时，注意肢体语言与语气，充分尊重家长的意见和态度，所有讨论内容都要紧紧围绕特殊幼儿。

第四，在意见不统一时，主持人应充分站在个案的立场，找出最优的建议和方案。

第五，个别化教育计划目标出现问题时不能随意更改，应召开紧急会议，邀请相关人员参与，并制定解决方案。

5. 学前融合教育中的个别化教育计划会议的评价标准

第一，个别化教育计划会议前准备充分。

第二，参会人员齐全。

第三，主持人熟悉会议流程，会议有秩序进行。

第四，参会人员积极发言，准确定位幼儿的现有能力，明晰幼儿发展方向。

第五，个别化教育计划会议结束后，所有参会人员签字。

# 第三节　学前融合教育中个别化教育计划的实施

## 一、主题教学

### （一）主题教学概述

自《幼儿园教育指导纲要（试行）》颁布以来，各地幼儿园积极探索具有本土特色的园本课程与教学，注重从促进幼儿身心发展的整体性、综合性的视角探究幼儿园的教育教学，形成综合性主题活动课。目前，主题教学是我国幼儿园普遍采用的一种综合性课程。

1. 主题教学的概念

主题教学是以主题为中心开展的教育教学活动，是一种通过有机地组织和运用具有某种内在关联的两个及两个以上学科的知识观和方法论去考察和探究一个主题或者中心领域的教学组织形式。主题教学通过对主题、中心领域的研究，使学生获得新的、整体的、联系的经验，促进学习迁移。

幼儿园主题教学指结合幼儿的生活经验以及兴趣，考虑幼儿的理解水平，借助环境教育等多方资源，通过教师组织、共同探究，引导幼儿亲身体验和参与的一种教学活动。

2. 主题教学的渊源

主题教学又称为多元智能主题活动。美国著名发展心理学家霍华德·加德纳提出多元智能理论，强调儿童智能是多元化的，是由语言智能、数学逻辑智能、空间智能、身体运动智能、音乐智能、人际智能、自我认知智能、自然认知智能八项组成，同时强调不可用单一智能评价幼儿。多元智能理论为我国的教育提供了借鉴与启示。我国基础教育课程改革中强调以学生发展为核心的教育理念，要求打破学科界限，强调调动学生主动学习的意识，提倡学习方式的多样化。主题教学作为一种跨学科的综合性教学形式，强调“为了理解而教”“通过多元而教”，重视幼儿实践能力以及创新能力的培养。

幼儿园主题教学的开展同样受到杜威思想的影响。作为实用主义哲学家、教育家，杜威提出了“从做中学”“学校即社会”，并总结出“教育即经验的改造”“教育即生活”的观点，强调教育必须紧密地与生活相联系，通过经验的改造促进个人成长。杜威的学生——美国进步主义教育家克伯屈提出“单元教学法”，主张打破学科界限，根据学生兴趣与需要，依据实际生活环境提出学习目标，制订学习计划，在实践中完成任务，实现目标。克伯屈的单元教学法为幼儿园的主题教学提供了思路，并强调师生共同设计、参与。此外，皮亚杰理论以及意大利瑞吉欧教育体系的盛行，都对幼儿园主题教学活动的开展发挥了积极作用，使幼儿园的主题教学活动呈现多元化的发展趋势。

在我国，学前教育家陈鹤琴先生提出“活教育”理论，主张到大自然、社会中去寻找“活教材”，强调“做中学、做中教、做中求进步”，提出“整个教学法”，要求为儿童设计的课程必须是整个的、互相联系的，并提出了“五指活动”课程。学前教育家张雪门提出“行为课程”概念，指出“生活就是教育，就是行为课程”，强调幼儿对于自然界和人类社会没有分明的界限，他看宇宙间一切的一切都是整体的，所以编制课程时如果分得太清楚、太系统，反而不能引起儿童的反应。幼儿园的课程须根据儿童自己直接的经验编制，主张行为课程的教学方法应采取单元教学法。陈鹤琴、张雪门等人的教育理论、教育思想对我国幼儿园教育影响深远且广泛。

3. 主题教学的意义

主题教学活动以促进儿童发展为核心，从幼儿的需求和能力出发，打破学科界限，贯穿幼儿园五大领域的教学目标，关注知识之间的关联性，实现了各领域知识的综合，具有较强的系统性、灵活性、实践性，有利于幼儿获得整体性、连贯性的知识。同时，主题教学强调对某一主题的深入探究，这样更有利于发展幼儿的思维能力以及对学习经验的内化与迁移能力，有利于开发幼儿的多元智能。

主题的选择应依据幼儿兴趣，贴近幼儿的日常生活，注重学生生活习惯和规律的培养，这样能激发幼儿参与活动以及解决问题的热情，促使幼儿积极发现问题、解决问题，在与同伴的互动中发展积极健康的情感，为幼儿的终身学习打下良好的基础。

4. 主题教学的形式与构成要素

主题教学分为两种形式，第一种是完全打破传统的学科框架，以生活题材为学习单元，以社会生活问题统合多种知识；第二种是主题下面的分科，即确定单元主题后，幼儿园五大领域围绕该主题开展教学。

主题教学的构成要素包含确定主题名称、生成主题目标、主题分析、特殊幼儿目标配入主题、设计主题的教学序列与教学事件、教学方法与教学策略的选择等内容。

5. 主题教学的内容

（1）熟悉个别化教育计划，明确目标

班级教师、资源教师统整班级特殊幼儿个别化教育计划目标，将目标分为可以在团体教学中达成的目标和需要个别训练方能达成的目标。资源教师依据儿童的个别训练目标制订个别康复计划，班级教师依据儿童可以在团体教学中达成的目标开展主题教学。

（2）确定主题名称

开展主题教学，要先确定主题名称。确定主题名称的方法多种多样，可以从幼儿的角度出发，依据教师的教学经验，寻找与幼儿生活相关的内容确定主题。例如，新生入园都会有一个学习常规建立月，教师会依据教学经验将九月份的主题确定为“我上学了”“今天我上幼儿园”等，协助幼儿更好地适应幼儿园环境，建立良好的学习常规。“我真棒”“什么都吃身体好”这样的主题来源于幼儿的真实生活，关注幼儿自身的发展，关注幼儿的生活，更能激发幼儿的学习兴趣。此外，还可以选择一些社会生活事件作为主题来源，可以依据季节、节日或当地特色社会活动设定主题，如 3 月份的主题是“春游”，12 月份的主题是“元旦”等。此外，还可以依据幼儿园教材、一些概念或原理、学生的个别化教育计划目标确定主题，给予幼儿探究多个领域的机会。

主题名称的撰写方法繁多，可以是较为抽象且吸引人的撰写，如 3 月份的主题是“春天在哪里”，也可以是较为具体且便于主题分析的方式，如“引导幼儿认识春天，了解春天的特点”。

（3）生成主题目标

确定主题目标，使主题方向更加明确、主题内容更加清晰。主题目标一般需要撰写三个方面的内容，分别是知识、技能、情感，这样能确保主题目标撰写的全面性。其中，知识目标主要呈现该主题需要幼儿学习的理论知识，技能目标主要阐述该主题中幼儿获得的技能，情感目标需要重点描述该主题的学习对幼儿身心素质产生的积极影响。

主题目标撰写举例如表 5–3–1 所示：

**表 5–3–1　小鱼儿游游游**

| | |
|---|---|
| 知识目标 | 引导幼儿了解鱼的特征，熟悉鱼的相关知识 |
| 技能目标 | 能够辨识几种常见的鱼，积极参与班级活动 |
| 情感目标 | 培养幼儿热爱大自然的情感，引导幼儿主动表达 |

（4）进行主题分析

主题分析是对主题包含的知识、技能、规律、特点以及内容之间的层级关系进行深入分析，为后续教学活动的开展提供内容选择、顺序安排以及方法确定等方面的依据。主题分析工作的开展有助于全面认识主题，重新审视主题包含的内容，进一步明确儿童学习的范围以及学习的内容。

主题分析的方法多种多样，可以根据主题包含的主题词进行分析，也可以依据流程时间、地点等元素完成主题分析。此外，还可以依据主题目标的层级、类型展开分析。主题分析时需要注意分析的合理性，即主题分析的内容须符合幼儿身心发展特征，要充分考虑环境因素，确保主题可落实。还要关注主题分析中的层级关系，做到同一层级不交叉、不冲突，并注意下一级主题分析的内容与上一级主题分析的内容之间的被包含与包含的关系。

（5）特殊幼儿目标配入主题

特殊幼儿的个别化教育计划制订以后必须在教学中落实。因此，在主题确定以后，需要查阅班级特殊幼儿的个别化教育计划，将合适的目标配入各月份的主题教学中，确保特殊幼儿的个别化教育计划在主题教学中落实。

### （二）设计教学序列与教学事件

主题确定以后，需要对主题的教学顺序、教学资源、教学环境等进行系统的安排，这样才能保障主题教学的有序进行。

1. 教学序列与教学事件的概念

设计教学序列与教学事件，即安排教学的前后次序。其中，教学序列就是要确定主题教学的顺序，如果一个月完成一个主题，该环节就需要剖析主题，确定每周、每天、每节课所要学习的内容。而教学事件就是要明确主题教学中使用的教学资源、选择的教学环境以及使用的教学评量办法等内容。

2. 教学序列与教学事件的设计

首先需要明确每一个主题开展教学的时间，主题教学的时间是以月为单位还是以周为单位；然后需要依据选择的主题教学形式安排教学顺序。若是采用主题下的五大领域教学，则需要统计一个月中五大领域教学活动的时间、次数，再根据上述时间、次数安排每个活动的内容；若是不分领域的主题教学，则需要统计本主题在该时间段活动的次数，依据活动次数安排主题内容。教学序列的大概框架安排好以后，需要依据每一个活动的时间进一步设计活动内容，如小班一节活动课程为 15 分钟，因此教学序列设计需要明确每一个活动内容如何在 15 分钟内完成，如何有效规划时间。同时，需要撰写每一个活动中需要准备的教学资源，即教学事件。

3. 设计教学序列与教学事件的意义

教学序列设计有助于教师对主题教学的整体把握，确保教学内容的顺序性、系统性，同时促进班级教师间的沟通与交流。教学事件的安排有助于幼儿园教学资源的准备，确保活动有序开展。

### （三）主题教学的教学方法与教学策略

教学方法与教学策略都与教学有着密切的关系，选择恰当的教学方法，采用能够达到预期教学效果的教学策略，是教学有效性的保障。下面主要介绍在幼儿园实施个别化教育计划的过程中较常使用的教学方法与教学策略。

1. 学前融合教育个别化教育计划实施中常用的教学方法

时代不同、背景不同、研究角度不同，对教学方法的理解也不尽相同。若按照教学法的外部形态分类，教学方法可以分为讲授法、谈话法、演示法、练习法、陶冶法、探究法等；若按照层次结构分类，教学方法可以分为原理性、技术性、操作性三类。幼儿园的教育教学中经常使用的教学方法有观察法、示范法、提问法、谈话法、讲授法、讨论法、操作法等。接下来重点介绍在融合幼儿园实施个别化教育经常使用的教学方法。

（1）游戏教学法

①定义

游戏教学法是指将教学目的、内容融入游戏当中，教师引导学生在轻松、欢快的游戏活动中进行学习。游戏教学法强调将“游戏”与“教学”两者巧妙地结合在一起，从而引起学生学习的兴趣。

教育学专家指出游戏是儿童的“良师”。游戏在幼儿的成长过程中占据重要位置，游戏是儿童的天性。

②意义与价值

《3～6 岁儿童学习与发展指南》强调游戏是幼儿园的基本活动。幼儿园将游戏教学法引入课堂教学中，既遵循了幼儿的生理与心理发展顺序，也提高了幼儿园的教学效率。学前融合教育服务的对象既包含普通幼儿，也包括特殊幼儿。相较于普通幼儿，特殊幼儿身心发展缓慢，课堂教学中更加需要通过游戏教学法更好地调动特殊幼儿学习的主动性与积极性。

在学前融合教育中使用游戏教学法，具体的意义与价值如下：

首先，为普通幼儿的身心健康发展助力。3～6 岁是幼儿接受学前教育的时间，也是身心成长发展的关键时期。选择合适的、有趣的游戏活动，引导幼儿积极参与，满足幼儿心理、生理需求，对于幼儿的身心成长是非常有利的。

其次，有利于普通幼儿语言能力的提升。语言能力的发展会对幼儿的智力、逻辑思维能力等产生重要影响，开展丰富多样的游戏活动可以为幼儿提供语言发展的环境，促进其更好地聆听与表达，有助于语言能力的提升。

再次，培养普通幼儿的集体意识，促进社会性发展。幼儿园的很多游戏活动都需要幼儿与同伴合作完成，如“过家家”“丢手绢”“丢沙包”，在共同游戏的过程中，幼儿会学习与人交流的方式方法，学会遵守规则，学习如何与同伴友好相处，这样的游戏活动能够增强幼儿的集体意识。幼儿园中有很多可以促进幼儿社会化发展的活动，尤其是角色扮演游戏，如“理发店”“我是小厨师”等。通过游戏，幼儿可以理解“服务他人”的含义，体验劳动带来的快乐。

最后，有助于普特幼儿综合素质的培养。游戏教学法能够做到寓教于乐，调动幼儿学习的热情，培养幼儿的自主学习能力，提升幼儿的思维能力、探究能力，因此有助于培养普特幼儿的综合素质，为幼儿身心健康成长创造条件。

③分类

游戏种类繁多，按照游戏的作用分类，可以分为角色游戏、结构游戏、表演游戏、体育游戏、智力游戏、音乐游戏等。游戏的选择需要根据幼儿的身心特征、现有能力，同时需要考虑幼儿的学习目标。若训练幼儿的感知运动能力，可以选择滑滑梯、投掷、攀爬等体育游戏；若培养幼儿的认知能力，可以设计拼图、形状分辨等智力游戏；若发展幼儿的社会性，可以选择“过家家”等角色扮演类游戏。

④游戏教学法的使用

在班级团体教学中，采用游戏教学法时需要兼顾特殊幼儿，既要给予特殊幼儿参与游戏活动的机会，又要根据特殊幼儿的现状确定其参与班级游戏活动的方式，必要时给予相应的支持。例如，有肢体障碍的幼儿在参与班级角色扮演游戏活动时，教师可以给予一些活动量相对比较小的角色；有语言障碍的幼儿在玩语言类游戏时，教师可以给予一些必要的提示，避免其因为说不清而“掉队”。

在为特殊幼儿进行个别训练时，游戏教学法的使用至关重要。个训课主要是针对特殊幼儿的障碍进行的专门训练，旨在补偿或纠正已经存在的缺陷。游戏教学法的使用既有利于教师与特殊幼儿建立基本关系，也有利于调动幼儿参与个训课程的积极性。个训课中使用游戏教学法，教师需要考虑特殊幼儿的身心特征以及个别化教育计划中的目标。根据幼儿需求，选择适合的游戏。例如，脑瘫儿童的个训课，可以选择一些训练粗大动作的体育游戏，同时配合一些训练精细动作的结构游戏，有助于脑瘫儿童的动作发展；听力障碍儿童的语训课，可以选择使用绘本作为媒介，在绘本阅读中训练幼儿的语言理解、语言表达能力，同时配合一些“模拟电话”的角色扮演游戏，提升幼儿的语言沟通能力。此外，可以使用奥尔夫音乐等开展创造性音乐教学活动，引导特殊幼儿在音乐游戏中训练专注力，获得美感体验。

（2）情境教学法

捷克民主主义教育家扬·阿姆斯·夸美纽斯曾讲，“一切知识都是从感官开始的，在可能的范围内，一切事物应尽量放在感官的眼前”。直观化、形象化的感知，可以激发学生学习的热情以及学习的兴趣，从而使学生的学习从被动转为主动。

①定义

情境教学法无论是在学前融合教育领域还是在特殊教育领域都应用广泛，主要是指根据特殊幼儿或特殊学生的年龄特点和心理特征，利用日常生活中的人、事、物设计生动、形象、恰当的情境，开展教育教学的方法。

②意义与价值

情境教学法的主要特征是自然、真实、形象生动，易于被特殊幼儿接受，能够激发特殊幼儿的学习动力，引起特殊幼儿情感上的共鸣，进而获得最佳的教学效果。而且，情境在现实生活中随处可见，为教师选择教学素材提供了便利条件。

③分类

情境教学法划分角度不同，分类也就不同。若依据范围区分，可以将情境分为大情境与小情境、整体情境与部分情境；若根据情境的性质区分，可以将其分为自然界情境与社会情境。此外，若依据情境地点划分，也可以将其分为日常生活情境和课堂教学情境。人们较常采用的分类方式是按照情境的来源分类，将其分为自然情境和创设情境。

自然情境是指自然存在的、无须刻意安排的情境，如去超市购物、乘坐公交车等。创设情境是指依据教育目的需要专门创设、安排的情境，如为了引导幼儿学习如何去超市购物，在幼儿园专门创设一个超市的场景，让幼儿模拟购物；为了教幼儿如何过斑马线，在幼儿园中创设一个斑马线情境，让幼儿学习、练习。无论是自然情境还是创设情境，都是根据教学目标，结合幼儿园、社会资源确定的，最终都是为了达到学习目的，提升幼儿的生活适应能力、社会适应能力。

④情境教学法的使用

情境教学法的使用需要根据教学内容、教学目标等因素来确定。在幼儿园日常教学中，幼儿长期持续训练的内容，如要礼貌待人、要与同伴友好相处等；与幼儿日常生活密切相关的，如吃饭、午睡、穿脱衣服、大小便等一日生活常规的训练；需要在适当场所、时间或具体事件中去展现的，如随手关门、关心同伴等都需要教师在情境教学中去引导幼儿；当然，一些与认知相关的内容，需要幼儿在发现问题、解决问题的过程中获取知识的，也是需要情境教学。情境教学法的使用比较广泛，同样需要依据科学的方法、步骤，方可保证情境教学的有效性。

选择适合的情境很关键。依据幼儿的学习目标、幼儿园以及社会现有的资源等确定情境。同时，需要对情境进行具体的调查与分析，然后设计教学活动，继而实施教学活动。

（3）工作分析法

①定义

工作分析法运用于教育领域，是指对于学习中的某一任务，采用一定的方法进行分解，分解为小目标或小任务。通过对小目标、总目标的评量，以及教学策略的实施，完成该项任务。工作分析法是一种化整为零、化繁为简，再综合分析、评价的工作，也是一种训练方法。

②意义与价值

工作分析法是特殊幼儿教育教学中较常用的一种教学方法。由于特殊幼儿身心发展的速度、程度均落后于普通幼儿，所以需要教师将学习内容进一步细化、分解，采用小步子原则开展教学，这样特殊学生更易于接受，进而提升学习效果。

③分类

内容不同，工作分析的方法也有差异。可依据工作的顺序进行分析，如“洗手”，需要依据洗手的步骤进行工作分析；也可以依据工作水平、层次进行分析，如10以内的加减法，需要根据难易程度、幼儿的认知水平。此外，还可以依据工作内容的构成进行分析，如“穿脱外套”，可以依据外套的种类进行工作分析。

④工作分析法的使用

使用工作分析法需要把握工作的目标、内容、步骤等因素。在使用工作分析法时，首先需要明确工作的目标，通过对目标的分析，确定工作的步骤以及评价的标准，然后实施教学，教学实施后需要再评量，以检验工作分析法的使用效果。

在使用工作分析法时，可以采用顺序工作法。教师引导幼儿完成工作任务的第一个步骤，然后教师完成剩余步骤，接下来再由幼儿完成第一、第二步骤，教师完成剩余步骤，过程中幼儿需要完成的步骤逐渐增加，而教师需要完成的步骤逐渐减少，最终引导幼儿掌握工作内容。另一种工作分析的方法是倒序工作法，教师完成前面所有步骤，最后一步由幼儿完成，接下来再引导幼儿完成最后两个步骤；以此类推，幼儿需要完成的步骤越来越多，教师的支持逐渐淡出。

下面举例说明引导幼儿学会在幼儿园自己拿杯子喝水的技能。

拿杯子喝水的步骤：打开消毒柜—拿出杯子—到饮水机处接水—到指定位置喝水—在消毒柜里找到自己的杯子位置—将水杯放进柜子的格子中。顺序工作法：如表5-3-2所示。

**表5-3-2 顺序工作法**

| 步骤 | 角色 | 需要完成的任务 | 角色 | 需要完成的任务 |
|---|---|---|---|---|
| 1 | 学生 | 打开消毒柜 | 教师 | 拿出杯子—到饮水机处接水—到指定位置喝水—在消毒柜里找到自己的杯子位置—将水杯放进柜子的格子中 |
| 2 | | 打开消毒柜—拿出杯子 | | 到饮水机处接水—到指定位置喝水—在消毒柜里找到自己的杯子位置—将水杯放进柜子的格子中 |
| 3 | | 打开消毒柜—拿出杯子—到饮水机处接水 | | 到指定位置喝水—在消毒柜里找到自己的杯子位置—将水杯放进柜子的格子中 |
| 4 | | 打开消毒柜—拿出杯子—到饮水机处接水—到指定位置喝水 | | 在消毒柜里找到自己的杯子位置—将水杯放进柜子的格子中 |
| 5 | | 打开消毒柜—拿出杯子—到饮水机处接水—到指定位置喝水—在消毒柜里找到自己的杯子位置 | | 将水杯放进柜子的格子中 |

（续表）

| 步骤 | 角色 | 需要完成的任务 | 角色 | 需要完成的任务 |
| --- | --- | --- | --- | --- |
| 6 | 学生 | 打开消毒柜—拿出杯子—到饮水机处接水—到指定位置喝水—在消毒柜里找到自己的杯子位置—将水杯放进柜子的格子中 | 教师 | |

倒序工作法：如表 5–3–3 所示。

表 5–3–3　倒序工作法

| 步骤 | 角色 | 需要完成的任务 | 角色 | 需要完成的任务 |
| --- | --- | --- | --- | --- |
| 1 | 教师 | 打开消毒柜一拿出杯子—到饮水机处接水—到指定位置喝水—在消毒柜里找到自己的杯子位置 | 学生 | 将水杯放进柜子格子中 |
| 2 | | 打开消毒柜—拿出杯子—到饮水机处接水—到指定位置喝水 | | 在消毒柜找到自己的杯子位置—将水杯放进柜子的格子中 |
| 3 | | 打开消毒柜—拿出杯子—到饮水机处接水 | | 到指定位置喝水—在消毒柜里找到自己的杯子位置—将水杯放进柜子格子中 |
| 4 | | 打开消毒柜—拿出杯子 | | 到饮水机处接水—到指定位置喝水—在消毒柜里找到自己的杯子位置一将水杯放进柜子的格子中 |
| 5 | | 打开消毒柜 | | 拿出杯子—到饮水机处接水—到指定位置喝水—在消毒柜里找到自己的打开消毒柜杯子位置—将水杯放进柜子的格子中 |
| 6 | | | | 打开消毒柜—拿出杯子—到饮水机处接水—到指定位置喝水—在消毒柜里找到自己的杯子位置—将水杯放进柜子的格子中 |

2. 学前融合教育个别化教育计划实施中常用的教学策略

教学策略是根据教学理论和已有的教学经验，结合学生实际和教育教学环境实际，为达成教学目标而采用的一整套比较灵活的教学行为，它是教师在教学实践中依据教学的计划、学生的身心特点，对教学原则、教学模式、教学方法的一种变通性应用。教学策略包括教的策略与学的策略。

（1）教师协同教学

①协同教学的定义

协同教学与传统的班级教学相比，具有一定的差异性。协同教学建立在教学团队基础之上（该教学团队一般是由两个或两个以上的教师以及若干辅助人员组成），要求依据教师各自的专业能力、专业水平，充分发挥个人才能，共同规划、协商如何利用教学资源进行合作教学，旨在改变教学的形态。

②协同教学的意义与价值

协同教学强调教师之间充分的沟通与合作，发挥专长，勇于创新，共同探讨制订教学计划，设计教学活动方案，共同开展教学，这样的教学形式加强了学科之间的联系，有助于学生更好地理解知识。协同教学不只是强调教师之间的协同，还强调要调动丰富的教学资源、教学空间为教学服务。

③融合教育幼儿园协同教学的开展

幼儿园的教学多采用包班制，即由三位教师负责一个班级的所有活动，一位是主班教师，主要负责班级活动的组织与安排；一位是配班教师，主要负责协助主班教师顺利完成班级教学任务；另外一位为保育员，主要负责照顾班级幼儿的生活起居。包班制是协同教学的一种主要形式，教师有足够的时间与班级幼儿相处，可以全面了解班级中的每一个幼儿，对每一个幼儿的身心特征、兴趣爱好、个性特点等有较为全面的认识，有助于教师进行班级管理，也确保了教学的针对性与有效性。

融合教育幼儿园班级中既有普通幼儿，又有特殊幼儿。特殊幼儿身心发展的特殊性对于班级一日活动的开展来说是一个不小的挑战，这就需要班级教师依据班级幼儿情况对班级活动的设计、实施以及一日生活起居的安排进行充分的沟通与协作。因此，学前融合教育的开展对幼儿园的包班制提出了更高的要求。对于融合到普通班级的特殊幼儿，班级教师需要参看特殊幼儿的个别化教育计划，了解该名幼儿融入本班学习的长短期目标，依据目标再结合班级普通幼儿的成长需求共同探讨班级学期、学年的活动设计及安排。同时，在班级活动开展的过程中，班级教师需要及时沟通活动开展的情况以及特殊幼儿参与班级一日生活的情况，针对发现的问题及时采取有效的措施予以解决，这样可以保障学前融合教育开展的有效性。

融合教育幼儿园的教师协同教学不局限于班级教师间的协同，还包括资源教师与班级教师的协同以及资源教师间的协同。特殊幼儿进入普通班级后，资源教师需要对班级进行巡回指导并承担影子教师的任务，帮助特殊幼儿尽快融入班级生活。此外，因为融合教育幼儿园会招收各种障碍类型的特殊幼儿，资源教师需要根据特殊幼儿的障碍类型、障碍程度以及康复需求进行分组，并给予及时的康复训练，这也需要资源教师间的沟通与协作。总之，学前融合教育的开展对教师协同教学的形式、水平提出了更高的要求。

（2）幼儿合作学习

①合作学习的定义

合作学习是指小组学生通过互相合作而进行的学习。幼儿园的合作学习是指在传统的按年龄分班的基础上，以合作小组的形式使幼儿在日常生活和集体教学中围绕一个共同计划，通过分工、协作的形式，共同完成教和学的策略体系。

②合作学习的意义与价值

合作学习强调小组成员间通过合作完成学习任务，提升学业成就，增强团队协作意识，强化个人学习能力、社会适应能力。

《幼儿园教育指导纲要（试行）》对幼儿园社会领域提出的教育目标之一是“让幼儿乐意与人交往，学习互助、合作和分享”，幼儿园合作学习的实施，可促进同伴间的沟通、交流，互相帮助。合作的过程有助于提升幼儿与人交往、合作的能力，促进幼儿情绪情感的发展，认知能力的提升以及幼儿个性、自我意识的形成与发展，进而培养幼儿良好的社会品质。此外，幼儿园合作学习的开展需要教师的引导，这对于转变教师传统的教学观念、改变传统的教学方式具有重要意义，有助于教师教学能力以及教学水平的提升。

学前融合教育尤其需要合作学习。首先，特殊幼儿融入普通班级，其社会性的培养需要合作学习。通过合作学习，特殊幼儿可以学习到与人沟通、交流的方式，掌握与同伴合作、共处的方法。其次，幼儿园班级教师需要服务班级全体幼儿，通过合作学习，引导普通幼儿对特殊幼儿给予一定的协助、支持，帮助特殊幼儿更好地融入班级。最后，合作学习的形式也可以引导班级普通幼儿学习如何接纳“不一样”、包容“不一样”，在与特殊幼儿的互动中，体会帮助、关心同伴的意义与价值，这对于普通幼儿的社会性、认知能力、情绪情感等方面的全面发展是有着积极作用的。

③融合教育幼儿园合作学习的开展

合作学习的方法多种多样，有小组学习法、小组探究法、小组游戏竞争法、小组成绩区分法等。合作学习方法的选择需要依据合作任务，明确合作目标，制定合作方案，选择合适的合作形式，设计合理的结构，同时应考虑合作学习效果评价体系的建构。融合教育幼儿园中使用合作学习策略，教师需要做到充分了解班级幼儿的身心状况、学习特点等，合理安排合作学习小组，确保合作学习有效进行。合作学习强调幼儿间通过合作自主学习，但是并不意味着教师可以“袖手旁观”，教师需要在适当的时机介入与引导。若组内同伴发生冲突，教师需要及时介入，帮助幼儿解决问题，培养其解决冲突、克服困难的能力；若组内成员在完成任务时遇到阻力，教师需要及时介入，查找问题所在，解决问题，确保任务顺利完成。此外，融合教育幼儿园合作学习的开展有特殊幼儿的参与，如何帮助特殊幼儿顺利参与组内活动、如何引导普通幼儿接纳特殊幼儿，是需要班级教师、资源教师进行思考的。因此，在融合教育幼儿园合作学习顺利开展的过程中，教师发挥着关键作用。

合作学习的开展，需要班级教师与资源教师配合，在班级中创建融合的氛围，引导班级普通幼儿接纳特殊幼儿，这是合作学习开展的前提。普通幼儿在合作学习中可以充当“小老师”“小助手”的身份，协助教师给予特殊幼儿必要的支持。普通幼儿可以为特殊幼儿提供正确的示范，如在生活活动中，学习如何使用小毛巾。在教师给予必要的指导、帮助的同时，普通幼儿的正确示范会给予特殊幼儿以视觉提示，能帮助特殊幼儿学会技能。普通幼儿也可以为特殊幼儿提供必要的帮助，如玩攀登架游戏，特殊幼儿攀登时，普通幼儿可以为特殊幼儿“加油”，也可以采用肢体协助；在“娃娃家”游戏中，小朋友们合作为玩具小熊穿衣服，特殊幼儿因肢体障碍无法很好地完成，普通幼儿可以提供帮助，也可以进行示范，这样可以更好地帮助特殊幼儿参与活动。普通幼儿在合作学习中既可以帮助他人，也可以实现自我成长；特殊幼儿在合作学习中体会到被接纳的感觉，其生活自理能力、认知能力、逻辑思维能力等也在教师、同伴的影响下不断进步。

学前融合教育个别化教育计划实施过程中可以选择的方法、策略众多，作为实施者，需要依据班级普通幼儿、特殊幼儿的身心特点、教育需求，选择合适的教学方法、教学策略，保障学前融合教育中个别化教育计划落到实处。

### （四）主题教学的课程调整

融合教育作为特殊教育的发展趋势之一，其核心理念强调尊重、平等以及多元化。融合教育课程作为融合教育实施的主要途径，也是融合教育真正“落地”的保障，其核心意义在于将融合教育的原则诉诸教育行动。

1. 课程调整概述

（1）课程调整的定义

融合教育课程是普通学校为满足所有学生不同的学习需求、学习风格以及文化背景等方面的差异而设计的弹性的、相关的和可调整的综合课程体系。

学前融合教育中的课程调整是指针对普通班级中的特殊幼儿，为满足其教育需求，依照普通班级课程而做出的个性化的改变，这一改变包含对班级活动的目标、内容、环境、资源、策略等进行分析、编辑、修改、补充、删减或重组的过程。

（2）课程调整的目的

①满足特殊幼儿的教育需求

融合教育幼儿园每个班级应有1～2名特殊幼儿，特殊幼儿的身心发展与普通幼儿相比具有一定的独特性，因此特殊幼儿在园的教育目标与普通幼儿相比也会有一定的差异性。班级教师在组织主题活动时，需要在活动目标、活动内容、活动材料的选择、活动环境的设计等方面考虑特殊幼儿的教育需求，只有这样，才能确保特殊幼儿的课堂参与，才能满足特殊幼儿的教育需求。

②提高幼儿园融合教育的质量

学前融合教育的推广旨在为特殊幼儿提供平等的教育机会，让特殊幼儿与普通幼儿一样接受学前教育。学前融合教育质量则依赖幼儿园课程设计及有效教学。课程是教学活动设计的依据，教学则是将课程付诸实践的过程。课程是幼儿园发展的根本问题，也是提高学前教育质量的关键。课程调整是学前融合教育质量的保障。

③促进教育公平理念在实践中“落地”

入学机会平等“有教无类”思想得到落实，教育质量公平则是“因材施教”的具体体现。学前融合教育依托课程调整，为特殊幼儿提供合适的教育教学，使特殊幼儿享有与普通幼儿一样的学习机会，这既体现了对特殊幼儿的尊重，也体现了教育的公平，将融合教育理念在实践中落实。

（3）课程调整的原则

①团队合作

课程调整需要由幼儿园中的班级普通教师与资源教师组成团队共同完成。进行课程调整需要对特殊幼儿的个别化教育计划非常熟悉，这需要资源教师的参与，也需要对班级课程、目标等非常熟悉的教师参与。除此之外，特殊幼儿的康复训练师、家长、同伴以及管理者也需要加入进来，全方位的沟通、合作能够确保课程调整的有效性。

②以特殊幼儿为中心，以个别化教育计划为指导

课程调整的目的在于使特殊幼儿真正融入幼儿园的学习生活，课程调整需要始终秉持以特殊幼儿为中心的原则，考虑特殊幼儿的教育需求，依据特殊幼儿的身心发展现状，确保课程调整的有效性。如何进行课程调整，特殊幼儿的教育需求有哪些，这都依赖于每个特殊幼儿的个别化教育计划。个别化教育计划中既包含特殊幼儿身心发展的长短期目标，也包含具体的教学情境、教学策略等内容，对于课程调整的实施具有重要的指导意义。在融合教育幼儿园进行课程调整，需要始终做到以特殊幼儿为中心，以个别化教育计划为参考、指导。

③尽量保持原课程架构不变

面对轻度障碍幼儿，尽量保持原课程架构不变，让所有幼儿参与同样的课程与教学活动。可以依据特殊幼儿的情况进行微调，并要求特殊幼儿尽量独立完成任务，也可以采用调整教学方法、教学环境等策略协助特殊幼儿参与班级教学活动，这样既有利于班级幼儿的共同成长，也有利于特殊幼儿融入班级教学活动，便于班级教师操作。

④选择最符合幼儿需要的调整模式和调整策略

课程调整的模式以及调整策略多种多样，班级教师以及资源教师在进行课程调整时，要依据班级特殊幼儿的情况及需求选择合适的课程调整模式以及课程调整策略。

2. 学前融合教育个别化教育计划实施中课程调整的内容

特殊幼儿的身心发展规律、顺序与普通幼儿相似，融合教育幼儿园进行课程调整需要

依据特殊幼儿的个别化教育计划对班级的学习活动进行调整，这里的课程调整不是放弃普通课程而另设一套课程体系，而是在保持原有班级课程的目标、结构、内容等的基础上，对班级普通课程进行的一种调整。具体而言，主要包含课程目标、课程内容、课程实施过程以及课程评价方式的调整。

（1）课程目标的调整

课程目标的调整是课程调整的首要内容。幼儿园课程目标，从横向看，可以分为知识、技能、情感；从纵向看，可以分为课程总目标、领域目标或主题目标、教学目标。依据特殊幼儿个别化教育计划对课程目标的不同层面进行调整，调整后的课程目标能够满足特殊幼儿的发展要求。课程目标调整可以从两个维度着手，第一个维度：特殊幼儿的目标是去适应班级普通课程目标，这一维度意味着特殊幼儿要掌握与普通幼儿一样的知识与技能，只是过程中需要给予特殊幼儿相应的支持，协助其适应班级目标。第二个维度：依据个别化教育计划调整班级普通课程目标，必要时要为特殊幼儿设立个别化的目标。这里的调整意味着降低普通课程标准，从而降低特殊幼儿学习的难度，帮助其获得较好的学习成绩。

（2）课程内容的调整

课程内容是课程目标实现的载体，学前融合教育中的课程既包含普通幼儿园的基础课程，也包含能够满足特殊幼儿教育需求的个别化辅导课程，课程内容的调整应二者兼顾，满足所有幼儿的需求。此外，课程内容的调整不只涉及显性课程，幼儿园教学的计划、方案、资料等，还应包含情感、态度、价值观等隐性课程的调整，这对幼儿身心发展是非常重要的。课程内容的调整还应包含对园内外课程的整合，对园内外教学资源的利用。

课程内容的调整并不是单纯地删减、替换学习内容，而是要依据特殊幼儿的个别化教育计划，将课程内容以及主题活动进行重组，把特殊幼儿的补偿性、功能性、发展性的课程内容整合到普通课程中，在多元化课程思维的引领下为特殊幼儿提供更恰当的学习内容。

（3）课程实施过程的调整

课程实施过程是课程调整的关键环节。课程实施过程的调整包含教学环境与教学材料的调整、恰当教学方法的选择以及教学组织形式的改变。

教学环境的调整主要是依据特殊幼儿的障碍情况调整教学环境。例如，班级中有佩戴助听器的特殊幼儿，教师在开展教学前需要根据其两耳的听障程度为其安排合理的座位，使听障幼儿能够较清楚地听到教师的声音，清晰地看到教师的口型，这可以确保听障幼儿课堂学习的效果。教学材料的调整主要是指幼儿园开展主题教学活动中会有一些辅助阅读材料，教师可以依据班级特殊幼儿的情况确定教学材料呈现的方式。例如，班级中有低视力幼儿，教师在为普通幼儿提供普通阅读辅助材料的同时，可以尝试为特殊幼儿提供字号较大的阅读材料，便于低视力幼儿阅读，或者可以增加多媒体的使用，采用多种呈现方式帮助特殊幼儿学习主题内容。

课程实施过程的调整还包含教学方法的调整，教师需要根据班级特殊幼儿的学习特征选择适合的教学方法，便于调动特殊幼儿学习的主动性、积极性。幼儿园的教学组织形式是比较丰富的，有集体教育活动、小组活动、个别活动（区角活动），作为班级教师，要善于判断、分析、反思，依据班级普特幼儿情况，选择恰当的教育组织形式，有利于调动幼儿学习的积极性，增加幼儿学习的兴趣，活跃课堂的学习氛围。

（4）课程评价方式的调整

课程评价是课程实施效果的直接体现，客观的课程评价能够了解幼儿园课程开展的情况，帮助教师反思教学中存在的不足，有助于课程的进一步优化与调整。学前融合教育中的课程评价，需要注意课程评价方法的多样化、课程评价内容的全面性以及评价方式的弹性化，如此才能客观呈现特殊幼儿的融合情况以及班级课程的调整效果。

3. 学前融合教育个别化教育计划实施中课程调整的模式与方法

（1）课程调整的模式

不同学者、专家对学前融合教育课程调整的理解不同，提出的模式也不同。结合邱上贞、张文京提出的融合教育课程模式，学前融合教育课程调整的模式如图 5–3–1 所示。

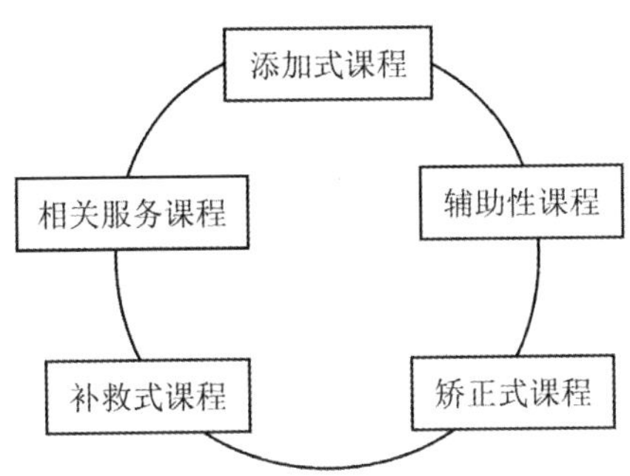


**图 5–3–1　学前融合教育课程调整的模式**

①添加式课程

添加式课程调整模式主要面向融合教育幼儿园中的超常儿童和身心障碍儿童中有特殊才能者。课程调整模式主要强调不变动原有的课程架构，在原课程基础上提升课程难度或者拓展课程的广泛度，也可以特别设计一些课程，旨在满足特殊儿童的教育需求。例如，对于在音乐、绘画等方面能力突出的超常儿童，幼儿园可以为其安排更为专业的教师提供专业化的指导；对于记忆力超常的孤独症儿童，幼儿园可以为其设计特殊的课程。

②辅助性课程

辅助性课程强调在不变动原有课程架构的前提下，从学习策略、学习方法上给予支持，协助幼儿完成学习内容。例如，激发幼儿学习动机的教学策略有利于了解幼儿的兴趣，满足幼儿的基本需要，让幼儿处于一定的竞争中，可以采用同伴教学法，为幼儿树立榜样；培养幼儿注意力的策略包含关注幼儿的兴趣点，学习活动从幼儿的兴趣出发；依据幼儿注意力情况决定教学环境的设置，对于注意力较差的幼儿可以选择一对一教学，且注意教室环境的布置不要太烦琐，否则会分散幼儿的注意力；伴随幼儿注意力的进步，逐渐过渡到小组学习、班级团队学习；教师在教学中还应注意调动幼儿不同感官参与学习，引导幼儿积极主动参与主题活动。

③矫正式课程

矫正式课程的前提是不变动原有课程架构，但是因为特殊幼儿无法完成班级学习活动，需要教师对特殊幼儿进行进一步的辅导，将课堂学习内容进一步细化或者增加特殊幼儿练习的时间，甚至需要采用同伴学习的方式，给予其额外的学习时间，或者需要资源教师干预，帮助特殊幼儿完成与普通幼儿同样的班级学习任务。需要矫正式课程的特殊幼儿是可以和普通幼儿一样学习的，只是学习的进度、步伐稍慢一些。

④补救式课程

补救式课程主要服务于能力偏差的特殊幼儿，他们因障碍影响无法像班级普通幼儿一样完成相应的学习内容，需要教师依据他们的情况，通过减少分量、降低难度、调整计划等方式确定他们的学习内容，并进行有针对性的教学。补救式课程的实施对于班级教师而言挑战性较大，需要资源教师的参与。

⑤相关服务课程

相关服务课程主要是依据特殊幼儿核心障碍给予的针对性的康复服务的课程。其中包含动作训练、语言训练、认知训练、艺术调理、作业治疗、科技辅具等课程。

（2）课程调整的方法与途径

学前融合教育中的课程调整不仅是班级教师和资源教师的职责，还是一个系统工程，需要全方位支持体系的构建，构建从上到下、从国家到地方的多层级支持系统，夯实人力、物质、制度、技术层面的坚实基础，以幼儿园、家庭作为核心组成部分，逐渐发展与完善，争取为更多的特殊幼儿提供有效的、专业化的服务。

学前融合教育课程调整的实施，首先，需要转变课程观念，树立以人为本、开放、多元、自由民主的课程理念，为特殊幼儿提供丰富的、差异的、可供选择的课程，使“教育公平”在实际教学中体现出来。其次，需要提升教师课程调整的能力。作为课程的执行者，班级教师、资源教师应在充分的沟通、合作中了解课程调整的意义、原则、内容，掌握课程调整的方法，确保融合教育幼儿园课程调整的有效落实。最后，依据特殊幼儿的个别化教育计划选择课程调整模式。

依据课程调整模式进行课程调整，常用的方法如下：

第一，学习材料采取的调整方法包括简化、替代、补救、使用、矫治、充实。学前教育不属于义务教育范畴，幼儿园教材的选编有多个模式。

一是无固定教材，教师依据学生需求确定主题，自己选择教学内容开展教学。该模式充分强调了幼儿的主体地位，要求教师充分了解幼儿，把握幼儿的教育需求，选择有利于幼儿身心成长的教学内容，但是这对教师的要求较高，需要教师具备非常高的专业技能。

二是当地教育机关统一采购分发。为了方便本地区幼儿园教育教学的统一要求及管理，部分教育机关会统一采购并分发教材。该模式便于统一管理，教师有教材参考，备课任务会减轻。

三是幼儿园自主采购。目前市面上的幼儿园教材较多，幼儿园选择的空间比较大，大部分幼儿园都是自选教材。有些幼儿园依据五大领域（语言活动、社会活动、健康活动、科学活动、艺术活动）分别选择配套教材，有些幼儿园会选择以主题为核心的整合课程教材。

鉴于特殊儿童的特殊性、差异性，特殊儿童学习的内容需要依据评估和学生需求去选编教材。在现有教材中选择合适的内容。依据学生需求、学校条件以及地方特色创编内容。

对于在普通班级融合的特殊幼儿，可以采用降低难度、减少分量或者对主题活动计划进行分解、替代等方式进行调整；对于能力较差的特殊幼儿或者在幼儿园特教班的特殊幼儿，可以采用实用、矫治等方法，给予这些特殊幼儿更具功能性的学习内容，帮助其更好地适应生活；对于班级中的超常儿童，则采用充实的办法，对特殊幼儿提出更高的成长需求，促进其更好地成长。

第二，对学习历程的调整。依据特殊幼儿的学习特点，可以采用合作学习、个别指导、多层次教学等方式，关注特殊幼儿的学习状况，引导特殊幼儿参与到班级学习活动中。

第三，对学习环境的调整。教师可以依据特殊幼儿的身心状况调整特殊幼儿的座位。例如，多动症幼儿的座位不适宜安置于靠窗的位置，而应该放置于教室内侧且靠近教师的位置，这样既不易使幼儿分散注意力，也方便教师及时提醒幼儿；听力障碍幼儿座位的安排需要考虑其听障程度，教师在课堂中的站位应该确保听力障碍幼儿能够听到教师的声音、能够看到教师的唇语；脑瘫儿童的主要问题在于动作障碍，教师在安排其座位时，应注意考虑其动作训练需求，有时候需要将幼儿园的小椅子改为楔形椅或者楔形垫，这样的座位有助于训练特殊幼儿背肌的伸直以及髂腰肌的弯曲，从而使特殊幼儿在参与班级活动的同时能够接受一定的康复训练。教师也需要依据特殊幼儿的身心状况调整教室环境。例如，80% 的孤独症幼儿是视觉学习，为了给孤独症幼儿更好的学习环境，教师需要在教室环境创设时多增加视觉提示的内容，便于孤独症幼儿更好地融合。

第四，对学习评量内容及方式的调整。鉴于特殊幼儿与普通幼儿的差异性，教师需要坚持多元化评价的原则，无论是在评价的时间、地点方面，还是评价的形式、内容等方面，都要依据特殊幼儿的实际情况进行调整；还要注意评价的全面性，关于特殊幼儿的成长不仅要考虑学习内容，还要考虑社会适应能力、缺陷补偿情况以及潜能开发情况等。多元化全方位的原则有助于保障对特殊幼儿评价的客观性。

## 二、教学活动设计与实施

### （一）教学活动设计与实施概述

1. 学前融合教育中个别化教学活动设计与实施的定义

教学活动是学校教学工作的基本形式，是以教学班为单位的课堂教学活动。教学活动是一个完整的教学系统，是由多个相互联系、前后衔接的环节构成的。

个别化教学活动设计与实施，是在个别化教育计划、教学进度制定出来以后，通过方法运用，借助教材、教具、学具等媒介，教师将头脑中的构想计划目标变为实际行动。

学前融合教育中的个别化教学活动设计与实施强调依据特殊儿童的个别化教育计划，是参照幼儿园教学进度安排，选择合适的教学方法，借助学前各年段的教材、教具，设计与特殊儿童融合的班级教学活动，并将活动设计具体实施的过程。

2. 学前融合教育中个别化教学活动设计与实施的意义与价值

学前融合教育中个别化教学活动设计与实施的意义与价值包含以下五个方面：

一是个别化教学活动设计与实施能够真正让个别化教育思想以及个别化教育计划落地。

将特殊儿童的个别化教育计划中的长短期目标落实到日常教学中，可以让个别化教育计划真正对特殊儿童发挥作用。因此，个别化教学活动设计是个别化教育与教学有效实施、真正落地的关键。

二是个别化教学活动设计与实施既可以达成班级团体目标，又能满足特殊幼儿的个别化教育需求。

个别化教育计划中详细阐述了特殊儿童学期、学年学习目标，个别化教学活动设计要求班级教师有针对性地将特殊儿童的发展目标纳入班级的团体目标中，这样既能保证普通儿童的学习目标达成，又可以较有针对性地指导特殊儿童达成学习目标。

三是个别化教学活动设计主张以“主题”形式组织教学，五大领域的学习整合在同一主题下，促进了幼儿园各个领域内容之间的沟通与联系，便于幼儿更好地理解知识。

四是个别化教学活动设计与实施提升了教师的课堂把控能力，促进了教师专业技能成长。

班级中融入特殊儿童，对教师的教学能力是极大的挑战。个别化教学活动设计要求教师从课前的教案撰写到课堂中的活动组织都要考虑特殊儿童，强调特殊儿童的课堂参与，可以有效提升教师的课堂把控能力。

五是个别化教学活动设计与实施促进了主班教师、配班教师、保育员之间的沟通与联系。

幼儿园中各班级教师分别承担不同的教育、保育任务，个别化教学活动设计要求在同一主题下开展五大领域的学习，主题目标的设定、主题分析、教学序列与教学事件的安排等都需要班级教师沟通、协商，这样才能保证主题教学的科学性，同时可以减少各领域教学中出现内容交叉、冲突的情况。

3. 学前融合教育中个别化教学活动设计与实施的理念与原则

（1）以人为本理念

以人为本理念强调人是发展的根本目的，也是发展的根本动力。对于学前融合教育而言，以人为本理念切合了当前学前融合教育以及社会发展的需要。学前融合教育中的个别化教学活动设计与实施需要真正做到“以幼儿为本，以幼儿发展为本”，引导特殊幼儿融入班级。

特殊幼儿融入班级，关键在于课程、教学，只有在教学中落实特殊幼儿的学习目标，才能确保特殊幼儿真正地融合。这就要求教师在进行个别化教学活动设计的过程中，既要考虑特殊幼儿的学习目标如何在“活动目标”“活动重难点”中体现，也要关注如何引导特殊幼儿参与到班级主题“活动过程”中来。因此，关注特殊幼儿是学前融合教育中个别化教学活动设计与实施的重要原则。

（2）多感官教学原则

通过创设良好的教学环境，充分调动幼儿的视觉、听觉、触觉、嗅觉以及运动觉等感官接收信息刺激，引导幼儿用多感官的方式去学习、去体验，既有助于调动幼儿学习的主动性、积极性，也有助于提高学习效率。特殊幼儿与普通幼儿相比，身心某些方面的发展存在滞后现象，若要特殊幼儿也能够积极参与到学习活动中，需要教师使出浑身解数，而多感官教学原则对调动特殊幼儿学习的主动性、积极性是非常有帮助的。

（3）因材施教原则

融合教育幼儿园班级中既有普通幼儿，又有特殊幼儿，普特幼儿间的身心差异要求教师在教学中坚持因材施教原则。根据普通幼儿不同的认知水平、学习能力，选择适合幼儿的学习方法进行指导，激发幼儿学习的兴趣。对于特殊幼儿，不但要通过教学补偿其缺陷，还要发展其潜能，帮助特殊幼儿树立学习的信心，以促进特殊幼儿的全面发展。

4. 学前融合教育中个别化教学活动设计与实施的流程

学前融合教育中个别化教学活动的开展，首先需要进行活动设计，撰写活动方案，通过活动方案的撰写，明确活动的目标、活动重难点以及活动的过程；然后由年级组长或教务人员组织开展说课活动，本年级教师共同探讨该活动方案的合理性；接着开始授课，授课非常强调关注特殊幼儿，引导特殊幼儿参与主题学习活动；最后由授课教师进行教学反思，教研组的教师们开展评课活动，共同探讨如何把该主题教学活动开展得更好。

### （二）教学活动设计与实施的内容与方法

1. 学前融合教育中个别化教学活动设计——活动方案（教案）

教案是教师为顺利而有效地开展教学活动，根据课程标准、教学大纲和教科书要求及学生的实际情况，以课时或课题为单位，对教学内容、教学步骤、教学方法等进行具体设计和安排的一种实用性教学文书。

学前融合教育教案与普通幼儿园的教案有很大的不同，因为班级中有特殊儿童，特殊儿童与普通儿童的差异性要求教师在团体教学中在考虑普通儿童的教学目标的同时，要兼顾特殊儿童的学习需求。学前融合教育教案包括的内容有设计意图、活动目标、活动重难点、活动准备、活动方法、活动过程、活动延伸和活动反思。

（1）设计意图

设计意图是学前融合教育教案的开端，其中既要阐述活动设计主题内容选材、生成的背景，又要分析班级幼儿身心特征及表现，并对整个教学活动设计的思路进行阐述。

①中班语言活动“小兔分萝卜”的设计意图

学龄前是幼儿语言发展的关键期，幼儿语言发展水平直接影响包括智力、思维能力、社会性等在内的身心发展的各个方面。绘本通过图画传递信息，具有较高的美感，与文字内容结合到一起还能发挥出叙述的作用。阅读绘本不仅能够提高幼儿的语言理解水平，提升幼儿的阅读能力，还能充分锻炼幼儿的语言表达能力。“小兔分萝卜”活动选择《小兔分萝卜》绘本，通过教师引导、幼儿积极参与，学习绘本内容，培养阅读习惯，体验阅读乐趣，发展语言能力，同时引导幼儿形成初步的规则、秩序意识。

②大班故事欣赏《花婆婆》的设计意图

语言是交流和思维的工具。《3～6 岁儿童学习与发展指南》指出：幼儿的语言能力是在交流和运用的过程中发展起来的。教师应为幼儿创设自由、宽松的语言交往环境，鼓励和支持幼儿与成人、同伴交流，让幼儿想说、敢说、喜欢说并能得到积极回应。大班上学期是儿童语言表达能力明显提升的时期，他们不但能系统地叙述生活中的见闻，而且能生动有感情地描述事物。在与成人和同伴的交谈中，以自我为中心的表达逐步减少，能依据别人的言语调整谈话内容。在讲述时能根据图片内容想象角色的心理活动，语言表达灵活多样，并力求与别人不同。

《花婆婆》是一个精彩的故事绘本。作者用一颗充满阳光的心灵来讲述，故事语言优美，意境温馨。《花婆婆》活动设计，拟通过欣赏活动，让孩子们体会故事温馨的意境，思考："我们能做什么事情让世界变得更美丽呢？"激发幼儿对"美"的热爱和追寻，使故事中蕴含的深意"做让世界变得更美丽的事情"在孩子们心里播下种子。

（2）活动目标

活动目标包含三方面内容：认知、技能、情感。其中，认知目标是指幼儿在此活动的学习中对知识的掌握以及认知能力的发展等；技能目标主要涉及操作技能、动作技能和行动等方面的目标；情感目标主要包含兴趣、态度、习惯、价值观念以及社会适应能力等方面的发展。学前融合教育教案需依据学生情况撰写三个方面的教学目标，建议可以依据幼儿能力将活动目标分为普通儿童活动目标和特殊儿童活动目标，如表 5–3–4 所示：

**表 5–3–4　中班语言活动"小兔分萝卜"的活动目标**

| 分类 | 幼儿 | |
|---|---|---|
| | 普通幼儿 | 特殊幼儿 |
| 认知 | 对绘本故事内容有较为全面的认识，理解绘本中关键语言、语词的意思 | 对绘本故事有一个基本的认识 |
| 技能 | 掌握基本的阅读方法，积极表达自己的想法，提升语言技能理解能力以及语言表达能力，进一步提升幼儿的观察能力、想象能力 | 在活动中能够回应教师提出的问题，具有主动表达的意识 |
| 情感 | 感受到老爷爷与兔子们相互关爱的美好情感，形成初步的规则意识 | 感受老爷爷与兔子们相互关爱的情感 |

（3）活动重难点

活动重点是指幼儿必须掌握的知识与技能，是主题活动包含的核心知识，是指幼儿不易理解的知识或技能。活动难点不一定是重点，也有一些活动内容既是难点，又是重点。

（4）活动准备

活动准备是指主题活动开始前需要完成的准备工作，其中包含物质准备和经验准备。

物质准备主要是依据主题活动内容为班级幼儿提供环境、材料等方面的支持。活动材料的准备包含玩教具准备、活动课件准备、幼儿用书等。在此需要重点说明的是玩教具的准备，玩教具是主题活动中不可或缺的工具，凭借玩教具的演示，可以更加形象地展示活动内容，帮助幼儿理解、掌握学习内容。学前融合教育中使用的教具设计、制作、选用主要考虑是否贴近生活、是否准确揭示知识的本质。活动环境准备主要是指围绕活动内容为幼儿提供场地。

经验准备主要是指主题活动开始前需要幼儿具备的知识、经验。依据维果茨基的“最近发展区理论”，经验准备强调教师要了解班级幼儿的已有经验，这样便于教师准确定位最近发展区，从而为幼儿提供难度适中的活动内容，调动幼儿参与活动的积极性，引导幼儿在原有经验基础上建构新的经验。

活动准备环节同样需要考虑班级普通幼儿与特殊幼儿的差异性，若需要为特殊幼儿准备特殊的材料，应在“活动准备”中标注出来。

（5）活动方法（教学方法）

教学方法是指为了完成教学任务，教师与学生在教学活动中采用的手段，其中既包含教的方法，也包含学的方法。使用有效、科学的教学方法，可以调动幼儿学习的主动性与积极性，激发幼儿学习的欲望，保障幼儿学习的质量，从而开发幼儿的创造性。

幼儿园教育教学中使用的教学方法多种多样，分类角度不同，方法就不同。教学过程中教师讲解的同时向幼儿呈现实物或者提供示范性实验，这一类教学方法有观察法、演示法、示范法、范例法、欣赏法。教学过程以教师讲述为主，向幼儿叙述事实、解释概念、说明道理，使幼儿获得直接知识的教学方法，其中包含讲述法、讲解法、谈话法、描述法。教学过程以幼儿实践活动为主，在实践活动中训练幼儿的各种感官，引导幼儿理解知识、巩固技能。此类教学方法包含练习法、操作法、游戏法、表达法。

学前融合教育教学活动的开展需要依据班级幼儿的身心特点以及主题内容，选择恰当的教学方法，这样才能真正调动幼儿参与活动的主动性、积极性。

（6）活动过程

该部分主要阐述活动步骤，其中包括活动内容的详细安排、教学方法的具体运用以及活动时间的分配等。活动过程包括导入、学习巩固、操作运用。学前融合教育主题活动设计需要设计团体活动，还要依据特殊幼儿情况撰写每一个环节的班级特殊幼儿需要完成的个别活动内容。

（7）活动延伸

活动延伸主要是指在主题活动结束以后，教师为巩固幼儿所学内容，安排、设计在课下需要完成的活动。一般主要涉及在幼儿园或幼儿园班级难以实现的活动，延伸至家庭，请家长配合完成。

（8）活动反思（效果分析）

活动反思是在主题活动结束以后完成的，主要是针对活动开展情况进行分析，分析活动计划是否实现，活动重难点是否突出、是否解决，活动思路是否清晰，活动过程是否顺利，幼儿参与情况怎样。此外，还需要阐述清楚针对存在的问题采用什么样的策略或方法进行调整。活动反思的目的是及时发现问题、解决问题，以使教师的主题活动开展得越来越好。

2. 学前融合教育中个别化教学活动实施——说课

（1）定义

说课就是教师口头表述主题活动的教学设想及理论依据，也就是授课教师在备课的基础上，面对同行或教研人员，讲述自己的教学设计，然后由听者评说，达到互相交流、共同提高的一种教学研究和师资培训活动。

（2）内容

依据编写的教案，学前融合教育教研室依据主题教学内容开展说课活动，共同探讨教学活动设计是否合理、是否恰当，其中需要重点讨论班级特殊幼儿的教学目标在活动设计中是如何实现的，以确保融合教学活动顺利开展。具体内容包括：活动目标是否关注到特殊幼儿，活动过程的安排中特殊幼儿是否能够参与其中，班级该主题活动的环境创建是否考虑特殊幼儿的需求。

（3）案例——说课稿

活动名称:《小兔分萝卜》。

活动意图:《3～6 岁儿童学习与发展指南》强调在幼儿园中开展语言活动，为幼儿提供丰富、适宜的低幼读物，经常和幼儿一起看图书、讲故事，丰富其语言表达能力，培养阅读兴趣和良好的习惯，进一步拓展其学习经验。

绘本通过图画传递信息，不仅具有较高的美感，与文字内容结合到一起还能发挥出叙述的作用，不仅能提高幼儿的语言理解水平，提升幼儿的阅读书写能力，还能充分锻炼幼儿的语言表达能力。

活动目标：活动目标是教育活动的起点与归宿，指引着教学活动的开展。根据中班幼儿的年龄阶段特点和基本动作的发展情况以及《幼儿园教育指导纲要》中制定的语言目标“喜欢听故事、看图书”，将本次活动的目标定位如下：

认知目标：对绘本故事内容有较为全面的认识，理解绘本中关键语言、语词的意思。

技能目标：掌握基本的阅读方法，积极表达自己的想法，提升语言理解能力以及语言表达能力，进一步提升幼儿的观察能力、想象能力。

情感目标：感受到老爷爷与兔子相互关爱的美好情感，形成初步的规则意识。本次活动中特殊幼儿的活动目标是对绘本有一个基本的认识（绘本的名称、绘本的大概内容），能够回应教师简单的提问，感受老爷爷与兔子相互关爱的情感。

活动重难点：本活动的重点在于理解绘本内容，并形成一定的规则意识。由于阅读习惯、规则意识都需要长时间的培养，因此阅读习惯、规则意识也是本次活动的难点。

对于特殊幼儿而言，理解绘本内容是活动的重点，而难点在于阅读常规的养成。

活动准备：本次活动准备了视频课件，一本教师用书，每个幼儿人手一本绘本，对于低视力的特殊幼儿，提供一本大字绘本，便于阅读。

活动方法：本活动主要使用了讲述法、谈话法、游戏法，教师采用讲述法讲解绘本内容，引导幼儿对绘本有一个基本的认识，通过谈话法引导幼儿思考，使用游戏法培养幼儿的规则意识。

对于特殊幼儿，教师也是采用上述方法，需要注意的是，班级教师要时刻关注特殊幼儿的课堂参与情况，必要时给予协助。

活动过程：本活动一共有四个环节，第一个环节教师通过提问引入，要求幼儿观察绘本的封面。第二个环节是幼儿自主翻阅绘本，在阅读过程中，教师可以提问，引导幼儿翻阅绘本。第三个环节由教师引导幼儿阅读绘本故事，理解故事内容。第四个环节是游戏环节，教师讲解排队规则，引导幼儿结合音乐玩“排排队”的游戏。

在活动开展过程中，除了为特殊幼儿提供大字绘本，教师还要依据特殊幼儿的身心现状提供幼儿可以回答的问题，给予特殊幼儿参与课堂学习的机会。游戏环节为其安排“小同伴”，以便参与到游戏活动中。

活动延伸：请小朋友和爸爸妈妈一起去游乐场玩，观察一下哪些地方需要排队，下次活动和大家一起分享。

3. 学前融合教育中个别化教学活动实施——授课

（1）定义

授课是教学过程的中心环节，教师依据教学安排开展主题教学活动。

（2）方法

面对由特殊幼儿参与的班级主题活动，在授课过程中，教师需要注意，特殊幼儿注意力不集中时，要给予必要的提醒或协助。在活动过程中，教师的指导语要确保特殊幼儿能够理解。以小组为单位完成活动任务时，要根据特殊幼儿的情况为其安排进入同伴能够给予帮助的小组。给予特殊幼儿课堂表达、表现的机会，增强其学习信心。

4. 学前融合教育中个别化教学活动实施——评课

（1）定义

评课是指对课堂教学成败得失及其原因做中肯的分析和评估，并且能通过教育理论对课堂上的教育行为做出正确的解释。评课是指评者对照课堂教学目标，对教师和学生在课堂教学中的活动以及由此引起的变化进行价值的判断。

（2）内容

评课活动的开展，既可以协助授课教师查找问题与不足，也可以让其他教师看到自己教学中的问题，深化课堂教学改革，促进学生发展，提高教师专业水平。面对由特殊幼儿参与的班级主题活动，评课时需要关注：特殊幼儿在本次活动中的参与情况、师幼互动情况，特殊幼儿学习目标的达成情况，特殊幼儿与同伴活动的情况等。

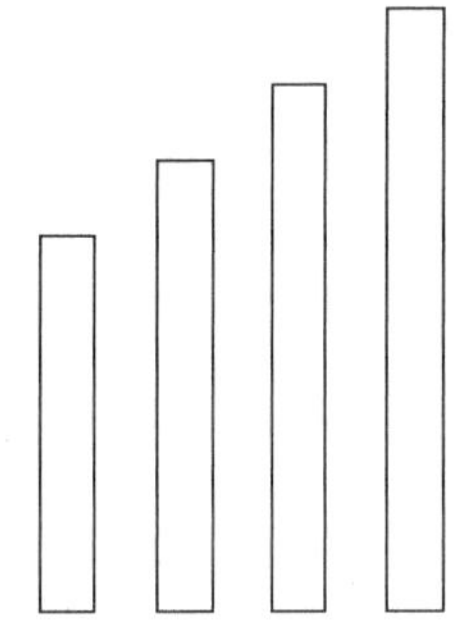

# 第六章　学前融合教育的难点问题及其解决途径

本章为学前融合教育的难点问题及其解决途径，介绍了发展特殊需要儿童的生活自理技能、发展特殊需要儿童的社会交往技能、管理特殊需要儿童的问题行为三个方面的内容。

# 第一节　发展特殊需要儿童的生活自理技能

生活自理技能，如上厕所、穿衣服、进餐等，能促进特殊需要儿童独立性的发展，是他们融入班级生活的重要技能。许多特殊需要儿童入园时不具备一般的生活自理技能。

生活自理技能不仅和儿童个人的自理需求有关，也直接影响特殊需要儿童在融合教育环境中的适应程度和人际关系，影响他们在课程活动中的参与程度。

学习生活自理技能的目的是培养儿童的独立性和自信心，他们能做的事情越多，自信心越强。幼儿期是儿童学习生活自理技能的主要时期，这个阶段的孩子都努力地学习独立，非常乐意自己做事情，会不断地观察模仿其他孩子或家长的生活自理技能。如果家长尊重孩子，给予他们足够的时间，让他们按自己的步调来做，他们会学得特别认真。

在融合教室里，教师需要常常反省儿童为什么不能自己做某些事情，认真查看常规工作、常规方式有没有给儿童选择权和控制权，看看工作中是否鼓励儿童选择和独立；如果儿童能够自主做到生活自理，教师是否及时给予具体的表扬和鼓励；在日常生活中，是否保证儿童能自由玩耍，有机会独立思考。学习和发展儿童的生活自理技能要做到以下几点：

## 一、放手让孩子自己做

培养生活自理技能和独立性行为技能的关键是放手让孩子自己的事情自己做，特殊需要儿童虽然没有表现出强烈的愿望，但这种愿望是存在的。

家长有时因为不愿看到孩子的“挣扎”而心疼或着急，在孩子刚刚开始发展独立性行为的时候就“好心”地放弃了对他们的培养，常常包办代替，使孩子失去获得各种经验的机会。因此，孩子会变得更加缺乏独立性，缺少自信和自尊，甚至有些孩子会拒绝独立，因为他们已经习惯了由别人帮助做事。

教师向家长了解孩子在家里能做些什么，并仔细观察孩子，了解他们的能力，在日常生活的各环节中，如果孩子没有放弃努力，教师就不要包办代替，多暗示孩子“能”，避免暗示孩子“不能”，鼓励孩子自己的事情自己做。

## 二、提供适度的帮助

在生活中，我们有时会看到以下情形：孩子费了很大力气，好不容易绑好鞋带，家长认为绑得不好，解开重新绑；孩子正在努力地穿衣服，还没穿好就被家长一把夺过去；孩子全神贯注地试图自己吃饭，家长接过碗，一口一口地喂起来……

大多数特殊需要儿童生活自理技能较弱，但是只要给他们足够的时间和机会，他们就可以自己做一些事情。有时，家长好意的包办剥夺了他们学习的机会。家长的帮助越多，孩子就越被动，越不愿意自己动手，养成了依赖性，形成了“习得性无助”。

为了防止形成“习得性无助”，家长要让孩子尽可能多地自己做事情，帮助他们找到自我帮助的方法。孩子需要感受到自己是有能力的，是能胜任某件事情的，这种感受会让他们感到有动力，会自发地学习新技能，从而变得越来越自信。在孩子尝试自己做事时，教师应给予大量的鼓励和积极的反馈，即用描述性表扬的方法，告诉孩子做的是正确的、做得很好，从而使他们的努力得到认可，这样的言语强化能够帮助孩子获得成功。例如：“看，你的汤一点儿也没滴到桌子上。”“你左脚的鞋带系好了，就剩右脚了，加油！”“你今天吃完饭没忘记漱口，并且擦嘴了，你真的很棒！”

## 三、把握好帮助契机

教师只有了解孩子的发展规律和现有水平以及各发展领域的相互关系，才能提供适度的帮助。教师还须牢记，不应要求孩子做他们还不会做的事，或完成那些对于他们的发展水平而言太复杂的任务。孩子若长期在学习过程中处于沮丧的情绪状态或不断的失败中，就很难实现有效的学习。教师要抓准时机，给予适度帮助。

### （一）帮助儿童时力求最少介入

为了使孩子为自己的努力感到自豪，家长的帮助应该尽可能地细微和巧妙，以不动声色的形式帮助孩子学习一项较难的任务，这样可以带给孩子成就感。用语言告诉孩子应该做的事，例如：“你手上有个小夹子，你可以把它放在这个盒子里。”

有些特殊需要儿童能够抓住勺子往自己嘴里送，但他也许不能拿着盛有食物的勺子，并准确地把食物送进嘴里。就餐时，家长该做的是在他用勺子舀了食物之后，静静地将手放到他拿勺子的手上，帮助其把稳勺子，当勺子到嘴边时再将手移开。

### （二）应对孩子提出过度要求的情况

有时孩子会提出过度的要求。此时，教师应该用恰当的方法给予他必要的帮助，不能满足他过度的要求，更不能以厌烦的口吻拒绝，而应温柔地回绝。有效的帮助是在孩子独立进行任务的时候给予积极和温暖的回应，向他们传达认可和鼓励。

比如，当出门换鞋时，可以说：“你已经穿好一只鞋了，看来你快准备好了，能不能穿好另一只，我等你一起出去。”

### （三）孩子有实际困难时及时给予帮助

家长应该鼓励孩子尽可能做自己能做的事情，但有时孩子做事情难免会遇到困难，出现感到疲累、心情不好等情况。此时，孩子表现出依赖性是很正常的，家长绝不能嘲笑和厌烦他们，要及时给予恰当的帮助，分解任务，提供不同的资源或换一种交流方式，帮助孩子找出解决难题的方法。

例如，个别孩子无法从水壶里倒出水来，教师可以在桌子上放一个小水壶，并且让其他能倒水的同伴先倒水，不能倒水的孩子最后倒水，小水壶里的水少了，他就更容易成功。

## 四、帮助游戏化

教师创设游戏式学习氛围，设计互动式游戏或用游戏的口吻进行教学，让孩子在游戏的情境中学习使用技能，是成功学习生活自理技能的方法之一。

## 五、制定小步骤

教孩子学习生活自理技能，教师一定要将目标分成一个个小步骤，认真观察，分析孩子的起点，明确知道孩子可以做到哪一步。每学习一步，就分析一下孩子是否能够做到这一步，如果能就开始教，不能就分析并找出适合孩子的步骤。

例如，学习目标是能独立如厕，学习前教师先分析幼儿是否能自己独立走进厕所，如果能，就分析幼儿是否能自己脱裤子，如果不能，就制定小步骤，确认幼儿能自己独立走进厕所后，再分析幼儿是否能自己脱裤子。小步骤包括以下几点：教师站在幼儿身后指导示范怎样用两个拇指勾住裤子，教师手环幼儿腰，帮助幼儿拉下裤子至臀部，松开手，鼓励幼儿脱好裤子，确认幼儿能自己脱裤子，再看幼儿是否能自己坐上坐便器或跨过蹲便器蹲下，如果不能，还需制定其他小步骤。

## 第二节 发展特殊需要儿童的社会交往技能

与其他儿童一起玩是一种社会交往技能，大部分儿童在三四岁时就能掌握这一技能。由于多种原因，有些儿童的社会交往技能发展明显滞后或受损，与同伴相处时不懂得谦让、合作和协商，致使其他儿童不和他们玩，他们往往会感到沮丧。而特殊需要儿童更是游离在同伴之外，沉浸在自己的世界之中。

与普通儿童一样，特殊需要儿童也需要学习如何与人相处，发展友谊及适宜的社会交往技能，建立良好的社会关系。社会交往技能的获得在很大程度上取决于出生几天后开始的儿童和成人之间的相互反应性，而特殊需要儿童大多不能像普通儿童一样参与并获得互动，他们的完全社会化过程可能出现问题，在融合教育环境里，需要通过系统地帮助发展他们的社会性交往技能。

友谊、社会接纳和社会拒绝三方面组成了儿童在融合教育环境中的社会关系。友谊是相互的，在幼儿期，两个小朋友喜欢在一起玩，他们之间就建立了友谊；社会接纳是指班级里其他儿童愿意和某个儿童玩，愿意和他坐在一起或对他微笑；社会拒绝是指班级里的儿童不愿意和某个儿童玩，或者是不让某个儿童参加游戏，并要求其离开。

建立正向的同伴关系是幼儿期关键的发展任务，普通儿童可以自发地或只需少量的指导信息就能获得社会交往技能，而有发展问题的特殊需要儿童常常需要系统的帮助，需要教师长期直接教育和训练才能使他们获得恰当的社会交往技能和友谊，才能使他们不被同伴拒绝，并在良好的同伴关系中获得沟通、社会、游戏、认知等方面的发展。

### 一、创造充满爱的氛围，提升特殊需要儿童的归属感

在融合教室里，班级其他儿童能察觉到教师对待特殊需要儿童的态度，他们会用相同的方式对待同伴，经常被教师肯定的儿童会被其他儿童包容，教师对儿童的态度会对同伴传递暗示。所以，教师要用热忱、爱心尊重特殊需要儿童，以榜样的力量带动普通儿童和特殊需要儿童友好、平等相处。

让所有普通儿童理解人与人是不一样的，每个人都是特别的，让特殊需要儿童觉得自己并不孤单。教师既可以设计活动让普通儿童体会特殊需要儿童的难处，也可以提供图书、影片、故事、歌曲等资源，引导普通儿童用积极的态度看待这些不同点。

在特殊需要儿童进入班级前，教师要先跟班上的普通儿童做详细介绍，内容包括对即将入班的特殊需要儿童障碍类别做具体的描述并引导普通儿童思考。比如：“他 / 她需要我

们的帮助吗？”“我们为什么要帮助他 / 她？”“我们应该怎么帮助他 / 她？”教师还要视情况提出可能发生的问题。比如，介绍唐氏综合征儿童时可以描述为：“他说话不是很清楚，但他会用手势告诉我们他想干什么！”“他可喜欢音乐了！”“他生气的时候，会用脚踢、会尖叫……怎么办呢？”“他喜欢不停地转圈，看到喜欢的东西会抢走……怎么办呢？”让普通儿童先有心理准备，发生状况时不至于对特殊需要儿童产生恐惧和厌恶。

## 二、为特殊需要儿童建立正向的同伴关系

在融合教室里，教师要仔细地按照孩子的水平和性格进行配对，挑选社会交往技能好、有爱心的小伙伴，示范指导他们如何和特殊同伴互动。倘若只是口头叫小朋友多照顾特殊同伴或带他们玩，则很难让他们之间产生有意义的互动，应保证特殊需要儿童和普通儿童愉快地进行经常性的互动，并通过模仿同伴行为获益。教师也不能让普通儿童感到这样的活动是负担，或因帮助特殊需要儿童而影响自己的活动和学习机会。

教师用赞美、鼓励等促进普通儿童主动与特殊需要儿童玩耍互动，还可以开展爱心小天使评比，介绍特殊需要儿童的特长，组织小朋友讲述特殊需要儿童的优点等活动。

## 三、教特殊需要儿童玩耍的技能

玩耍是儿童学习的主要通道，被称为儿童“生命中的呼吸”，大多数特殊需要儿童需要在教师的帮助下学习如何与其他儿童一起玩。在融合教室里，他们可能呆呆地站着，可能到处走动，不知道如何参加其他儿童的游戏，或试图用不恰当的方式参加。此时，教师要教他们学习如何加入或接近其他儿童。

教师也要鼓励班级其他儿童欢迎特殊需要儿童的加入，有目的、有计划地引导特殊需要儿童注意他人、帮助他人、参与游戏、解决冲突等行为。

教师可以采用以下策略教给特殊需要儿童简单的游戏行为：

第一，鼓励儿童多观察，带他们看同伴正在举行的各项活动，并在一旁口述动作和表情等。例如，教师可以说：“你看，平平在玩滑梯，他笑了；小朋友在玩沙土，多开心呀！”

第二，引导儿童走向游戏材料或器械，将材料递给儿童以建立身体接触。例如，孩子们在玩沙土，小卓只是站在一边看，教师递给小卓一把小耙子。

第三，通过身体引导儿童进入游戏活动，帮助他们静下来。例如，教师拉着小卓的手，陪他一起蹲在小朋友旁边看造沙山。

第四，在某一活动中将儿童安排在同伴旁边，教师指出并描述同伴正在做的事，并鼓励儿童模仿。例如，教师可以对小卓说：“琪琪用小耙子挖土，你也来挖土吧。”

第五，对儿童在游戏中做出的成绩表现出由衷的高兴，并给予描述性表扬。例如，教

师摸着小卓的头夸奖他说：“小卓真棒，会挖土了！”

第六，儿童学会某项技能，教师安排其他同伴加入特殊需要儿童正在进行的活动。例如，教师可以对孩子说：“小卓会挖土啦，谁来和他一起挖，磊磊你来吗？磊磊来和小卓一起挖起土……”

第七，儿童正在进行的合作游戏或活动给予社会性强化。例如，教师对孩子说：“小卓、磊磊，你们一起挖了好多土，真棒！”

缓慢但坚定地让特殊需要儿童加入集体活动，首先是两个人的游戏，然后是三个人的游戏，最后是小集体成员一起参与的游戏。由肢体游戏开始示范，带领、鼓励儿童一起玩，如“炒黄豆”“网小鱼”“吹泡泡”等；做能促进孩子模仿以及交往的活动，如“躲猫猫”“手指谣”“玩跷跷板”“来回滚球”等。

如果特殊需要儿童对游戏没兴趣、不想参与，教师要“温柔地坚持”，用夸张而有趣的动作、声音引起儿童的注意，让他们慢慢地喜欢并接受。

### 四、创造团队合作机会

教师应提供充足的资源，引导特殊需要儿童一起玩建构游戏、烹饪游戏、音乐游戏、趣味美术活动、角色游戏等，从平行游戏过渡到合作游戏。玩集体游戏时，尽量减少游戏的竞争性，角色游戏应从实际物品与生活经验相关的活动开始，如帮娃娃洗脸、刷牙、喂饭、喝水、买东西、看医生等。

### 五、利用课程建构学习发展社会交往技能

在融合教室里，教师确定特殊需要儿童的学习目标、计划介入的程度、介入的时间情境以及评价结果，运用融入式学习、嵌入式学习和添加式学习的策略，支持他们学习适宜的社会交往技能，增进与同伴的友谊。

在优质的幼儿教育环境里，教师要为特殊需要儿童提供观察模仿学习的机会，使他们与社会交往技能好的同伴互动。教师应计划合作性活动，利用教室环境鼓励特殊需要儿童和普通儿童一起工作或参与活动；提供结构和非结构的游戏时间，为儿童讲述讨论有关友谊、解决问题、解决冲突的故事。

在融入式学习活动中，教师要选择投放增进社会互动的材料和器械，安排小组活动，增强儿童的社会互动，运用视觉支持帮助儿童解决冲突，安排“爱心小天使互帮配对活动”。

在嵌入式学习活动中，教师应特意不摆设足够的材料，鼓励儿童以轮流和分享的方式使用材料；在自由选择的活动中，教师应帮助特殊需要儿童安排爱心小天使陪同玩玩具和游戏，引导特殊需要儿童有礼貌地加入正在进行的游戏，安排两个孩子一起完成一项工作，

并在活动中设计友谊活动环节，教师根据儿童的自然交往进行随机教学，促进他们的社会性互动，如普通儿童和特殊需要儿童之间常有简单积极的互动——递东西、微笑、让路、帮助捡地上的物品、分发餐具等。

在添加式学习活动中，教师可以在儿童喜欢的活动中系统地教他们轮流；教普通儿童如何开始和维持与特殊同伴的互动；设计游戏学习社会技巧；在有同伴的特定游戏情境中教学游戏技巧；改编集体游戏、歌曲、韵律等活动促进互动，如“好朋友”“打电话”等。

## 第三节　管理特殊需要儿童的问题行为

特殊需要儿童因为受沟通、生活自理技能及认知能力的影响，不恰当行为出现的概率更高，这些行为不仅直接影响他们与同伴的关系，也影响他们在课程及活动中的参与程度。不恰当行为是融合幼儿园及融合班级教师最重视关心的问题，也是教学活动中最需要解决的问题。

### 一、特殊需要儿童问题行为的界定

在界定问题行为之前，教师必须审视自己关于行为立场的价值观，其所持的立场和价值观直接影响到对问题行为的看法。在融合教室里，处理特殊需要儿童的问题行为时，教师必须清楚地知道儿童也许是通过这种方式在学习分辨可接受的和不可接受的行为，知道儿童在陌生的、令他们没有安全感的、无法理解的情境中做出消极的或攻击性的反应是正常的，一旦熟悉新的环境并获得了自信，这些不适当的行为就会消失；还要清楚地明白他们的问题行为具有交流性功能，他们试图通过行为告诉教师什么，教师不能只盯着儿童的问题行为，而是要用整合的观点看待儿童的行为，考虑儿童的家庭和环境因素及儿童自身发展的需求。

不恰当的、不期望的行为偶尔出现属于正常情况，而当一种行为或行为模式出现的频率较高时，就会严重干扰自身或其他同伴参与日常活动，该行为就成为问题行为。

在融合教室里，特殊需要儿童常常是同时伴有多项问题行为，想用一种或多种方法一次性地改变所有的问题行为是不可行的。

处理问题行为最重要的原则有以下两个：

一是一次只处理一个问题行为，要依据行为的轻重缓急排序，在某一时段里选择须先处理的行为确立目标。

二是用一种策略去改变一个问题行为。虽然我们随时准备用各种策略去帮助孩子，但对于一个问题行为，一次应用一种以上的策略并不是好办法，这样会让成人的行为不一致，使儿童感到困惑。

需要尽快处理的问题应依据下列原则：

首先是会危及自身和他人人身安全的行为，其次是会影响学习或生活的行为，最后是有可能日趋严重的行为。

有些行为本身虽然被社会大众接受，但是因为出现的时间、频率或强度不适当，也应加以辅导和帮助。例如，小贤喜欢和老师打招呼说“早上好”，只要早上来园，短短 5 分钟，就向同一名老师打招呼十几次。

## 二、特殊需要儿童问题行为管理的策略

### （一）培养正向行为

正向行为是指在正常情况下发生的行为，而沿正确道德舆论与法律法规及按行为发展的进程去分析，预期能达到正确的行为结果的行为，也称为正常行为。在日常生活中，可以通过以下方式培养儿童的正向行为：

1. 提升儿童的能力

儿童发展的方面和组成部分之间存在内部关联，是相互依赖的。提升儿童的能力，能够帮助他们提升自信心和自尊心，从而调整管理自己的行为。

提升儿童能力的关键，是在儿童能自我控制的情况下为他们提供选择、探索的机会，鼓励儿童学习相应的技巧和能力，从而自己管理自己，在自我愿望和社会要求之间进行折中。

在融合教室中，教师必须仔细倾听，通过儿童的语言活动、面部表情和肢体语言了解他们，知道他们的需要和行为目标，让他们感到受重视，帮助他们建立自信心和自尊心。

2. 识别儿童的情绪

儿童有积极的情绪，也有消极的情绪。大多数特殊需要儿童不具备告诉他人自身情绪的语言能力和交流技能，他们常常会用行为来表达。

在融合教室里，教师必须能识别儿童各种类型的情绪，有时他们表现出消极情绪是因为他们感到被忽视，或想做一件什么事情。教师也要对他们的情绪做出正确的反应，帮助他们把情绪表达出来，教他们学会如何控制情绪。当儿童和教师交谈或沟通时，教师要全神贯注，注意倾听并采用眼神交流，蹲下去或坐在地板上，和儿童保持相同的身体高度，随时给予积极具体的反馈。

3. 通过行为分类，明确对行为的看法

在融合教室里，教师可以把儿童的行为分为笑脸、不高兴的脸和哭脸三类，这种分类不仅可以帮助教师分清目标，即应该鼓励的行为、可以容忍的行为和要改变的行为；也可以帮助儿童明白什么样的行为是教师赞成的、可以继续的，哪些行为是教师不赞成的、但还可以容忍的，哪些行为是不可以出现的、必须改变的。

笑脸代表教师赞成的，是可以继续的、应该鼓励的行为，如会轮流等待、相互分享玩具、安静进餐、遵守游戏规则等。当儿童出现这些行为时，教师应给予及时、具体的鼓励和表扬。

不高兴的脸指教师可以容忍这种行为，但需要告诉儿童减少此行为，不能鼓励、表扬，如用手指蘸颜料在桌子上或墙壁上画，生气或受挫折时扔玩具等。当前儿童还处于容易犯错误的时期，任何紧张或不安都会导致儿童不适宜行为的出现。

哭脸代表这种行为常常给儿童本人或其他人带来危害和伤害，是要被立即制止的。例如，攻击性行为、破坏性行为。

4. 关注并鼓励正向的行为

在融合教室里，特殊需要儿童往往为了寻求教师的关注表现出不适宜的行为，如果他们用消极的方式引起了他人的反应和关注，即使他们被要求停止做某件事情，他们也已经达到了自己的目的，满足了被关注的需要，对于他们而言，消极的关注也比没有关注好。

在实际工作中，教师需要对特殊需要儿童适宜的活动和行为及时奖励，肯定他们的行为。这个肯定一定是具体的，例如，要具体说:“你都把鞋穿好了，真棒！”不管工作多么繁忙，教师一定要停下来与特殊需要儿童谈谈他们正在做的正向行为，这样做的结果远远优于一整天对孩子说“不许那样做”或“不”。教师要常常检视自己有多少次关注了孩子所做的积极的事情，有多少次是在用消极的语言处理孩子的行为。下面列举一些消极和积极的表述，如表 6-3-1 所示：

**表 6-3-1　消极和积极的表述**

| 消极的表述 | 积极的表述 |
| --- | --- |
| 不要把沙土撒在外面 | 沙土要在沙池里玩 |
| 不要把玩具扔在外面 | 请把玩具带回教室 |
| 不要在墙上画画 | 请在纸上画画 |
| 不要推小椅子 | 请搬起小椅子 |

教师要多关注儿童的正向行为，用赞扬、鼓励的方式奖励儿童，让儿童理解他们的行为和奖励的关系，明白他们可以做什么，而不是不可以做什么，教师激励和指导儿童自己调整行为时，要用正向行为代替不适宜行为。

5. 建立尊重与爱的关系，用积极的语言正向陈述

教师与儿童之间要建立尊敬和爱的关系，师生间尊敬和爱的关系越明显，孩子越有安全感，也越容易表现出适宜的行为。教师应该明白，也应该让儿童知道，如果他们出现了不适宜的行为，教师不赞成的是他们的行为，而不是否定他们自身。教师评价时应该确

保只是特别针对行为或活动本身，在陈述时不要用消极的语言，而要用积极的语言，如表6–3–2所示：

表6–3–2　消极和积极的语言

| 消极的语言 | 积极的语言 |
|---|---|
| 你很调皮，我不再爱你了 | 我不喜欢你打其他小朋友 |
| 他没有口语能力 | 他会用动作表达需求 |
| 他只会走来走去 | 他白天有90%的时间都在走来走去 |
| 他不会自己吃饭 | 喂他吃饭时，他会张开嘴巴 |
| 她其实很聪明 | 她离开座位前会看看老师 |

6. 建立常规，保持一致

为了减少不适宜行为，可以在融合教室里建立一套可接受的行为常规。规范孩子们的行为是十分重要的，建立规则时要注意以下问题：

第一，规则要简单易记，要公平。规则面前人人平等，要求儿童做到的，教师一定要以身作则，让儿童看到规则对每个人都适用，幼儿园教职员工和儿童都要遵守，如要求儿童进入活动室必须换鞋，教师也要遵守进入活动室换鞋的规则。

第二，正向描述规则。例如，对玩沙的要求，不要说“不要把沙子撒在外面”，而要说“沙子要在沙池里玩”等。

第三，规则要让儿童能够理解，规则的语言表述要适合儿童的发展阶段，让他们知道并理解违反规定会有什么样的后果。

运用规则时保持一致。班级团体成员要求一致，如果教师要求不同，儿童会认为不一致是教师并不在意他们，他们不会被要求和其他人一样遵守同一规则。前后行为的不一致不仅会让儿童感觉到教师之间的分歧，而且会给他们造成混乱，无所适从。如果家长常常在某一时间内坚持拒绝孩子的不当要求，在最后却因为种种原因（如儿童的抱怨、苦恼等）屈服，儿童会认为如果他们能制造出足够多的麻烦，一定会得到自己想要的东西。随着情况的变化和儿童的成长，教师应修改调整规则，以满足新的需要，调整改变规则前应和儿童交谈，让他们了解为什么改、怎么改。

7. 运用表情和肢体语言

有经验的教师常常不需要用语言来管理儿童，当对儿童的行为感到不满或赞许时，用特别的表情或姿势让儿童知道自己的不满或鼓励。教师只需要看着儿童，给儿童一个眼神，就可以传递一个能够理解的信息。这种策略比较适合社会技能较好的孩子。

8. 游戏治疗

游戏是儿童的“工作”，也是儿童的基本需要。游戏能帮助儿童释放紧张和压力，而这种压力可能正是儿童产生某些问题行为的原因。一个专业的游戏治疗师能通过观察倾听游戏中的儿童，理解、洞察他们的情绪和行为类型，能帮助儿童识别这些情绪，并和儿童一起寻找处理这些情绪的策略。比如，玩生面团和橡皮泥就是很好的游戏治疗方法。

在日常生活中，游戏能为儿童提供一个安全的表达方式，表达他们强烈的情感体验。适当的体能游戏可以帮助儿童释放过剩的能量，减轻情感压力；情境游戏可帮助儿童表达自己的情绪；演出行为可以帮助孩子理解自己行为的后果、理解他人的情绪。

9. 艺术调理

艺术调理是以艺术手段进行情绪表达和自我探索的方法，包括音乐调理、美术调理、戏剧调理、舞蹈调理、手工调理等。

音乐有着非常强的令人安静下来的作用并具有普遍的吸引力。绝大多数特殊需要儿童对音乐的反应比较强烈。音乐能给交流困难的儿童很大的帮助，如舒缓的乐曲可以安抚好动的儿童；大声的、强劲的音乐能帮助儿童表达自己强烈的情感；演奏乐器更能帮助儿童释放和表达情绪、情感，从而发展他们的社会技能，使他们学习倾听和彼此尊重，增强自信心。

美术调理也称为创造性疗法，可以帮助儿童稳定情绪，并让儿童学习如何专心、专注地做一件事情，儿童也可以通过作品的形式表达自己的意见和内心状态，提升自信、稳定情绪，间接改善不适宜行为。

戏剧调理通过戏剧式的投射，使儿童投入戏剧形式中，气氛轻松自由，儿童在投入角色的过程中抒发自己的情绪，自由表达，从而获得心理满足。

10. 安静放松的环境

在融合教室里，提倡轻声教学，儿童和教师讲话的声音都不需要太大，可以彼此平静地对话，即使在解决小分歧和争执时，教师也应稳定自己的情绪。在融合幼儿园里，不能用过于明亮刺激的颜色进行装饰，颜色对儿童的影响也很重要。如果一个儿童处于不安或者悲伤的情绪中，在明亮、刺激的颜色的包围下，就无法放松自己并安静下来。

色彩在创造安静的环境方面起着重要作用。红色、黄色和橙色会使人兴奋，蓝色、绿色和一些清淡柔美的色彩会使人放松和安静。

### （二）管理问题行为的功能性方法

问题行为有多种，如攻击、破坏、违规、情绪（爱哭、爱发脾气、黏缠某人、自我刺激、自我伤害）依赖、饮食（过度偏食、过度嗜食）等。

在融合教室里，教师管理问题行为可以分为观察目标行为，明确问题情境；找出行为动机，明确干预目标；制订干预计划；执行计划和监测评估四个步骤。

1. 观察目标行为，明确问题情境

教师需要具体描述问题行为，对儿童的实际行为描述应该符合以下原则：

一是尽量做陈述性描述，不要做情感性描述。例如，“一起排队时洋洋打了小静”，而不是“洋洋又打小静了，我真生气”。

二是记录行为频率时，次数要精确、不模糊。例如，“今天他推了小朋友四次”，而不是“他推了小朋友好几次”。

三是描述要具体，不能只是概括性描述。例如，“他排队时打了小静”，而不是“他又打人了”。

四是准确记录行为发生的时间。例如，“早餐后排队时他打人了”，而不是“他上午打人了”。

总之，描述行为时要分别从“怎样”“频率”“强度”三个方面加以说明。

确认问题行为后，教师判断该行为是否严重危及自身和他人人身安全，如果是，就及时处理；如果不是，就进行观察。观察是问题行为处理很重要的步骤，观察不仅有助于找出目标行为，而且能将行为界定得更为清晰严谨，教师通过系统的观察，找出问题的症结所在，评量问题行为发生的时间和情境。

在融合教室里，教师对不会严重危及儿童自身安全或他人人身安全的行为，通过停下来、仔细看、认真听三个步骤进行分析记录。

停下来：此时教师一定要调整自己面对问题行为的情绪和反应。看到问题行为出现时，教师往往会不假思索地立即处理，大声训斥，儿童往往只是看到当自己有此问题行为时，教师的表情和声音很夸张，会强化他们不好的行为。所以，在处理孩子问题的时候，教师要先处理控制好自己的情绪或问题。

仔细看：教师要时刻关注行为的进行和发展，认真观察行为本身及发生的情境，记录前因后果，搜集行为发生前的各种线索，分析儿童行为发生的可能动机和需求，不能主观臆断，要实事求是地描述行为。

认真听：教师要和其他与特殊需要儿童有关的人员交谈，先和家长交谈，然后与其他教师、助教、生活教师等相关人员交谈，最后和儿童本人及普通同伴交谈，听听儿童对该行为怎么说。此时搜集到的信息应该是了解此类行为是否发生过，是怎么处理的，结果怎么样。信息应是事实性的，而非判断性的，借以了解行为发展与处理的历史。

一些特殊需要儿童无法用口语表达他们的情况，教师可借助艺术调理、沙盘游戏等媒介引导他们释放很难用语言表达的情绪，如生气、沮丧或受挫折，分析行为出现的原因和因素。

2. 找出行为动机，明确干预目标

任何问题行为都不会无缘无故地发生，总有可循的动机，也具备特有的功能，行为的动机和功能分为引起注意、感官刺激、逃避和获取利益四类。

教师有时通过简单的观察可以轻易找出动机或功能，有时却要花一些工夫，使用一些技巧才有办法了解，甚至短时间内很难找出具体而确切的行为动机或功能，此时可运用“ABC 行为分析”找出问题行为发生的前因后果，明白儿童内心的真意和需求。A 是前事，即发生问题行为的原因；B 是行为，即问题行为本身；C 是后果，代表行为发生的结果。

确定行为前事有许多方法，如观察和评价、与当事儿童交谈，与儿童父母及家人交谈等。在确定行为前事时，教师要用整合的观点考虑影响儿童行为前事的几个方面：

一是家庭因素，如家庭所认同的价值观和态度、文化、民族、宗教背景及家庭的各种压力、父母的期待等。

二是幼儿园及班级的环境，如幼儿园的活动安排、班级的气氛及常规、活动的趣味性、类似行为以前所得到的反应等。

三是儿童自身的因素，如儿童的个性、社会技能和健康状况等。

四是行为发生时的情境因素，如儿童正在争抢玩具、没有足够的操作材料等。

教师要客观分析，弄清楚行为前事，并识别孩子们的情绪特征。

后果包括儿童的行为对周围人的影响。首先是儿童本人是否很满足、很内疚或引起别人的注意，其次是其他儿童，他们是否有害怕、躲避、嬉笑、哭的情绪或有被支配的感觉；最后是教师和其他成人，他们是否心烦、挫败、生气、尴尬，对儿童更加关注。

教师可自制《行为观察记录及处理分析表》持续观察记录“ABC”三个要素，从中归纳评量问题行为发生前和发生后的情况，找出动机或功能。

3. 制订干预计划

一旦行为的前事、行为本身和后果都确定下来，就由班级团队、家长和资深特教一起依据（行为观察记录及处理分析表）记录分析，商讨制订干预计划。班级团队根据行为观察记录及处理分析表，确定行为目标，制定行为处理的策略。

第一，建立行为处理的伙伴关系。在行为处理过程中，教师和家长应时刻注意温柔地使用双手、双眼、话语、表情、陪伴等，与特殊需要儿童建立、增强、维持良好的伙伴关系，采用了解与接纳的态度，理解所有行为都有其原因，设身处地了解儿童的需要和问题。教师以身作则，成为一面镜子，帮助儿童了解自己的形象和行为的盲点，与儿童建立被爱和爱、相互信任的关系，使儿童有安全感。

第二，加强前事预防，减少问题行为的发生。在问题行为没发生前，教师重点使用前事预防策略，适当掌控可能引起行为的因素，削弱问题行为。促进适宜的行为包括以下七项策略：

一是调整改变环境，促发儿童更多的适宜行为。舒适安全的环境会减少问题行为的发生，有时简单地调整环境，问题行为就会自然减少或消失。例如，20 张小椅子叠放在一起，儿童一起拿椅子就会拥挤，将椅子分组摆放，拥挤情况就会有所改善。又如，儿童一进教室就兴奋，不易安静，教师评估后发现教室里红色、黄色和橙色太多，易使儿童兴奋不安，就换了蓝色、绿色和一些清淡柔美的色彩，儿童都变得安静和放松。

二是安排结构化的环境。安排和执行结构化的环境或作息，可以使儿童有安全感、秩序感，有利于形成自我控制和自我管理的行为和品格。如有作息变化，必须提前预告，让儿童明白下一步要干什么，有些问题行为的发生可能是因为作息的前后顺序不适合儿童。例如，刚吃完早餐就做感统训练，儿童会因为肠胃不舒服不肯上课，所以在早餐后一段时间再训练，他们就会很配合。

三是拓展儿童的兴趣，为他们的沟通与选择提供机会。特殊需要儿童一般兴趣面窄，不会自由选择活动，所以常常无事可做，极易出现问题行为，教师要让他忙碌起来，有事做。教师要给予儿童选择权，改变沟通渠道，当他们被充分尊重时，自然不会以不恰当的方式满足自己的控制欲。

四是合适的教材，生动活泼的活动设计和教法。当一名儿童的学习目标符合他的发展水平、对参与的活动有兴趣时，会被教学深深地吸引，不至于发生问题行为。

五是以适当的方式满足儿童的需求。问题行为往往是一种沟通，表达了特殊需要儿童潜在的需求。如果儿童需要成人的关注，在问题行为出现之前，成人就应以适当的方式满足他们在注意力方面的需求，以免他们以不适当的行为引起成人的注意；如果他们需要一些感官满足，教师就应当利用正当的渠道与方式帮助他们获得需要的感官刺激并让其满足。

六是切断行为的连锁反应。有些问题行为发生前会出现行为的先兆，教师要立刻警觉，切断行为连锁反应。最常用的方法是分散注意力，成人运用环境的改变、肢体和眼神的介入、语言的关注，边打断将发生的问题行为，边引导儿童把注意力转移到适当的行为上，让问题行为不继续往后发展。

七是指令传达的要素。指令传达要明确易懂，让儿童一听就明白；指令要简洁，不宜过长，如果听不懂，儿童就会出现问题行为。在执行指令时，第一次就要成功，达到教师心中的目标，成人说到，儿童一定要做到。

第三，削弱问题行为，发展良好行为技能。大多数特殊需要儿童常常因不会沟通、不能轮流等待、不知行为规范而出现问题行为。在融合教室里，教师在分析行为动机后，应积极培养强化他们适当的行为，以达到行为所要达到的功能，教他们适当的沟通表达方式、等待及替代行为和相关行为。替代行为是与不适当行为不相容的行为，当儿童使用替代行为时，无法同时去做不适当的行为。

相关行为是真正能满足儿童需求的良好行为，一旦培养出或强化良好的行为，儿童就会通过良好行为来满足自身的需求，削弱或减少问题行为。

在融合教室里，良好行为常常包括以下基本技能：

一是能遵循对个人和团体要求的简单指令。

二是能顺利进行衔接活动。

三是遵守教室基本常规。

四是以合适的方式表达情绪并管理情绪。

五是用合适而非暴力的方法解决同伴间的冲突。

六是能在成人的引导或要求下停止问题行为。

第四，恰当运用增强策略，强化正向行为，减少问题行为。在融合教室里，教师常常运用增强策略增加儿童的正向行为。增强分为正增强和负增强两种，包括口头表扬、身体接触、食物增强、实物 / 活动增强、增强物的消退和自然增强、代币制的使用等。在问题行为的处理过程中，教师要慎用负增强，以免造成师生之间的对立，避免儿童在负向压力的情境下暂时压制问题行为，负增强无法根本解决问题，会导致更严重、更复杂的情绪和行为反弹。教师恰当地运用增强策略强化正向行为，要选择效能高的增强物，使增强物附随在行为之后，立即给予增强。

在融合教室里，教师解决问题行为的过程中，计划十分重要，具有很强操作性的工具，能系统全面地帮助教师和儿童。干预计划包括儿童的姓名、出生年月、所在班组、需要和待发展方面的简短描述，以及干预的目标、已经取得的进展、目标达到的标准、计划开始和评估的日期、班级教师和家长的签名等内容。为了确保计划持续地、有重点地进行，也可以借用《特殊需要儿童行为改善计划表》。

在制定目标的过程中，教师一定要注意不能试图一次性处理孩子所有的问题，每次只设定一两个可以完成的目标，确保在有限的一段时间里目标得到 100% 的关注和努力。

制定目标要详细了解并牢记“SMART”原则，即注重具体的（Specific）、可测量的（Measurable）、可达到的（Attainable）、相关联的（Relevant）、有时间限制的（Time-limited）原则。团队把期待达成的目标转变成具体的、精确的、可完成的小目标，让每个人都很清楚地知道每个阶段希望达到的目标是什么。

设定的目标应是儿童可以实际达到的，能够通过目标达成培养他们的自信心和自尊心，使他们的能力得到提升，进而学会管理自己的行为。

完成和评估目标要有时间限定，不宜定得太远，以免使行动的动力消失，也不宜定得太近，必须有足够的时间来达成目标。

4. 执行计划和监测评估

计划制订后，确保团队中每一个人都了解计划，知道并掌握实施方法。计划执行要有一贯性，要确保计划得到执行，否则难以产生效果。行为的改变不是一件容易的事，通常需要花费较长的时间，教师要有充分的思想准备，要耐心等待儿童的改变。教师和家长要在一个时间段内，用同样的策略，坚持一致性原则，持续地朝目标努力，不要对儿童的同一类行为有时纠正、有时放任，这会使他们感到迷茫，很难达到目标。

为了确保计划起到应有的作用，教师必须收集有关儿童行为的数据，监督执行过程是否与计划吻合，监督儿童行为改变及实施过程，以检测儿童行为是否正向改变。时间往往是计划执行 2～3 周后，如效果不佳，要调整计划；如目标已经达到，教师就需要慢慢减少干预行为，引导儿童主动发展适宜行为。

改善一个人的行为是一门学问，相同的行为表现在不同人的身上，很可能需要使用两种不同的策略。特殊需要儿童问题行为的产生并非一朝一夕，同样问题行为的消除和改变也并不容易，团队要有足够的耐心和爱心，齐心协力，寻求合适的策略帮助孩子调整行为，使其更好地融入班级生活，快乐学习。

## 三、特殊需要儿童攻击性行为的应对策略

在幼儿园里，儿童的安全是教师和家长优先考虑的事情。在融合班级里，如果一个特殊需要儿童有攻击性行为，那么，如何减少特殊需要儿童的攻击性行为，是融合班教师首要解决的问题。以下几种策略供大家参考：

一是由于儿童焦虑，缺乏自尊，感到有压力而发生的攻击性行为。可采取策略：帮助儿童减少压力，减少挫折体验，找到正当的“发泄”方法。

二是以踢、打、撞其他小朋友引起成人的注意，满足自己的愿望。可采取策略：教师应在另一时间引导儿童谈谈当时的情况、当时的心情，讲明该做的与不该做的事。

三是由于儿童不会沟通，感到自己被排除在外，或不知道参与游戏的恰当方式时发生的攻击性行为。采取的策略：教师教儿童沟通方式，帮助他们学习必要的游戏技能和社会技能，恰当地参与游戏，并进行愉快的互动。

四是常常攻击伤害其他孩子，并再度发生攻击性行为。采取的策略：教师应该先将注意力转向受到伤害的或被攻击的儿童，在另一时间再向攻击其他小朋友的儿童严肃说明不能伤害其他小朋友。可以组织谈话或戏剧表演，让攻击的儿童参与讨论。

五是儿童有习惯性的严重攻击行为。采取的策略：使用暂停的方法，让儿童意识到

自己绝对不能伤害其他小朋友。安排一个执行暂停的场所，提前让有严重攻击性行为习惯的儿童知道什么时候他会被带到这里来，为什么会被带到这里来。当他又一次发生攻击性行为时，主班教师留在教室里安抚受伤的儿童，另一名教师带这个孩子暂时离开集体，带到执行暂停的场所。在执行暂停时，教师坚决对孩子说“不”，并简单地陈述理由：“我不能让你伤害其他小朋友。”除此之外，教师不理睬他、不关注他、不注意他，视情况经过三四分钟后，教师走过去以冷静的语调问他：“我们再试一次，你想在哪里玩？”此时教师一定不要说教，让孩子保证“不打人了”，有效的方法是给儿童一个建议让他进行下一个活动。

## 四、特殊需要儿童破坏性行为的应对策略

在幼儿园里，每个班级里都有儿童时不时地妨碍教学及活动的正常进行，他们干扰教师指导活动，影响同伴的学习和游戏。以下四种策略可供教师参考：

### （一）给予必要的关注

许多做出破坏性行为的儿童常常自尊心较弱，被批评后，感到有压力，其实，他们已经很清楚地知道自己的做法一定会引起教师的注意，因为他们需要教师的大量关注。事实上，在生活中，儿童表现好的时候反而会被教师忽视，而一旦表现出不恰当行为，教师就会立即给予关注。因此，为了有效改善儿童做出破坏性行为的情况，教师要多关注儿童表现好的时候，并及时给予肯定赞许。

### （二）帮助儿童掌握日常生活常规

有些儿童出现破坏性行为，是因为他们不理解或没有掌握班级中的一些日常生活常规，不明白教师对他们的期望，教师需要一步步地引导他们熟悉日常生活常规，和儿童讨论被期待做的行为，在他们表现出期待的行为时及时给予具体的肯定。

### （三）正面引导及坚决限制

对于大多数出现破坏性行为的儿童而言，最佳的方法是进行正面引导，如“在沙池里玩沙”“把椅子放在桌子旁”“小汽车放在柜子里”等，而不是说“不要乱放椅子”“不能把小汽车放到地上”等。

如果有破坏性行为历史的儿童不理睬教师的正面引导，教师应坚决地告诉他不能这样做，如“我不能让你在走廊里玩沙，沙只能在沙池里玩”。

### （四）暂停

当儿童出现破坏性行为，教师用了各种方法去调整引导都不起作用时，可以使用暂停

的方法，暂时减缓破坏性行为，从而帮助儿童学会对正面引导做出反应，停止破坏性行为。

暂停可以帮助教师和儿童恢复镇定并安静下来，可以让攻击同伴的儿童意识到自己绝对不能伤害其他小朋友。但暂停的方法要慎用，不应被用作处罚的手段，更不要让儿童觉得自己被丢弃、被排斥。

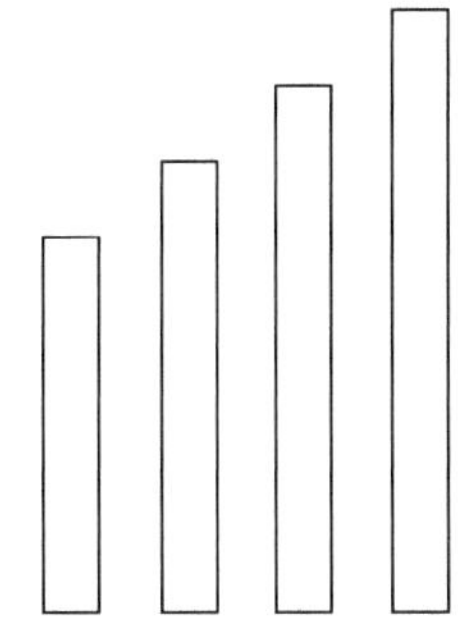

# 第七章　学前融合教育的实施

本章为学前融合教育的实施，阐述了学前教育机构中的融合教育、学前融合教育中的家园共育、学前融合教育中的社区合作三个方面的内容，可以让读者对学前融合教育的实施有初步的认识。

# 第一节　学前教育机构中的融合教育

受教育权是我国宪法赋予公民的一项基本权利。学前特殊儿童作为我国的合法公民，应和普通幼儿共同享有平等的教育资源。融合教育是当前特殊教育的主流趋势，学前教育阶段是影响人一生的终身可持续发展的基础阶段，学前特殊儿童的发展最关键的一点就是“早发现、早干预”。因此，科学地实施学前儿童融合教育对学前特殊儿童具有重要意义。

学前融合教育是融合教育的重要组成部分，主要指将 3～6 岁的特殊幼儿与普通幼儿安置在同一教育环境中，以两者共同活动的融合教育为主，并提供多方面的支持和辅助，以满足其需要和发展的教育形式。学前融合教育的目的是体现教育的公平、平等，并促进学前特殊儿童的身心健康发展、快乐成长。当前，我国已出台一系列政策保障特殊儿童的早期教育。

2016 年公布的《幼儿园工作规程》提出，“幼儿园教育应为具有接受普通教育能力的特殊儿童提供发展的机会和条件”。2017 年颁布的《残疾人教育条例（修订草案）》更是明确提出，“推广融合教育，保障残疾人进入普通幼儿园、学校接受教育”。根据相关条例，幼儿园应该成为特殊儿童学前教育的主要场所。2022 年，北京市晓更助残基金会联合中国残疾人艺术团团长、全国政协委员邰丽华提交了一份《关于推动落实〈“十四五”特殊教育发展提升行动计划〉保障特殊需要儿童平等获得学前融合教育机会的建议》（以下简称《建议》）。《建议》提出，“参照学前特殊儿童在义务教育阶段的零拒绝政策，所有幼儿园应当承担接收本社区内学前特殊儿童入园的主体责任，保障适龄学前特殊儿童就近入园”。实施学前融合教育，必须从儿童的角度进行思考，让学前特殊儿童发出内心对教育的真实需求，使教育真正为学前特殊儿童服务。

## 一、幼儿园校园文化建设

当前，我国大部分实施融合教育的幼儿园中，主要的教师队伍是普通幼儿教师。

### （一）学前融合教育校园文化

校园文化是指以学校为主体，以课外活动为主要内容，以学校校园为主要空间，以校园精神为主要特征的一种群体文化。学前融合教育校园文化是指进行融合教育的幼儿园在长期的融合教育实践中形成的以全体幼儿（含学前特殊儿童）为主体，以幼儿园为主要空间，涵盖幼儿园领导、全体教职员工，以融合精神为主要特征的一种群体文化，包含幼儿园与融合教育相关的物质文化、精神文化和制度文化。

1. 物质文化

物质本身并非文化，它主要是指校容校貌、教学设施等，是其他校园文化产生和发展的基础，也是校园文化的空间物质形式和外在标志。物质文化是一切文化的前提，包含幼儿园的教学楼、教育教学设施以及校园内所有与融合教育相关的物质建设。学前融合教育是兼顾普通儿童与学前特殊儿童的教育，因此实施学前融合教育的幼儿园相比于普通幼儿园在园内设施的采购、教育教学设备和玩教具的提供上都呈现出很大的不同。例如，在幼儿园内创设专门的资源教室、感统训练室等；在班级创设可供普通儿童和学前特殊儿童操作的区域环境操作提示卡片等；教师在组织活动时，提供适合学前特殊儿童活动的玩教具等。

2. 精神文化

精神文化是幼儿园文化深层次的集中的体现，是全体教职员工共同认同和遵循的教育思想、价值取向、思维方式、行为准则以及幼儿园的形象的总和。精神文化是融合幼儿园文化的核心力量，是幼儿园内全体教职员工共同遵守，并通过行为方式展现出来的一种内隐的文化。在融合幼儿园中，精神文化是长期实施学前融合教育所形成的大家一致认同并主动践行的一切活动的理念文化。

3. 制度文化

制度文化是幼儿园文化的集中体现和价值取向的固化形式，也是教职员工各项行为的对照标准，包括规范、制度、流程、准则等。制度文化具有共性与个性统一、强制性与自觉性统一、稳定性和变动性统一等特征。制度文化还具有政治导向与思想教育的功能，校园制度文化连接着校园精神文化和物质文化，是校园文化建设的重要抓手。在融合幼儿园中，园方要根据学前融合教育开展的需要和实际情况制定一系列保障学前融合教育的园内规章制度、管理条例、操作手册、领导体制、检查评比标准等，以规范全体教职员工、幼儿和家长的行为。

### （二）学前融合教育校园文化建设的重要性

1. 提高幼儿园开展融合教育的向心力和引导力

融合校园要加强文化建设，形成稳固的融合校园文化，让融合教育真正地融入教师的教学活动中，成为教师开展教学活动的精神向导，提高教师的向心力，真正地将融合教育落到实处。

2. 有利于普通儿童及家长更好地接纳特殊需要儿童

学前特殊儿童与普通儿童相比，有其特殊性，或许是外表上与普通儿童不同，或许是肢体上的障碍，或许是听力障碍、视力障碍、语言障碍、智力障碍等。但是对于幼儿来说，他们只是心智发育尚未成熟的孩子，他们也许会有意无意地发现同学的不同之处，这些都容易对学前特殊儿童及家长的心理造成伤害。要加强融合校园的文化建设，从幼儿入园开始就要引导幼儿和家长去认识、去了解融合教育，感受融合校园文化，帮助他们更快、更好地接受融合教育，从而促进普特幼儿的共同发展，更好地促进融合教育的发展。

3. 有利于学前特殊儿童和家长更好地融入幼儿园

对于学前特殊儿童的家长来说，他们承受着较大的经济压力和心理压力。当前，随着融合教育理念和实践的推进，一些学前特殊儿童能够进入融合幼儿园和普通幼儿一起游戏、学习，解决了家长们的入学需求，但同时会带给他们新的担忧。因此，要加强融合教育的校园文化建设，让学前特殊儿童和家长了解和认识到幼儿园本身的融合模式和融合文化，进一步减轻他们的担忧，帮助学前特殊儿童更好地融入幼儿园一日活动中。

### （三）学前融合教育校园文化建设注意的问题

1. 幼儿园管理者充分发挥作用

幼儿园管理者的理念、模式、思维方式等受其办学价值观影响，管理者依据价值观的导向去安排分配学校的部门、任务等，对校园文化的构建产生了很大的影响。融合幼儿园的管理者要在思想和领导意识上建立起实施学前特殊儿童融合教育的理念并不断践行。要在长期的融合教育实践中完善自身的管理制度，如特殊需要儿童入园的流程制度（包含如何进行入园前的评估、教育安置的标准、融合效果的评估等）、教职员工开展融合教育的操作要求和行为规范、家长入园陪读规范、来访者接待制度，甚至禁止拍摄幼儿正面照等相关细则制度。

2. 定期对全体教职员工进行融合教育的专题培训

幼儿园能否真正促进学前特殊儿童和普通儿童的健康发展，在很大程度上取决于教师融合教育的专业知识水平和能力水平。幼儿园可以邀请融合教育研究者、优秀的一线教师、有专业特长的学前特殊儿童家长开设专题讲座，也可以组织教师到儿童康复机构、特殊教育学校等开展交流学习，做志愿者或义工活动，还可以组织教师阅读融合教育书籍、观看融合教育视频、开展融合教育讨论、进行融合教育行动研究等。另外，幼儿园还可以聘请特教专家或者组织特教教师定期对普教教职员工进行融合教育知识的培训和相关指导，让普教教师能够逐步积累应对融合幼儿问题行为的能力和技巧。同时，应组织心理学专家对教师进行心理疏导，缓解他们的心理压力，真正地接纳融合教育，将融合教育贯穿在幼儿教育教学的一切活动中。

3. 创设专门的学前融合教育区域和文化墙

与普通幼儿相比，学前特殊儿童有着独特的障碍类型，所以也有不同的照护需求，教师在组织活动和在活动器材提供时要考虑学前特殊儿童的发展需求，保证他们能积极地参与到活动中。如对于孤独症幼儿来说，他们需要更多的感觉统合系统、社交和语言训练等。

另外，对于实施学前融合教育幼儿园的内部教职员工来说，融合教育的思想已经固化在教师的心中，但是对于家长、幼儿和来访者来说，他们也许并没有这样的理念，对融合教育如何开展有许多好奇和未知。因此，融合幼儿园在环境创设中要预留专门的学前融合教育环境创设区域、文化墙。这些区域中要呈现和展示融合教育的理念、特殊幼儿以及家长积极参与各项活动的照片等，引导人们从直观环境创设上感受到融合的意义和价值所在。

4. 形成学前特殊儿童同伴支持

班级成立儿童帮助小组，关心帮助学前特殊儿童，同伴之间的帮助和支持对他们的发展有巨大的作用。同伴支持主要有三种形式：一是特殊需要儿童与普通儿童一起完成某种游戏；二是同伴邀请特殊需要儿童一起做某件事；三是观察学习，让特殊需要儿童在一旁观看其他儿童的行为，再让他们一起参加活动。

选择同伴支持小组成员的标准包括以下几点：一是性格温和，能与特殊儿童友好相处；二是被选者和学前特殊儿童都能理解成人的指导；三是特殊儿童愿意与其相处；四是有合作意识，能形成同伴小组，以个人或集体的形式帮助学前特殊儿童。

## 二、一日活动中的学前融合教育

幼儿的思维具有具体形象性，需要通过实物操作或形象建构经验。幼儿注意力集中时间短且注意力分配不均，学前特殊儿童更是如此。因此，我们要充分地利用幼儿园一日生活中的各个环节，充分地开展学前融合教育。《3～6 岁儿童学习与发展指南》指出："遵循幼儿的发展规律和学习特点，珍视幼儿生活和游戏的独特价值，充分尊重和保护其好奇心和学习兴趣，创设丰富的教育环境，合理安排一日生活，最大限度地支持和满足幼儿通过直接感知、实际操作和亲身体验获取经验的需要，严禁拔苗助长式的超前教育和强化训练。"将融合教育融入一日活动中，是开展学前融合教育最有效的途径。

幼儿园一日生活中的教育活动是完成课程目标或促进幼儿身心全面发展的基本途径，一日生活中的教育活动可以分成三种类型：生活活动、游戏活动与学习活动（教学活动），开展学前融合教育要在一日生活中进行。

### （一）生活活动中的学前融合教育

生活活动是指幼儿在园期间由教师组织的以满足幼儿基本生活需要的活动，主要包括进餐、睡眠、如厕、盥洗，是培养幼儿良好的生活卫生习惯，对幼儿进行健康教育，养成健康、文明的生活方式与习惯的重要途径。在生活活动中开展融合教育十分重要，能够提高学前特殊儿童的生活自理能力、动作发育以及语言和社会性发展等方面的能力。

1. 进餐活动中的学前融合教育

学前特殊儿童刚刚入园时大多没有餐前准备的意识。教师要引导全体幼儿正确进行餐前准备，可以请班上能力较强的小朋友当融合幼儿的“影子老师”，从餐前准备到餐后收拾整理，积极帮助特殊儿童完成。

每天由指定同伴带领学前特殊儿童完成餐前准备、洗手、上桌，学会安静地等待就餐，在小朋友的帮助下自己尝试取餐。针对特别挑食的特殊儿童，可以将不爱吃的食物从少到多逐量添加。请老师添餐时，要引导学前特殊儿童用语言表达自己的需求。餐后自己送餐具，并整理餐桌。

2. 如厕活动中的学前融合教育

对于大部分学前特殊儿童来说，如厕是一大难题。为了解决如厕问题，教师可以试着使用以下几个小方法：

第一，张贴醒目的标志，如小男孩、小女孩的头像表示男厕、女厕。

第二，设置如厕排队线，可以在地面设置排队标识，幼儿需要站在线上排队。

第三，每天定时引导不会甚至抗拒排便的幼儿去马桶上蹲坐。

第四，与家长密切沟通，达成一致，培养良好的便后卫生习惯。

3. 盥洗活动中的学前融合教育

盥洗活动是幼儿每天进行次数比较多的活动，也是幼儿卫生的第一道防线。对于一些学前特殊儿童来说，他们可能不会正确地盥洗，需要教师和同伴进行更多的引导，具体做法如下：

一是张贴“七步洗手法”的图片，进行盥洗活动时引导幼儿观看并模仿。

二是可以将日常一些正确的做法展示出来，用“√”表示，引导幼儿知道什么是正确的。

三是设置盥洗排队线。

四是同伴指引特殊儿童进行盥洗活动。

4. 午睡活动中的学前融合教育

午睡是幼儿园的常规活动，睡眠时，身体各部位和脑及神经系统都在进行调节，能量的消耗最少，有利于消除疲劳。但是一些特殊儿童，尤其是有些孤独症儿童常伴有睡眠障碍。为了引导学前特殊儿童尽快进入午睡，我们可以进行以下尝试：

一是睡前准备要做足，餐后散步 20 分钟，如厕后再进入午睡环节。

二是逐步训练学前特殊儿童自主穿脱衣服的能力。

三是当学前特殊儿童排斥午睡、大吼大叫时，可以为他提供一些情绪发泄品。

四是通过肢体安抚，如拥抱、抚背等建立起安全联结。

### （二）游戏活动中的学前融合教育

游戏是指由儿童主导的、制定规则、借助各类物品，反映并探索周围世界的活动。游戏是在一日生活中除满足基本生存需要的活动（如进餐、睡眠、排泄等）之外发生次数和所占时间最多的活动。游戏可以促进幼儿身体发育、认知语言以及社会性等方面的发展。学前特殊儿童多伴有感统失调、情绪不稳定、语言障碍、交流障碍等，因此游戏对于他们的价值更加重要。

1. 游戏对于学前特殊儿童发展的价值

促进学前特殊儿童的身心发展。各类感统游戏，尤其是户外游戏，可以充分地促进学前特殊儿童身体的新陈代谢和生长发育，游戏中的动作练习等能很好地发展学前特殊儿童的身体协调性和耐性。

游戏中往往伴随着许多色彩丰富、形状不同、材质不一的游戏材料，能很好地促进学前特殊儿童的感知觉发展。

游戏过程中有时伴随着老师或者小朋友的指令，能够给予学前特殊儿童更多的言语输入，同时鼓励言语输出，更好地促进学前特殊儿童的语言发展。

在游戏过程中，儿童需要跟随指令进行游戏，有游戏规则需要遵守，同时伴随着师幼互动、幼幼互动，这些能很好地促进学前特殊儿童的社会性发展。

2. 游戏活动中开展学前融合教育注意的问题

（1）了解学前特殊儿童的主要障碍类型

每个特殊需要儿童的主要障碍类型不同，班级教师要充分学习和了解学前特殊儿童的迫切发展需求，设置游戏活动时充分考虑实现主要的发展目标，同时兼顾其他发展需求。

（2）尊重学前特殊儿童的游戏兴趣

兴趣能够带给幼儿强大的心理驱动力，在设计游戏时，要充分尊重学前特殊儿童的游戏兴趣。在开展游戏活动前，教师可以提供集中游戏，用图片或图示引导班级学前特殊儿童进行选择。当学前特殊儿童挑选出的是玩过的游戏时，教师要引导他们通过变更和创新游戏玩法的方式保持幼儿的游戏兴趣；当学前特殊儿童选择的是新游戏时，教师要学会创设一种神秘的游戏氛围，充分地激发幼儿的好奇心和浓厚的游戏兴趣，再引入游戏玩法，和幼儿共同商讨游戏规则。

（3）在游戏中促进普特儿童共同发展

在学前融合教育中，普特幼儿共处同一环境，但是由于先天或后天的多种因素，幼儿们在游戏活动中的动作技能与学习能力的差距是客观存在的。作为幼儿游戏活动的支持者与参与者，教师应注意留心观察，发现普特幼儿的兴趣、需求，不断调整游戏玩法，更新游戏材料，也可以采取分组游戏等方式，保证普特幼儿参与同一游戏。

（4）重视、提高幼儿游戏水平

幼儿的游戏水平是评价幼儿园游戏质量的重要指标，如何提高幼儿的游戏水平，是幼儿教育工作者必须重视的问题。开展学前融合教育同样要将提高学前特殊儿童的游戏水平作为一个评价指标。当学前特殊儿童已经学会玩游戏时，教师就要引导幼儿去发掘游戏中的其他价值，能够同一个游戏反复玩、创新玩。

（5）分层次指导游戏活动

相较于其他活动类型来说，游戏活动更具自发性和灵活性。学前特殊儿童玩游戏时，可以选择的材料多，玩法上也更具创造性。因此，在组织游戏活动的过程中，教师要细心观察，发现幼儿的游戏能力、材料选择以及自发的分组情况，将游戏进行小组分类，并针对不同小组的材料选择、游戏内容等采取分层指导。

### （三）学习活动中的学前融合教育

2001 年教育部颁布的《幼儿园教育指导纲要（试行）》第三部分“组织与实施”第二条指出：“幼儿园的教育活动，是教师以多种形式有目的、有计划地引导幼儿生动、活泼、主动活动的教育过程。”幼儿园教育的对象一般是 3～6 岁的幼儿，针对该年龄段幼儿设计与实施的教育活动有其独特的内涵。幼儿园教师要有目的、有计划地通过创设环境、提供材料以及与幼儿有效互动等行为实施融合教育，支持或引导幼儿开展多种形式的、生动活泼主动的活动，从而促进普特幼儿和谐发展。在学习活动中实施融合教育，需要把握以下原则：

1. 科学制定活动目标

目标的制定对活动的开展起着引领作用，没有预设目标的学习活动是杂乱无章的。在实施融合教育的过程中，教师一定要充分考虑普特幼儿的前期经验储备和他们的发展需求，在活动中根据普特幼儿的表现，判断是否生成新的目标以开展活动。

2. 精心选择活动内容

教育内容是实施融合教育的主要载体。当我们为普特幼儿预设了本次或本周的发展目标后，我们要根据孩子们的兴趣，充分利用周围环境中的资源，选择恰当的内容供普特幼儿实现他们的发展。

3. 提供多种材料，分层次投放和操作

针对幼儿的不同经验和能力，我们可以提供多种材料供幼儿选择和操作，鼓励幼儿自主探索。不管是特殊幼儿还是普通幼儿，开始活动时，都要先了解幼儿的想法，鼓励幼儿在大胆尝试中学会正确的操作方法。

4. 及时肯定幼儿的表现，予以鼓励

应时刻给予幼儿肯定和鼓励，让他们成为拥有自信和创造力的个体。通过坚持内心的憧憬和希望，幼儿会在不经意中释放出特别的光芒。

## 三、幼儿园开展学前融合教育要注意的问题

要做好学前融合教育，需注意以下问题：

### （一）建立专门的学前融合教育服务体系

真正的学前融合教育是在庞大的特教支持系统下，把学前特殊儿童放到一个自然的环境里，使其受到积极的影响。融合绝对不只是知识的融合，而是社会性的融合，并且不是所有的学前特殊儿童现阶段都适合融合，要经过特殊的训练达到了融合的条件，才能和其他孩子进行融合教育，哪怕能力再强的孩子，也需要有针对性地过渡。因此，实施融合教育的幼儿园必须建立一套自己的教育服务体系，以支持融合幼儿的发展。

### （二）预设性课程和生成性课程兼顾

预设性课程是指教师在活动开始前针对活动内容预设地组织实施的课程；生成性课程是指在师生互动中，教师通过具体情况不断调整活动内容的课程。实际上，我国的幼儿教师对生成性课程的概念并不陌生。比如，我们常说教师要有教育机智，要随时关注生活，关注学前特殊儿童的兴趣，根据学前特殊儿童的兴趣和生活中突然发生的、有教育意义的事件来调整教学计划，这都是生成性课程的思想。当开展同一活动时，有时我们会在活动过程中发现不管是普通幼儿还是学前特殊儿童都表现出了与教师预设不一致的情况，甚至在一对一的个别化康复中，融合幼儿也会出现与预设不符的表现。这就需要教师根据学前特殊儿童的不同需求对课程进行适度的调整。比如，进行了很长时间的言语练习，但是发现学前特殊儿童的言语越来越差，可能是该幼儿对语音不敏感，这个时候我们就需要对他进行目标的降级处理，转而进行语言的识别和对应，甚至可以增加课程当中的视觉线索。再如，对于智力发展比较慢的孩子，要增加课程当中练习和重复的机会等。

### （三）充分发挥环境的教育功能

1. 设置资源教室，聘请资源教师

学前特殊儿童在园要有一定的支持性条件，最好在园内设置资源教室，聘请特殊教育专业教师担任资源教师。资源教师仿照普通班级进行环境创设，为特殊儿童提供教育和康复的空间，方便特殊教育教师进行个别指导。

2. 有针对性地创设班级环境

班级教师针对本班特殊儿童的实际情况，改变教室的布置，调整教学用具和设备，设计专门性的区域标记和投放材料，同时简化游戏任务的时长和难度，推动干预的实施。

3. 物质环境创设要同时考虑特殊儿童和普通儿童的需求和发展

幼儿园融合教育环境的创设，不能只考虑特殊儿童的发展，也要考虑普通儿童的发展，环境的创设要做到两类儿童的相互促进和发展。

学前儿童的身心发展特点决定了教育的生活化，学前儿童教育必须寓教育于儿童的一日生活之中。幼儿园一日活动皆课程，幼儿每天都会从各种必不可少的日常活动中潜移默化地掌握很多基本的生活经验，锻炼独立生活能力。对于学前特殊儿童也是如此，学前特殊儿童的大部分学习是生活化的、游戏化的，教育活动与日常生活密不可分。因此，学前教育机构应从学前特殊儿童的一日生活中挖掘教育资源，儿童日常生活的每一个环节都具有教育价值，都应从学前特殊儿童发展的现实出发，加以充分组织和利用。

### （四）个别化教育计划与班级融合相结合

在特殊需求学生的康复训练和日常教学中，个别化教育计划的地位和作用非常重要。不管是对于学前特殊儿童还是对于普通幼儿来说，同伴是丰富的教育资源，模仿是有效的学习方式。融合教育通过将学前特殊儿童与普通幼儿放置在同一个班级，普通教师精心设计融合课程，能帮助学前特殊儿童告别单一甚至枯燥的个别化教育，转而在游戏中进行同伴学习，以获得自身的发展。因此，进行融合教育必须将个别化教育与班级融合相结合。

### （五）普特联合，注重集体氛围

融合教育是在普通儿童和学前特殊儿童共同发展的基础上进行的，融合教育的目标应该是两个主体，即学前特殊儿童和普通幼儿要实现双向的发展。因此，幼儿园要重视和兼顾普通儿童和学前特殊儿童家长的双向需求，向普通家长开展讲座等，让他们充分意识到进行融合教育能促进普通儿童能力（如社交，情感交流等）方面的发展，同时创造各类机会，引导普特家庭加强校外融合活动。比如，开展全国助残日等系列活动，营造关爱特殊儿童的集体氛围。

## 第二节　学前融合教育中的家园共育

整个幼儿期是身体和大脑快速发育发展的时期，即使是学前特殊儿童，也具有巨大的发展潜能。对于学前特殊儿童来说，科学合理地进行家庭教育和引导，不仅能最大限度地弥补缺陷，让家长看到学前特殊儿童身上的无限可能，还有利于家长的心理调适，更有利于家庭的稳定和谐发展。特殊儿童家庭与幼儿园的合作共育，对学前融合教育的发展起到关键的作用。

### 一、学前融合教育中家园共育的重要性

学前融合教育是指学前特殊儿童与普通幼儿共同在普通幼儿园中接受教育的安置形式，强调为学前特殊儿童提供一个正常化的而非隔离的教育环境。通过融合教育，学前特殊儿童的语言能力和社交能力、社会情感等有了更好的发展。在家庭与幼儿园的合作共育中，需要家长和幼儿园双方都认识到融合教育的意义，通过不同的方式和平台，为学前特殊儿童与普通儿童的融合教育创造条件。

在学前融合教育中，学前特殊儿童的成长离不开家庭的参与和支持，家庭参与融合教育的程度影响着融合教育的发展。

#### （一）促进学前特殊儿童家庭内部的深入交流

通过构建家庭共育模式，可以为幼儿园与家长建立互动交流平台，对家庭共育模式提出更多的优化、完善建议，提升家庭共育的综合效应。在家庭教育方面，通过合理消除隔膜，促使特殊幼儿家长主动发言，诉说自己的家教心得。家庭教育氛围的改变，不仅能让特殊幼儿家长和教师之间进行有效的沟通交流，而且特殊幼儿家长与家长之间可以相互交流、互相学习、互相借鉴，分享养育学前特殊儿童的经验。

#### （二）发展学前特殊儿童的基本生存能力

在幼儿园教育阶段，主要是对学前特殊儿童进行启蒙教学，通过游戏活动的引导，逐步培养他们的基本生存能力。学前特殊儿童在幼儿园时，由幼儿教师实施保教；当他们处于家庭生活环境中时，家长要做到言传身教，培养学前特殊儿童良好的行为习惯和基本的生活能力。通过家庭教育和幼儿园教育的无缝衔接，可以充分发挥家园共育模式的教育价值，为学前特殊儿童构建和谐、安全快乐的成长乐园，培养和提高学前特殊儿童的基本生存能力。

例如，在学前特殊儿童生活习惯的培养方面，个别幼儿由于具有特殊性，没有饭前洗手的意识和习惯。因此，家长在对学前特殊儿童进行家庭教育时，要通过自己的行动引导学前特殊儿童，确保学前特殊儿童每次吃饭前都认真洗手。学前特殊儿童反复做一件事，就会逐渐成为生活中的一种习惯。通过家长和教师的合作共育，加强对幼儿的良好习惯的巩固，在每次进餐前都引导学前特殊儿童洗手，逐步培养良好的生活习惯和生活能力。

### （三）推进社会文明程度提高

发展特殊教育是推进教育公平、实现教育现代化的重要内容，是坚持以人为本理念、弘扬人道主义精神的重要举措，是保障和改善民生、构建社会主义和谐社会的重要任务。在学前融合教育中实施家庭共育，有助于更多的学前特殊儿童融入社会，既能减轻家长的负担，又能为社会发展贡献力量，体现学前特殊儿童自身的价值。学前融合教育是教育公平、教育普及的体现，是社会经济、文化水平的标志，体现了一个社会的文明程度。

## 二、学前融合教育家园共育的要点

### （一）鼓励家长参与融合教育活动

家长的参与在学前融合教育中的价值是无比珍贵的，因此教师应给予学前特殊儿童家长专业的技术支持，积极引导、鼓励他们积极参与到活动中来，在家中增加陪伴学前特殊儿童的时间，并及时与教师反馈与沟通。

### （二）指导家长科学的教育方式

家庭教育对学前特殊儿童的教育影响很大，特殊儿童家长的教育观、教育方式等直接影响学前融合教育的实施。幼儿园教师及特殊教育的专业人士应结合现有的家庭教育方式对家长进行专业的指导，包括物质支持和精神指导，最重要的是科学的教育康复知识和方法的指导。例如，定期组织学前特殊儿童家长培训班，开展各类知识讲座，系统地为学前特殊儿童家长提供各类培训机会，使其掌握足够的专业知识和方法。

### （三）建立学前特殊儿童家庭教育支持体系

幼儿园应建立完善、专业的学前特殊儿童家庭教育支持体系，加强对学前特殊儿童家庭教育方法和实际操作的研究。在探索中，从实际出发，充分理解家长的实际困难，将理论分析与深入实践相结合，对学前特殊儿童家庭提出切实可行的建议及帮助，增强他们的教育意识及能力。

## 三、学前融合教育家园共育的策略

### （一）家长积极主动地与教师配合

幼儿园融合教育是一项综合性、长期性的工作，其结果将决定学前特殊儿童的未来，所以教师和家长都应该参与学前融合教育。家长应积极与教师合作，了解学前特殊儿童在幼儿园的生活、学习，与同伴的相处情况；配合教师，根据教学内容让学前特殊儿童在家继续练习与巩固，并与教师沟通学前特殊儿童的进步与不足。教师与家长默契配合，帮助学前特殊儿童不断取得进步。

### （二）提供平等对话交流的平台，促进家园有效沟通

《幼儿园教育指导纲要（试行）》指出："家庭是幼儿园重要的合作伙伴，应本着尊重、平等、合作的原则，争取家长的理解、支持和主动参与，并积极支持、帮助家长提高教育能力。"教师与家长平等的对话是家园合作的前提，为提高家园合作的有效性，教师和家长应互相尊重、积极沟通。教师要善于倾听，理解家长的爱子之心，设身处地为家长解决难题；家长要尊重教师，肯定教师的辛苦与付出。幼儿就像是大海里的一艘小船，教师和家长就是小船的双桨，只有这一双桨是平等的、同向的、共同参与的、积极配合的，小船才能扬帆远航。

### （三）创新多种沟通方式，促进家园互动

为实现有效的家园互动，幼儿园可开展家长沙龙、家长助教、半日开放、家长论坛、茶话会、家长休息室等形式的家园互动活动，让家长了解幼儿园的办园历史、办园规模、办园理念、师资力量、教学进度、需要家园配合的事项，融合教育的需求，听取家长的意见与建议，与家长开展积极有效的沟通。一般情况下，教师与家长初次见面难免会有生疏感，信任感不是一见面就能建立的。教师应在学前特殊儿童入园前积极开展家访工作，了解学前特殊儿童的生活环境及家庭背景，主动担负起与家长建立信任的责任。

幼儿园要办好公众号和网站，引导家长建立科学的育儿观，提高家庭融合教育的技能，解决家长在生活中遇到的困难及问题，促进家园合作。

### （四）共同营造爱的氛围，促进家园共育

学前特殊儿童的健康成长离不开身边每个人的关爱。实践证明，获得更多爱的学前特殊儿童总是充满自信、朝气和积极向上的；相反，被身边人拒绝的学前特殊儿童有时会形成自卑心理和叛逆心理。学前特殊儿童更需要无私的爱与包容。

### （五）提升学前特殊儿童家庭教育的比重

在开展融合教育家园共育工作时，家长和幼儿园的教育比重应处于平衡状态，二者教

育比重的不平衡将对融合教育产生重大影响。

教师应以“融合家庭教育”工作创新为抓手，重新定位融合家庭教育和幼儿园教育，纠正个别教师和家长错误的融合教育观念，确保家长和幼儿园教育思想的一致性，鼓励引导家长积极主动地参与到幼儿园融合教育活动中来。同时，在融合教育家庭共育工作模式中，教师可以及时与家长沟通，引导家长了解先进的融合教育思想和方式，加强家长对家庭教育的重视，促进学前特殊儿童家庭共育模式的可持续发展。

**（六）加强普通幼儿家长与幼儿园的沟通**

学前特殊儿童融合教育的家庭教育需要建立在幼儿园、学前特殊儿童家庭和普通儿童家庭之间合作的基础上。幼儿园应积极引导家长，通过营造良好的环境，采取多种有效手段，让普通幼儿家长接纳学前特殊儿童，成为融合教育的参与者、支持者、宣传者。具体做法为：

第一，召开新学期家长会，让普通幼儿家长知道学前融合教育经历对普通儿童早期的同伴关系、认知能力和社会性发展都有积极的作用，让普通幼儿家长可以接受融合教育的理念。公布本学期学前特殊儿童的教育目标和幼儿园工作情况，使每位家长对每月、每周的活动有一个清晰的认识，也让家长了解融合幼儿的具体情况，以便家长更积极地配合幼儿园的活动。

第二，在“家园联系栏”中公布每月的融合工作目标。家长能够清楚地了解班级的融合工作重点，能够建立良好的合作关系。

第三，每月在“家园联系栏”中公布工作月计划，引导家长共同完成教育内容。

第四，每周公布活动计划，并在栏目中添加“请与我们合作”，引导家长按时配合完成家庭教育。

第五，对幼儿的学习过程、作品等进行展示，让家长及时了解幼儿的收获及成长。

## 第三节　学前融合教育中的社区合作

社区作为学前特殊儿童成长中原始的、基本的社会生态环境，对学前特殊儿童的成长有着广泛的影响和作用。将社区资源整合应用到学前融合教育的过程中，一定程度上有助于丰富学前特殊儿童的社会情感体验，加深学前特殊儿童对社会的理解，有助于提升学前特殊儿童的认知水平，引导他们与外界进行交流与沟通，培养良好的人际关系。

### 一、学前融合教育社区合作的重要性

社区是幼儿园重要的教育资源，幼儿园应该考虑充分发挥社区的作用，让更多的儿童健康成长。在学前特殊儿童成长方面，社区合作的重要性如下：

#### （一）社区合作促进学前特殊儿童的全面发展

社区是学前特殊儿童社会化最直接的场所，对提升学前特殊儿童的社会适应能力有重要作用。由于儿童的认知水平不同，应充分根据学前特殊儿童的兴趣特点，有针对性地开展社会教育，让学前特殊儿童在德、智、体、美、劳等方面全面发展。

#### （二）社区合作推进学前融合教育多样化发展

社区合作主要是家长、幼儿园与社区配合完成学前融合教育，包括育学前特殊儿童、育家长、育教师。育学前特殊儿童主要是为学前特殊儿童营造良好的生存以及学习环境；育家长需要引导家长学习学前融合家庭教育的早期干预和教育训练，探究学前特殊儿童的学习规律和身心发展，进行正确的家庭融合教育；育教师需要教师严格遵循爱岗敬业、关爱学前特殊儿童、为人师表、教书育人的教师道德行为规范，要做到关心爱护每一个学前特殊儿童，与家庭和社区配合，根据学前特殊儿童身心发展的实际特点开展工作。

社区合作活动不仅能有效地进行社区资源的开发和利用，还能规划、组织、完善社区学前融合教育机制，推进融合教育多样化和社会化，完善促进学前特殊儿童教育机会均等的教育体系。

#### （三）社区合作促进社会融合环境的发展

良好的社会环境能丰富学前特殊儿童的情感体验。幼儿园可积极利用社区资源拓展幼儿园课程，将社区的物质和人力资源转化为幼儿园学习活动的重要资源。幼儿园可以充分发挥社区各职业人力资源的作用，如邀请社区警察、教师、医生等进入幼儿园与普特幼儿

互动。社区提供的物质和人力资源可以使普特幼儿从幼儿园系统资源之外获得真实的体验并扩展学习空间。同时，幼儿园可充分利用教育资源为社区居民提供教育和服务。例如，幼儿园建筑和大型玩具可以经常对社区开放，幼儿园的会议室、表演设备和场地可以与社区共享等。

## 二、学前融合教育社区合作的内容

### （一）学前融合教育社区合作的范围

居住的社区和家庭是学前特殊儿童最熟悉的生活环境，利用家庭和社区对幼儿进行综合康复是最经济和便捷的方法。幼儿园要构建引导家长、教师、社区成员多元互动的新机制。

1. 与各机构联合，探索学前融合教育的新机制

幼儿园与社区携手，与残联联合，定期组织学前特殊儿童进行康复训练，让学前特殊儿童优先享受优质资源。同时，加强与儿童福利机构、康复机构合作，提高学前特殊儿童评估鉴定、入园安置、教育教学、康复训练的针对性和有效性，探索学前融合教育的新机制。

2. 与医院结合，探索医教结合新机制

幼儿园与社区和有资质的医院合作，共建“医教结合”项目基地。定期对学前特殊儿童进行医学诊断、身体康复和锻炼矫正，定期邀请医院康复医生来园指导，提供社区服务，指导教师和家长针对学前特殊儿童开展康复教育活动。

### （二）构建社区学前融合教育工作网络

社区是不同政治地位、不同经济状况、不同教育程度、不同个性成员聚集的特定区域，人们生活在这个区域里互相联系、互相关照、互相交流、互相理解、互相效仿，社区成为人们成长、交往、学习和接受教育的社会化区域，也是进行政治、经济、文化教育等相对独立活动的社会区域。幼儿园教育的目的是使学前特殊儿童学习照顾自己，具备生存和学习技能，从而融入社会。因此，幼儿园教育应该引导学前特殊儿童“多接地气”。例如，把最简单的“1+1=2”的数学知识具体化，让他们在超市里买到自己最喜欢的两个物品，比简单地说出“1+1=2”更有意义。再如，在组织学前特殊儿童“认识交通设施”时通常用图片来识别，但效果并不理想，我们可以带学前特殊儿童到小区的路口认红绿灯，越过斑马线、人行横道、地下通道和人行天桥，学前特殊儿童通过亲身体验实现“知行合一”。教育就是生活，通过将活动转移到社区，我们可以为学前特殊儿童提供更真实的生活场景，让他们更顺畅地适应社会生活。

我们在学前融合教育活动中要整合社区资源，幼儿园配合家庭和社区共同构建融合教育网络体系，紧密合作，还可以在社区举办学前特殊儿童的实践活动、家庭教育讲座等活动，为学前特殊儿童提供学习机会，减少社区居民对学前特殊儿童的偏见和歧视，从而真诚地接纳他们、爱护他们、帮助他们。社区对学前特殊儿童的帮助能增强社会的凝聚力，为学前融合教育提供了坚强的后盾，为不断促进学前融合教育发展提供了动力。

### （三）建立社区学前融合教育管理体制

成立由家长、教师和公共部门代表组成的社区教育组织，建立学前特殊儿童发展质量管理制度、评价制度和监测制度，建立家庭工作机制，评估学前特殊儿童的发展，制订社区计划，开展学前特殊儿童社会学习活动等。同时，对社区内的适龄儿童进行有针对性的早期儿童发展评估和干预，全面推进科学育儿工作。

### （四）现代网络技术促进家园、社区间良性互动

全球化的资讯与网络进程改变了人们的生活方式，这对工作、娱乐、日常生活的各个方面都有深远影响。网络、手机、电脑等设备为学前融合教育提供了有利条件，学习网络技术，可以扩大家庭和社区之间的交流，促进交流与合作，从而促进教师、家长和社区之间的良性互动，形成学前融合教育共同体。

## 三、学前融合教育社区合作的策略

首先，设立能配合开展学前融合教育的工作人员。社区内应组建一支熟悉学前融合教育，有丰富教育经验，有一定专业能力、组织能力，以幼儿园为主体，以社区人员为补充的骨干队伍。以此为基础，在社区不同地区组织开展学前融合教育活动，使社区各类人群紧密联系在一起，共同推动社区学前融合教育的开展。

其次，开展丰富多彩的社区活动。幼儿园可充分利用自身优势，定期举办活动，并邀请家长、社会人士或不在园内的学前特殊儿童参与，在活动中，大家可以相互交流、互相学习。例如，在“世界环境日”这一天，幼儿园、家长在社区联合开展“清理垃圾，爱护环境”的活动。利用这一活动，教师可以言传身教，告诉学前特殊儿童保护环境要从身边的小事做起，教育他们爱护环境，保护我们美丽的地球。

最后，提供专业公益服务。幼儿园教师可以与社区合作，实施各种项目，向学前特殊儿童家长免费提供不同的服务，如在放学后开设培训班，邀请社区志愿者共同照顾学前特殊儿童，不仅能使学前特殊儿童发展兴趣，也能避免学前特殊儿童长时间独处。这不仅锻炼了学前特殊儿童的社会沟通能力，也减轻了家长的负担。

# 参考文献


[1] 王敏，蔡蕾 . 学前融合教育游戏支持策略 [M]. 开封：河南大学出版社，2021.

[2] 陈晓 . 学前融合教育中个别化教育计划的拟订与实施 [M]. 重庆：重庆大学出版社，2022.

[3] 艾映彤，王晓曦，周念丽，等 . 学前融合教育丛书 . 特殊幼儿心理及教育 [M]. 重庆：重庆大学出版社，2022.

[4] 蔡蕾 . 学前融合教育理论与实务 [M]. 开封：河南大学出版社，2012.

[5] 周念丽 . 学前融合教育 [M]. 北京：中国人民大学出版社，2023.

[6] 蔡蕾 . 学前融合教育理论与实务（第 2 版）[M]. 开封：河南大学出版社，2023.

[7] 王兵杰，蔡云 . 学前融合教育支持手册 [M]. 开封：河南大学出版社，2021.

[8] 顾丽梅 . 学前融合教育的理论与实践应用研究 [M]. 长春：吉林出版集团股份有限公司，2022.

[9] 吴建东，朱海荣，张卫萍 . 自闭症儿童学前融合教育区域实践 [M]. 上海：华东师范大学出版社，2021.

[10] 周念丽 . 学前融合教育的比较与实证研究 [M]. 上海：华东师范大学出版社，2008.

[11] 徐晶晶 . 学前自闭症儿童融合教育发展的策略研究 [J]. 大学，2023（5）：64–67.

[12] 余晓，王玲 . 幼儿园教师融合教育素养提升路径探索 [J]. 成都师范学院学报，2023，39（1）：102–107.

[13] 张扬 . 学前融合教育课程学生满意度和课程需求的调查研究 [J]. 教育观察，2023，12（3）：120–124.

[14] 李明，易冰冰，彭静，等 . 绽放在中原大地的学前融合教育“奇色花”——专访河南省郑州市管城回族区奇色花福利幼儿园园长蔡蕾 [J]. 现代特殊教育，2023（1）：11–14.

[15] 何蓉，许倩，林云强 . 融合教育质量研究的可视化知识图谱分析——基于 2011—2021 年国内外刊载文献的比较研究 [J]. 现代特殊教育，2022（24）：56–64.

[16] 杨龙祥，张丽莉 . 加快学前融合教育支持体系建设的思考 [J]. 现代特殊教育，2022（24）：8–12.

[17] 王振洲，张杨 . 面向全体幼儿的美国学前儿童学业成就课程及其启示 [J]. 现代特殊教育，2022（24）：70–75.
[18] 左雪，闫薇宇 . 学前融合教育背景下发育迟缓幼儿规则行为的干预研究 [J]. 内蒙古师范大学学报（教育科学版），2022，35（6）：36–42.
[19] 杨春英 . 河南省学前教育教师融合教育素养培养模式探究 [J]. 河南教育（高等教育），2022（11）：52–53.
[20] 郭文斌，王心靓 . 学前融合教育高质量发展的内涵及实现路径 [J]. 现代特殊教育，2022（22）：26–33.
[21] 闫薇宇 . 学前融合教育背景下发育迟缓幼儿规则行为的干预研究 [D]. 呼和浩特：内蒙古师范大学，2022.
[22] 孙倩 . 幼儿园教师对学前融合教育态度的研究 [D]. 大连：辽宁师范大学，2022.
[23] 王艺卓 . 学前融合教育环境下运用绘本教学对轻度自闭症幼儿同伴交往能力干预的个案研究 [D]. 昆明：云南师范大学，2022.
[24] 叶鸣 . 学前融合教育教师社会支持、自我效能感与工作满意度的关系研究 [D]. 杭州：杭州师范大学，2022.
[25] 安晓艳 . 嵌入式教学策略在学前融合教育教学调整中的应用研究 [D]. 兰州：西北师范大学，2021.
[26] 刘悦悦 . 学前融合教育质量现状及提升策略研究 [D]. 金华：浙江师范大学，2019.
[27] 孔嘉颖 . 济南市幼儿园学前融合教育实施中的困境与策略研究 [D]. 济南：济南大学，2018.
[28] 俞洁 . 用“学习故事”建构特殊幼儿的学习者形象 [D]. 上海：华东师范大学，2016.
[29] 任贝贝 . 学前融合教育集体教学活动中教师与特殊儿童师幼互动现状的分析与思考 [D]. 上海：华东师范大学，2014.